FARISEUS, ESCRIBAS E SADUCEUS

NA SOCIEDADE PALESTINENSE

COLEÇÃO BÍBLIA E HISTÓRIA

- Culto e comércio imperiais no apocalipse de João – *J. Nelson Kraybill*
- Metodologia de exegese bíblica – *Cássio Murilo Dias da Silva*
- O projeto do êxodo – *Matthias Grenzer*

SÉRIE MAIOR

- A morte do Messias; comentário das narrativas da Paixão nos quatro Evangelhos (2 vols.) – *Raymond E. Brown*
- Anjos e Messias; messianismos judaicos e origem da cristologia – *Luigi Schiavo*
- Entre o céu e a terra, comentário ao "Sermão da Montanha" (Mt 5-7) – *Franz Zeilinger*
- Fariseus, escribas e saduceus na sociedade palestinense – *Anthony Saldarini*
- Introdução ao Novo Testamento – *Raymond E. Brown*
- O nascimento do Messias; comentário das narrativas da infância nos evangelhos de Mateus e Lucas – *Raymond E. Brown*
- Rei e Messias em Israel e no Antigo Oriente Próximo – *John Day (Org.)*
- Ressuscitado segundo as Escrituras – *Willibald Bölsen*
- Paulo na origem do cristianismo – *Carlos Gil Arbiol*

Anthony J. Saldarini

FARISEUS, ESCRIBAS E SADUCEUS
NA SOCIEDADE PALESTINENSE

Uma abordagem sociológica

Paulinas

Dados Internacionais de Catalogação na Publicação (CIP)
(Câmara Brasileira do Livro, SP, Brasil)

Saldarini, Anthony
  Fariseus, escribas e saduceus na sociedade palestinense / Anthony Saldarini ; [tradução Paulo Ferreira Valério]. – São Paulo : Paulinas, 2005. – (Coleção Bíblia e história. Série maior)

  Título original: Pharisees, scribes, and sadducees in Palestinian society.
  Bibliografia.
  ISBN 85-356-1186-X (Paulinas)
  ISBN 0-567-09530-4 (Ed. original)

  1. Bíblia. N.T. - Crítica e interpretação 2. Classes sociais - Palestina - História - Até 70 3. Escribas judeus 4. Fariseus 5. Saduceus I. Título. II. Série.

05-0687   CDD-305.696033

Índices para catálogo sistemático:
1. Grupos religiosos judaicos : Palestina : Abordagem sociológica : Sociologia   305.696033
2. Palestina : Grupos religiosos judaicos : Abordagem sociológica : Sociologia   305.696033

Título original: Pharisees, Scribes and Sadducees in Palestinian Society
©Michael Glazier Inc., 1988
1935 West Fourth Street, Wilmington, Delaware 19805

1ª edição – 2005
1ª reimpressão – 2025

Direção-geral: Flávia Reginatto
Editora responsável: Noemi Dariva
Assessor bíblico: Dr. Matthias Grenzer
Tradução: Paulo Ferreira Valério
Copidesque: Luciana Leopoldino
Coordenação de revisão: Andréia Schweitzer
Revisão: Anoar Jarbas Provenzi
Direção de arte: Irma Cipriani
Gerente de produção: Felício Calegaro Neto
Capa: Telma Custódio
Editoração eletrônica: Sandra Regina Santana

Nenhuma parte desta obra poderá ser reproduzida ou transmitida por qualquer forma e/ou quaisquer meios (eletrônico ou mecânico, incluindo fotocópia e gravação) ou arquivada em qualquer sistema ou banco de dados sem permissão escrita da Editora. Direitos reservados.

Cadastre-se e receba nossas informações
paulinas.com.br
Telemarketing e SAC: 0800-7010081

Paulinas
Rua Dona Inácia Uchoa, 62
04110-020 – São Paulo – SP (Brasil)
(11) 2125-3500
editora@paulinas.com.br
© Pia Sociedade Filhas de São Paulo – São Paulo, 2005

Para Maureen

Sumário

Abreviaturas.. 9

Cronologia.. 11

PARTE I: A SOCIEDADE PALESTINENSE

1. O problema dos grupos judaicos na Palestina 15

2. Uma abordagem sociológica... 25

3. Classes sociais na sociedade judaico-palestinense e no Império Romano 49

4. Relações sociais e grupos na Palestina 65

PARTE II: FONTES LITERÁRIAS

5. Fariseus e saduceus como grupos de interesse político em Flávio Josefo........... 93

6. Descrição dos fariseus e dos saduceus em Flávio Josefo 121

7. Paulo, o fariseu 147

8. Fariseus, escribas e saduceus em Marcos e Mateus 157

9. Fariseus, escribas e saduceus em Lucas-Atos e João 187

10. Fariseus e saduceus na literatura rabínica...................................... 211

PARTE III: INTERPRETAÇÃO E SÍNTESE

11. O papel social dos escribas na sociedade judaica 251

12. O lugar dos fariseus na sociedade judaica....................................... 287

13. Os saduceus e a liderança judaica 307

Glossário de termos sociológicos 317

ÍNDICES

Índice de assuntos 325

Índice de autores 329

Índice de fontes antigas 333

Abreviaturas

Ant.	Antiguidades – Flávio Josefo
b.	Talmude Babilônico (seguido do nome do tratado)
BJS	Brown Judaic Series
CBQ	Catholic Biblical Quarterly
CBQMS	Catholic Biblical Quarterly Monograph Series
Guerra	Guerra Judaica, de Flávio Josefo
HDR	Harvard Dissertations in Religion
HTR	Harvard Theological Review
HUCA	Hebrew Union College Annual
IDB	Interpreter's Dictionary of the Bible
IDBS	Interpreter's Dictionary of the Bible, Supplementary Volume
IESS	International Encyclopedia of Social Sciences
JAAR	Journal of the American Academy of Religion
JBL	Journal of Biblical Literature
JJS	Journal of Jewish Studies
JQR	Jewish Quarterly Review
JSJ	Journal for the Study of Judaism
JTS	Journal of Theological Studies
m.	Michná* (seguido do nome do tratado)
NTS	New Testament Studies
NovTest	Novum Testamentum

---

* Atentar para a variação da transcrição desta palavra em português. De acordo com o dicionário: o Novo Aurélio do Século XXI traz *Michná*, já o Houaiss apresenta o termo *Mixná* (N.T.).

p.	Talmude Palestinense (seguido do nome do tratado)
RSR	Religious Studies Review
SBLDS	Society for Biblical Literature Dissertation
SJLA	Studies in Judaism in Late Antiquity
SPB	Studia Post-Biblica
SNTSMS	Society for New Testament Studies Monograph Series
t.	Tosefta (seguido do nome do tratado)
VT	Vetus Testamentum
ZAW	Zeitschrift für die alttestamentliche Wissenschaft
ZNW	Zeitschrift für die neuestamentliche Wissenschaft

Cronologia

Ano(s)	Acontecimentos
198 a.C.	Antíoco III, o Grande — soberano selêucida na Síria —, do Egito assume o controle efetivo da Palestina.
175–164	Antíoco IV Epífanes, soberano selêucida na Síria.
168–164	Perseguição selêucida na Judeia, profanação do Templo, revolta sob os Macabeus. Rededicação do Templo sob Judas Macabeus.
161	Judas Macabeus é assassinado.
152	Jônatas Macabeus é nomeado sumo sacerdote por Alexandre Balas.
150–134?	Fundação da comunidade dos Essênios em Qumrã.
142	Jônatas é assassinado e seu irmão Simão assume o posto. Demétrio isenta Simão da obrigação de pagar tributos.
141	Simão conquista a Acra.
140	Simão é aclamado sumo sacerdote pela nação.
134	Simão é assassinado.
134–104	João Hircano, filho de Simão, torna-se sumo sacerdote e governante.
103–76	Alexandre Janeu torna-se sumo sacerdote e rei.
76–67	Alexandra, esposa de Alexandre Janeu, torna-se rainha. Hircano é o sumo sacerdote.
63	Ptolomeu e os romanos conquistam Jerusalém e a Palestina. Hircano continua como sumo sacerdote.
40	Partos invadem a Palestina. Herodes é designado rei pelo senado romano.

Fariseus, escribas e saduceus na sociedade palestinense

37–4	Herodes é rei na Palestina.
31 a.C.–14 d.C.	César Augusto é imperador romano.
4 a.C.–6 d.C.	Arquelau governa a Judeia.
4 a.C.–39 d.C.	Herodes Antipas governa a Galileia.
6–41 d.C.	Prefeitos romanos governam na Judeia e na Samaria.
14–38	Tibério é imperador romano.
26–36	Pôncio Pilatos é prefeito romano. Morte de Jesus.
41	O imperador Gaio Calígula ameaça colocar uma estátua de si próprio no Templo.
41–44	Agripa I governa na Judeia e na Samaria. 38–40: Galileia e regiões ao norte.
44–66	Procuradores romanos governam na Judeia e na Samaria.
66–70	Guerra contra Roma.
70	Destruição de Jerusalém e do Templo.
70–200	Período tanaítico* de atividade rabínica.
200	Redação da Michná sob rabi Judá, o Príncipe.

---

* O "período tanaítico" compreende os dois primeiros séculos de era cristã. Os rabinos desse período eram chamados de *Tanna'im*, "mestres" (N.T.).

Parte I

A sociedade palestinense

PARTE 1

A SOCIEDADE PALESTINENSE

Capítulo 1

O problema dos grupos judaicos na Palestina

Paradoxalmente, a pesquisa recente sobre os fariseus tornou-os, a eles e ao seu papel na sociedade palestinense, mais obscuros e difíceis de descrever. Os estudiosos têm descrito os fariseus como uma seita do judaísmo, um poderoso grupo de liderança religiosa, um grupo de comando político, um grupo de letrados, um movimento leigo em concorrência com o sacerdócio, um grupo de artesãos de classe média ou alguma combinação de tudo isto. Os saduceus têm sido comumente identificados como fronteiriços da classe governante judaica, inclusive os chefes dos sacerdotes, "altos" funcionários e famílias ricas de Jerusalém. Os escribas são descritos como um grupo profissional de classe média. Na maioria das reconstruções históricas da sociedade judaica as categorias usadas para descrever esses grupos — tais como seita, escola, classe alta, liderança leiga etc. — são mal definidas ou usadas incorretamente, e não integradas em uma compreensão da estrutura e do funcionamento geral da sociedade.

A proliferação de hipóteses acerca dos fariseus mostra quão superficialmente eles são entendidos. Frações de indícios são tiradas do contexto, harmonizadas entre si e utilizadas como blocos para a construção das mais improváveis estruturas. Apesar de Josefo dizer que os saduceus provinham da classe alta, ele *não* diz que toda a classe alta eram saduceus, diferentemente das afirmações da maioria dos estudos sobre eles. Os escribas aparecem como um grupo coeso apenas no Novo Testamento. Em outras fontes, eles desempenham uma variedade de papéis sociais, desde os altos funcionários até os humildes copistas. De modo geral, porque Josefo denomina as três principais "escolas de pensamento" judaicas de fariseus, saduceus e essênios e porque fariseus, escribas e saduceus aparecem no Novo Testamento como oponentes de Jesus, a importância e as funções destes grupos na sociedade judaica foram amplamente superenfatizadas.

A maioria das reconstruções dos fariseus e dos saduceus utiliza as crenças deles (conforme atestado nos resumos de Josefo) como as características geradoras e definidoras do grupo. Contudo, a identidade social dos fariseus e dos saduceus é mais amplamente baseada em fatores e interesses políticos, econômicos e sociais, com os quais suas crenças religiosas estão inextricavelmente unidas. Este estudo ampliará a pesquisa acerca dos fariseus, escribas e saduceus, levantando questões como: de que classe social provieram fariseus, escribas e saduceus? De que *status* eles gozavam na sociedade judaica? Que envolvimento político eles tiveram nos diferentes estágios de sua história? Que tipo e que grau de autoridade ou influência eles tiveram sobre o povo e sobre outros grupos de liderança judaica? Qual a importância deles entre as diversas classes, grupos e forças em atuação na sociedade judaica? Que grau de poder político direto eles exerceram? Qual era a meta deles para si próprios e para a sociedade judaica? Que tipo de projeto eles propunham para a sociedade judaica? Tais questões concernentes ao lugar deles na sociedade lançarão alguma luz sobre questões mais íntimas, tais como: quantos membros pertenciam à associação e que tipo de organização possuíam? Como se definia a qualidade de associado? Que crenças, ideias e regras governavam seu compromisso comum? A utilização do método sociológico, conjugado à análise literária e histórica, permitirá uma leitura sistemática e vigilante dos indícios em seu contexto legítimo. As questões às quais não podemos responder demonstrarão os limites de nosso conhecimento e evitarão generalizações fáceis.

Os fariseus, os escribas e os saduceus, como uma diversidade de judeus, como pensadores e líderes, devem ser vistos como parte da sociedade judaica palestinense e cuidadosamente situados e descritos em conexão com outros líderes judaicos e movimentos sociais de 200 a.C. a 100 d.C. Os líderes judaicos incluíam o sumo sacerdote e os chefes dos sacerdotes, anciãos e notáveis que eram, provavelmente, os reconhecidos chefes de famílias proeminentes em âmbitos local e nacional. Tais líderes eram assistidos por diversos grupos a quem Gerhard Lenski identifica como "servidores ou criados das famílias" (*retainers*) (cf. cap. 3). Os servidores das famílias abrangiam burocratas, soldados e funcionários associados aos hasmoneus, aos herodianos e aos romanos, bem como os funcionários do Templo e oficiais ligados aos chefes dos sacerdotes. Dentre os servidores das famílias é que encontraremos a maioria dos escribas e fariseus. Os saduceus eram membros da classe governante, conforme afirma Josefo, mas sabemos um pouco mais sobre o seu papel na sociedade.

Religião na sociedade antiga

Em razão de a sociologia moderna e a teoria política comumente separarem a religião da sociedade política, é preciso dizer uma palavra especial acerca do lugar da religião e de funcionários especializados e grupos religiosos na sociedade antiga. A separação entre Igreja e Estado e a ênfase no compromisso de fé individual e privada como fundamento da religião eram desconhecidas na Antiguidade. Na sociedade tradicional, inclusive no Império Romano e na sociedade palestinense, a religião achava-se incrustada na estrutura política e social da comunidade. A crença e a prática religiosas faziam parte dos grupos familiares, étnicos e territoriais em que as pessoas nasciam. Elas não escolhiam sua religião, tampouco a maioria das unidades ou grupos sociais possuía membros com religiões diferentes. A religião era inerente a tudo o mais e era-lhe inseparável. As pessoas podiam cultuar novos deuses, além dos tradicionais, e participar de práticas cúlticas adicionais, mas elas permaneciam o que eram cultural e socialmente. Uma conversão radical a outra religião e a rejeição das próprias crenças e comportamentos herdados significavam (e ainda hoje significam para tais sociedades) alienação e separação da família e do grupo social hereditário. Assim, o envolvimento com a religião é, em si mesmo, compromisso político e social no sentido amplo de tais termos. Consequentemente, os fariseus e os saduceus não deveriam ser vistos como seitas separadas da sociedade, sem nenhum impacto político. De fato, a comunidade de Qumrã, vivendo às margens do Mar Morto, fazia parte da sociedade judaica e mui provavelmente tinha uma influência política. Eles não estavam completamente isolados da sociedade judaica, visto que a área era habitada, possuía instalações defensivas, e, presumivelmente, pagavam impostos aos hasmoneus e aos romanos. Ser judeu era fazer parte da sociedade judaica, o que incluía cultura, comportamento, culto, identidade com o povo e com a terra etc. Aqueles que discordavam das autoridades do Templo, como a comunidade de Qumrã, achavam-se ainda dentro das fronteiras sociais do judaísmo e com uma influência que deve ser considerada.

Apesar de a religião estar entretecida na sociedade política de um modo que não o é hoje, as pessoas que detinham funções cúlticas ou religiosas podiam formar, separadamente, centros de poder na sociedade política. Em sociedades mais amplas, desenvolveram-se complexas organizações religiosas e funções

Parte I • A sociedade palestinense

religiosas especializadas, e eram institucionalizadas entre os líderes.[1] Consequentemente, a identificação da comunidade inteira com a esfera religiosa, comum nas sociedades patrimoniais, está parcialmente ausente em sociedades mais complexas, de modo que poderia surgir a rivalidade entre grupos dentro de uma religião.[2] Essa esfera religiosa autônoma é severamente limitada, especialmente comparada com a moderna religião. Embora as lideranças, seitas, ordens, grupos etc. de uma religião pudessem atingir uma independência real, a identidade de toda a comunidade religiosa ainda se achava ligada à identidade da comunidade local.[3] Conforme será apresentado, fariseus, escribas e saduceus parecem encaixar-se neste esquema.

Grupos detentores de forte base religiosa podiam conquistar autonomia e poder na sociedade mediante a ênfase em valores universais, e ideologia, e por meio de uma associação de membros relativamente aberta. Tais grupos, separados da hierarquia territorial tradicional e de *status* social, podiam ser conservadores em apoio ao regime, tornando-se, assim, politicamente valiosos para os chefes políticos, ou podiam promover uma instância crítica no confronto com a sociedade, baseando-se em apelos morais e simbólicos ao povo.[4] Este *establishment* religioso, relativamente independente, é decididamente político e, como lhe é típico, busca dominar a sociedade mediante a instituição de um cânone de livros sagrados, escolas de interpretação dos textos, organizações educacionais para difundir o conhecimento e o desenvolvimento de uma visão global do mundo. Em uma sociedade complexa que gera tais grupos, como é o caso do judaísmo durante o período greco-romano, as "pequenas tradições" de grupos e de famílias locais são gradualmente integradas na "grande tradição" da sociedade mais ampla.[5] Os conflitos entre os diversos grupos espelhados nas seções pós-exílicas da Bíblia e nas histórias dos conflitos sociais e religiosos em Josefo comprovam a luta de inúmeros grupos — dentre os quais os fariseus, os escribas e os saduceus eram apenas alguns — para dirigir e controlar a sociedade judaica.

---

[1] EISENSTADT, S. N. *The Political Systems of Empires*; The Rise and Fall of Historical Societies. Glencoe/New York, Free Press/Collier-Macmillan, 1963. p. 50.

[2] Eisenstadt, op. cit., p. 61.

[3] Eisenstadt, op. cit., pp. 61-62 e p. 65.

[4] Eisenstadt, op. cit., pp. 62-65.

[5] Eisenstadt, op. cit., p. 65.

Estudos anteriores sobre os fariseus

Não será feita nenhuma tentativa de reexaminar todos os estudos precedentes sobre os fariseus, os diversos métodos usados e a confusão das conclusões propostas.[6] Estudos anteriores realizados por cristãos padeciam da tendência a ler como histórica a polêmica descrição dos fariseus, escribas e saduceus no Novo Testamento; daí, utilizam-na a fim de interpretar as fontes rabínicas, uma tendência que ainda persiste em certa pesquisa neotestamentária.[7] Muitos estudiosos e manuais cristãos ainda se acham sob a influência da imagem enviesada do judaísmo desenvolvida por Schürer e perpetuada em inúmeras introduções e sumários.[8] Apesar de muitos estudos recentes terem iluminado certos aspectos do judaísmo do período do segundo Templo, os fariseus, escribas e saduceus permanecem obscuros em virtude da escassez de indícios e dos preconceitos das fontes.

A maioria das apresentações dos fariseus tem procurado superar a míngua das informações do período do segundo Templo apelando para a abundância da literatura rabínica, ainda que tais fontes datem de séculos posteriores e não tenham a pretensão de serem históricas.[9] Essa leitura ingênua da literatura rabínica como uma fonte do primeiro século está baseada nas seguintes pressuposições: 1. os rabinos do segundo e do terceiro séculos são uma forma posterior de fariseus; 2. ao longo do tempo, houve pouca mudança no modo de vida deles (mesmo depois

---

[6]   Cf. breve resenha e referência a outras literaturas em PORTON, Gary G. Cap. 2: "Diversity in Postbiblical Judaism", pp. 69-72 e SALDARINI, Anthony J. Cap. 17: "Reconstructions of Rabbinic Judaism". In: KRAFT, Robert A. & NICKELSBURG, George W. E. (eds.). *Early Judaism and Its Modern Interpreters*. Atlanta, Scholars, 1986. pp. 457-460. Autores escolhidos serão citados quando necessário. Muitas das opiniões acerca dos fariseus e dos saduceus estão resumidas na bibliografia comentada sobre Josefo, de Louis Feldman, *Josephus and Modern Scholarship* (Berlin/New York, deGruyter, 1984), pp. 542-580. A literatura sobre os escribas e os saduceus será considerada na Parte III.

[7]   Cf. a ampla resenha dos preconceitos cristãos na avaliação do judaísmo em SANDERS, E. P. *Paul and Palestinian Judaism*. Philadelphia, Fortress, 1977. pp. 33-238. Outras obras são recenseadas em SALDARINI, Anthony J. Judaism and the New Testament, In: EPP, Eldon J. & MACRAE, George (eds.). *The New Testament and Its Modern Interpreters*. Atlanta. Scholars.

[8]   Para uma avaliação da influência de Schürer, cf. SHAYE, J. D. Cohen, "The Political and Social History of the Jews in Greco-Roman Antiquity: The State of the Question", Ch. I em *Early Judaism*, pp. 34-37,

[9]   Isto vale para sínteses recentes, tais como *Compendia Rerum Iudaicarum ad Novum Testamentum. Section 1. The Jewish People in the First Century.* SAFRAI, S. (ed.) et al. Philadelphia, Fortress, 1974, 1976. vv. 1-2 e SCHÜRER, E. *The History of the Jewish People in the Age of Jesus Christ (175 B.C.-A.D.135).* Edinburgh, Clark, 1979. pp. 381-414, v. 2, revisado por VERMES, G. et al. Isto é comum em diversas introduções e popularizações, bem como em monografias especializadas.

Parte I • A sociedade palestinense

da destruição do Templo); 3. os relatos dos acontecimentos e instituições do segundo Templo, elaborados entre um e seis séculos mais tarde, são a um tempo bem informados e livres de preconceitos; e 4. a literatura rabínica, que não pretende apresentar uma história do farisaísmo, oferece informações suficientes para uma adequada compreensão dos fariseus.

Cada uma dessas pressuposições está ora errada ora usada indevidamente na reconstrução dos fariseus: 1. é bem provável que os fariseus anteriores ao ano 70 tenham contribuído para a emergência dos rabis pós-ano 70, mas os vestígios não são abundantes.[10] Os autores tanaíticos das primeiras fontes rabínicas não identificavam a si mesmos como fariseus,[11] e muitos outros componentes da comunidade e da tradição judaicas, além do farisaísmo, contribuíram para a forma que o judaísmo assumiu nos séculos que se seguiram à destruição do Templo; 2. mesmo concedendo-se algum tipo de continuidade entre os fariseus e os rabis, a perda do Templo, da liderança de Jerusalém e da nítida identidade política que os acompanhou provocou reajustes importantes na compreensão judaica do mundo, bem como em seu sistema simbólico, padrões comportamentais e valores; 3. mais decisivamente, a literatura rabínica (Michná, Tosefta, os dois Talmudes e as coleções midráshicas) e as tradições reunidas ali são enormemente diversas em gênero, propósito, data e origem. Muitas das tradições a respeito dos fariseus, saduceus e outras instituições do segundo Templo, leis, acontecimentos e pessoas trazem as marcas de interesses e concepções posteriores. Até mesmo as leis para as festas e sacrifícios no Templo não podem ser atribuídas com segurança ao primeiro século d.C., porque elas refletem a visão posterior dos letrados de como as coisas deveriam ter sido; 4. finalmente, mesmo que algumas tradições confiáveis possam ser isoladas, elas são espantosamente incompletas e refletem a falta de interesse

---

[10] COHEN, Shaye J. D. The Significance of Yavneh: Pharisees, Rabbis, and the End of Jewish Sectarianism, *HUCA* 55, 1984, pp. 36-41, avalia os dados e defende sua força crescente.

[11] Cohen, op. cit., p. 37. No artigo (pp. 27-53) o autor apresenta a teoria de que, após a destruição do Templo, os rabis estimularam o debate entre escolas e desencorajaram a formação de "seitas" a fim de assegurar a sobrevivência do judaísmo. Por esta razão, eles hesitavam em identificar a si mesmos como fariseus. Esta tese apresenta dois problemas: 1. a ausência de seitas é mais bem explicada sociologicamente. Seitas dependem da presença de uma organização poderosa e bem estabelecida contra a qual reagir; após a destruição da liderança do Templo, faltava um organismo deste tipo; 2. os talmudes registram principalmente as querelas do movimento rabínico que havia muito tempo estava conquistando o controle da sociedade judaica. A ausência de seitas na literatura rabínica não prova que elas não tenham existido. Mesmo depois de ter assumido o controle, no período talmúdico médio e tardio, emergiram diversos movimentos semelhantes a seitas e protestos contra o controle talmúdico.

pela história por parte dos autores rabínicos.[12] Em resumo, contrariamente ao enfoque dado em muitas histórias e estudos, as fontes rabínicas não serão usadas como o corpo central de dados a respeito dos fariseus e saduceus. Antes, cada fonte será apresentada e avaliada criticamente, em separado, a fim de determinar a confiabilidade histórica de suas pretensões.

Dois estudos recentes e importantes sobre os fariseus, realizados por Jacob Neusner e Ellis Rivkin, forneceram abordagens sofisticadas dos dados rabínicos acompanhadas de interpretações exaustivas e sérias de Josefo e do Novo Testamento.[13] Cada um será apreciado mais detalhadamente no capítulo 10. No momento, é suficiente observar que, embora Rivkin tente restringir sua leitura da literatura rabínica utilizando como grupo-controle textos que abordam os fariseus e saduceus juntos, a seguir ele usa este grupo-controle para ler textos rabínicos de diferentes fontes e períodos como um corpo de dados historicamente confiáveis.[14] E mais, ele imagina os fariseus como sábios que tomaram à força o controle do judaísmo das mãos das autoridades estabelecidas, uma hipótese muito improvável, conforme será visto mais adiante, e como os criadores de uma forma de judaísmo internalizada, uma pomposa ideologia bastante moderna, de fato.[15] A interpretação que Neusner faz da Michná e dos textos sobre os sábios anteriores ao ano 70 d.C. é historicamente crítica em uma forma semelhante à dos estudos contemporâneos da Bíblia. Sua elucidação dos temas legais de interesse dos fariseus é fundamental, mas quando os caracteriza como uma seita apolítica (em parte de seu trabalho), ele ancora-se em um mal-entendido de como a religião fazia parte da cena social e política do primeiro século. Seu trabalho será utilizado amplamente, mas colocado em um contexto sociológico diferente.

---

[12] Cf. cap. 10 para uma avaliação mais detalhada dos dados rabínicos a respeito dos fariseus e saduceus.

[13] NEUSNER, Jacob. *The Rabbinic Traditions about the Pharisees before 70*. Leiden, Brill, 1971. RIVKIN, Ellis. Defining the Pharisees: The Tannaitic Sources. *HUCA* 40-41, 1969-70, pp. 205-249 e *A Hidden Revolution: The Pharisees Search for the Kingdom Within*. Nashville, Abingdon, 1978. Neusner também escreveu diversos ensaios sobre os fariseus e os rabis. Uma coleção particularmente acessível é *Formative Judaism: Religious, Historical and Literary Studies. Third Series. Torah, Pharisees, and Rabbis*. BJS 46; Chico, Scholars, 1983.

[14] Grande parte do argumento de Rivkin fundamenta-se também em uma leitura relativamente acrítica de Josefo, um aspecto de seu trabalho que não será tratado explicitamente neste estudo. Cf. a resenha crítica de COHEN, Shaye J. D. In: *JBL* 99, pp. 627-629, 1980.

[15] Cf. o resumo e a crítica de seu modo de reconstrução da história feitos por ELLENSON, D. Ellis Rivkin and the Problems of Pharisaic History: A Study in Historiography. *JAAR* 43, 1975, pp. 787-802.

Parte I • A sociedade palestinense

O plano desta obra

Os dados esparsos acerca dos fariseus, escribas e saduceus devem ser colocados em um contexto histórico-sociológico mais amplo, a fim de serem interpretados corretamente. Apresentar os fariseus, saduceus e essênios como os únicos ou como os grupos dominantes no judaísmo do primeiro século, como muitos estudos implicitamente o fazem, é subestimar a diversidade do judaísmo no primeiro século e equivocar-se quanto à estrutura social do Império Romano. Não obstante ser impossível, nos limites deste estudo, descrever todos os aspectos da sociedade do Império ou da Palestina judaica, os ângulos mais importantes serão delineados.[16] Far-se-á uma tentativa de situar os fariseus, escribas e saduceus no todo da sociedade e de mostrar suas funções e contribuições para ela.

A parte I descreve certos aspectos da sociedade palestinense no contexto mais amplo do Império. Após este capítulo introdutório, o capítulo 2 descreverá o método sociológico empregado neste livro, algumas das críticas que lhe são dirigidas e a contribuição precisa que este trabalho procura oferecer ao estudo do judaísmo e do cristianismo do primeiro século. O capítulo 3 situa a sociedade palestinense dentro do Império Romano, utilizando estudos sociológicos de impérios agrários e algo de história social, e descreve as classes sociais e os papéis mais importantes encontrados em tais sociedades. O capítulo 4 define e classifica os tipos de relações e grupos sociais que formam a estrutura da sociedade, especialmente aqueles mais relevantes para o estudo do judaísmo do primeiro século.

A parte II interpreta as fontes literárias, Josefo, o Novo Testamento e a literatura rabínica, usando a compreensão sociológica da sociedade palestinense derivada da parte I e corrigindo-a quando necessário. No capítulo 5, as atividades dos fariseus e dos saduceus nos relatos históricos de Josefo são analisadas sociologicamente;

---

[16] Os estudiosos do Novo Testamento que se interessam pelas origens do cristianismo na Palestina têm escrito sobre aspectos da sociologia da Palestina. Cf. THEISSEN, Gerd. *Sociology of Early Christian Palestine.* Philadelphia, Fortress, 1978; HORSLEY, Richard A. & HANSON, John S. *Bandits, Prophets, and Messiahs;* Popular Movements at the Time of Jesus. Minneapolis, Winston, 1985. Um estudo da tradição judaica no contexto social durante o período pós-exílico foi feito por KIPPENBERG, Hans G. *Religion und Klassenbildung im antiken Judäa;* Studien zur Umwelt des Neuen Testaments 14. Göttingen, Vandenhoeck, 1978. A respeito do mundo do pensamento do cristianismo cf. GAGER, John. *Kingdom and Community;* The Social World of Early Christianity. Englewood, Prentice-Hall, 1975, e KEE, Howard C. *Christian Origins in Sociological Perspective.* Philadelphia, Westminster, 1980. Diversos outros estudos tratam de tópicos, métodos e livros específicos.

22

e no capítulo 6 as descrições que Josefo faz deles são avaliadas criticamente quanto aos grupos historicamente conhecidos como também aos modelos sociológicos apropriados ao tempo. Do capítulo 7 ao capítulo 9 trata-se do Novo Testamento. O capítulo 7 trata de Saulo de Tarso, o fariseu, e os capítulos 8 e 9 ocupam-se dos evangelhos. Os evangelhos são submetidos a uma avaliação crítica a fim de fazer uma distinção entre polêmica e realidade. Finalmente, no capítulo 10, as fontes rabínicas são sopesadas historicamente quanto aos seus próprios gêneros, contextos literários, e elementos sociológicos e históricos derivados de outras fontes.

Na parte III os resultados das análises sociológica e literária são combinados. No capítulo 11, os escribas, que aparecem como um grupo organizado apenas nos evangelhos, são situados no contexto mais amplo do escribalismo do Oriente Próximo e do judaísmo. No capítulo 12, os resultados respeitantes aos fariseus, sobre os quais dispomos do maior número de dados, são apresentados sinteticamente, enquanto as questões respondidas são definidas. No capítulo 13, os poucos resquícios encontrados a respeito do grupo menos conhecido, os saduceus, são resumidos e avaliados, por menos que estes indícios nos tenham a dizer.

Capítulo 2

Uma abordagem sociológica

A análise literária é utilizada, geralmente, para compreender a dinâmica interna dos textos antigos, enquanto a pesquisa histórica busca situá-los em seu devido contexto. Este estudo completará essas abordagens com métodos e conclusões derivadas da sociologia e da antropologia cultural. Em virtude de os elementos literários e históricos sobre fariseu, escribas e saduceus serem tão exíguos, inúmeras questões acerca de cada grupo permanecem sem respostas seguras. Os intérpretes têm proposto diversas hipóteses para compreendê-los, mas a maioria tem-se fundado em retroprojeções acríticas de modernas teorias de sociedade e de religião. A sociologia e a antropologia cultural fornecerão algum disciplinamento para a criação de hipóteses atinentes à natureza de tais grupos.

Os erros na descrição e na compreensão dos fariseus, escribas e saduceus têm sido abundantes. Os estudiosos têm frequentemente tratado os fariseus como um grupo de classe média, embora não houvesse nenhuma classe média na Antiguidade. Têm caracterizado os fariseus e os saduceus como grupos religiosos separados da política, não obstante na Antiguidade a religião estivesse entretecida na sociedade política e fosse dela inseparável. Os fariseus têm sido vistos como artesãos urbanos eruditos, num tempo em que artesãos eram sem instrução, pobres e desprovidos de poder. Estes erros fundamentais de perspectiva mostram claramente que todos, consciente ou inconscientemente, partem de uma compreensão prévia da sociedade. A primeira seção deste estudo tornará explícita a teoria sociológica e a visão da sociedade antiga que serão utilizadas na análise dos fariseus, escribas e sadeceus.

Objetivando não ler a Antiguidade com categorias e estruturas sociais modernas, as teorias de estruturas sociais devem associar-se aos estudos sociológicos dos impérios antigos e aos estudos antropológicos da civilização pré-industrial mediterrânea. Requer-se grande cautela, pois a teoria sociológica é bastante ocidental, fundamentada na filosofia moderna e condicionada pela visão moderna de como a cultura deve ser organizada. A antropologia cultural é mais intercultural e trabalha

Parte I • A sociedade palestinense

com sociedades pré-industriais que se assemelham, em alguns aspectos, à sociedade antiga.[1] Contudo, todas as sociedades mediterrâneas estudadas pela antropologia têm sido influenciadas pela moderna sociedade industrial e pela ênfase medieval e moderna no individualismo. Ainda que alguém atinja o que era típico na Antiguidade, ficará sempre com o problema histórico: era mesmo assim? Se é incerto, quão provavelmente era assim? Houve mudanças, ao longo do tempo, na sociedade ou no grupo estudado? Quanto possível, precisamos controlar criticamente tanto a nossa própria cultura e sociedade, com seus consequentes interesses, quanto o período e a sociedade antiga, com todos os seus interesses e pressuposições.

Alguns objetariam que não se deveriam usar absolutamente categorias sociológicas modernas, mas procurar determinar as próprias categorias sociais e percepções antigas.[2] Embora a busca de categorias antigas faça parte de todo o empreendimento, as categorias sociológicas modernas são também instrumentos legítimos de análise. Elas podem desvelar aspectos da sociedade antiga ignorados ou não percebidos na Antiguidade. Mesmo quando as categorias e teorias sociológicas modernas não se encaixam, elas mostram, definitivamente, quão diferente era a Antiguidade em relação ao mundo contemporâneo. Por fim, as categorias e teorias sociais científicas que fazem parte de nossa visão moderna devem ser reconhecidas, submetidas a críticas em relação à Antiguidade e usadas para avaliar criticamente a sociedade na Antiguidade.

O perigo esmagador no uso dos métodos e, especialmente, dos resultados da sociologia e da antropologia é a abordagem impertinente, na qual categorias criadas com a finalidade de organizar informações e testar hipóteses são impostas aos textos ou lidas neles. Tal exegese é carente de sensibilidade para com os textos e para com os limites das categorias científicas. As teorias deveriam guiar e iluminar a exploração dos textos e, inversamente, ser corrigidas por aquilo que ali for encontrado. Outro perigo na compreensão, seja das categorias modernas seja das

---

[1]   Bruce Malina tem investigado diversos modelos culturais a fim de compreender certos aspectos do mundo do Novo Testamento. Cf. *The New Testament World*; Insights from Cultural Anthropology. Atlanta, Knox, 1981 e *Christian Origins and Cultural Anthropology*; Practical Models for Biblical Interpretation Atlanta, Knox, 1986. Para a sociedade mediterrânea, cf. DAVIS, J. *People of the Mediterranean*; An Essay in Comparative Social Anthropology. London, Routledge and Kegan Paul, 1977.

[2]   Para uma explanação concisa do conflito em torno das categorias êmico e ético e uma discussão em favor da complementaridade de ambas, cf. GELLNER, Ernest & WATERBURY, John (eds.). *Patrons and Clients in Mediterranean Societies*. London, Duckworth, 1977. pp. 9-11.

antigas, provém das transformações na sociedade no decorrer do tempo. A mesma função, designação de grupo ou entidade social podem variar enormemente, não obstante o nome permaneça o mesmo.[3]

Este estudo concentrar-se-á mais nas atividades e nos papéis sociais dos fariseus, escribas e saduceus do que em seu modo de pensar e em suas crenças. E isto por duas razões: a primeira é que não dispomos de nenhuma literatura provinda diretamente de algum desses grupos, e qualquer informação de que dispomos acerca de suas crenças não é fidedigna em virtude tanto de ideias preconcebidas quanto das datas das fontes. Juntamente com as tentativas de reconstruir o pensamento desses grupos é preciso determinar, tanto quanto possível, suas atividades e posições na sociedade; a segunda é que a concentração nas crenças deles tem, amiúde, levado os estudiosos a considerá-los sociedades envolvidas simplesmente em embates teológicos, separadas do restante da vida. Visando corrigir este desequilíbrio, dar-se-á ênfase ao modo como tais grupos agiam na sociedade e que resultado produziam.

Uma vez estabelecido um contexto social para esses grupos e para a sociedade judaica do primeiro século, os documentos do período e documentos posteriores que tratam do período podem ser interpretados e integrados mais facilmente em um quadro coerente. Por exemplo, os fariseus acreditavam na ressurreição e os saduceus, não. Muitas hipóteses foram levantadas a fim de explicar esta diferença, mas a maioria tem sido vagamente ligada à situação social e à história do judaísmo e dos fariseus e saduceus. O trabalho recente sobre a literatura apocalíptica oferece a esperança de que o ambiente social de alguns documentos possa ser recuperado e até mesmo correlacionado com aquilo que sabemos da história e da sociedade daquele tempo.[4] Por fim, um detalhado estudo sobre os documentos, a estrutura

---

[3] Dois exemplos políticos modernos podem vir ao caso. Nos Estados Unidos, a presidência cresceu grandemente em poder ao longo de dois séculos, apesar de o nome e a definição constitucional do cargo terem permanecido os mesmos. Os chefes de partidos políticos costumavam exercer enorme poder direto sobre os membros, mas agora eles não passam de mediadores e organizadores entre diversas facções.

[4] George W. E. Nickelsburg começou a tarefa de comparar documentos do período greco-romano a fim de ver quais deles provinham do mesmo movimento. Cf. Social Aspects of Palestinian Jewish Apocalypticism. *Apocalypticism in the Mediterranean World and the Near East.* HELLHOLM, David (ed.). Tübingen, Mohr, 1983. pp. 641-654 e *1 Enoch* and Qumran Origins: The State of the Question and Some Prospects for Answers. *SBL Seminar Papers 1986.* Atlanta, Scholars, 1986. pp. 341-360. A respeito do mundo social, cf. SCHUTZ, Alfred & LUCKMANN, Thomas. *The Structures of the Life-World.* Evanstorn, Northwestern UP, 1973; MANNHEIM, Karl. *Ideology and Utopia.* New York, Harcourt, 1936 e os muitos outros trabalhos baseados na sociologia do conhecimento.

da sociedade e os acontecimentos da história pode engendrar uma compreensão mais sofisticada dos movimentos apocalípticos do primeiro século do que aqueles estudos que os consideram simplesmente como refugadores do mundo (Weber), ou estão baseados na dissonância cognitiva ou na privação relativa.

O uso das ciências sociais

As ciências sociais têm sido usadas tipicamente para interpretar os textos e a história antiga de três modos:

1. Heuristicamente, a fim de produzir questões a serem usadas no estudo dos textos. Esse uso das ciências sociais pode produzir novas percepções, mas também pode levantar perguntas inadequadas, perdendo-se aspectos importantes dos textos e do período em questão.

2. Descritivamente, a fim de oferecer categorias tanto para descrever aquilo que se acha nos textos quanto para preencher os lapsos de nosso conhecimento sobre a sociedade antiga com teorias sociologicamente prováveis. O reconhecimento explícito da perspectiva aportada ao texto pelo intérprete e a visão de sociedade usada como contexto interpretativo é saudável, mas as categorias sociológicas muitas vezes contêm pressuposições modernas que as tornam inadequadas para a compreensão da Antiguidade.[5]

3. Como explanação, a fim de mostrar como todo o sistema social opera e como as partes se afetam mutuamente. Tal explanação causal e científica é a meta de muitos profissionais das ciências sociais, mas ela é dificilmente alcançada com precisão e é desafiada como objetivo apropriado para a ciência social por muitos teóricos que não operam segundo um modelo empírico das ciências sociais.

Alguns estudiosos tentam usar as ciências sociais como instrumentos descritivos e ignoram a teoria, mas o uso de categorias descritivas, tais como classe ou papel social, traz consigo (muitas vezes disfarçadamente) uma teoria explanatória no tocante a quais aspectos da vida e dos relacionamentos humanos são constitutivos

---

[5] Para os perigos em 1 e 2, cf. STOWERS, Stanley K. "The Social Sciences and the Study of Early Christianity", *Approaches to Ancient Judaism, V: Studies in Judaism in Its Greco-Roman Context.* BJS 32; Atlanta, Scholars, 1985. pp. 161-162.

e causativos para a sociedade.[6] A descrição jamais é autossuficiente, porque a compreensão humana exige que busquemos explicação. O que é descrito depende parcialmente daquilo que o conhecedor já compreende. A descrição inicial, que inclui observação e perspicácia, conduz inevitavelmente à explanação, que se baseia no pensar e no compreender, e estes, em contrapartida, apoiam o conhecimento, que se funda no julgamento e no compromisso. As próprias ciências sociais florescem dentro de um empreendimento científico e filosófico mais amplo, que busca continuamente percepções mais inclusivas e sistemas explanatórios mais compreensíveis. Deve-se considerar o contexto total da teoria social.

Problemas com a teoria social

Todos os estudos ocidentais modernos partem do pressuposto de que a ciência é racional e correta, e que as demais perspectivas estão erradas. Alguns cientistas sociais arremedam as ciências naturais restringindo a prova àquilo que pode ser empírica e matematicamente demonstrado, enquanto muitos outros reconhecem o efeito recíproco entre percepção do mundo e experiência objetiva do mundo. A antropologia cultural é mais sensível aos padrões e visões culturais, mas as teorias dominantes tratam ritos, símbolos, costumes e artefatos como objetos a serem avaliados na terminologia científica, em vez de levar a sério as intenções e os motivos específicos de uma cultura.

Os estudos sociais que se ocupam da religião enfrentam problemas especiais porque a possível verdade da transcendência é sistematicamente ignorada. Tal negligência baseia-se geralmente na valorização excessiva do dado empírico e na rejeição das pretensões transcendentes fundamentadas na fé (que são consideradas fechadas ao questionamento racional). Contudo, pelos próprios princípios da ciência, um fenômeno que ainda não foi exaustivamente explicado e cujas reivindicações da verdade não são submetidas à avaliação, ainda não foi estudado cientificamente de forma adequada. A rejeição prévia do transcendente e de todas as reivindicações

---

[6] Cf. STOWERS, op. cit., para os problemas de causalidade, intervenção humana e comensurabilidade. O criativo livro de Wayne Meeks sobre Paulo, *The First Urban Christians* (New Haven, Yale, 1983), foi criticado por este motivo. Cf. STOWERS, op. cit., pp. 168-176; ELLIOTT, J. H. In: *RSR* 11, 1985, pp. 329-335; MALINA, B. In: *JBL* 104, 1985, pp. 346-349.

Parte I • A sociedade palestinense

religiosas da verdade é preconceito científico.[7] Apesar de muitos obstáculos que obstruem o estudo da religião, a tarefa não é nem impossível nem opcional.

A teoria social moderna tem-se fundamentado na pressuposição moderna de que os seres humanos são movidos por interesses e desejos próprios, e que motivos "superiores", tais como altruísmo, amor e fé religiosa, podem ser reduzidos a motivos "inferiores" ou, pelo menos, subordinados a eles. Apesar de este estudo acentuar necessidades e interesses, e não significados e crenças, ele não pressupõe que a atividade humana derive inteiramente do desejo. Pela razão de as necessidades e os interesses terem sido muitas vezes ignorados ou atenuados por aqueles que veem os fariseus, escribas e saduceus como grupos predominantemente espirituais, e porque tais interpretações isolam-nos da política e da sociedade, este aspecto negligenciado do judaísmo do primeiro século será explorado aqui. A fé que movia os judeus e os cristãos do primeiro século não pode ser nem reduzida a algum outro fenômeno nem tratada como um acaso não avaliável. Este estudo, porém, ocupa-se principalmente das atividades e dos arranjos sociais que são públicos e observáveis, até onde os textos antigos e a arqueologia nos oferecem elementos. As estruturas e relações sociais da antiguidade servem como linhas-guias para a interpretação dos textos e como parte do fundamento de uma visão holística da sociedade que inclui Deus e os seres humanos.

Funcionalismo

O funcionalismo tem sido a teoria sociológica dominante nos Estados Unidos e é a teoria mais utilizada neste estudo.[8] O funcionalismo pressupõe que toda ação humana contribui para a existência humana e especificamente para a sociedade humana, e busca compreender a função (isto é, o efeito ou a consequência) de cada ação. O papel que cada tipo de ação e cada grupo ou função social desempenha na sociedade é analisado e relacionado a outros de forma orgânica. Até mesmo as ações negativas possuem uma função na sociedade como agentes

---

[7] Para um persistente argumento em favor de um estudo científico da religião que enfrente e adjudique as reivindicações da verdade das religiões, cf. WIEBE, Donald. *Religion and Truth*; Towards an Alternative Paradigm for the Study of Religion. Religion and Reason 23; Hague, Mouton, 1981.

[8] O funcionalismo, que existe em diversas formas, deve muito a Max Weber e a Emile Durkheim. Nos Estados Unidos, Talcott Parsons foi a figura dominante nesta escola. Esta teoria também foi desenvolvida na obra do antropólogo inglês Radcliffe-Brown e Malinowski.

de mudança ou de desmantelamento de estruturas que não mais funcionam. O funcionalismo tem sido frequentemente desafiado em sua pressuposição de que a sociedade existe e deve ser protegida. Alguns estudiosos têm defendido que a teoria dos conflitos — o estudo da sociedade como um grupo de forças conflitantes, mais do que cooperantes — é um modelo mais verdadeiro para a sociedade. Todavia, a teoria dos conflitos é uma variante do funcionalismo e simplesmente realça as funções sociais positivas do conflito em uma sociedade sã e estável, e seu papel na morte de uma estrutura social que já esgotou sua utilidade.[9] Até mesmo os conflitos dentro da sociedade respondem à necessidade de mudanças, reformas e modificações na sociedade, de acordo com as circunstâncias e a adaptação de uma ampla gama de necessidades e interesses.

Muitos textos pertinentes aos fariseus, escribas e saduceus envolvem conflitos, os quais fazem parte do funcionamento da sociedade, não constitutivos dela, na visão implícita das fontes. Josefo introduz os fariseus e os saduceus em sua narrativa apenas quando eles fazem parte de acontecimentos políticos decisivos (conflitos) desencadeados na Palestina. Estes grupos aparecem nos evangelhos quando entram em conflito com Jesus. Na literatura rabínica, os fariseus e os sábios que são identificados como parte da tradição muitas vezes discutem acerca das interpretações da lei e a respeito dos comportamentos. Tais contendas são caseiras, mas desacordos fundamentais entre fariseus e saduceus e outros grupos hostis são vistos como uma ameaça à comunidade, e os querelantes são apropriadamente censurados. Todos os textos tratam o conflito como um mal a ser superado e culpam os que são responsáveis por ele. Josefo é a favor de um forte governante que mantenha a ordem civil e ataque todos os que põem em perigo tal ordem. A literatura rabínica deseja uma comunidade bem ordenada cuja constituição seja elaborada mediante disputa baseada em princípios, mas se defende contra aqueles que transgridem as fronteiras da comunidade. Os evangelhos fomentam uma nova compreensão da vontade de Deus e, assim, entram em conflito com a comunidade judaica tradicional. Mesmo aqui, os evangelhos não são intencionalmente revolucionários, mas implicitamente argumentam que eles preservam a verdadeira continuidade com a tradição e com a comunidade. Tradição e ordem, não mudança e conflito, são as virtudes abraçadas por todos os partidos.

---

[9] TURNER, Jonathan. *The Structure of Sociological Theory*. Homewood, Dorsey Press, 1978.

Os problemas do funcionalismo são bem conhecidos e repetidamente enumerados.[10] O funcionalismo está francamente inclinado em favor do *status quo*. Como teoria, pressupõe que a sociedade existe e que é boa, mas não explica convincentemente sua origem e propósito. Procura especialmente conhecer as consequências de um ato, de uma série de atos ou de uma instituição para a sociedade mais ampla. Dado que está teologicamente orientado, não suporta o teste dos critérios estritamente empírico-causais e torna-se vítima da circularidade e da não verificabilidade.[11] O funcionalismo é reiteradamente usado de forma descritiva como construção heurística a fim de perceber como a sociedade se encaixa em uma estrutura coerente, ou como alguns fatores sociais se acham em tensão com as estruturas existentes. Como tal, o funcionalismo é criticado por teóricos mais acerbos e radicais que se opõem ao preconceito conservador do funcionalismo em favor do *status quo* e à sua recusa em criticar e superar relações e interações sociais que são opressoras.[12] Finalmente, o funcionalismo é criticado por ignorar motivos e intenções subjetivas e as reivindicações da verdade pelos atores sociais. Uma método sociológico holístico deve levar em consideração as crenças e compromissos das pessoas que constituem a sociedade, bem como as forças e estruturas sociais que agem sobre elas.[13]

Essas limitações do método funcionalista exigem que ele seja completado por e correlacionado com outros estudos concernentes à sociedade judaica, à Palestina e ao Império Romano, aos muitos movimentos e grupos no judaísmo, aos contextos sociais da grande variedade de literatura e história judaica e outras, à economia e

---

[10] Um ataque clássico está presente em GOULDNER, Alvin W. *The Coming Crisis of Western Sociology*. New York, Basic, 1970. Cf. também TURNER, Jonathan & MARYANSKI, Alexandra. *Functionalism*. Menlo Park, CA, Benjamin Cummings. p. 141. Nesta obra é constatada a falta de poder explanatório do funcionalismo. Críticas ao funcionalismo conforme as usadas no estudo do Novo Testamento podem ser encontradas em STOWERS, op. cit. e HORSLEY, Richard A. How Functional is Functionalism for Analysis of Early Christianity. *JAAR*.

[11] Cf. HEMPEL, Carl G. The Logic of Functional Analysis. In: *Aspects of Scientific Explanation and Other Essays in the Philosophy of Science*. New York, Free Press, 1965. pp. 297-330.

[12] A crítica marxista é a mais conhecida; ela considera o conflito entre classes o motor da história e da sociedade em suas formas atuais, um estágio de desenvolvimento de uma sociedade perfeita.

[13] A indiferença do funcionalismo para com a intenção humana em todas as suas formas é um argumento central em STOWERS, op. cit. Muitas vezes esta abordagem é atribuída a Max Weber, mas Susan Hekman, *Weber, Ideal Type, and Contemporary Social Theory* (Notre Dame, University of Notre Dame, 1983), defende que o tipo ideal de Weber implicitamente mediatiza e reconcilia a cisão entre estruturas sociais e intenções.

à cultura do período, antes que se possa esperar uma compreensão completamente adequada do primeiro século.

A sociologia e as fontes

O historiador judeu do primeiro século, Josefo, oferece a maior quantidade de informação referente à sociedade e à história judaicas no Império Helenístico e no Império Romano. Os acontecimentos que ele registra, as pessoas sobre quem ele discorre e as interpretações que ele apresenta de importantes acontecimentos na história judaica fornecem alguns elementos, mas resultam em uma descrição muito incompleta da sociedade judaica. Uma vez que Josefo vê a sociedade a partir de cima, com os olhos da classe governante, e ambiciona promover a estabilidade e a continuidade, ele inclina-se especialmente à análise funcional. Destarte, o funcionalismo, que assume a sociedade enquanto tal, tornará claras as implicações e limitações da análise que Josefo empreende do judaísmo no Império Romano. Categorias estáticas, tais como classe, *status* e partido, ajustam-se à sua visão estática de sociedade. Antes de descrever, no capítulo 3, as classes no Império, usando-as para interpretar os fariseus e os saduceus em Josefo, nos capítulos 5 e 6, dedicarei parte deste capítulo a uma análise e uma crítica do conceito de classe e do conceito concomitante de poder. Essas categorias sobrepõem-se, mas, tomadas em conjunto, oferecem um esboço bem geral e abstrato da organização e das atividades sociais que podem servir como esquema para a compreensão das características mais particulares e únicas da sociedade judaica. As deficientes informações disponíveis acerca da sociedade palestinense e as muito abstratas categorias de classe e de *status* serão incrementadas com estudos sociais comparativos que utilizam elementos históricos de sociedade similares. Dessa forma, hipóteses sobre a sociedade judaica podem ser cuidadosa e frutiferamente levantadas, fundamentadas em modelos interculturais baseados em uma coerente teoria de organização e de atividade social. Usarei amplamente dois autores: Gerhard E. Lenski e S. N. Eisenstadt.[14]

---

[14] LENSKI, Gerhard E. *Power and Privilege*; A Theory of Social Stratification. New York, McGraw, 1966; EISENSTADT, S. N. *The Political Systems of Empires*; The Rise and Fall of Historical Societies. Glencoe/New York, Free Press/Collier-Macmillan, 1963 e *Social Differentiation and Stratification*. Glenview, II, Scott Foresman, 1971. Dever-se-ia também fazer referência a KAUTSKY, John H. *The Politics of Aristocratic Empires*. Chapel Hill, University of North Carolina, 1982.

Ambos analisaram vários tipos de impérios, em culturas e períodos diferentes da história. Lenski desenvolveu um sistema teórico de classe a fim de descrever as relações sociais dentro de um império agrário, de que o Império Greco-romano é um exemplo. Seu trabalho, completado por outros autores e modificado por suas críticas, servirá de esquema para este estudo.

Uma vez que fariseus, escribas e saduceus são pequenos grupos no interior de estruturas mais amplas de sociedade e dado que mantêm várias relações com outros grupos na sociedade, modelos mais flexíveis, tais como rede (*network*) e relações patrono–cliente, serão introduzidos a fim de descrever muitos dos mecanismos internos da sociedade. Tanto o Novo Testamento quanto a literatura rabínica lidam com a comunidade judaica e a comunidade cristã emergente. Na maioria das vezes eles não tratam das estruturas sociais mais vastas da sociedade, mas ocupam-se com grupos menores e relações sociais de pequena escala. Por conseguinte, no capítulo 4, a formação de grupo, a manutenção das fronteiras, o patronato, os padrões comunitários de honra e vergonha, os grupos de interesse, os movimentos sociais, as escolas e seitas serão descritos como uma preparação para a análise posterior de uma variedade de textos. O restante deste capítulo será dedicado a uma discussão e uma análise das categorias funcionalistas que serão usadas para analisar o Império Romano e a sociedade judaica (Capítulo 3), bem como as atividades dos fariseus em Josefo (Capítulo 5).

Classe

Antes de descrever o sistema de classe de Lenski, dever-se-ia dedicar um pouco de atenção aos vários conceitos de classe e às apreciações quanto ao uso dos conceitos de classe. A clássica tríada de Weber associava *classe* à situação e às possibilidades econômicas de alguém, *status* ao lugar de alguém no sistema social de acordo com a lei (bens) e com seu prestígio, e *partido* ao poder político do grupo de alguém. Mas essas áreas da vida, bem como outras, sobrepõem-se consideravelmente, e muitas outras variáveis concorrem para conceder a uma pessoa ou a um grupo seu lugar, papel e limites na sociedade. Ademais, as bases para o que Weber chama de classe, *status* e partido variam nas diferentes sociedades. Eisenstadt, em seu estudo sobre diferenciação social e estratificação, observa que muitos estudiosos, ao usarem incorretamente as três categorias weberianas de classe, *status* e partido, assimilam tudo a uma única dimensão, ou tratam as três dimensões como se fossem hierarquias completamente separadas, envolvendo pessoas separadas.[15] Estudos recentes têm mostrado decididamente que é necessária uma abordagem multidimensional da formação de estratos a fim de considerar as complexidades e as variações nas culturas, pois as bases de classe, *status* e partido diferem entre uma sociedade e outra.[16]

A análise do poder, com ênfase no poder econômico como critério para as classes, é bastante adequada para o relacionamento entre as classes superior e inferior na hierarquia dos impérios agrários, tal como o Império Romano. Lenski defende que, nesse contexto, as classes e a estratificação são mais bem estudadas quando se atenta para o processo que as produz: o "processo distributivo", que pode ser definido como o modo de determinar "quem obtém o que e por quê".[17] Conforme Lenski, classe não é um simples conceito, mas inclui certo número de fatores determinantes, relações e processos sociais. Para Lenski, a classe social inclui elementos das duas outras categorias de Weber — *status* e partido (poder político). O estágio tecnológico de uma sociedade influencia a economia, que influencia a política, que, por sua vez, influencia o sistema de distribuição. Contudo, esses relacionamentos não são inteiramente determinados, porque são influenciados, em cada estágio, por diversos fatores.[18]

As origens e os processos de classes e de *status*, para não falar de sua desejabilidade e moralidade, têm sido explicadas de diversos modos. A tradição funcionalista conservadora argumenta que grupos, classes e estratos sociais derivam das necessidades e dos desejos da sociedade, não dos indivíduos. O limitado número de pessoas capazes de realizar tarefas difíceis e essenciais deve ser motivado a agir em favor da sociedade e é recompensado de forma especial, tornando-se uma classe. A estratificação expressa o sistema de valor da sociedade e acentua as vantagens comuns da estratificação para a sociedade.[19] A teoria do conflito radical

---

[15] *Differentiation*, pp. 81-82.

[16] *Differentiation*, pp. 82-83. Cf. também TURNER, Jonathan H. *Societal Stratification*; A Theoretical Analysis. New York, Columbia, 1984, especialmente caps. 4 e 8. Turner apoia Eisenstadt no que diz respeito aos sistemas de classe e de *status* que são determinados por uma série de fatores complexos, e critica Lenski porque, após ter distinguido muitos fatores complexos, amontoa-os como se formassem um fenômeno compósito e demasiado simples (pp. 57-58). De fato, como veremos, Lenski enfatiza a complexidade do sistema de estratificação implícito na classe e no *status*.

[17] Lenski, op. cit., pp. 2-3.

[18] Lenski, op. cit., p. 436.

[19] Lenski, op. cit., pp. 16-17.

Parte I • A sociedade palestinense

obtém a estratificação a partir das necessidades, desejos e valores conflitantes de indivíduos em subgrupos na sociedade, os quais são apresentados em uma luta por bens em estoque reduzido. Essa teoria enfatiza a dominação e a exploração.[20] Lenski procura sintetizar essas duas abordagens tradicionais mediante uma análise empírica que acentua múltiplas variáveis e suas inter-relações, conforme encontradas quer nas sociedades antigas, quer nas modernas. Ele trabalha fundamentalmente a partir de um arcabouço hobbesiano, segundo o qual a sociedade está fundada no desejo individual e comunitário de sobrevivência, satisfação de necessidades e aquisição de poder.[21] De acordo com Lenski, a necessidade e o poder determinam a distribuição. As necessidades básicas vêm primeiramente; quando são satisfeitas, o poder determina quase inteiramente a distribuição do excedente. Com Weber, Lenski define *poder* como a probabilidade de pessoas ou grupos fazerem valer a sua vontade, mesmo quando contrapostos por outros, e tudo o mais depende do poder.[22] *Privilégio* é a posse ou o controle de uma porção do excedente na sociedade, que foi produzido pelo poder. *Prestígio* é a posição ou o *status* perante os outros, e depende tanto do poder quanto do privilégio.[23] Dever-se-ia notar que, na Antiguidade, o poder político e a posição social conduziam à aquisição e à retenção da riqueza, em contraste com a sociedade moderna, na qual a riqueza muitas vezes leva ao poder e ao *status*.[24]

Definições

Lenski reconhece que classe é um conceito muito complexo, que deve ser usado cuidadosamente, de forma requintada.[25] Ele se interessa especialmente pelas classes de poder, as quais ele define como "um conjunto de pessoas em uma

---

[20] Lenski, op. cit., pp. 16-17.

[21] Lenski, op. cit., caps. 2-3.

[22] Lenski, op. cit., p. 44.

[23] Lenski, op. cit., p. 45.

[24] Kautsky, op. cit., usa o poder e as relações econômicas como base de suas definições de classe nos impérios aristocráticos de forma semelhante à de Lenski. A aristocracia é definida preferentemente por seu papel político e econômico na sociedade, e não pela raça, hereditariedade ou designação étnica. Seu papel político é cobrar impostos e fazer guerra. Desta atividade, a aristocracia obtém prestígio, riqueza, privilégios, isenção de taxas e de controle da riqueza (p. 79). Destarte, a aristocracia é definida por Kautsky como aqueles que exploram e dominam as classes inferiores, os camponeses e outros (p. 229).

[25] Lenski, op. cit., pp. 78-82 e p. 443.

sociedade, situadas em uma posição semelhante em relação à força ou a alguma forma específica de poder institucionalizado", por exemplo, os operários, os militares, os ricos.[26] Uma pessoa pode ser membro de diversas classes ao mesmo tempo. Castas, estados, grupos e elites de *status* podem ser reduzidos a classes de poder, no sentido de Lenski. Uma *classe é uma casta*, porque a movimentação ascensional dentro ou fora dela é proibida pelos costumes. Uma classe é um *estado*, na medida em que sua existência, direitos e privilégios são estabelecidos por lei.[27]

Grupos de *status* são mais difíceis de definir, mas Lenski diz que alguns grupos de *status* são classes de poder e alguns são grupos de prestígio. Grupos de *status* tendem a ser endógamos, hereditários e têm uma personalidade comum. Com esse termo, Lenski designa os grupos raciais, étnicos e religiosos que detêm poder social.[28] O termo *elite* refere-se ao mais alto segmento classificatório em qualquer unidade social, ordenado por qualquer critério escolhido.

As fronteiras das classes e das elites são muito imprecisas, porque são distribuídas continuamente.[29] Nenhum critério de distinção de classe e de grupo oferecerá um quadro adequado da sociedade. Na sociedade judaica, alguns sacerdotes hereditários eram membros das classes superiores como governantes e como servidores de famílias, enquanto outros eram membros de classes inferiores, como agricultores e artesãos. Os proprietários rurais podiam ser líderes nacionais, ricos e poderosos, ou pequenos líderes locais, ou camponeses empobrecidos, apenas de passagem. Ademais, a classe de uma pessoa podia mudar ao longo do tempo.

Um sistema de classe é uma hierarquia de classes ordenadas em termos de alguns critérios únicos.[30] Os quatro sistemas de classe que possuem um efeito no

---

[26] Lenski, op. cit., p. 75.

[27] Lenski, op. cit., pp. 77-78.

[28] Lenski, op. cit., p. 78. Conforme LITTLEJOHN, James. *Social Stratification.* London, Allen, 1972. p. 47, *status* pode significar: a. posição na estrutura social, independentemente de considerações de igualdade ou de desigualdade. Este uso é descritivo: um prestamista é um prestamista e um lojista é um lojista; b. *status* legal em uma estrutura social, por exemplo livre ou escravo; c. posição em uma organização hierárquica, por exemplo diretor, ou posição em um esquema hierárquico que abrange toda a sociedade. *Status* social é frequentemente usado com o sentido do item c e refere-se ao prestígio de alguém e ao modo como é tratado pelos outros.

[29] Lenski, op. cit., pp. 78-79.

[30] Lenski, op. cit., pp. 79-80.

Parte I • A sociedade palestinense

sistema distributivo são: o sistema de classe política, o sistema de classe proprietária, o sistema de classe ocupacional e o sistema de classe étnica. Cada sistema representa um princípio de distribuição diferente, e assim pode-se instaurar um conflito entre sistemas, bem como entre classes dentro de um sistema.[31] Pela razão de os mecanismos de uma sociedade serem enormemente complexos, sendo possível uma grande variedade de grupos, processos e combinações, um sistema de classe pode ajudar na análise, mas jamais incluirá todas as variações. Além do mais, vistas de fora, como é nosso caso neste exame, as classes são corpos amplos, vagamente definidos. Contudo, para aqueles inseridos na sociedade, cada classe contém muitas outras gradações nuançadas, não especificadas pela categoria geral.[32] A definição de classe de Sjoberg mostra a riqueza de critérios necessária para definir uma classe. Uma classe é um "amplo corpo de pessoas que ocupam uma posição em uma hierarquia social por motivo de sua manifesta semelhança de critérios objetivos de valor. Estes últimos incluem as ligações de parentesco, poder e autoridade, conquistas, posses e atributos pessoais. As conquistas envolvem os êxitos ocupacionais e educacionais de uma pessoa; as posses referem-se às provas materiais de riqueza; os atributos morais incluem as crenças religiosas e éticas, e as ações de uma pessoa; os atributos pessoais abrangem o modo de falar, vestir e o jeito pessoal de ser".[33] Ele observa também que as cidades pré-industriais, objeto de seu estudo e parte da sociedade antiga que estamos examinando, apresenta notável consistência em suas estruturas de classe.

Classe e *status* fazem parte do tópico mais abrangente de estratificação na sociedade, conforme J. H. Turner. A estratificação constitui-se de três processos: a distribuição desigual de recursos preciosos, a formação de subpopulações homogêneas e a classificação de tais subpopulações.[34] Os recursos preciosos são tríplices: 1. *Riqueza material*, que são aqueles objetos materiais ou a capacidade de adquirir tais objetos com dinheiro, os quais as pessoas, na sociedade, valorizam e consideram gratificantes; 2. *Poder*, que é a capacidade relativa que indivíduos ou unidades coletivas em uma sociedade possuem de controlar as ações de outros indivíduos ou unidades coletivas; e 3. *Prestígio*, que é o respeito, a estima e a honra que os

---

[31] LENSKI, op. cit., pp. 79-80.

[32] SJOBERG, Gideon. *The Preindustrial City: Past and Present*. New York, Free Press, 1960. p. 109.

[33] SJOBERG, op. cit., p. 109.

[34] TURNER, op. cit., p. 59.

Uma abordagem sociológica

indivíduos conferem a outros em uma sociedade.[35] Esse é o coração do processo distributivo usado por Lenski como a base para suas classes de poder. O grau de desigualdade em uma sociedade, um traço característico de uma sociedade agrária, é determinado por essas três variáveis. No entanto, o peso relativo que elas possuem na determinação da desigualdade depende do tamanho do sistema, do nível de diferenciação, da produtividade e de outras forças que afetam a concentração de recursos. Em pequenas e medianas sociedades, o prestígio é o fator mais importante. Nas sociedades maiores, predominam o poder e o dinheiro. Quando grupos de sociedades se reúnem em um império, o papel do poder diminui e cresce a riqueza, porque o custo do exercício do poder cresce de fato.[36] Essa pressão econômica torna os impérios intrinsecamente instáveis.[37]

De acordo com Turner, define-se classe pela interseção dos processos de classificação e de diferenciação. Mais precisamente, classe social é usada para descrever "os efeitos multiplicativos e interativos de diferenciação de subpopulações homogêneas e a classificação de tais subpopulações".[38] Diferenciação é o "grau e a extensão a que chegam subséries de membros de uma sociedade na revelação de tendências comportamentais comuns e de atitudes semelhantes, de modo que possam ser distintas de outras subséries de membros em uma sociedade".[39] A formação de subpopulações é causada por forças que criam "um senso de identidade entre indivíduos, bem como um elevado grau de homogeneidade em comportamentos, atitudes e posses entre subséries de uma população".[40] A classificação diz respeito a como tais subséries são diversamente avaliadas. O processo de avaliação, de classificação de outras pessoas e de categorização delas em grupos acontece constantemente entre os indivíduos, e é a base para a importância da classificação. Deste modo, Turner distingue analiticamente o processo social que conduz à formação daquilo a que chamamos classes, em vez de misturá-las. O mais significativo é que ele não associa o poder, em suas diversas formas, à identificação de uma classe, embora o poder e a estratificação que ele produz criem as condições

---

[35] TURNER, op. cit., p. 60.

[36] Observe-se que, muitas vezes, grande riqueza é necessária ou, no mínimo, muito útil para candidatar-se eficazmente a cargos públicos estaduais e nacionais nos EUA.

[37] TURNER, op. cit., pp. 61-63.

[38] TURNER, op. cit., p. 146.

[39] TURNER, op. cit., p. 147.

[40] TURNER, op. cit., p. 65.

Parte I • A sociedade palestinense

para a formação de classes. Apesar de este estudo utilizar a compreensão mais convencional de classe de poder derivado de Lenski, as distinções e as críticas feitas por Turner mostrar-se-ão úteis para situar o lugar e a função dos fariseus, escribas e saduceus.

Classe na sociedade antiga

A complexidade em definir classe, *status* e partido (poder) — a tríada original de Weber — desfaz-se mais facilmente quando consideramos a sociedade antiga. Finley[41] observou que a sociedade romana era inicialmente dividida por *ordo* ou estado, uma categoria legalmente definida, que possuía privilégios e limites claramente estabelecidos, e que se posicionava hierarquicamente com relação às demais categorias.[42] No esquema weberiano, ordo é uma parte do *status*, a posição de alguém na sociedade, juntamente com o prestígio, os valores sociais e a honra conferida pelo sistema social.[43] Todavia, na sociedade romana, a ordem tinha seu próprio lugar. Finley também faz notar que à medida que a ordem perdia importância, outros grupos alçavam à proeminência hierárquica, inclusive um denominado nobreza. A nobreza não possuía *status* legal, mas detinha poder e era um grupo de *status*, baseado, principalmente, em famílias que tivessem tido um membro prestes a alcançar o posto de cônsul.[44] Ao mesmo tempo, aqueles que possuíam a cidadania romana formavam uma ordem, ou seja, um grupo legalmente definido.

As categorias sociais legais e tradicionais não definem adequadamente a sociedade romana. Muita coisa dependia do *status* social, que muitas vezes era o caminho para o dinheiro e para o poder político. A classe social (baseada na riqueza de alguém) era bem menos importante, porque alguém, normalmente,

---

[41] FINLEY, Moses. *The Ancient Economy*, Berkeley, University of California, 1973. Cap. 2.

[42] FINLEY, op. cit., p. 45.

[43] O significado mais antigo de *status* era precisamente o lugar legalmente reconhecido de alguém na sociedade, ou seja, a condição, juntamente com os direitos e deveres daquele estado. Com o surgimento da igualdade social legal no período moderno, o termo foi aplicado a outros fatores que estratificavam a sociedade, especialmente aqueles respeitantes à distribuição da honra e do prestígio. Cf. SWEETSER, D. A. Status. *A Dictionary of the Social Sciences*. GOULD, Julius & KOLB, William L. (eds.). New York, Free Press, 1964. pp. 692-693.

[44] FINLEY, op. cit., pp. 46-47.

obtinha e conservava a riqueza mediante o poder político, e o poder político era adquirido por meio do *status* na sociedade.[45] A economia e as distinções de classe social estavam encravadas no sistema social mais abrangente.[46] O *status* era determinado por uma série de critérios sociais, incluindo-se a cidadania e a família. A riqueza era necessária à pessoa da classe superior, mas sua posse não tornava alguém membro da classe superior. Por contraste, o *status* alcançado por associação à classe superior podia oferecer a oportunidade de adquirir ou de aumentar a riqueza. Destarte, *status* e poder eram mais importantes do que a riqueza na sociedade antiga.[47]

Os estratos sociais em Roma e no Império não deveriam ser imaginados como estáticos, pois achavam-se em constante rebuliço. Uma pesquisa mostra que metade das famílias senatoriais não conseguia colocar um membro no senado na geração seguinte por muitas razões.[48] Muitos dos novos membros eram incluídos nas classes e ordens superiores em virtude da aquisição de riqueza, apadrinhamento imperial e realizações sociais. Essas mudanças eram ainda mais frequentes no Império Romano tardio.[49]

É preciso fazer referência a uma crítica recente dessas complexas definições de classe. Rohrbaugh, em uma investigação acerca do uso de "classe" e "*status*" nos estudos do Novo Testamento, observa que o termo classe tem sido usado de

---

[45] Isto não significa negar que o dinheiro não fosse muito importante, visto que a vida da classe superior, que exigia que não se trabalhasse, era impossível sem ele. Algumas das ordens romanas limitavam-se a pessoas que tinham alguma riqueza. Contudo, a riqueza sozinha não era condição suficiente para conceder *status* ou poder. MACMULLEN, Ramsay. *Roman Social Relations 50 B.C. to A.D. 284.* New Have, Yale, 1974. pp. 88-91. STE. CROIX, G. E. M. de. *The Class Struggle in the Ancient World From the Archaic Age to the Arab Conquests.* Ithaca, Cornell, 1981. pp. 81-98 critica tanto Weber quanto Finley a partir de uma perspectiva marxista. Ele reafirma o domínio da economia e da riqueza (ou seja, classe) sobre o *status*, mas sua análise é menos convincente.

[46] FINLEY, op. cit., pp. 49-51.

[47] O inter-relacionamento destes fatores está bem estabelecido por ALFÖLDY, Géza. *The Social History of Rome.* Totowa, Barnes and Noble, 1985. p. 106: "Era ser rico, ocupar cargos mais altos e, portanto, exercer poder, gozar de prestígio social e, acima de tudo, pertencer a uma *ordo* dominante, uma ordem corporativamente organizada e privilegiada, que incluía homens que tinham riqueza, ocupavam postos mais elevados e gozavam de prestígio. Somente o homem que preenchesse todos estes requisitos realmente pertencia, no sentido pleno, aos estratos superiores da sociedade [...]".

[48] ALFÖLDY, op. cit., pp. 117-118.

[49] ALFÖLDY, op. cit., cap. 6.

Parte I • A sociedade palestinense

diversas maneiras pelos estudiosos que escrevem sobre o mundo social do Novo Testamento. Recentemente, Wayne Meeks, partindo da obra de Finley, ultrapassou as amplas e imprecisas definições de *status* social baseadas em múltiplos critérios, o que resultou em uma graduada série de *status*.[50] Os critérios para atribuir posição social são poder, prestígio ocupacional, ganhos ou riqueza, educação e conhecimento, pureza religiosa e ritual, posição do grupo étnico e familiar, e *status* da comunidade local.[51] Rohrbaugh critica a abordagem sintética e gradual de classe e *status* social, um tratamento comum à maioria dos sociólogos de hoje, porque sua aplicação à sociedade antiga exige constantes julgamentos subjetivos que são influenciados pela própria situação do autor.[52]

Como alternativa, Rohrbaugh sugere uma abordagem relacional para definir classe, abordagem que se concentra nas relações sociais que a posição social define e produz, e não nas características da posição social produzida pelas relações.[53] As relações sociais oferecidas por Rohrbaugh são as de padrão econômico em termos de mercado e de produção, por exemplo, empregador e empregado, credor e devedor, comerciante e consumidor, operário produtivo e não produtivo, não operário. As estruturas da sociedade antiga obedecem às estruturas de interesses, mas classe e *status* não estavam tão ligadas à ocupação como hoje.[54] Esses conceitos relacionais têm um valor esclarecedor para o mundo do Novo Testamento. Por exemplo, a relação de devedor era relativamente duradoura. Os proprietários rurais que possuíam bastante terra a ponto de tornar o trabalho físico desnecessário eram uma classe relativamente estável na sociedade, com relacionamentos fixos com os não proprietários.[55]

A crítica que Rohrbaugh faz ao uso impreciso das categorias classe e *status* é cuidadosa e a estratégia que ele propõe — uma investigação de termos relacionais

---

[50] Methodological Considerations in the Dabate over the Social Class Status of Early Christians. *JAAR* 52, 1984, pp. 519-546, esp. pp. 521-527. Cf. também MEEKS, Wayne. *The Urban Christian*. New Have, Yale, 1983. Ch. 2., esp., pp. 53-55.

[51] ROHRBAUGH, op. cit., p. 528.

[52] ROHRBAUGH, op. cit., p. 530. Dados históricos concretos podem iluminar as sombras de *status* e poder de certas funções e indivíduos, conforme se vê em ALFÖLDY, *Social History*.

[53] ROHRBAUGH, op. cit., p. 531.

[54] ROHRBAUGH, op. cit., pp. 531-535.

[55] ROHRBAUGH, op. cit., p. 541.

Uma abordagem sociológica

nos textos antigos — mostrar-se-ia, sem dúvida, frutuosa. Contudo, o estudo das relações sociais faz parte da criação — não é, pois, um substituto para — ou da aplicação de categorias descritivas e explanatórias gerais que iluminam os dados, permitem que sejam comparados interculturalmente e possam ser relacionados uns aos outros em uma teoria abrangente de sociedade.

Poder

Uma vez que o poder é tão importante para a maioria das definições de classe e de *status*, faz-se necessária uma análise precisa do poder em suas diversas formas. Talcott Parsons analisou a sociedade usando a teoria da ação, sua própria variante do funcionalismo, na qual "um sistema social é um sistema de ações de indivíduos, cujas principais unidades são papéis e constelações de papéis".[56] Ele classificou a interação social em sociedades complexas conforme quatro meios simbólicos generalizados de interação, e assim especificou quatro tipos de "poder" em vigor na sociedade.[57] Os meios simbólicos de interação podem ser mais bem explicados usando o *dinheiro* como exemplo. A troca é o intercâmbio direto de bens e não exige dinheiro ou qualquer outro meio. Mas, à medida que as sociedades e os intercâmbios econômicos tornam-se mais complexos, um meio simbólico é usado para realizar a troca econômica e facilitar as relações econômicas. O dinheiro é simbólico, de modo que não possui nenhum valor intrínseco. Funciona porque simboliza entidades físicas que possuem valor e podem ser trocadas. Como meio simbólico deve existir dentro de um sistema no qual todas as partes conferem ao dinheiro um significado e um valor. Concretamente, deve existir uma sociedade estável, permanente, que disponha de bens suficientes, de forma que aquele que troca bens por dinheiro está seguro de que poderá trocar o dinheiro por bens.

Os outros meios de troca simbólicos são o poder, a influência e a obrigação. O *poder* (agora em um sentido preciso, não no sentido generalizado que inclui

---

[56] PARSONS, T. & SHILS, E. *Toward a General Theory of Action*. Cambridge, Harvard UP, 1951. p. 197.

[57] PARSONS, Talcott. *Politics and Social Structure*. New York, Free Press, 1969. Especialmente cap. 15 "On the Concept of Political Power", pp. 352-404, que se encontrava inicialmente em *Proceedings of the American Philosophical Society* 107, 1963, pp. 232-262, e cap. 16 "On the Concept of Influence", pp. 405-429, que se encontrava originalmente em *Public Opinion Quarterly* 27, 1963, pp. 37-62.

Parte I • A sociedade palestinense

todas essas categorias) é um meio simbólico de interação na sociedade. Deve ser distinguido de um mero ato de força física, que não é, em si, essencial à interação social na sociedade.[58] É melhor considerá-lo como um poder político, visto que ele não exige o efetivo exercício da força física, embora tal opção permaneça como uma ameaça e seja a base do poder. Parsons define o poder como "a capacidade geral de assegurar a execução de obrigações peremptórias por unidades em um sistema de organização coletiva, quando as obrigações são legitimadas com referência a seu apoiar-se em metas coletivas e onde, no caso de desobediência, existe a pressuposição de fazer cumprir a lei mediante sanções situacionais negativas [...]". Note-se a referência à generalização e à legitimação. O poder, como meio simbólico, é mais que um ato físico exercido uma vez em uma dada situação; é a capacidade de ser usado em muitas situações em uma sociedade que o reconhece. O poder, como meio simbólico, ainda depende da capacidade fundamental de coibir comportamentos, mas seu uso em uma sociedade ativa é normalmente simbólico e sua permanência é protegida pela legitimação social — por exemplo, pela lei, pelo costume ou por outro tipo de aceitação social.[59]

O objetivo do poder em uma sociedade é, na verdade, mobilizar recursos a fim de obter metas sociais. O poder pode ser usado para criar ou manter a ordem, para organizar novas atividades ou instituições sociais, ou para prover melhor às necessidades da sociedade. Esses dois primeiros meios simbólicos e as realidades que lhes subjazem estavam nas mãos da classe governante no Império Romano e formavam a base do Império. O imperador romano e, em menor escala, os principais sacerdotes judaicos, anciãos mais importantes, latifundiários e oficiais mais proeminentes dispunham do poder, baseados na força e na riqueza que sustentavam tal sistema. Nos outros níveis de sociedade, algumas pessoas possuíam menor quantidade de poder e de riqueza.

---

[58] GOULDNER, op. cit., pp. 286-297, observa corretamente que Parsons subestima o papel da força física. Parson está interessado nos mecanismos de sociedade e nas complexas interações dentro de uma sociedade ativa. Assim, Parsons mantém a violência em segundo plano. A crítica de Gouldner dirige-se às pretensões morais de Parsons para a legitimação do poder, e é menos importante para o uso descritivo destas categorias de que aqui nos servimos. A compreensão que Parsons tem de poder realmente implica a predisposição dos funcionalistas em favor das instituições mais importantes, que permitem a uma sociedade funcionar.

[59] A definição de poder de Parsons é uma variante da de Weber, usada por Lenski. Baseia-se na capacidade individual de fazer valer a própria vontade (dele ou dela) contra a oposição.

A *obrigação*, o terceiro meio simbólico, contribui para o poder. Compromissos generalizados sublinham as relações que mantêm unidos os membros de uma sociedade. As obrigações são símbolos de muitos relacionamentos efetivos que um membro de uma sociedade tem com todos os outros membros de uma sociedade. Padrões e motivações culturais partilhados por todos são mobilizados a fim de conseguir que as pessoas se submetam ao poder ou usem seus recursos para fins sociais. A integridade, a honra e a posição social de uma pessoa dependem de sua fidelidade às relações sociais, e tais relações são simbolizadas pelos compromissos sociais e culturais gerais aos quais todos professam adesão. Em tempos de conflito ou de escassez, a sociedade ou seus membros podem apelar para os compromissos dos outros, ou seja, a seus relacionamentos. O objetivo do compromisso é manter os padrões culturais e a integridade da sociedade. Tanto a classe governante judaica como os grupos tais como os fariseus e os escribas recorriam constantemente às obrigações de seus companheiros judeus para com o judaísmo. Com efeito, o compromisso com o judaísmo tinha sido o ponto central do judaísmo desde a revolta dos macabeus, e provavelmente desempenhou importante papel na formação de muitos grupos judeus. Uma vez que seu modo de vida era constantemente ameaçado pelo helenismo e pelos romanos, os judeus defendiam sua forma de vida mediante certas estratégias, cuja maioria exigia o cumprimento das obrigações das pessoas para com as tradições e crenças judaicas.

Por fim, a *influência* pode levar outros a agirem, porque ela simboliza conhecimento factual e assim serve para persuadir outros para uma linha de ação. A influência "comunica um propósito generalizado, com base no qual se requer ou se espera confiança em propósitos mais específicos".[60] Uma pessoa influente é considerada como fonte fidedigna de informação ou de discernimento a respeito da informação e, portanto, capaz de exercer influência no julgamento e nas ações de outros. A influência pode ser exercida na esfera política como influência política aliada ao poder político; no âmbito econômico, como influência fiduciária que orienta a atividade monetária e econômica; e na área dos compromissos, como influência norteadora, que possibilita a pessoa a reconciliar e ordenar compromissos conflitantes. Em todos os casos, a influência simboliza fatos, interesses e argumentos racionais (e no caso da religião, crenças) que convencem e motivam a pessoa a agir de uma determinada forma. Finalmente, a influência, que tende a integrar as outras

---

[60] Parsons, op. cit., p. 416.

Parte I • A sociedade palestinense

formas de interação social em um todo, interpreta as normas e leis da sociedade que especificam como os compromissos devem ser honrados, como o poder deve ser exercido e como a riqueza deve ser usada.[61] Em Josefo, diz-se muitas vezes que os fariseus tinham influência sobre o povo, que o persuadiam a seguir suas leis especiais para a vivência do judaísmo. O conhecimento que os fariseus tinham da lei e das tradições judaicas, aceitas pelo povo, é a base de sua posição social. Presumivelmente, os escribas e os sacerdotes exerciam também influência sobre certas pessoas. A influência destes grupos de líderes variava com o tempo e conforme as diversas partes da sociedade que eles estivessem tentando influenciar. A disputa de Jesus com os fariseus, escribas e chefes dos sacerdotes pode ser explicada mais facilmente como uma contenda pela influência junto ao povo.

Podemos resumir e esquematizar os quatro meios simbólicos de interação social de Parsons da seguinte forma: poder e obrigação são corroborados por sanções negativas. Uma pessoa pode ser forçada fisicamente ou punida se não quiser agir, ou ainda pode perder a honra e o *status*. O dinheiro e a influência são secundados por estímulos positivos. Uma pessoa receberá algo físico se atuar ou receberá o conhecimento necessário para decidir e agir de forma útil ou produtiva. A influência e a obrigação apelam para a mente da pessoa a fim de persuadir ou ativar obrigações que a pessoa aceita. O dinheiro e o poder são situacionais nisso, pois apelam para as circunstâncias que envolvem uma pessoa, a fim de induzi-la ou forçá-la a agir. Cada um dos meios simbólicos de interação, de acordo com a teoria da ação de Parsons, busca conseguir que as pessoas ajam. As metas de cada um dos meios são diferentes. O poder diz respeito ao sistema político e está direcionado à consecução coordenada de objetivos sociais. O dinheiro diz respeito à economia e à troca de bens, e é adaptativo, pois permite à sociedade readjudicar bens a fim de alcançar seus objetivos. A obrigação está ligada à cultura e ao modelo que subjaz à sociedade, e sua meta é manter este padrão, mantendo as pessoas firmemente ligadas aos valores e às concepções básicas da sociedade. Finalmente, a influência, que faz um apelo cognitivo à mente, ocupa-se com o desenvolvimento de leis e normas para a ação, as quais estão baseadas em conhecimento merecedor de crédito. A influência procura integrar a sociedade para que todas as pessoas ajam em harmonia, dentro de uma série comum de linhas-guia.

---

[61] Parsons, op. cit., pp. 420-425.

Conclusão

Os fariseus, escribas e saduceus devem ser compreendidos como parte da sociedade judaica palestinense e da antiga sociedade — que difere significativamente da sociedade moderna, a fim de evitar uma retroprojeção anacrônica dos conceitos e categorias modernos. Embora a abordagem funcionalista estrutural da sociologia, com suas categorias de classe, *status* e poder, tenha sido justamente criticada e modificada, ela ainda é útil para a organização dos dados e para a compreensão de alguns mecanismos das sociedades palestinense e imperial. É preciso muito cuidado para não impor conceitos e sistemas rígidos modernos à Antiguidade; ademais, os métodos e os resultados do funcionalismo devem ser temperados e ajustados de acordo com a história e a literatura do primeiro século.

As principais categorias consideradas neste capítulo serão suficientes não para compreender os fariseus, os escribas e os saduceus, mas apenas para situá-los em seu contexto mais amplo na sociedade palestinense, uma tarefa a ser empreendida no próximo capítulo. Uma compreensão adicional da natureza de tais grupos e de seus presumíveis objetivos, natureza e relações sociais será obtida pelo uso de outras categorias sociais e antropológicas, modelos e métodos que serão introduzidos no capítulo 4.

Capítulo 3

Classes sociais na sociedade judaico-
-palestinense e no Império Romano

Josefo escreveu sua narrativa sobre os judeus no período greco-romano a partir da perspectiva das classes governantes, tanto romana quanto judaica. Ele introduziu pessoas, acontecimentos e grupos em sua narrativa somente à medida que eles tinham certo impacto no nível mais alto da vida nacional. As relativamente poucas passagens que mencionam os fariseus mostram a participação deles na vida política, social e religiosa do judaísmo. Essas passagens podem ser adequadamente compreendidas somente no contexto do Império Romano e da sociedade judaico-palestinense, com referência especial às relações e às dinâmicas operativas entre os muitos grupos e forças sociais operantes no Império. As lutas pelo poder, descritas nos evangelhos, e a forjadura de uma identidade para o judaísmo, sugerida pela literatura rabínica, desenrolavam-se no mundo social mais amplo do Império. Assim, faz-se necessária uma compreensão dos impérios e de suas partes constitutivas.

Impérios agrários

Durante os períodos helenístico e romano, os judeus na Palestina viviam em uma sociedade agrária, sendo ela própria, parte de um grande império agrário, aristocrático, burocrático e parcialmente comercializado.[1] Como impérios agrários, os Impérios Grego e Romano também continham sociedades agrárias, visto

---

[1] Cf. Lenski (*Power*), Kautsky (*Politics*), e Eisenstadt (*Empires*), para uma análise fundamental dos impérios e grandes sociedades. Suas categorias sobrepõem-se e eles diferem em algumas pressuposições teóricas e em análises estruturais, mas, no geral, o trabalho deles é complementar e útil para analisar os antigos Impérios Romano e Helenístico, e o lugar do judaísmo dentro deles.

Parte I • A sociedade palestinense

que um império é constituído de muitas pequenas sociedades organizadas.[2] Os impérios agrários diferem das sociedades industriais modernas e das sociedades horticulturais precedentes de diversas maneiras. Em contraste com as sociedades horticulturais, as sociedades agrárias possuem métodos mais eficientes de cultivo da terra, especialmente o arado, e, consequentemente, uma população maior.[3] Elas produzem um excedente agrícola maior, possuem uma classe governante mais dominante e mais ampla e são mais altamente organizados e centralizados.[4] Em contraste com as sociedades industrializadas, as sociedades agrárias baseiam-se na agricultura, na qual o comércio desempenha um papel bem limitado na economia. Os impérios agrários são marcados por uma hierarquia muito rígida e grande desigualdade, com o controle e a riqueza nas mãos de poucos.[5] Somente o desenvolvimento do comércio, iniciado na Idade Média tardia, e da indústria no período moderno corroeu esse controle e levou à transformação da sociedade em formas moderno-industriais.

As sociedades agrárias, em contraste com as modernas sociedades industriais, são constituídas por duas classes principais, separadas por grandes diferenças e não mediadas por uma classe média. As duas classes são: uma grande classe de camponeses, que produz o alimento e faz funcionar a sociedade, e uma pequena elite, a classe governante, que protege os agricultores contra agressões externas e vive à custa do excedente agrícola produzido pelos camponeses. O excedente não é produzido espontaneamente, uma vez que os camponeses tendem a cultivar apenas aquilo de que necessitam ou podem utilizar. Consequentemente, a classe governante precisa organizar de tal forma a sociedade que os camponeses sejam obrigados a produzir um excedente que lhes possa ser subtraído, normalmente mediante altos impostos.[6] É desnecessário dizer que governantes responsáveis e eficientes também protegiam os camponeses, de forma que eles podiam plantar e, mais tarde, fazer a

---

[2] KAUSTKY, *Politics*, pp. 24.120; CARNEY, Thomas. *The Shape of the Past: Models and Antiquity*. LAWRENCE, *Ancient Economy*, p. 50; MACMULLEN, *Roman Social Relations*, pp. 88-94.

[3] LENSKI, op. cit., pp. 117-118.

[4] LENSKI, op. cit., pp. 142-148.

[5] LENSKI, op. cit., pp. 146-176.

[6] KAUTSKY, op. cit., pp. 70-80 e p. 229; CARNEY, op. cit., pp. 99-100; SJOBERG, *City*, pp. 118-120 e pp. 123-133; FINLEY, op. cit., p. 50; MACMULLEN, op. cit., pp. 88-94.

colheita sem perturbações, destruição ou roubo.[7] Os camponeses produziam bens agrícolas e necessidades básicas da vida, tais como vestimenta, utensílios simples, sem contudo jamais atingirem mais que a subsistência, sendo que mesmo esta era amiúde ameaçada pelas exigências da classe governante e pela pressão da crescente população. As atividades, os interesses e as mundivisões da classe governante e da classe camponesa eram totalmente diferentes uns dos outros. Os camponeses, que constituíam a maioria da população, viviam em um mundo à parte em relação às classes superiores e aos citadinos, que dependiam da classe governante. Os camponeses viviam conforme o ano de trabalho da família, cujo objetivo era "não passar precisão". Em busca deste objetivo, uma família camponesa tinha de lutar contra o excesso de impostos (30% a 70% da colheita), concorrência acirrada com outros camponeses pelos limitados bens disponíveis e pressão política constante a limitar-lhe a liberdade.[8]

A classe governante não se dedicava diretamente ao trabalho agrícola, visto que um de seus traços distintivos era a liberdade da necessidade de empenhar-se em trabalho manual; ao contrário, vivia do excedente produzido pelos camponeses. Seu trabalho era supervisionar e controlar o trabalho agrícola dos camponeses, vigiar os negócios comuns do império e prover a segurança e continuação do império. Em virtude de a classe governante normalmente ter conseguido sua posição mediante o exercício do poder militar, a maioria dos impérios, inclusive os impérios helenístico e romano, era estados conquistados, fundados e muitas vezes sustentados pelos recursos disponibilizados mediante a conquista.[9] A classe governante mantinha sua posição com a assistência daquilo a que Lenski chama de criados ou servidores (*retainers*), que desempenhavam papéis militares, governamentais, administrativos, judiciais e sacerdotais na sociedade.[10] Estes servidores eram, em sua maioria, citadinos que atendiam às necessidades da classe governante como soldados, educadores, funcionários religiosos, artistas e hábeis artesãos; aqui é

---

[7] Sociólogos conservadores e sociólogos progressistas possuem interpretações divergentes da organização social dos impérios agrários. Os funcionalistas geralmente tentam entender como as principais estruturas sociais da sociedade conservam a sociedade em funcionamento e têm certa resistência em aceitar estruturas sociais que operam segundo um modo ordenado. Os sociólogos progressistas avaliam as estruturas sociais de acordo com os papéis delas na promoção da opressão ou da libertação. Nenhuma das abordagens é "priva de valor".

[8] Carney, op. cit., pp. 99-100; Lenski, op. cit., pp. 266-273; Kautsky, op. cit., pp. 79-80.

[9] Lenski, op. cit., pp. 192-197.

[10] Kautsky, op. cit., p. 161.

Parte I • A sociedade palestinense

que nos depararemos com os fariseus e os escribas.[11] A classe governante e seus criados dificilmente excediam 5% a 7% da população.[12] Nas sociedades modernas, os papéis dos criados são desempenhados pela classe média, mas na Antiguidade eles não constituíam uma classe média, porque lhes faltava poder independente. Eram um grupo residual, dependente da classe governante e participativo, até certo ponto, da vida dela. Contudo, tão logo galgassem posições de poder, eles podiam tornar-se parte da classe governante, ou pelo menos gozar bem mais de seus poderes e privilégios.

A economia

O desenvolvimento e a existência das antigas sociedades e impérios agrários dependiam de fatores tanto econômicos quanto políticos. Avanços tecnológicos que permitiam uma agricultura eficiente (arado de ferro ou sistemas de irrigação sofisticados) e uma tecnologia militar especializada (cavalo, carro de guerra, armadura ou fortaleza) eram cruciais para o desenvolvimento do poder centralizado.[13] A emergência de uma classe governante dependia de e também produzia uma economia redistributiva, na qual uma autoridade central (o governo ou o Estado) juntava a produção agrícola em um depósito central mediante taxação e, a seguir, redistribuía os bens conforme o *status* e os papéis ocupacionais. À medida que os impérios ampliavam-se ou sofriam crises militares ou econômicas, a economia tendia a uma economia de mobilização, na qual a classe governante assumia o controle da economia em prol de projetos militares e econômicos importantes. A mobilização da economia permitia aos impérios adquirir grande poder e resultava em ampla diferenciação social.

O oposto desse tipo de economia controlada é uma economia de mercado comercializada, comum ao mundo moderno. Ela depende da independência dos produtores e dos meios de livre-comércio, inclusive do transporte, da comunicação, tanto da troca de mercadorias quanto do dinheiro vivo. Diferentemente das economias modernas, as antigas não eram de mercado, não obstante mercados locais

---

[11] KAUTSKY, op. cit., pp. 323-328; LENSKI, op. cit., pp. 243-266.

[12] LENSKI, op. cit., pp. 214-248; KAUTSKY, op. cit., p. 229.

[13] LENSKI, op. cit., pp. 192-194.

e um mercado internacional de bens luxuosos, de fato, realmente florescessem.[14] Desde o início, o Império Romano fora parcialmente comercializado; isto significa que mercadores e comerciantes alcançavam certo poder independente, separados dos aristocratas que controlavam a economia agrícola. No entanto, a massa da população, os camponeses, não tinham a liberdade de progredir e de vender seus produtos em benefício próprio, mas eram controlados pela classe governante e tinham dificuldades no transporte e na comercialização das colheitas alimentares. Dependendo das circunstâncias, alguns setores da economia poderiam ser relativamente independentes, mas a maioria era controlada.[15]

O sistema de classes nos impérios agrários

Em sua análise dos impérios agrários, Lenski distingue nove classes significativas, cinco pertencentes às classes superiores e quatro, às inferiores. As classes superiores são: o soberano (uma classe em si mesma), a classe governante, a classe dos servidores (*retainers*), a classe comerciante e a classe sacerdotal. As classes inferiores são: os camponeses, os artesãos, a classe impura ou degradada e a classe dispensável.[16] Estas não são as únicas classes que se poderiam discernir na sociedade imperial antiga, mas elas são as mais significativas para a ordem política que mantinha impérios unidos, e elas se aplicam razoavelmente bem aos Impérios Helenístico e Romano. As categorias de Lenski, baseadas no estudo de diversos impérios e períodos históricos, oferecem uma estrutura geral para a compreensão dos lugares e das interações de grupos tais como fariseus, escribas e saduceus. O sistema de classe fornece uma abertura para uma visão de muitos processos importantes em ação na sociedade imperial e palestinense, e muitos servem como modelo e hipótese iniciais.

Os fariseus enquadram-se perfeitamente bem na classe dos servidores como grupo religioso e como uma força política que interagia com a classe governante, influenciava muitas vezes a sociedade e às vezes obtinha poder. Os escribas, como burocratas, educadores e oficiais maiores e menores, também se encaixam na classe

---

[14] CARNEY, op. cit., pp. 141-142; pp. 204-210.

[15] KAUTSKY, op. cit., pp. 18-23.

[16] LENSKI, op. cit., pp. 214-296; EISENSTADT, *Differentiation*, pp. 88-89 propõe uma divisão de classes ligeiramente diferente.

Parte I • A sociedade palestinense

dos servidores. Os saduceus eram, conforme Josefo, membros da classe governante e da classe sacerdotal, assim como o eram alguns fariseus e escribas. Um breve panorama da classe governante mostrará como os fariseus e os escribas também se ajustavam nela, e também por que os fariseus não eram membros do povo simples, artesãos ou qualquer outra classe inferior, como alguns estudiosos têm afirmado.

1. O *soberano* da maioria dos impérios e dos estados centralizados detinha poder de longo alcance e era, por vezes, considerado o dono de toda a terra. Muitos soberanos eram possuidores funcionais, se a posse for definida como o direito de beneficiar-se de alguma coisa. Mediante taxação e, ocasionalmente, medidas severas tais como confisco, bem como por meio de concessões de terra e de direitos políticos, os soberanos podiam controlar todas as classes, especialmente a classe governante. Os soberanos normalmente viam-se tolhidos pela necessidade do apoio e do trabalho das outras classes, e pela obrigação de permanecer dentro do esquema tradicional de sociedade.[17] Os imperadores romanos, a partir de Augusto, exerceram grande poder e levaram o Império Romano à altura de sua riqueza e poder. Na sociedade judaica, João Hircano e Alexandre Janeu, até certo ponto, e Herodes, certamente, detinham tal tipo de poder. Herodes, obviamente, era governador apenas dentro dos limites impostos por Roma e, portanto, fazia parte simultaneamente da classe governante do Império.

2. A *classe governante* era bem pequena, apenas cerca de 1% a 2% da população. Era constituída tanto por aristocratas hereditários quanto por burocratas nomeados. Um soberano central forte, que tivesse bons meios de transporte e de comunicação, favorecia uma burocracia nomeada, que estava sob seu controle direto e dependente dele quanto ao seu poder. Um soberano que fosse militarmente vitorioso podia anexar territórios estrangeiros e adquirir grande riqueza e influência que lhe possibilitavam subordinar a classe governante de forma mais eficaz.[18] Se a autoridade central de um país ou império era desorganizada ou fraca, isto favorecia o feudalismo, no qual os governantes locais hereditários obtinham considerável poder, independente do soberano. Se a classe governante fosse a elite militar, se eles mantivessem os estados largamente mediante primogenitura ou se a sucessão hereditária ao trono produzisse soberanos fracos, então a classe governante estava apta para conquistar e manter o poder. A

---

[17] LENSKI, op. cit., pp. 214-219; EISENSTADT, op. cit., pp. 364-365.

[18] LENSKI, op. cit., pp. 219-239.

associação à classe governante incluía o direito de autoenaltecimento mediante concessões do soberano e "honestas manobras" no desempenho dos cargos. Os cargos eram frequentemente vendidos, e esperava-se que o encarregado fizesse fortuna em seu posto. A posse da terra, a mais importante força de riqueza, era secundária em relação ao poder político, porque este era usado para a aquisição de terra e de riqueza, enquanto a falta de poder político podia resultar na perda da terra e da riqueza por intermédio de taxação e confisco.[19] Os governadores romanos enviados à Síria e à Palestina pertenciam a esta classe, bem como Herodes e seus descendentes. Até certo ponto, os sacerdotes mais importantes funcionavam como parte desta classe, mas eles não estavam tão helenizados nem eram tão aceitos na sociedade romana como Herodes e seus sucessores. A sociedade judaica era regida pela classe governante (os chefes dos sacerdotes, grandes latifundiários, anciãos notáveis e oficiais mais importantes), exceto quando um governador forte como Herodes detinha o controle.

3. A *classe dos servidores*, talvez 5% da população, servia às necessidades do governador e da classe governante. Em certa medida, eles partilhavam a vida da elite, mas não em seu poder direto. Soldados, funcionários governamentais burocráticos, diversos tipos de servidores, líderes religiosos e educadores eram todos necessários para o funcionamento da sociedade e, como grupo, eles tinham grande impacto na sociedade e na cultura. Contudo, individualmente os servidores careciam de poder, porque qualquer pessoa podia ser facilmente substituída por outra. Alguns servidores podiam tornar-se muito poderosos e passar para a classe governante, enquanto outros podiam perder seus postos e retornar ao campesinato. Seus cargos podiam tornar-se hereditários, mas, com maior frequência, eram burocráticos e, portanto, sujeitos à nomeação do governador. Este grupo obtinha o máximo de poder quando a classe governante se tornava ineficiente e deixava as coisas nas mãos dele. Quando os altos oficiais militares, em vez da classe governante, eram profissionais e membros da classe dos servidores, estes, então, tornavam-se séria ameaça à classe governante.[20]

---

[19] LENSKI, op. cit., pp. 210-211; p. 229; ROHRBAUGH, Richard L. "Class Status", p. 542. Além da atividade política, que incluía conquistas militares, a atividade mercantil era a única via alternativa para fazer crescer substancialmente a riqueza.

[20] LENSKI, op. cit., pp. 243-248.

Muitos escribas eram membros da classe dos servidores, com suas habilidades como burocratas e oficiais menores. Alguns sacerdotes de ordem inferior e líderes tradicionais locais provavelmente se ajustam aqui também. Até mesmo oficiais desprezados, como Levi, o cobrador de impostos chamado por Jesus, encaixava-se nesta classe.[21] Visto que os fariseus aparecem em Josefo como um grupo organizado que desempenha funções religiosas, políticas e possivelmente educacionais, eles parecem inserir-se na classe dos servidores. Dada a sua influência junto ao povo e a ânsia por influência e poder no governo judeu, não poderiam ser pobres camponeses ou artesãos urbanos que dedicavam todo o seu tempo a produzir o bastante apenas para a subsistência.[22] É provável que os fariseus fizessem parte da classe dirigente como servidores de alguma forma dependentes dos ricos e poderosos que controlavam a maior parte do excedente da sociedade. No primeiro século, os fariseus podem ter feito parte da bastante complexa liderança do judaísmo, sediada em Jerusalém, conforme Josefo os descreve, ou (menos provável) eles podem ter feito parte ou eram aliados dos proprietários de terra rurais, conforme o evangelho de Lucas os apresenta. A análise de classe normalmente depende substancialmente da posição econômica de um grupo de pessoas, mas não dispomos de nenhuma informação da época acerca de como os fariseus se mantinham.[23] Contudo, o lugar de alguém na sociedade antiga era determinado muito mais por seu *status* e poder do que pela riqueza (em oposição à moderna sociedade industrial), de modo que a análise de classe no sentido que lhe confere Lenski não é impossível.

4. A *classe comerciante* não se emoldura claramente nem nas classes dirigentes nem nas classes inferiores. De modo geral, os comerciantes gozavam de baixa estima, nenhum poder direto e eram recrutados entre os sem-terra.

---

[21] Mc 2,13-17; Lc 5,27-32; Mt 9,9-13 (onde Levi é Mateus).

[22] Cf. a nota seguinte e as seções sobre os artesãos.

[23] Textos rabínicos posteriores falam de rabis que eram artesãos, ricos agricultores (que tinham empregados; uma pequena nobreza, portanto) e comerciantes. Contudo, os textos rabínicos contêm uma discussão acerca de se um rabino devia trabalhar ou dedicar seu tempo ao estudo da Torá. No século terceiro e em seguida, o judaísmo está claramente dilacerado entre o rabino como um funcionário religioso a tempo pleno, custeado, e o ideal de todo judeu trabalhador como intelectual e rabi. Cf. URBACH, E. E. *The Sages*. Jerusalém, Magnes, 1975. v. 1, pp. 599-603; pp. 609-610 e SALDARINI, Anthony J. *Scholastic Rabbinism*. BJS 14. Chico: Scholars, 1982, pp. 82-84. O debate está contido em ditos (p. ex., Pirke Abot 1,9; 2,2; 3,5; 4,5) e em anedotas acerca dos rabis (p. ex., Rav Huna in b. Megillah 105a).

Entretanto, eles escapavam ao controle total da classe governante, porque se situavam em uma relação de mercado com ela, mais do que em uma relação de autoridade, e porque a classe dirigente precisava deles para seus luxos e alguns itens indispensáveis.[24]

5. A maior parte da *classe sacerdotal* dependia da classe governante, tal como os servidores. Os líderes da classe sacerdotal eram membros da classe governante, bem como da classe sacerdotal. Em virtude das contribuições para o sistema religioso, tal como o dízimo ordenado pela Bíblia, a classe sacerdotal muitas vezes controlava grande riqueza. Tal riqueza, porém, era insegura, porque a classe sacerdotal estava subordinada aos poderes da classe governante e do soberano. A classe sacerdotal tendia a desenvolver uma base de poder independente e competir pelo poder com a classe política governante e com o soberano, especialmente porque eles reivindicavam uma fonte independente, divina de autoridade (cf. cap. 1). Em certas épocas da história judaica, os chefes dos sacerdotes alcançaram o poder, por exemplo sob os Hasmoneus. Contudo, eles também podiam perder o poder, como aconteceu, de fato, aos Hasmoneus.

6. Os *camponeses* constituíam a maioria da população, porque a grande parte do trabalho devia voltar-se à produção de alimento. Deles se exigiam pesados impostos — normalmente na faixa de 30% a 70% da colheita —, eram mantidos sob rígido controle e só podiam obter poder quando tinham importância militar, ou quando havia diminuição de trabalho. Havia classes diversas entre os campesinos, mas elas não dizem respeito aos temas tratados neste estudo.[25]

7. A *classe dos artesãos* assemelhava-se à dos camponeses quanto à falta de poder. Artesãos, juntamente com a classe impura — adiante —, representavam apenas 3% a 7% da população; em sua maioria, não eram produtivos o bastante para tornarem-se ricos, e não detinham poder, a não ser que seus serviços e habilidades fossem tão difíceis de adquirir que podiam exigir altas remunerações

---

[24] LENSKI, op. cit., pp. 250-256. Alguns comerciantes realmente alcançavam altas posições e verdadeiro poder político, mas estes casos eram exceção. KAUTSKY, op. cit., pp. 18-23. PLEKET, H. W. "Urban Elites and Business in the Greek Part of the Roman Empire". In: Peter Garnsey et al (eds.). *Trade in the Ancient Economy*. Berkeley, Univ. of California, 1983, nota que no Império Romano muitos aristocratas usavam vários indivíduos alforriados e escravos a fim de conduzirem grandes e lucrativos negócios para eles. Neste caso, a classe governante tornava-se indiretamente comercializada.

[25] LENSKI, op. cit., pp. 266-276.

Parte I • A sociedade palestinense

e concessões.[26] A baixa produtividade deles e a sua dependência das classes superiores indicam que eles *não* constituíam uma classe média, como o são na sociedade moderna de hoje. Alguns membros deste grupo eram camponeses que tinham sido forçados a abandonar a terra. Jesus provinha desta classe, bem como Paulo e os pescadores Pedro, André, Tiago e João. Embora distantes da indigência, eles não tinham nem poder nem influência na sociedade.[27]

8. A *classe impura* normalmente realizava os trabalhos insalubres, mas necessários, como o curtume, ou ocupava-se em trabalhos tão difíceis que sua saúde logo se arruinava, por exemplo a mineração.[28]

9. Finalmente, havia a *classe dispensável*, cerca de 5% a 10%, para a qual a sociedade não dispunha de lugar, nem necessitava dela. Os membros desta classe tinham sido expulsos do campo em razão de pressões populares ou não se encaixavam na sociedade. Tendiam a tornar-se sem-terra e itinerantes, sem qualquer vida familiar normal e com alta taxa de mortalidade. Atividades ilegais, à margem da sociedade, constituíam sua esperança de meios de sobrevivência.[29] É provável que a maior parte dos salteadores, rebeldes e seguidores de pretensos messias registrados por Josefo durante o período romano pertencesse a esta classe. Camponeses que eram expulsos de suas terras, bem como campesinos que mal se sustentavam e eram ameaçados com a perda da terra, seriam atraídos por movimentos que prometiam a justiça que não lhes fora concedida pelo sistema social vigente.[30]

---

[26] LENSKI, op. cit., pp. 278-280. FINKELSTEIN, Louis. *The Pharisees: The Sociological Background of Their Faith*. 3 ed. Philadelphia, Jewish Publication Society, 1966, por muito tempo afirmou que os fariseus faziam parte do proletariado e ganhavam a vida como artesãos urbanos. Isto, porém, é muito improvável. Operários urbanos e artesãos não faziam parte da classe média, como, às vezes, hoje o fazem. Embora saibamos quase nada a respeito da vida econômica dos fariseus (especialmente se descontarmos a visão posterior, retroprojetada no primeiro século pela literatura rabínica), mediante informações acerca do Império Romano e de outros impérios, sabemos deveras como a classe artesã vivia. Tanto os artesãos quanto as classes impuras e degradadas assemelhavam-se aos camponeses na privação do poder.

[27] Cf. WUELLNER, Wilhelm. *The Meaning of "Fishers of Men"*. Philadelphia, Westminter, 1967, que deita por terra o mito dos apóstolos como pescadores ignorantes e indigentes. Por outro lado, sua criação de uma "classe média" é falaz (pp. 45-53). Pescadores podiam prosperar em determinadas ocasiões, mas eles, como outros artesãos, estavam limitados ao seu próprio trabalho. Se eram administradores, podiam aspirar às classes superiores, mas a situação deles era precária como a dos comerciantes.

[28] LENSKI, op. cit., pp. 280-281. SJOBERG, op. cit., pp. 133-137 chama a esta classe e à classe expansível de "banidos", mas ele enfatiza que eles faziam parte da sociedade e realizavam tarefas servis essenciais.

[29] LENSKI, op. cit., pp. 281-284.

[30] Para uma excelente análise destes grupos e dos camponeses, cf. HORSLEY, *Bandits*.

Classes sociais na sociedade judaico-palestinense e no Império Romano

A fronteira entre as classes superiores e as inferiores era estabelecida. Às vezes alguém da classe inferior passava para a classe superior, mas o movimento descendente era mais comum. A pressão popular era a grande causa do movimento descendente. Alguns aristocratas tornaram-se pobres e caíram para o nível do campesinato. Muitos camponeses eram expulsos de suas terras e tornavam-se assalariados ou membros das classes impura e dispensável. Alguns grupos subordinados alcançavam, de fato, *status* privilegiado, a depender das circunstâncias econômicas ou políticas e de sua utilidade para as classes superiores (por exemplo os judeus, no Ocidente, em determinadas épocas, durante a Idade Média). Grupos étnicos ou religiosos podiam obter *status* privilegiado mediante a conquista.[31]

Concluindo, dever-se-ia enfatizar que as nove classes definidas por Lenski não são categorias impermeáveis, tampouco são adequadas para explicar completamente todas as complexidades da sociedade judaica no Império Romano. Contudo, elas oferecem um modo de conceber a sociedade do primeiro século como um todo e de perceber como as diversas partes da sociedade interagiam. A visão que Lenski tem da estrutura social, baseada no estudo de diversos impérios, ajusta-se bem aos Impérios Helenístico e Romano para ser útil. Uma leitura detalhada dos particulares históricos das histórias judaica e romana poderia trazer inúmeras modificações e adições ao sistema de classes de Lenski, mas as classes, conforme ele as delineia, proporcionarão um esquema para trabalho mais minucioso e orientação na compreensão das relações de grupos tais como fariseus, escribas e saduceus com o restante da sociedade em um nível abstrato.

A cidade

A cidade era o lar da classe governante e das classes que as sustentavam e auxiliavam. Era também o palco onde começavam rixas políticas e religiosas, bem como as mudanças. Na Palestina, Jerusalém era a cidade onde se concentrava o poder, juntamente com Cesareia Marítima, quando o prefeito ou procurador romano ali se encontrava, e diversos centros regionais na Galileia, como Séfora e Tiberíades. Uma breve visão de conjunto da cidade antiga fornecerá um contexto para o estudo dos fariseus, escribas e saduceus.

---

[31] LENSKI, op. cit., pp. 284-296.

Parte I • A sociedade palestinense

As cidades surgiam de acordo com as necessidades da classe governante que, geralmente, ali vivia. Tinham função política, administrativa, militar, religiosa e educacional, e a existência da cidade e a difusão de cidades deviam-se a estas funções e às pessoas que as exerciam.[32] As cidades dominavam a vida política, cultural e econômica de impérios e sociedades. É de grande importância definir corretamente a cidade, especialmente em contraste com os enormes centros urbanos de hoje. Na Antiguidade, uma cidade como centro administrativo podia ser aquilo a que hoje chamaríamos de um grande povoado ou pequena cidade, mas essencialmente era caracterizada como cidade porque a maioria das pessoas não trabalhava diretamente na agricultura e porque as atividades da cidade dominavam a vida cultural, religiosa, política e econômica do império, da região ou da sociedade. As cidades existiam para prover às necessidades da classe governante, inclusive suas extensas famílias e servidores. Elas ofereciam defesa, comunicação e um fórum para muitas outras atividades que possibilitavam dominar a sociedade.[33] Consequentemente, a classe dirigente dominava as cidades.[34] Os camponeses, a maior porção da sociedade antiga, mantinham-se distantes da cidade, mas tensões urbano-rurais eram comuns. A cidade comportava membros da classe dos artesãos e da classe impura, assim como certo número da classe dispensável sem-terra. Todas estas classes inferiores serviam às classes superiores e ocupavam-se dos trabalhos humildes necessários para a vida e o luxo destas.

Os fariseus, escribas e saduceus, bem como outros grupos, parecem ter-se originado e florescido na cidade. Os ricos e poderosos viviam na cidade, juntamente com as classes e grupos que deles dependiam. A maioria dos habitantes da cidade eram burocratas, artesãos, comerciantes, servos, funcionários religiosos e outros diretamente dependentes da classe dirigente. Eles não representavam uma classe média no sentido moderno, porque careciam de poder, como os camponeses, e dependiam quase totalmente dos poderosos para quem eles trabalhavam. Eram um

---

[32] SjOBERG, op. cit., pp. 67-91; LENSKI, op. cit., pp. 200-201.

[33] Contrariamente à crença popular, o fenômeno das famílias numerosas não é comum à sociedade tradicional em geral. Os camponeses dependiam da família imediata, nuclear, a fim de prover suficiente mão de obra para cultivar a terra. Somente os ricos tinham condições de dispor da quantidade e da qualidade dos meios para manter unida e servir uma família numerosa (SjOBERG, op. cit., pp. 110-133).

[34] É digno de nota que Josefo, em seu relato sobre a guerra judaica contra Roma, informe que a classe dirigente perdeu o controle do judaísmo e, portanto, do governo, quando muitos grupos marginais, inclusive camponeses sem-terra, apoderaram-se da cidade e assim conseguiram revoltar-se não apenas contra os romanos, mas também contra a classe dirigente judaica.

grupo residual entre a classe dirigente e os camponeses.[35] Como grupo, eles não tinham coerência interna e eram fundamentalmente um instrumento na mão dos poderosos.[36] Ao tratar dos burocratas, funcionários religiosos e militares, é preciso distinguir entre os líderes que muitas vezes eram membros da classe governante e os membros inferiormente classificados, que eram amiúde camponeses expulsos da terra por pressões populares ou algum outro acontecimento. Por exemplo, embora os sacerdotes cristãos, teoricamente, sejam todos membros de uma classe contínua, o *status* e a classe de um pároco na Idade Média eram diferentes dos de um bispo, muitas vezes oriundo da nobreza e que exercia grande influência ou controle direto no governo do país.

Uma vez que as cidades dominaram a sociedade agrária, mudanças e novos movimentos na sociedade tendem a originar-se na cidade.[37] Grande parte dos conflitos sociais não passava de conflito da classe governante consigo mesma em torno da questão de quem iria governar. Contudo, este conflito produzia novos grupos ocasionais, movimentos e ideias. No geral, faltava à sociedade antiga o ritmo de mudança e de mobilidade social característico da sociedade moderna.

O coração de uma cidade, se ela era o centro do governo, era a burocracia governamental, incluindo-se tanto os altos quanto os baixos oficiais que implementavam as decisões, faziam o governo funcionar e zelavam pelo controle efetivo dos recursos dentro da sociedade. Uma burocracia tem sua própria organização interna e funciona como uma parte distinta da sociedade. De acordo com Carney, a definição estrutural de uma burocracia é "qualquer grupo de posições oficiais dispostas hierarquicamente em uma organização formal que persiste ao longo do tempo com símbolos de *status* e recrutamento reconhecidos e padrões de promoções". Pode contar com componentes especiais, tais como os militares ou os religiosos.[38] A burocracia bizantina, estudada por Carney, possuía três níveis importantes de burocracia: os altos oficiais, os oficiais literatos e os oficiais iletrados que realizavam trabalhos servis. Uma burocracia nomeada deve sua existência originalmente ao governante e é seu instrumento. No entanto, uma

---

[35] KAUTSKY, op. cit., cap. 12-13 e esp. pp. 323-328.

[36] KAUTSKY, op. cit., pp. 333-334.

[37] EISENSTADT, *Differentiation*, pp. 90-91 e pp. 113-120 enfatiza o poder do centro, ou seja, da classe dirigente de manipular e mudar os símbolos a fim de controlar a sociedade.

[38] CARNEY, op. cit., p. 52.

Parte I • A sociedade palestinense

burocracia tende a torna-se autossuficiente e independente do governador ou de qualquer outra força na sociedade. Ademais, os aristocratas muitas vezes se esforçam por tomar as posições-chave em uma burocracia e assim reconquistar o poder perdido.[39]

Conclusão

As abstratas categorias sociológicas de classe usadas para descrever a sociedade judaica no Império Romano podem ser seriamente desencaminhadoras se forem coisificadas e impostas ao mundo antigo. Elas podem ser úteis se guiarem a interpretação dos textos e se forem modificadas por aqueles textos a fim de fornecerem uma teoria descritiva e, se possível, explanatória, dos acontecimentos e concepções da Antiguidade. Elas também são um corretivo útil para a aplicação inconsciente das concepções sociais modernas ao mundo antigo.

A categoria classe é especialmente útil para análise em larga escala das relações entre diversos grupos dentro da sociedade. Josefo considera de modo especial o judaísmo a partir da perspectiva do mundo exterior, provavelmente porque seus destinatários provinham daquele universo. Os evangelhos são inseridos naquele mundo, especialmente as narrativas da paixão. As fontes rabínicas, em sua maioria, ignoram o mundo não judeu, e muitas vezes devemos deduzir a classe e o *status* da comunidade judaica a partir de suposições no texto e de outros conhecimentos do mundo antigo.

Os fariseus, conforme descritos por Josefo, ajustam-se quase prontamente à classe dos servidores. Todavia, carecemos de um indício crucial no que diz respeito ao lugar deles na sociedade, a fonte de seu sustento econômico. Nem Josefo nem os evangelhos esclarecem as fontes da base financeira deles, mas o seu poder e a sua influência são mais importantes do que seus recursos financeiros, e teriam sido a chave de seu poder e influência.

O número limitado de categorias e de aspectos da antiga sociedade tratados neste capítulo não faz justiça à estrutura social concreta do Império Romano, que era muito complexa, envolvia uma miríade de relações entre seus povos e classes, relações que variavam segundo o lugar e ao longo do tempo. Antes de dedicarmo-nos

---

[39] CARNEY, op. cit., pp. 52-53.

aos textos, é necessário considerar o *locus* mais importante da vida judaica palestinense — o povoado — e as relações sociais em uma escala menor. A sociedade estava unida por uma rede de relações de grupos que será explorada no próximo capítulo e usada a fim de explicar a maior parte do material contido nos evangelhos e nas fontes rabínicas.

Capítulo

4

Relações sociais e grupos na Palestina

A maioria dos textos evangélicos que trata dos fariseus e alguns que incluem os escribas ambientam-se nas pequenas cidades e povoados da Galileia. Apenas no final dos evangelhos sinóticos e, periodicamente, em João, Jesus realmente aparece em Jerusalém, enfrentando a classe governante judaica e romana da Palestina em todo o seu poder. Assim, a rede de relações que mantinha unidos os povoados, as pequenas e grandes cidades é decisiva para a compreensão dos fariseus e dos escribas tal como aparecem nos evangelhos. Utilizar-se-ão categorias sociais e antropológicas mais apropriadas para grupos e relações menores, imediatas. Visto que as relações e os grupos eram muitos e diversificados, este capítulo, mais do que os outros, conterá um grande número de definições, e pode ser usado como referência, conjuntamente com a análise posterior das fontes.

Os grupos judeus e cristãos do primeiro século podem ser associados às categorias de classe que foram esboçadas anteriormente. Classes são categorias muito amplas que, de forma abstrata, aglomeram grupos diferentes. Tais categorias ignoram muitas diferenças e características identificadoras importantes de cada grupo em prol de uma visão global. Consequentemente, categorias de classe e de *status*, em larga escala, são menos frutuosas para a análise da rede de relações que mantinha unidas as pessoas nos povoados, tais como parentesco, amizade, patronagem e competição pelo prestígio, normas comuns de comportamento, o código de honra e a multiplicidade de organizações às quais elas pertenciam. As pessoas possuem dezenas de relações pessoais e coletivas que definem o lugar delas na sociedade e seu próprio conceito de identidade. As pessoas pertenciam simultaneamente a uma classe importante na sociedade, a um grupo de parentesco e a um grupo territorial (isto normalmente incluía a religião), a subgrupos dentro de suas classes e talvez a associações espontâneas. Além do mais, suas atividades podiam fazê-las tomar parte em coalizões e facções na luta por poder e proventos. Fariseus, escribas e saduceus, bem como os seguidores de Jesus, revolucionários,

Parte I • A sociedade palestinense

grupos messiânicos e apocalípticos, herodianos etc., todos eram grupos que existiam dentro das classes mais importantes da sociedade judaica, e, às vezes, contra elas.

No período helenístico, os grupos judaicos floresceram e sua existência foi explicitamente registrada, especialmente por Josefo e 1-2 Macabeus. Os fariseus, saduceus e essênios são os mais bem conhecidos, mas não são os únicos. Originalmente, os cristãos eram um subgrupo do judaísmo, como o eram diversos bandos messiânicos e, no período da guerra contra Roma, os zelotes e os sicários. A presença de tais grupos nas fontes comprova o ambiente helenístico do judaísmo e do cristianismo, no qual associações voluntárias, privadas, para o culto, para a socialização e outros fins eram comuns. Fariseus, escribas, essênios, saduceus, seguidores de Jesus e muitos outros grupos eram conhecidos como unidades identificáveis dentro da sociedade política judaica. Eles transcendiam o povoado e a família, e muitas vezes desempenhavam um papel na vida nacional e local. A falta de elementos históricos claros acerca da organização interna de muitos grupos judaicos do primeiro século deu azo a muitas controvérsias infrutíferas. Algumas hipóteses gerais a respeito dos tipos de grupos que podem ter existido na sociedade antiga, de como surgiam os grupos, qual era a posição social deles e quais eram normalmente suas funções oferecerão alguma orientação para nossa análise histórica subsequente, detalhada, dos grupos no Império Greco-romano e no judaísmo.

A sociedade nos povoados da Palestina

Uma vez que 90% das pessoas na Antiguidade eram agricultores, a maioria dos habitantes dos povoados era agricultora. As cidades maiores e talvez alguns povoados também possuíam especialistas, tais como hábeis artesãos, cuja pobreza e baixa posição social eram semelhantes às dos camponeses. Os líderes de um povoado eram os anciãos e os cidadãos notáveis, que eram os chefes de famílias proeminentes. Nos pequenos povoados, este grupo normalmente não era organizado em um corpo legalmente constituído, tal como um conselho de cidade, embora provavelmente o fosse em cidades maiores. As famílias notáveis eram distintas pelo prestígio derivado da riqueza, o que implicava a posse da terra pela liderança tradicional exercida durante longo período e pelo serviço prestado à comunidade. Os representantes do governo, tais como os oficiais burocratas e os cobradores de impostos, também eram um tipo de líder. Se eles eram estrangeiros ou considerados hostis aos povoeiros, então eles se tornavam adversários dos líderes dos povoados e competidores pelo poder. Se eles eram cidadãos locais que ajudavam o povoado em suas relações com o governo nacional ou com o Império, então faziam parte da liderança. Em cidades maiores, os comerciantes e os artesãos mais bem--sucedidos, bem como outros peritos, podiam obter significativa riqueza e exercer influência e poder. Os sacerdotes hereditários, residentes no distrito, e quaisquer pessoas letradas e cultas que conhecessem e interpretassem as tradições sociais e religiosas da cultura eram também consideradas como líderes. Os muito escassos indícios a respeito dos escribas nos evangelhos sugerem que eles faziam parte da liderança literata, embora faltem provas de que formassem um grupo coerente. Os evangelhos e a literatura rabínica descrevem os fariseus como líderes cultos nos povoados e cidades, ao passo que Josefo os restringe a Jerusalém, um problema que será tratado mais adiante.

Muitos estudiosos têm tratado a sinagoga do povoado como um centro de poder separado da liderança civil e sob o controle dos fariseus. Esta reconstrução não possui nenhum indício comprobatório do primeiro século para sustentá-la. A liderança do povoado, descrita acima, provavelmente exercia autoridade sobre a sinagoga tal como existia nos povoados palestinenses. Naqueles povoados e cidades, com grande pluralidade de judeus, é provável que a assembleia da cidade, para negócios e para a celebração, fosse coextensiva com a assembleia para a oração no sábado e nas festas (a sinagoga). Provavelmente, reunia-se na praça da cidade, no pátio ou sala de uma grande casa, ou no edifício da assembleia da cidade, em vez de em um edifício dedicado exclusivamente ao culto público. Quase não existem provas da existência de sinagogas na Palestina do primeiro século. As "sinagogas" na fortaleza judaica de Massada e no Herodium eram salões de reunião usados para muitos fins, inclusive a oração comum e a leitura da Escritura. Somente no século terceiro é que edifícios dedicados ao culto aparecem regularmente na Palestina.[1] É duvidoso que pequenos e pobres povoados possuíssem seu próprio rolo da Torá ou um mestre versado em algo mais do que os rudimentos da lei. Os mesmos preeminentes e (mais ou menos) eruditos líderes

---

[1] Para o problema de identificação e datação de sinagogas, cf. CHIAT, Marlyn J. "First-Century Synagogue Architecture: Methodological Problems". In: GUTMANN, Joseph (ed.). *Ancient Synagogues: The State of Research*. BJS 22. Chico, Scholars, 1981. pp. 49-60. Na diáspora, nas grandes e nas pequenas cidades palestinenses que eram dominadas pelos gentios, os judeus julgaram fundamental organizar-se numa comunidade formal, a fim de conservar sua identidade e levar adiante seus negócios e costumes.

Parte I • A sociedade palestinense

que dirigiam a comunidade conduziam também, provavelmente, a sinagoga, uma vez que a sociedade política e a religiosa eram uma só. Isto torna mais compreensível a oposição a Jesus, o marginal, da parte dos judeus líderes do povoado, que viam nele uma ameaça à própria posição social e desestabilizador de seu modo de vida tradicional.

Relações sociais

Em razão de as múltiplas e complexas relações sociais das pessoas não poderem ser compreendidas por meio de definições estáticas de classe e de grupo, alguns sociólogos analisaram todas as relações sociais como uma rede que estimulava o surgimento de diversos tipos de grupos e se encontra na base de suas ações.[2] As relações entre as pessoas podem ser divididas pelo menos em seis zonas — das relações familiares íntimas às associações de obras utilitaristas e voltadas para o mero reconhecimento.[3] As interações entre as pessoas podem ser simples ou múltiplas (envolvendo mais de um papel) e variam enormemente em importância e valor. As interações podem ser unidirecionais ou mútuas, em diversos níveis, e sua frequência e duração também se alteram. As redes, como um todo, podem ser classificadas de acordo com aspectos estruturais, tais como tamanho, densidade (quantos membros de uma rede possuem interações independentes uns com os outros), graus de intimidade de conexão entre os membros da rede, como os membros da rede se agrupam e quantos intermediários são necessários para alcançar determinado número de pessoas.[4]

Tal análise das relações que unem a sociedade pode oferecer um quadro detalhado de como a sociedade funciona e das causas da atividade social, se as informações estiverem disponíveis. Mediante sua análise das redes, Boissevain sugere que as pessoas são levadas a agir movidas por suas importantes relações pessoais, bem como por seus valores e interesses sociais (Durkheim). O conceito de

---

[2] Cf. BOISSEVAIN, Jeremy. *Friends of Friends*; Networks, Manipulators and Coalitions. Oxford, Blackwell, 1974; HOLLANDER, Paul W. & LEINHARDT, Samuel (eds.). *Perspectives in Social Network Analysis*. New York, Academic, 1979; LEINHARDT, Samuel (ed.). *Social Networks*: A Developing Paradigm. New York, Academic, 1977.

[3] BOISSEVAIN, op. cit., pp. 45-48.

[4] BOISSEVAIN, op. cit., pp. 28-45.

redes sociais explica o sistema patrono–cliente, no qual uma íntima relação pessoal subjaz todas as outras trocas de favores. Ele também explica a fonte de adesão a Jesus como mestre, curador e sábio por parte de seus discípulos e da comunidade cristã primitiva que se voltou para Jesus como seu patrono celeste. Não está claro o que atraía e mantinha os fariseus unidos, mas esta forma de considerar a sociedade orientará nossa investigação a respeito deste problema.

Embora a escassez de indícios impeça uma análise minuciosa dos fariseus escribas e saduceus, precisamente a consideração das questões levantadas pela análise de rede precaverá contra o erro frequente no estudo destes grupos, que é o de descrevê-los como se fizessem parte de uma situação social simples e estática.[5] Com efeito, as relações sociais e grupais estavam em constante mudança, conforme Josefo e, em menor escala, o Novo Testamento e a literatura rabínica indicam. Os fragmentos isolados de indícios contribuirão para um todo mais ordenado somente se a interpretação for orientada por uma ampla série de questões concernentes às relações sociais dos fariseus, escribas e saduceus com o resto da sociedade.

Honra e vergonha

O sistema social da Antiguidade e de muitas regiões do Mediterrâneo, ainda hoje, é mais bem descrito usando-se as concepções de honra e vergonha. A honra faz parte do *status* de uma pessoa e na Antiguidade era bem mais importante do que hoje, na sociedade industrializada, onde a posição de alguém na comunidade é controlada muito mais pelo dinheiro e pelo cargo que ocupa. A honra e a vergonha são os dois pólos de uma avaliação social baseada no tipo de personalidade considerada como o ideal social em sociedades pequenas e simplificadas, onde a posição e o prestígio dependem da pessoa e não de um cargo impessoal. Isso é característico dos povoados e pequenas cidades mediterrâneas. A honra é baseada nas relações com os outros na comunidade e é o mais alto ideal terrestre de sociedade. O que é honrável pode incluir valores transcendentes ou estar em conflito com eles.[6]

---

[5] Alguns teóricos tratam os grupos como entidades nocionais (usadas por conveniência) e, ao contrário, estudam a rede de relações que mantém as pessoas unidas. Cf. HOLY, Ladislv. "Groups". In: KUPER, Adam e Jessiva (eds.). *The Social Science Encyclopedia*. London, Routledge, 1985. p. 346.

[6] PERISTIANY, J. G. Introduction. In: *Honour and Shame*; The Values of Mediterranean Society. Chicago, University of Chicago, 1966. pp. 9-10; CAMPBELL, J. K. "Honour and the Devil". In: PERISTIANY, J. G. *Honour and Shame*, p. 152.

Uma vez que o sistema de honra é uma forma de classificação social, ele produz luta pela e defesa da honra. A maioria das pessoas, em uma sociedade camponesa, pertence à mesma classe e carece de critérios claros para atribuir prestígio, de modo que se empenha em constantes desafios e reações na busca de maior honra entre seus concidadãos.[7] O lugar no sistema de honra determina, até certo ponto, quais os recursos materiais e quais poder e influência alguém terá na sociedade, e estes, em contrapartida, reforçam ou enfraquecem sua honra e sua posição na sociedade. O sistema de honra é uma espécie de "gabinete de despacho" para os conflitos sociais e um árbitro para o posicionamento social, porque ele incorpora as normas sociais concretas acolhidas pela comunidade.[8] Assim, os conflitos por influência e poder, evidentes no relato de Josefo sobre os fariseus, nos atritos entre os fariseus e Jesus nos evangelhos, e nos próprios esforços do cristianismo primitivo a fim de recuperar a aceitação (honra) na Palestina são contendas por causa da honra na comunidade.

A ideia de honra é uma constante na sociedade mediterrânea, mas a noção exata do que constitui a honra e a perda da honra muda com o tempo. Na Espanha, de acordo com um pesquisador, o critério para a honra mudou diversas vezes nos últimos três séculos. Ademais, a honra é diferente para pessoas de diferentes *status*, nascimento e classe social.[9] O sistema de honra desperta o leitor dos séculos XX e XXI para uma das maiores diferenças entre a Antiguidade e o período moderno — a concepção do indivíduo. Ele presume que as pessoas são comunidades orientadas e incrustadas na sociedade. O tipo de personalidade que este tipo de sociedade produz é normalmente caracterizado como polinômio. A autoimagem e a posição social de uma pessoa, até mesmo a seus próprios olhos, é determinada primariamente por um código externo e pela opinião e avaliação pública, mais do que por adesão a valores pessoais e internos.[10] A ênfase ocidental moderna no ser

---

7 PERISTIANY, Introduction, op. cit., p. 11, pp. 14-15; PERISTIANY, J. G. "Honour and Shame in a Cypriot Highland Village". In: *Honour and Shame*, pp. 185-187.

8 PITT-RIVERS, Julian. *The Fate of Schechem*. Cambridge, Cambridge Univ., 1977. p. 47; DAVIS, J. *The People of the Mediterranean*; An Essay in Comparative Social Anthropology. London, Routledge, 1977. p. 77, pp. 89-90, p. 98.

9 Cf. especialmente BAROJA, Julio C. "Honour and Shame; A Historical Account of Several Conflicts". In: PRISTIANY, J. G. (ed.). *Honour and Shame*, pp. 81-137, esp. p. 122; PITT-RIVERS, op. cit., pp. 18-47, pp. 77-78.

10 BOURDIER, Pierre. "The Sentiment of Honour in Kabyle Society". In: PERISTIANY, op. cit., pp. 211-212; MALINA, Bruce. *The New Testament World*; Insights from Cultural Anthropology. Atlanta, Knox, 1981. pp. 51-68.

Relações sociais e grupos na Palestina

verdadeiro consigo mesmo e no dinamizar as próprias potencialidades em direção à realização está subordinada às necessidades e normas da comunidade na qual a pessoa está inserida.

As relações patrono–cliente

Tanto os fariseus quanto Jesus, provavelmente, eram vistos como patronos pelas massas populares com quem lidavam. Josefo e os evangelhos mostram as pessoas olhando para os fariseus como líderes influentes que podiam ajudá-las. O mesmo vale para Jesus nos evangelhos, à diferença de que sua influência não é junto a líderes terrenos, mas junto a Deus. As relações patrono–cliente eram comuns no antigo mundo mediterrâneo e sobrevivem ali em diversas formas até os dias de hoje. Elas ajudam a organizar as relações sociais no ponto em que as relações em larga escala, coletivas cessam.[11] O superior e o inferior, em uma sociedade intimista, familiar, estão unidos por laços de mútua obrigação, os quais são mais bem analisados como relações patrono–cliente. Por exemplo, os líderes dos povoados agiam como protetores e intercessores dos camponeses analfabetos, defendendo os interesses e a forma de vida do povoado contra o mundo exterior. Em oposição às relações não espontâneas, impessoais, coletivas que unem nações e impérios nas alianças entre patrono e cliente, as pessoas que se conhecem entram em um relacionamento pessoal, uma a uma (diádico), que não é requerido por lei, que não é perpetuado por uma organização e que depende da interação direta, pessoal entre dois indivíduos.[12]

As relações patrono–cliente constituem um suplemento muito importante para as categorias de classe desenvolvidas por Lenski. A estrutura de classe acentua as diferenças verticais entre as pessoas em uma sociedade, baseadas no poder e na riqueza. Contudo, as metáforas de classe, estrato etc. não abrangem totalmente a

---

[11] Nas corporações modernas, jovens executivos em ascensão normalmente carecem de patronos que os apoiem e os guiem.

[12] LANDE, Carl H. "Introduction; The Dyadic Basis of Clientelism". In: SCHMIDT, W. et al. (eds.). *Friends, Followers, and Factions*. Berkeley, University of California, 1977. p. xiii. Para informações, análise e bibliografia adicionais, cf. EISENSTADT, S. N. & RONIGER, Louis "Patron-Client Relations as a Model of Structuring Social Exchange", *Comparative Studies in Society and History* 22 (1980), pp. 42-77; *Patrons, Clients, Friends: Interpersonal Relations and the Structure of Trust in Society*. Cambridge, Cambridge UP, 1984; GELLNER, Ernest & WATERBURY, John (eds.). *Patrons and Clients in Mediterranean Societies*. London, Duckworth, 1977. Para patronagem no âmbito do império, cf. SALLER, Richard. *Personal Patronage under the Early Empire*. Cambridge, Cambridge UP, 1982.

Parte I • A sociedade palestinense

realidade. A sociedade antiga, mais que a sociedade moderna, industrial, tem uma dimensão horizontal muito forte, alicerçada na lealdade interpessoal, no compromisso e na influência, tanto dentro quanto além das fronteiras de classe. Destarte, a atenção às relações patrono–cliente completa o quadro de como a sociedade funciona e mostra, de modo especial, como todas as quatro dimensões do poder, analisadas por Parsons, agem para manter a sociedade unida e ajuda os diversos grupos em seus conflitos sociais. Elas explicam as relações dos fariseus quer com a classe governante, quer com o povo; parcialmente elas explicam a relação de Jesus com seus discípulos e as relações da comunidade cristã primitiva com Jesus como Salvador.

Uma relação patrono–cliente é frequente entre duas pessoas desiguais, duradoura e difusa; mediante tal relacionamento, o patrono e o cliente comprometem-se, cada um, a trocar favores e vir em socorro um do outro em tempos de necessidade.[13] Os favores e a ajuda prestados podem ser diferentes em cada caso, mas são valiosos para os receptores. Se o cliente recebe do patrono mais do que dá, por exemplo proteção física contra danos, forma-se uma aliança permanente, uma vez que o cliente está permanentemente em dívida com o patrono por um débito que não pode ser saldado. Muitas vezes tais relacionamentos são caracterizados também por lealdade pessoal.[14]Dentro da sociedade, relações diádicas, tais como as relações patrono–cliente, são não corporativas e baseiam-se em contratos implícitos que suplementam os contratos explícitos, que fazem parte de uma sociedade e governo formais, corporativos. Uma sociedade precisa de estrutura adicional para o que já está legislado, e as relações diádicas oferecem tal estrutura à sociedade. Quando as instituições centrais de uma sociedade são fracas, as alianças diádicas proliferam e preenchem uma carência mais fundamental de estrutura social.[15] Contudo, as relações patrono–cliente estão sempre anexadas a um corpo coletivo e o pressupõem, ou seja, a sociedade em geral.

As relações patrono–cliente sadias exigem que o patrono trate o cliente de maneira justa, mas o poder e a riqueza do patrão podem suscitar a opressão e a

---

[13] LANDE, op. cit., p. xiv; "Uma relação patrono–cliente é uma aliança diádica vertical, ou seja, uma aliança entre duas pessoas de *status*, poder e recursos desiguais, em que cada um considera útil possuir como aliado alguém superior ou inferior a si mesmo", p. xx.

[14] LANDE, op. cit., pp. xv-xvi.

[15] LANDE, op. cit., pp. xvii-xviii; pp. xxi-xxii.

exploração, em vez do cuidado pelo bem-estar do cliente. Tanto a força quanto a fraqueza deste tipo de relacionamento podem ser vistas nas relações entre agricultores locatários e os donos, ou entre os servos da gleba e seus senhores. O cliente pode amenizar uma situação opressiva somente buscando favor ainda maior junto ao patrono, ou mediante duas alternativas incomuns na Antiguidade — revolta e retratação do relacionamento. O evangelho de Lucas denuncia que os fariseus, como patronos do povo, não estão cumprindo suas obrigações, e reivindica que Jesus, agindo como um intermediário junto a Deus, preenche o papel de patrono de modo novo e mais eficaz. A relação patrono–cliente depende grandemente da pessoa do patrono, em contraste com as relações conjuntas, que possuem uma estrutura embutida que tende a sustentá-la independentemente de qualquer pessoa em particular.

Uma vez que os povoados e pequenas cidades existiam dentro de uma sociedade e de um império mais amplos, a massa dos povoeiros carecia de patronos sábios e influentes que intercedessem por eles junto à burocracia. Tais patronos são chamados normalmente de *brokers*, ou seja, intermediários entre patronos ou oficiais mais poderosos, e os menos poderosos que dependiam deles. É provável que os fariseus e os escribas, como líderes e talvez oficiais de baixo nível, fossem vistos como intermediários (*brokers*) pelas pessoas no trato deles com o mundo em geral. O grupo que se reunia ao redor de um patrono é chamado clientela. *Clientelas* são compostas de um patrono e de todos os seus clientes. O grupo não possui uma estrutura corporativa, mas está unido pela lealdade ao patrono e pode ser mobilizado somente por ele. Uma clientela oferece apoio ao patrão em seus negócios com os outros, muitas vezes funcionários e patronos mais elevados, e assim aumentava-lhe o prestígio e, indiretamente, promovia os interesses da clientela. Para uma pessoa rica, a clientela consistiria de agricultores dependentes, servos e outros membros da comunidade que dependiam deles ou lhes deviam favor. Os oficiais e servos que dependiam de Herodes, o Grande, o sumo sacerdote e os "herodianos" (Mc 3,6) associados a Herodes Antipas provavelmente deveriam ser compreendidos como uma clientela.

A origem dos grupos sociais

Entre as abrangentes estruturas comuns que mantêm a sociedade unida e as relações pessoais entre patrono e cliente encontra-se uma profusão de grupos

Parte I • A sociedade palestinense

corporativos e não corporativos. As relações sociais normais mudam na sociedade, e o dar e receber das relações patrono–cliente produz um certo número de grupos espontâneos, no mais das vezes não corporativos, que mantém ainda mais unida a sociedade e que é a base para a cooperação e para os conflitos na sociedade. Jesus capitaneava um desses grupos, e os líderes judeus formavam tais grupos à medida que costuravam alianças para opor-se a Jesus. Os fariseus, saduceus e os primeiros cristãos eram grupos voluntários, provavelmente não corporativos, ao menos da parte da história deles.

O surgimento dos fariseus, saduceus, essênios e outros grupos no período hasmoneu pode ser eficazmente explicado pelo processo sociológico de formação de grupo. O judaísmo lutara, durante quatro ou cinco séculos, para ajustar-se à cultura greco-romana, da conquista de Alexandre Magno, em 332 a.C., à formação da Michná, em 200 d.C. Em sua batalha para conservar a identidade judaica, com ênfase no monoteísmo, na Bíblia, na circuncisão, na observância do sábado e em uma multidão de outras práticas, o judaísmo assimilou muitas características do modo greco-romano de vida e de pensamento.[16] É bem provável que a emergência de associações espontâneas, identificáveis — que lutavam pelo controle da sociedade judaica, discordavam acerca de como o judaísmo deveria ser vivido e reagiam de forma diferente perante as atividades dos governantes estrangeiros —, seja ela mesma um fenômeno helenístico, usado por alguns judeus para combater o helenismo.

O surgimento de uma diversidade de grupos na sociedade judaica corresponde ao modelo de impérios agrários quando se tornam grandes e complexos. A sociedade diferenciou-se e estratificou-se, o que levou ao desenvolvimento de grupos sociais, além dos grupos básicos políticos e de parentesco. Um império tende a desenvolver uma burocracia política que inclui liderança religiosa, cultural e econômica, ao lado da militar e administrativa. Desenvolve também certa variedade de grupos para além da estrutura política e de parentesco, tendo cada grupo composição e metas diferentes. Alguns grupos imitam grupos de parentesco e são, portanto, chamados grupos de parentesco fictício. Por exemplo, os cristãos muitas vezes referem-se uns aos outros como irmãos e irmãs,

---

[16] Cf. BICKERMAN, E. *From Ezra to the Last of the Maccabees.* New York, Schocken, 1962 e HENGEL, M. *Judaism and Hellenism.* Philadelphia, Fortress, 1974.

Relações sociais e grupos na Palestina

e a Deus como seu pai, transformando a si mesmos, portanto, em uma "família". Contudo, os grupos são espontâneos e a associação é alcançada mediante compromisso e comportamento adequado, antes que por hereditariedade. Esse processo de diferenciação é penetrante e conduz até mesmo à diferenciação no âmbito do povoado.[17] Esses novos grupos criam uma rivalidade com os grupos étnicos, tradicionais, territoriais e atributivos por recursos sociais tais como poder, *status* e riqueza.[18]

Na antiguidade, grupos espontâneos baseavam-se tanto na função social quanto na solidariedade. Os grupos sociais baseados na função social reuniam pessoas que desempenhavam o mesmo papel ou possuíam o mesmo *status* na sociedade, ou que tinham os mesmos interesses. Exemplos de grupos fundamentados na função social são: associações de artesãos ou de comerciantes, associações religiosas e grupos cúlticos; os que se fundavam na solidariedade incluíam pessoas com carências, desejos e visões sociais idênticas, tais como os estrangeiros em um determinado lugar, pessoas de diversas condições sociais insatisfeitas com a mundivisão predominante etc.[19] O cristianismo primitivo demonstrava solidariedade para com aqueles que buscavam uma visão diferente do divino, ou da salvação. Quando uma sociedade, como a do Império Romano, incluía um amplo número de tais grupos, estes tendiam a reconhecer as semelhanças e os interesses mútuos, de modo que eles englobavam símbolos culturais mais gerais e desenvolviam as partes não atributivas, espontâneas da sociedade, em detrimento dos elementos atributivos, tradicionais da sociedade. Ademais, essas associações muitas vezes exerciam grande influência sobre todos os níveis da vida de seus membros, de forma que eles desempenhavam funções integradoras de meta mais ampla do que aquelas inerentes a seus objetivos explícitos, puramente especializados.[20] À medida que os grupos se tornaram mais fortes e a atração ou a manutenção do império ou a estrutura política se tornaram mais débeis, as pessoas podiam identificar-se mais fortemente com um grupo não atributivo, espontâneo, do que com as unidades políticas ou de parentesco. Os ditos dos evangelhos acerca do deixar o próprio pai

---

[17] EISENSTADT, op. cit., pp. 79 e 92.

[18] EISENSTADT, p. 91.

[19] EISENSTADT, op. cit., pp. 79-80. Finley, M. *Ancient World Economy*, p. 138 observa que estes grupos eram particularmente populares entre os pobres urbanos, e até mesmo entre os pobres rurais.

[20] EISENSTADT, op. cit., pp. 81-82.

Parte I • A sociedade palestinense

e a própria mãe[21] e a defesa que Agostinho faz dos cristãos como bons cidadãos do Império Romano em *A cidade de Deus* espelham essa tensão e competição.

Eisenstadt adverte que o surgimento de antigas associações não deveria ser visto como idêntico aos processos na sociedade moderna:

> Estes desenvolvimentos na estrutura associativa das sociedades burocráticas históricas não podem ser igualados ao crescimento da atividade associativa e à consciência nacional nas sociedades modernas. Embora varie de uma sociedade à outra, a participação na maioria das associações históricas ainda se limitava a grupos urbanos ou burocráticos relativamente seletos e mediante muitas orientações e modelos tradicionais de organização. Ademais, a extensão até onde tais associações tornavam-se orientadas para os valores e símbolos centrais variava grandemente, e muitas dessas associações limitavam-se a pequenas localidades. O mesmo se aplica à participação delas na vida cultural comum e à sua identificação com os símbolos culturais e coletivos comuns. Contudo, cada uma destas associações, qualquer que fosse o objetivo de sua associação ou orientação, trazia um elemento distinto de diferenciação à sua sociedade.[22]

Tendo em mente esta admoestação, essas condições e as consequências do surgimento de associações ajudam a explicar a variedade de movimentos e de posições que se desenvolveram na vida intelectual, religiosa e política dos Impérios Helenístico e Romano. Neste contexto é que se deve buscar o aparecimento dos fariseus, saduceus e de outros grupos judaicos.

Grupos sociais

Os modernos geralmente imaginam as sociedades aristocráticas e monárquicas da Antiguidade como algo fixo e imutável, e por isso não conseguem compreender o papel de grupos como o dos fariseus e outros grupos judaicos. Não obstante o sistema de *status* dos antigos impérios parecesse bastante rígido, muitas vezes se mostrava razoavelmente flexível. Riqueza, poder e prestígio, como determinantes da posição social, separaram-se um do outro, dando lugar ao surgimento de hierarquias

---

[21] Mt 10,37; Lc 14,26.

[22] EISENSTADT, op. cit., p. 82.

rivais na sociedade.[23] Assim, diversas lideranças e grupos de poder competiam com grupos tradicionais nos mecanismos da sociedade:

> Outra manifestação extremamente significativa da existência de hierarquias de *status* diferentes é o desenvolvimento de posições e de atividades de elite. Na maioria das sociedades estudadas aqui desenvolveram-se categorias especiais, de grupos ou de pessoas, cujos membros empenhavam-se na liderança e na comunicação em várias esferas institucionais, desde que tais categorias não estivessem enraizadas em nenhum grupo de *status*, função ou posições atributivos. Nas organizações religiosas e culturais surgiram diversas destas posições, cujos beneficiários eram recrutados de muitos grupos de *status* — embora não necessariamente de todos —, cujas atividades iam de encontro a tais grupos.[24]

Embora a presença e o poder da nova elite alcançassem até mesmo alguns pequenos povoados e enfraquecessem o poder dos grupos tradicionais e legalmente reconhecidos na sociedade,[25] fundamentalmente os grupos e as associações urbanos livres tinham poder porque se achavam na cidade, no centro do poder. Eles ensejavam certo movimento ascendente para seus membros, apesar de poucos, na verdade, alcançarem o cimo da classe governante.[26] Aqueles que realmente atingiam *status* mais elevado tentavam conservá-lo mediante os meios atributivos comuns: a hereditariedade e o *status* social permanente. Tal desenvolvimento de novas elites pode ser encontrado na origem de grupos judaicos tais como os fariseus, os escribas e outros grupos.

O espaço aqui não permite tratar as miríades de grupos que emergiam na Palestina e no Império Romano. Como um auxílio para a compreensão dos grupos antigos, apresentaremos uma série de distinções úteis, tirada da análise sociológica de grupos; a seguir, as informações respeitantes às associações espontâneas gregas serão revisadas. Finalmente, porque os fariseus e os saduceus são frequentemente chamados de seitas, faremos alusões às obras recentes a respeito das seitas. A designação que Josefo faz dos fariseus como uma *hairesis*,

---

[23] EISENSTADT, op. cit., pp. 82-83.

[24] EISENSTADT, op. cit., p. 83.

[25] EISENSTADT, op. cit., pp. 84-86.

[26] EISENSTADT, op. cit., pp. 86-87.

Parte I • A sociedade palestinense

uma "opção" (muitas vezes traduzida como seita ou escola de pensamento), será tratada no capítulo 6, juntamente com os elementos greco-romanos sobre as escolas de filosofia.

Em seu sentido mais simples, *grupo social* é qualquer coletividade de seres humanos. A partir de uma perspectiva sociopsíquica, um grupo social é "um número de indivíduos que interiorizou a mesma categoria social de associação como um componente de sua autoconcepção".[27] Tal definição de grupo, cognitiva e interna, não é muito útil neste momento de nossa discussão, mas indica quão flexível e complexa pode ser uma definição de grupo e quão pouco expressamos quando designamos uma coletividade de grupo.

Um *grupo social formal* é aquilo que usualmente indicamos como grupo e normalmente se refere a "uma pluralidade de indivíduos unidos por algum critério de recrutamente e por uma séire de direitos e deveres de associação".[28] É uma organização e implica "a existência de procedimentos para a mobilização e para a coordenação dos esforços de vários subgrupos, usualmente especializados, em busca de objetivos comuns".[29] As organizações sociais, em contrapartida, são normalmente divididas em não espontâneas, espontâneas, corporativas e não corporativas. *Grupos não espontâneos ou involuntários* conhecidos são família, comunidades políticas, classes sociais, castas e outras coletividades nas quais nascemos ou que se nos impõem. Trata-se, normalmente, de grupos *corporativos* que possuem objetivos explícitos e fazem exigências concretas a seus membros.[30] Na Antiguidade, normalmente se nascia em um grupo de parentesco (família expandida) e em um grupo político que podia ser um grupo étnico ou nação independente, ou subordinado ao império. Em Israel, os judeus eram uma nação e um grupo étnico subordinado aos Impérios Grego e Romano. Tais relações sociais eram normalmente *atributivas*, significando que se atribuía a alguém determinada associação de grupo e um *status* social, um papel, ou lugar dentro do grupo por nascimento ou mediante uma força externa, tais como uma entidade política ou uma cultura. Por contraste, a associação ou *status*

---

[27] TURNER, John C. Social Group. In: TAIFEL, Henri (ed.). *Social Identity and Intergroup Relations.* European Studies in Social Psychology. Cambridge/Paris, Cambridge University/Maison des sciences de l'Homme, 1982. p. 36.

[28] HOLY, *Groups*, p. 346.

[29] BLAU, *Groups*, p. 346.

[30] LANDE, op. cit., p. xix.

adquirido baseava-se nas atividades de uma pessoa e nos efeitos que tais atividades produziam nos relacionamentos sociais. Geralmente, *status* ou associação adquiridos eram espontâneos, pois se fundamentavam nos próprios esforços.

Os *grupos espontâneos* são muito mais variados que os grupos não espontâneos, porque estão organizados visando a uma grande variedade de objetivos, alguns abrangentes e outros bastante restritos.[31] Organizações espontâneas normalmente existem dentro de um esquema mais amplo e mais básico de sociedade voluntária, corporativa, e buscam alcançar objetivos ou sanar carências mais restritas de partes da sociedade. Nos *grupos corporativos espontâneos,* os objetivos, as formas de ação e as relações entre os membros são fixos.[32] As associações, partidos políticos, grupos de interesse e coalizões institucionalizadas helenísticos pertencem a este tipo. *Grupos não corporativos, grupos espontâneos,* tais como movimentos, coalizões, facções etc., normalmente carecem de estrutura fixa, são mantidos unidos mediante interesses comuns temporários e estreitos, não podem, por direito, reivindicar os recursos dos membros e possuem uma identidade que é menos clara do que os grupos estáveis, corporativos. Qualquer um desses grupos pode tornar-se corporativo se subsistir tempo suficiente e der passos para assegurar sua existência permanente.

Uma vez que muitos dos conflitos sociais em Josefo e nos evangelhos podem ser compreendidos em termos de grupos políticos de interesse, coalizões, facções e movimentos, breves definições destes grupos voluntários serão úteis. Um *grupo de interesse político* é uma associação voluntária que procura transformar seus interesses em lei pública ou obter o controle do comportamento social.[33] Tais grupos, que disputam o poder, normalmente procuram rotular seus oponentes de desviantes. O "toma-lá-dá-cá" da vida política, social e religiosa, e as lutas pelo poder entre grupos podem ser explicados como a tentativa, de grupos dominantes e grupos desviantes, de que a sociedade siga as regras deles. A maioria dos conflitos entre a liderança judaica e a comunidade cristã primitiva pode ser explicada nesses termos.

---

[31] BANTON, M. "Voluntary Associations: Anthropological Aspects", *IESS*, 357.

[32] BOISSEVAIN, op. cit., p. 171.

[33] PFUHL, E. *The Deviance Factor.* New York, Van Nostrand, 1980. p. 122. Grupos de interesse modernos são partidos políticos, grupos de pressão, grupos especiais de interesse e grupos de influência (*lobbies*).

Parte I • A sociedade palestinense

Comparadas aos grupos corporativos, que são permanentes e organizados e possuem uma identidade estabelecida, as coalizões e facções são muito mais temporárias e limitadas. Dever-se-ia notar, porém, que as coalizões e facções que subsistem por longo tempo podem adquirir características corporativas. Uma *coalizão* é "uma aliança provisória de partidos diferentes com vista a uma meta limitada"; assim, *coalizões políticas* fazem uso comum de recursos a fim de influenciar decisões políticas. Uma coalizão diferencia-se de um grupo corporativo nisto que os recursos usados pela coalizão permanecem ligados aos membros originais dela, e os objetivos mais gerais de cada membro podem variar consideravelmente.[34] A coalizão é, portanto, temporária, e não a identidade primária dos membros. Os partidos que se uniam contra Jesus, tais como os fariseus e os herodianos, em Marcos 3,6, são típicos de uma coalizão, como na aliança dos fariseus com a mulher de Ferora contra Herodes (cf. cap. 5).

Uma *facção* é uma coalizão que é "recrutada individualmente, de acordo com princípios estruturalmente diversos por ou em favor de outra pessoa".[35] As facções tendem a ser "caracterizadas por associação instável, duração incerta, liderança personalística, falta de organização formal e por maior preocupação com o poder e pilhagem do que com ideologia e política".[36] Quando dois clientes, juntamente com sua clientela, competem na sociedade, a rivalidade normalmente é faccional, porque os dois grupos são formados por sua aderência a um líder. No período anterior à grande guerra contra Roma, conforme descrito por Josefo, Jerusalém estava cheia de coalizões e facções. Paulo parece estar tentando romper facções na Igreja de Corinto reorientando-a para o patrono principal, Jesus (1Cor 1–4).[37]

Quando a atividade social é bastante difusa e carente de organização, é denominada frequentemente de movimento. O termo abrange uma variedade de grupos. Por exemplo, o cristianismo primitivo é crescentemente chamado pelos estudiosos do Novo Testamento de 'o movimento de Jesus'. Definido de forma

---

[34] BOISSEVAIN, op. cit., pp. 171-173.

[35] BOISSEVAIN, op. cit., pp. 171-173, 192 e 195.

[36] LANDE, op. cit., p. xxxii.

[37] WELBORN, L. L. "On the Discord in Corinth: 1 Corinthians 1-4 and Ancient Politics", *JBL*, v. 106, pp. 85-111. 1987, mostra que, em Corinto, os grupos eram facções políticas rivalizando pelo poder na comunidade, e não baseados em desacordos teológicos.

Relações sociais e grupos na Palestina

bem abstrata e psicológica, um *movimento social* é "o esforço de muitas pessoas para solucionar coletivamente um problema que elas julgam ter em comum".[38] Mais concretamente, um movimento social tem por meta promover mudanças na sociedade em geral, ou resistir a elas. Tais movimentos sociais podem ir de um sentimento popular, que pode resultar em uma atividade social, a complexos grupos reformistas ou revolucionários. Amiúde eles começam como grupos espontâneos, não corporativos, mas podem tornar-se organizações de movimentos sociais corporativos, que podem ser coalizões, grupos de interesse político ou outros tipos de organizações.[39] Certamente, é possível que os fariseus, com seu programa de revitalização ou de reforma do judaísmo, e o movimento de Jesus, com sua nova interpretação da vida judaica e da revelação, funcionassem como movimentos sociais ou como organizações de movimentos sociais em alguns períodos de sua existência.

Associações espontâneas corporativas e não corporativas, tais como coalizões e facções, juntamente com grupos corporativos não espontâneos, como a família e o próprio Estado, provêm a muitas das mesmas necessidades econômicas e sociais nisto que eles organizam a produção e a proteção. Coalizões são uma forma de organização social tão básica quanto a família, e exercem as mesmas funções, inclusive produção econômica e proteção física. As facções tendem a predominar em sociedades fracas, nas quais o Estado não pode oferecer segurança.[40] A sociedade palestinense nos períodos helenístico e romano estava repleta dos tipos de grupos aqui descritos. Naturalmente, concreta e historicamente, os verdadeiros grupos contemplados por estas definições gerais possuíam características diversas e peculiares que são muito importantes para a compreensão da sociedade e do lugar deles nela. Contudo, as significativas características comuns sublinhadas pelas categorias gerais esquematizadas acima iluminarão alguns dos mecanismos importantes da sociedade palestinense e nos possibilitarão compreender mais acuradamente fariseus, escribas, saduceus e outros grupos.

---

[38] TOCH, Hans. *The Social Psychology of Social Movements* (Indianópolis, Bobbs, 1965), p. 5.

[39] John D. McCarthy e Mayer N. Zald, "Resource Mobilization and Social Movements: A Partial Theory", *American Journal of Sociology*, v. 82, pp. 1212-1241, esp. pp. 1217-1219, 1977.

[40] BOISSEVAIN, op. cit., p. 203.

Parte I • A sociedade palestinense

Associações gregas

Uma vez que os fariseus, de modo especial, bem como outros grupos judaicos, têm sido frequentemente comparados com diversos grupos do mundo greco-romano, faz-se necessária certa discussão das possibilidades. As associações greco-romanas, que existiam em grande variedade, e as seitas serão tratadas neste tópico. As escolas filosóficas de pensamento e o significado da designação de Josefo dos fariseus e de outros grupos como *hairesis* serão tratadas no final do capítulo 6.

Associações espontâneas particulares eram numerosas e variadas nos períodos helenístico e romano. Elas existiam quer na cidade quer no campo, entre as classes superiores e as classes inferiores, de modo que se torna extremamente difícil categorizá-las.[41] Os termos usados para designar associações e membros de associações são muitos: *orgeones, thiasos, schola, eranistai, synodos, collegium, synagōgē, koinon, hairesis*. Cada palavra possui muitos significados e nenhuma possui um significado técnico consistente.[42] Os colégios podiam ser sociedades funerárias ou sociedades religiosas, ou ambas; *thiasos, secta* e *synodos* são usados, às vezes, para designar colégios e escolas.[43] *Thiasos*, que na maioria das vezes significa uma associação religiosa, é também usado para designar associações comerciais.[44] Ademais, as associações muitas vezes tinham múltiplos objetivos. Uma corporação podia engajar-se na defesa da profissão, mas podia ser um grupo social. As sociedades funerárias encontravam-se regularmente e tinham regras para seus banquetes. Uma rua ou vizinhança podia ter uma sociedade para o culto regular de uma divindade ou para a organização de uma festa. Os colégios eram comuns entre as classes baixas, mas normalmente não possuíam nenhuma função econômica. Eram tanto sociais como religiosos, e eram usados para a obtenção de

---

[41] Marcus N. Tod, *Sidelights on Greek History*, p. 77 (Oxford, Blackwell, 1932); MacMullen, *Social Relations*, pp. 18-20; pp. 73-80; Finley, *Ancient Economy*, p. 138. O compêndio mais útil de informações sobre o mundo helenístico, incompleto agora em virtude de contínuas descobertas, é Franz Poland, *Geschichte des Griechischen Vereinswesens* (Fürstlich Jablonowskischen Gesellschaft zu Leipzig 38, Leipzig, Teubner, 1909).

[42] Poland, op. cit., pp. 152-168. Grêmios ou associações comerciais traziam, com frequência, títulos religiosos e se encontravam no culto à uma divindade, mas não se tratava de associações verdadeiramente religiosas, muito menos de seitas ou de cultos. Tod, *Sidelights*, pp. 76-77.

[43] WILKEN, Robert. "Collegia, Philosophical Schools, and Theology". In: BENKO, Stephen & O'ROURKE, J. J. (eds.). *The Catacombs and the Colliseum*. Valley Forge, Judson, 1971. p. 279.

[44] Abraham Malherbe, *Social Aspects of Early Christianity* (Baton Rouge, Louisiana State Univ., 1977) 86-91.

honra e de *status* na sociedade. Muitos títulos e honras eram distribuídos nestes grupos, arremedando o Estado.[45]

A instituição helenística de associações espontâneas muito provavelmente instigou a formação dos grupos judaicos voluntários dos fariseus, saduceus e essênios.[46] Todavia, as associações gregas e romanas eram tão variadas que a analogia de associação tem apenas o significado mais geral, e não serve para definição precisa. Existiam centenas de associações, muitas das quais com apenas 10 a 25 membros.[47] Não podem ser usadas confiantemente generalizações acerca das associações gregas para descrever ou definir um grupo.

Sabemos tão pouco acerca da organização interna dos fariseus e ainda menos sobre os escribas e saduceus, que se torna difícil ligá-los às associações helenísticas, exceto de uma forma bem geral e *a priori*. Uma possível influência das associações helenísticas pode ser facilmente admissível. No entanto, é muito difícil deparar-se com provas para tais hipóteses e para a descrição concreta de como tal comportamento associativo foi adaptado à vida judaica. Na década de 1960, Hugo Mantel sugeriu que a Grande Assembleia dos líderes judeus, que supostamente teria dirigido o judaísmo no período helenístico, trazia muitas das características estruturais e terminológicas das associações helenísticas.[48] Mantel usou fontes rabínicas tardias como representações precisas da história séculos antes, e aceitou como histórica a existência da Grande Assembleia. Ambas conclusões são inexatas.[49] Seu estudo mostra realmente como as fontes rabínicas tardias compreenderam a história precedente e que tais fontes foram influenciadas pelos modos de pensar helenístico em suas próprias reconstruções do passado, mas não como os fariseus

---

[45] MacMullen, *Roman Social Relations*, pp. 73-80; Finley, op. cit., p. 138. Poland, op. cit., pp. 337-338; pp. 423-445.

[46] FISCHEL, Henry. "Story and History: Observations on Greco-Roman and Pharisaism". In: *American Oriental Society Middle West Branch Semi-Centennial Volume*. SINOR, D. (ed.). Bloomington, IN, Indiana Univ., 1969, p. 82; SMITH, Morton. "Palestinian Judaism in the First Century", In: DAVIS, Moshe (ed.). *Israel: Its Role in Civilization*. New York, Harger, 1956. pp. 67-81; Ellis Rivkin, *A Hidden Revolution: The Pharisees' Search for the Kingdom Within*, pp. 242-243 (Nashville, Abingdon, 1978) sobre os fariseus; Martin Hengel, *Judaism and Hellenism*, v. 1, pp. 230-247 sobre a comunidade de Qumrã.

[47] Poland, op. cit., pp. 282-283.

[48] MANTEL, H. The Nature of the Great Synagogue. *HTR*, v. 60, pp. 69-91, 1967.

[49] Acerca da não historicidade da Grande Assembleia como instituição, cf. Ira J. SCHIFFER, "The Men of the Great Assembly", *Persons and Institutions in Early Rabbinic Judaism*, ed. William S. Green (BJS 3; Missoula, Scholars, 1977), pp. 293-307.

Parte I • A sociedade palestinense

do segundo Templo se organizavam. Outros tentaram ligar a comunidade dos Manuscritos do Mar Morto (*ya'ad*) às associações gregas caracterizadas como *koinon*.[50] As complexidades concretas da organização local e a esmagadora variedade de associações ao longo do tempo, em diversos lugares, tornam tais comparações de valor explanatório e descritivo muito limitado.

Certamente, os fariseus, sobre cuja organização sabemos pouco, podem ter sido semelhantes a estas associações gregas em alguns pormenores e estimulados, em sua organização, por modelos da cultura mais ampla dentro da qual o judaísmo existia. As informações indicam que eles desempenhavam um papel ativo na sociedade, e isto sugere que se engajavam em atividades coletivas e que realizavam encontros e refeições a fim de incrementar sua identidade e animar suas atividades.[51] Provavelmente eles tinham uma liderança organizada; com certeza possuíam regras, modelos comuns de culto e algum tipo de tirocínio; constituíam um grupo relativamente pequeno, que se conhecia pessoalmente, socializavam-se mutuamente e recebiam a proteção e a patronagem de ricos, fossem eles membros ou amigos da associação. Tais coisas só podemos presumir indiretamente, mas nem os dados diretos sobre os fariseus nem os modelos comuns das associações greco-romanas podem dizer-nos com certeza como eram eles.[52]

Seitas

Uma vez que os fariseus e os saduceus, bem como os primeiros cristãos e outros grupos judaicos têm sido frequentemente descritos como seitas, e visto que a categoria seita é tão popular e tão imprecisa, é necessário uma consideração mais extensa a respeito de seita. A formação de uma seita deve ser compreendida como uma forma de desvio. Dado que a sociedade inclui muitos sistemas de crença ou muitas interpretações do sistema de crença predominante, grande atividade social envolve grupos sociais conflitivos, que muitas vezes rotulam-se mutuamente de

---

[50] DOMBROWSKI, Bruno W. *Ha-Yahad* in IQS and *tó koinón*: An Instance of Early Greek and Jewish Synthesis. *HTR*, v. 59, pp. 293-307. 1966.

[51] Jacob Neusner interpretou-os como uma sociedade de comensais com fins religiosos. Este tópico será retomado detalhadamente no capítulo 10.

[52] Para uma aplicação desta categoria à comunidade paulina, cf. WAYNE MEEKS, *The First Urban Christians* pp. 77-80 (New Haven: Yale, 1983).

desviantes.[53] Grupos minoritários, reputados desviantes, acham-se desprovidos de poder, insatisfeitos com a sociedade e muitas vezes interessados em mudá-la. Quando tais grupos disputam o poder, como os grupos de interesse político, eles procuram rotular o grupo dominante como desviante. Em outras ocasiões, eles aceitam seu *status* desviante e formam organizações espontâneas a fim de promover seu estilo de vida à margem da sociedade.[54]

O uso popular de seita é bem menos sofisticado e normalmente conota um grupo com práticas e crenças minoritárias, particulares; as seitas são vistas como refratárias à sociedade e à política, e como críticas da sociedade. As seitas são muitas vezes identificadas por um frouxo amontoado de características sem coerência interna. Na tipologia clássica de Troelsch, especialmente conforme o uso popular, a seita é contrastada com a Igreja em campos teológicos e comportamentais, e dentro de um contexto cristão.[55] Contudo, o termo chegou a ter um significado mais amplo e a abarcar grupos que reagiam contra qualquer sociedade por diversas razões. Na sociologia moderna, a palavra seita está sendo crescentemente aplicada a grupos fundamentados religiosamente, que são politicamente ativos em suas sociedades. Considerando-se tais desenvolvimentos, se os fariseus devem ser caracterizados como uma seita, tal caracterização não implica sua separação da política ou sua abstenção de operar como um grupo de interesse político na sociedade judaica.

Bryan Wilson criou uma tipologia operante de sete tipos de seitas, baseada no relacionamento do grupo com sua sociedade anfitriã. A ênfase que ele dá ao relacionamento da seita com a sociedade e às atividades daquela, coaduna-se com a abordagem assumida neste estudo. Um breve aceno à sua tipologia ajudará

---

[53] E. Pfuhl, *Deviance*, p. 122.

[54] Pfuhl, *Deviance*, pp. 263-266. Pfuhl categoriza os grupos desviantes mediante dois pares de fatores, quer eles estejam voltados para preocupações internas ou para tentativas de mudanças na sociedade, quer suas atitudes em relação à sociedade sejam alienadas ou conformistas.

[55] Para as dificuldades e imprecisões endêmicas à distinção de seita eclesial, juntamente com a de denominação ou de Igreja livre, cf. B. JOHNSON, On Church and Sect, *American Sociological Review*, v. 28, pp. 539-549. 1963; Alan W. Eister, Toward a Radical Critique of Church-Sect Typologizing: Comment on 'Some Critical Observation on the Church-Sect Dimension', *Journal for the Scientific Study of Religion*, v. 6, pp. 85-90, 1967. Para a argumentação de que Troelsch usa este termo como próprio ao cristianismo e como uma explanação histórica do desenvolvimento do cristianismo, cf. Theodore M. STEEMAN, Church, Sect, Mysticism, Denomination: Periodiological Aspects of Troelsch's Typology, *Sociological Analysis*, v. 36, pp. 181-204, 1975.

Parte I • A sociedade palestinense

a compreender os grupos presentes nos textos antigos.[56] Wilson define os sete tipos de seitas baseados na reação ao mundo e rejeita explicitamente os critérios mais comuns de desvio doutrinal ou ausência de organização formal.[57] As seitas são definidas por desvio daquilo que é dominante na sociedade, como pode ser esperado: "A preocupação com a superação do mal e com a busca da salvação, com a consequente rejeição dos valores, metas e normas culturais dominantes, e quaisquer meios que sejam culturalmente providenciados para a salvação do ser humano, define o desvio religioso". Os sete tipos de seita reagem diferentemente perante o mundo, em parte porque possuem ideias diferentes de salvação, baseadas em definições diversas do mal e de como ele deve ser destruído.[58]

1. A *conversionista* procura a transformação emocional no presente, presumindo-se que a salvação se seguirá no futuro, depois que o mal tiver sido suportado. Em virtude da alienação da sociedade, forma-se nova comunidade. Os primeiros cristãos encaixam-se neste tipo.

2. A *revolucionista* aguarda a destruição da ordem social pelas forças divinas. Os grupos apocalípticos enquadram-se neste tipo.

3. A *introversionista* retira-se do mundo para dentro de uma comunidade purificada. Aqui se acham os essênios.

4. A *manipulacionista* procura a felicidade mediante uma orientação subjetiva transformada que controlará o mal. Os gnósticos são incluídos neste tipo de seita.

---

[56] Cf. *Magic and the Millennium*; A Sociological Study of Religious Movements of Protest Among Tribal and Third-World Peoples (London, Heinemann, 1973), pp. 16-26. Sua tipologia anterior contava apenas quatro tipos e baseava-se em princípios diferentes. Cf. *Patterns of Sectarianism*; Organization and Ideology in Social and Religious Movements (London, Heinemann, 1967), editado por Wilson, especialmente a introdução, pp. 1-121; "An Analysis of Sect Development", pp. 22-45. Esta última obra contém uma lista de características de seitas que é frequentemente usada como um rol de compras de coisas a serem buscadas em grupos. A presença de certo número de características não faz de um grupo uma seita, a menos que tais características possam ser relacionadas uma à outra de alguma forma sistemática, em um contexto teórico.

[57] WILSON, *Magic*, pp. 16-17. De modo geral, Wilson é indulgente em sua análise das seitas, mas, como a maioria dos cientistas ocidentais modernos, ele atribui um "valor absoluto mais alto à organização política e à racionalidade ocidentais". Cf. SCHWARTZ, Hillel. The End of the Beginning; Millenarian Studies, 1969-1975. *RSR*, v. 2, n. 3, p. 7, 1976.

[58] WILSON, *Magic*, p. 21.

5. A *reação taumatúrgica* busca o alívio de males específicos mediante desígnio especial, não geral. Os mágicos e curandeiros, com seus seguidores, pertencem a este tipo.

6. A *reformista* procura alterações gradativas, divinamente reveladas, na sociedade. Os fariseus e Jesus, com seus discípulos, provavelmente se inserem neste tipo.[59]

7. A *utópica* procura reconstruir o mundo de acordo com os princípios divinos, sem revolução.[60]

Os sete tipos de seitas podem ser ordenados segundo três categorias mais amplas: a) as objetivistas, que buscam a mudança do mundo: revolucionistas, introversionistas, reformistas, utópicas; b) as subjetivistas, que buscam a mudança da pessoa: conversionistas; c) as relacionistas, que buscam ajustar as relações com o mundo: manipulacionistas, taumatúrgicas. Os sete tipos não são totalmente separados uns dos outros, nem tampouco são rígidos. Um grupo pode ter mais de uma reação ao mundo ao mesmo tempo, embora normalmente uma seja dominante. Apesar de estes tipos de seitas buscarem alguma mudança ou efeito positivo, elas são mais do que grupos de interesse por causa de sua vida vigorosa. A maioria age como comunidades autosseletivas e intermitentemente operativas.[61] Ademais, as reações sectárias mudam ao longo do tempo e, no fim das contas, as seitas podem transformar-se em outros tipos de grupos, por exemplo o desenvolvimento das denominações a partir de seitas na segunda geração.[62]

Os sete tipos de seitas de Wilson permitem-nos classificar grupos que possuem uma base religiosa e uma forte relação positiva ou negativa com a sociedade. Os tipos concentram-se nas metas dos grupos, de modo que nos permitem compreender suas opções e atividades. Destarte, as seitas não são simplesmente grupos com certas visões doutrinais, mas unidades ativas da sociedade que provocam reações entre outros grupos e, às vezes, provocam diretamente mudanças na sociedade.

---

[59] Cf. capítulo 12 para uma discussão acerca dos fariseus como seita.

[60] WILSON, op. cit., pp. 23-26. Cf. também pp. 38-49.

[61] WILSON, op. cit., pp. 32.

[62] WILSON, op. cit., pp. 49, 38, 35.

Parte I • A sociedade palestinense

Este exame de algumas obras históricas e sociológicas sobre grupos e relações sociais demonstra a complexidade da sociedade e a inadequação de descrições do primeiro século que imaginam os fariseus, saduceus, essênios e Jesus como grupos religiosos isolados, discutindo assuntos de fé. A vida política e religiosa era uma só, e cada pessoa pertencia, ao mesmo tempo, a diversas unidades socialmente operantes, incluindo-se família, nação, classe social, papéis sociais etc. Qualquer reivindicação respeitante ao ensinamento ou comportamento judaico tinha importantes ramificações em todos os quadrantes da vida e da sociedade, e toda e qualquer iniciativa política, social ou religiosa tinha o potencial de atingir todo o povo, inclusive a classe governante e o próprio império. No próximo tópico, será dada atenção principalmente às relações e atividades sociais dos fariseus, escribas e saduceus, a fim de compreender o lugar deles na sociedade e o relacionamento de seu ensinamento, seu modo de vida, sua posição social e seus objetivos políticos.

Resumo

A teia interna da sociedade era composta por redes de relacionamentos que mantinham unidos os povoados, onde vivia a maioria das pessoas, bem como as camadas superiores da sociedade. Os relacionamentos comunitários mais fundamentais eram involuntários e baseados no parentesco e na sociedade política. Religião, economia, educação, cultura, normas éticas e todos os outros aspectos da sociedade estavam encravados nos relacionamentos familiares e políticos que mantinham a sociedade unida. Em uma sociedade assim, tão intimamente ligada, as pessoas definiam a si mesmas por sua posição na comunidade, de acordo com as normas sociais comuns de comportamento honroso.

Em um povoado, os mais velhos e os líderes de famílias proeminentes, proprietárias de terras, tendiam a liderar a comunidade nas relações tanto internas quanto externas. Eram representantes do governo, patronos dos necessitados, intercessores (*brokers*) dos fracos junto aos poderosos, juízes nas altercações e líderes nas atividades religiosas. Eles governavam suas ações mediante normas comunitárias aceitas e, típico de camponeses na maioria das culturas, resistiam a mudanças e a tentativas de estranhos de impor novos costumes ou de interferir na vida fechada do povoado. Contudo, uma vez que a maioria dos povoados da Galileia e da Judeia achava-se próxima das grandes rotas de comércio e era muitas vezes arrastada por intensos conflitos políticos que envolviam os poderes estrangeiros, os povoados judeus não devem ser descritos como isolados ou indiferentes aos acontecimentos do mundo.

O relacionamento que governava os que possuíam *status* desigual em todos os níveis da sociedade pode ser mais bem descrito como o de patrono–cliente. O relacionamento era pessoal entre indivíduos, e muitas vezes implicava a troca de muitos favores por longo período de tempo. Tais relacionamentos não eram corporativos e baseavam-se em acordos implicitamente aceitos, mais do que em contratos formais de organizações corporativas, especialmente da sociedade política. Patronos sábios e influentes muitas vezes intercediam como *brokers*, em favor de seus clientes fracos, analfabetos ou necessitados, ameaçados por normas e taxas governamentais impessoais e maiores.

As associações espontâneas eram o modo preeminente de organização social no Mediterrâneo ocidental helenístico, antes e depois da chegada de Roma. Tanto os grupos corporativos de longa duração como os mais espontâneos, não corporativos, uniam-se a fim de alcançar objetivos sociais específicos que diziam respeito a seus membros. As classes altas e as baixas organizavam-se em sociedades corporativas que podiam ser tão simples quanto clubes sociais, bem como complexas, como movimentos para reforma da sociedade. Entre tais grupos, salientavam-se os grupos de interesse político, que buscavam controlar ou influenciar a direção e a liderança da sociedade. Os fariseus parecem ter sido um grupo deste tipo, variando de eficácia de acordo com as circunstâncias políticas. Acontecimentos políticos transformadores também produziam associações de breve duração, mais frágeis, não corporativas, tais como coalizões de diferentes grupos e indivíduos poderosos e de facções centradas em um líder enérgico, bem como movimentos populares por reforma, revolta ou interesses especiais do movimento.

Grupos judaicos voluntários, como os fariseus e os saduceus, têm sido amiúde chamados de seitas. Se o termo seita estiver limitado a um grupo refratário de protesto, então é inapropriado. Se seita for usado em seu sentido mais adequado e contemporâneo, o qual inclui protesto e ação políticos e o exercício de poder e influência, e dá ensejo a diversas reações à pressão social e cultural, então ele pode ser usado. Contudo, provavelmente estes grupos são mais bem compreendidos como escolas de pensamento (cf. a discussão de *hairesis* no capítulo 6), e seu papel na sociedade é definido por uma tipologia de grupo mais precisa, mais descritiva, tal como aquela proposta neste capítulo.

PARTE II

FONTES LITERÁRIAS

Capítulo 5

Fariseus e saduceus como grupos de interesse político em Flávio Josefo

Após breve introdução do ponto de vista social de Josefo, as atividades dos fariseus e dos saduceus nas obras de Josefo serão tratadas neste capítulo, enquanto que as descrições deles, no capítulo seguinte. No final do capítulo 6, os resultados de ambos os capítulos serão resumidos e analisados sinteticamente.

Dado que os fariseus se sobressaem entre os grupos judaicos mencionados no Novo Testamento, os estudiosos da Bíblia tendem a aumentar-lhes a importância. Do ponto de vista de toda a cultura, e especialmente do das classes governantes, os fariseus eram de importância menor. Josefo reflete esta ampla perspectiva mencionando os fariseus em menos de vinte ocasiões em seus diversos volumes. Tal como os fariseus, os saduceus são citados raramente (seis vezes) e sempre em contraste com os fariseus, exceto em uma ocasião. Os escribas jamais aparecem como um grupo separado, na forma como surgem nos evangelhos. Assim, as dispersas alusões de Josefo aos escribas serão tratadas não aqui, mas no capítulo 11, onde indícios de muitas fontes serão ordenados para elucidar o lugar dos escribas na sociedade.

Na *Guerra*, os fariseus são citados quatro vezes. Sua grande influência sobre a rainha Alexandra e o consequente poder político nos albores do primeiro século antes da era cristã são narrados desaprovativamente. Mais tarde, naquele século, Herodes acusou a esposa de seu irmão Ferora de subsidiar os fariseus contra ele. Depois da longa e laudatória descrição dos essênios, os fariseus são descritos brevemente, juntamente com os saduceus, como uma das três filosofias judaicas tradicionais. Finalmente, no começo da Grande Guerra, os mais notáveis dentre os fariseus, juntamente com outros líderes judaicos, tentaram impedir a cessação dos sacrifícios oferecidos em favor de Roma.

Parte II • Fontes literárias

Como grupo ou como indivíduos, os fariseus são mencionados nove vezes nas *Antiguidades*, três das quais são paralelas a passagens na *Guerra*. Josefo apresenta uma breve descrição dos fariseus no Livro 13, quando trata do período hasmoneu, e uma mais longa no início do Livro 18 (começo do século I d.C.), paralela à descrição na *Guerra*. Ele narra os conflitos deles com João Hircano, o que levou à perda de influência, à recuperação posterior da influência sobre Alexandra e à nova perda com a morte da rainha. Durante o período herodiano, Samias e Pólion, que eram fariseus, aparecem em diversos incidentes. Samias (ou Pólion) defendeu Herodes (por assim dizer) em seu julgamento diante do sinédrio. Herodes mostrou-se benevolente com Samias e Pólion quando tomou Jerusalém, e mais tarde isentou-os de fazer um voto de lealdade a ele.[1]

Na *Vida*, Josefo diz que experimentou a forma de vida farisaica, juntamente com os essênios, os saduceus e um asceta chamado Banos; finalmente, ele optou pelos fariseus. Às vésperas da revolta, os fariseus mais importantes, juntamente com os chefes dos sacerdotes e Josefo, aparecem como um grupo de liderança. Simão ben Gamaliel, um fariseu, é o inspirador, em Jerusalém, da remoção de Josefo do comando na Galileia, e, finalmente, a delegação enviada para removê-lo do comando contava com um sacerdote fariseu e dois leigos fariseus, ao lado de um jovem chefe de sacerdotes.

Os saduceus são citados ao lado dos fariseus nas três descrições das três "seitas" judaicas e como rivais bem-sucedidos dos fariseus quanto à simpatia de João Hircano (tanto na *Guerra* como na *Antiguidades*). Surge um indivíduo saduceu, um sumo sacerdote do primeiro século chamado Anano, que era rigoroso no julgamento legal.[2]

Josefo

Visto que Josefo é fonte de conhecimento do judaísmo de tal monta, e visto que sua perspectiva e sua interpretação do judaísmo são parte integrante de sua narrativa, um breve exame de sua vida, obra e perspectiva oferecerá um fundamento

---

[1] Deve ter havido duas ocasiões nas quais os fariseus se recusaram a fazer um voto de lealdade. Cf. a seguir.

[2] *Ant.* 20.9.1 (199). Será usado o texto e a tradução da edição da Loeb Classical Library, com modificações, em que surgem problemas. Foi publicado em nove volumes, H. St. J. Thackeray; R. Markus; A. Wikgren e L. H. Feldman (eds.) (Cambridge, MA, Harvard University, 1926-1965).

para a interpretação de sua narrativa sobre os fariseus e outros líderes judaicos. O rico corpo de pesquisa sobre Josefo será usado, mas não se pode oferecer nenhuma discussão adequada dos inúmeros problemas científicos que subjazem a este apanhado.[3]

Josefo nasceu em 37-38 a.C., e proveio de família sacerdotal. Foi bem-educado e bem ligado aos chefes dos sacerdotes e a outros líderes do judaísmo em Jerusalém. Ele diz que estudou ou tentou estudar todas as filosofias importantes e, finalmente, escolheu os fariseus, embora nenhuma tendência farisaica possa ser encontrada em sua interpretação do judaísmo (cf. a seção sobre a *Vida*, abaixo). Quando ele tinha 26 anos tomou parte de uma embaixada para Roma (63-64 a.C.) e era francamente solidário com as infrutíferas tentativas das classes governantes para manter o controle da sociedade judaica e suprimir o movimento popular que levou à revolta contra Roma. Ele era um líder militar ativo na Galileia durante a primeira parte da guerra. As atividades militares de Josefo na Galileia, seus planos para desenvolver apoios para si mesmo e para a guerra na Galileia e para suas disputas com os líderes de Jerusalém e outros da Galileia são complexos e não têm sido definitivamente exauridos.[4] Depois da derrota, Josefo rendeu-se a Roma e juntou-se à comitiva de Vespasiano e de seu filho Tito, os generais romanos que se tornaram, por fim, imperadores; após a guerra, Josefo foi para Roma como cliente dos Flavianos e escreveu sua *Guerra*. Mais tarde, patrocinado por outros, escreveu suas *Antiguidades* e *Vida*.

Logo depois da guerra, Josefo escreveu um relato dos acontecimentos em aramaico para os judeus da Mesopotâmia.[5] Tem-se sugerido também, com certa probabilidade, que Josefo escreveu umas memórias da guerra, as quais usou no relato de suas próprias atividades na *Guerra* e em sua *Vida* posterior.[6] O primeiro

---

[3] O melhor exame conciso da pesquisa sobre Josefo foi feito por Harry Attridge, "Josephus and His Works", *Jewish Writings of the Second Temple Period*. M. Stone (Ed.) (*Compendia*, 2:2; Assen/Philadelphia, Van Gorcum/Fortress, 1984), pp. 185-232. Uma bibliografia completa, comentada e tópica está também disponível em Feldman, *Josephus and Modern Scholarship*.

[4] Attridge, *Josephus*, pp. 188-192 traz uma análise dos problemas.

[5] *Guerra*, Prefácio, p. 1 (3,6).

[6] As diferenças entre os relatos da *Guerra* e da *Vida* tornam improvável que esta última se baseie diretamente na primeira. Daí a hipótese de uma fonte comum, reescrita em duas formas diferentes. Cf. R. Laqueur, *Der jüdisch Historiker Flavius Josephus: Ein biographischer Versuch auf neuer quellenkritischer Grundlage* (Giessen, München, 1920), que primeiramente sugeriu a teoria. Esta foi recentemente defendida com habilidade por Shaye J. D. Cohen, *Josephus in Galilee and Rome: His Vita and Development as a Historian* (Columbia Studies in the Classical Tradition 8; Leiden, Brill, 1979), pp. 24-83.

Parte II • Fontes literárias

livro de Josefo que possuímos é *Guerra*, cujos seis primeiros livros foram provavelmente publicados durante o reinado de Tito (78-81). Na *Guerra*, Josefo manifesta diversas tendências e preconceitos. Ele apresenta a melhor imagem possível de si mesmo, absolve os romanos da culpa pela perda de Jerusalém e louva os Flavianos, especialmente Tito. Culpa os revolucionários pela revolta, aos quais ele chama de bandidos, e distingue deles a maioria dos judeus que eles desencaminharam. Atribui também a destruição do Templo e acontecimentos concomitantes, bem como toda a história, à vontade de Deus, e em suas narrativas das perdas judaicas emerge complacência por seu destino e sofrimento.

Na *Antiguidades*, que foram publicadas com seu apêndice, e na *Vida*, em 93-94, depois da morte de Agripa (ele não morreu no ano 100, como alguns sustentaram), Josefo apresenta a história judaica como um registro da ação da providência divina e das leis divinas. Usa a história para passar instrução moral e religiosa, enfatizando como a ignorância das leis de Deus (como o fez Herodes, por exemplo) conduz ao desastre. Oferece informações a seus leitores gregos a respeito do judaísmo e defende os direitos judeus no mundo greco-romano e o valor das leis judaicas em comparação com as leis gregas e romanas. Josefo tem sido acusado de ser enganador, duvidoso sicofanta dos romanos, e defendido como um respeitável historiador da tradição grega.[7] Lidas com cuidado, suas obras podem oferecer uma sólida informação histórica, bem como uma interpretação inteligente, do primeiro século, dos assuntos judaicos. O controle crítico das pretensões de Josefo é possível em muitos casos, porque os preconceitos e os pontos de vista de Josefo são por demais claros e evidentes.

Tanto na *Guerra* quanto na *Antiguidades*, Josefo usa a história judaica de Nicolau de Damasco; na *Antiguidades* ele utiliza muitas outras fontes, inclusive a Bíblia e alguns livros não bíblicos de que dispomos. A identificação das fontes de Josefo e a avaliação de como ele as utilizou ou as reescreveu é uma discussão muito complexa para a qual faltam indícios decisivos em muitos casos.[8] Josefo refere-se

---

[7]   Cohen, *Josephus*, é muito negativo quanto à lealdade de Josefo. Horst Moehring, "Joseph ben Matthia and Flavius Josephus", *Aufstieg und Niedergang der Römischen Welt* II. 21.2, ed. H. Temporini (Berlin/New York, deGruyter, 1984), pp. 864-944, mostra convincentemente que Josefo segue as convenções da boa historiografia grega, e procura equilibrar sua lealdade judaica com seu relacionamento com seus patronos e sua admiração pelo poder romano.

[8]   A melhor discussão recente sobre como Josefo utiliza suas fontes encontra-se em Cohen, *Josephus*. Cf. também SCHWARTZ, Daniel R. Josephus and Nicolaus on the Pharisees. *JSJ*, v. 14, pp. 157-171. 1983.

explicitamente a Nicolau em certo número de passagens e pode tê-lo usado em diversas outras.[9] Nicolau foi conselheiro-mor de Herodes durante certo tempo, e escreveu uma história das monarquias ocidentais, inclusive um relato detalhado e empático do reino de Herodes. Josefo usou Nicolau como fonte principal para a análise do reino de Herodes na *Guerra* e também na *Antiguidades*, Livros 12-17, onde a tendência pró-herodiana de Nicolau é contrabalançada por uma fonte anti-herodiana. As inconsistências de tendência e avaliação de Josefo são muitas vezes atribuídas a seu uso de fontes inadequadamente modificadas.[10] Apesar de algumas passagens respeitantes aos fariseus estarem incluídas nas partes em que Josefo depende de Nicolau, a atitude de Josefo em relação aos fariseus é fundamentalmente consistente, quer ele esteja usando Nicolau quer não. Diversos estudiosos têm pretendido que na *Antiguidades* Josefo é mais pró-fariseu do que na *Guerra*, e que esta mudança reflete a ascendência farisaica no judaísmo palestinense depois da guerra com Roma e o desejo de Josefo de promover o poder deles em prol da paz e da ordem. Nossa análise dos textos de Josefo mostrará que esta tese não se sustenta.

A visão de sociedade de Josefo

A maior parte da *Guerra* e da *Antiguidades*, do período hasmoneu em diante, descreve as venturas dos governadores hasmoneus e herodianos e de outros grupos e famílias reinantes do judaísmo. Somente quando indivíduos ou grupos obtinham o poder reinante ou se tornavam importantes para os governantes é que Josefo concede-lhes minuciosa análise. Ele não apresenta uma descrição completa da aristocracia, muito menos do povo, nem tampouco fala a respeito dos burocratas, escribas, sacerdotes (diferentes dos chefes dos sacerdotes) ou dos líderes locais como classes ou grupos separados. Do ponto de vista da classe governante, que é o ponto de vista assumido por Josefo,[11] os fariseus e muitos outros grupos

---

[9] Quinze passagens que são explicitamente atribuídas a Nicolau, das quais onze de Josefo, estão colecionadas com uma introdução e notas em Menahem Stern, *Greek and Latin Authors on Jews and Judaism*, v. 1 (Jerusalém, Israel Academy of Sciences and Humanities, 1974), pp. 227-260. Os estudiosos atribuem muitas outras passagens de Josefo a Nicolau.

[10] Cohen, *Josephus*, é especialmente crítico da inconsistência e do desleixo de Josefo.

[11] RAJAK, Tessa. *Josephus*; The Historian and His Society. Philadelphia, Fortress, 1984. p. 154. Rajak traz uma apresentação útil da sociedade judaica conforme esta é vista por Josefo, especialmente no tempo da guerra contra Roma. O escopo do estudo é diferente do presente trabalho; ela é mais eclética em seu método e especulativa em algumas hipóteses.

Parte II • Fontes literárias

e classes judaicas são desimportantes, forças menores na cena social, sendo, assim, negligenciados, exceto quando têm influência política significativa. Ele narra o poder e o fervor das crenças religiosas e dos costumes judaicos somente quando eles afetavam a política, por exemplo na disputa pelas imagens romanas em Jerusalém e no furor depois que um dos soldados de Cumano destruiu um rolo da Torá.[12] Seu principal interesse na última metade da *Antiguidades* e da *Guerra* são as políticas da classe governante e o relacionamento da nação com os impérios que a rodeavam.

Em todos os seus escritos, Josefo é a favor de uma força regente forte, estável. Assim, ele apresenta favoravelmente tanto os hasmoneus quanto Herodes, o Grande. Embora reconhecesse as falhas pessoais de Herodes em relação à própria família (executou a muitos dentre eles) e como judeu piedoso (construiu muitos templos pagãos), Josefo admirava a habilidade de Herodes em trabalhar com os romanos e manter a ordem. Desta forma, em tempos de bonança, ele focalizava os líderes que controlavam a sociedade, mas em tempos de mudança política e de levantes (por exemplo no período hasmoneu tardio e, novamente, depois da morte de Herodes, quando se rompeu a liderança judaica) ofereceu uma narrativa de todos os líderes e grupos importantes que disputavam poder e reconhecimento. Durante tais períodos é que os fariseus e outros grupos se tornavam importantes para a política da nação e eram considerados por Josefo. Este aprovava tais líderes e grupos quando promoviam estabilidade e detratava-os quando a ameaçavam.

O período hasmoneu

As relações entre os fariseus e os dirigentes hasmoneus eram muitas vezes problemáticas. Os fariseus buscavam influência junto aos hasmoneus trabalhando para eles como servidores e arregimentando-os como patronos. Ao mesmo tempo, perseguiam seus próprios fins, como qualquer outro grupo de interesse político. Uma vez, sob Alexandra, conquistaram poder político direto, mas, na maior parte do tempo, entravam em conflito com João Hircano e com Alexandre, careciam de poder e de influência e, consequentemente, são mencionados por Josefo apenas durante crises e conflitos.

---

[12] *Guerra* 2.9.2 (169-174); 2.12.2 (228-231).

João Hircano

Os fariseus, em Josefo, surgem no palco pela primeira vez durante um conflito com João Hircano (134-104). Josefo aprovava veementemente Hircano e descreve-o como um governador bem-sucedido, que se empenhou em certo número de conquistas nos principados em derredor de Israel, renovou o tratado com Roma, destruiu o templo samaritano no Monte Garizim, estabelecendo, assim, a sua soberania sobre a Samaria.[13] Como sinal de sua aprovação, Josefo conclui com uma história extraordinária (*paradoxon*) de que Hircano, o sumo sacerdote, encontrava-se sozinho no Templo, queimando incenso, quando ouviu uma voz dizendo que seus filhos tinham sido vitoriosos na batalha. Josefo, que atribui o dom da revelação e da profecia a líderes favorecidos da nação e a homens santos,[14] aprovou João Hircano como um governador forte e bem-sucedido, favorecido pela sorte ou, na linguagem bíblica, foi escolhido e favorecido por Deus. Como prova disso, ele atribuía a Hircano um reino vitorioso e o dom da profecia, bem como os cargos de sumo sacerdote e de governador, dados por Deus.[15]

Josefo explica que Hircano teve problemas porque "a inveja dos judeus levantou-se contra ele por causa de seus próprios êxitos e dos de seus filhos; eram-lhe particularmente hostis os fariseus, que eram uma das escolas judaicas (*haireseis*), conforme referimos acima".[16] De acordo com a história, os fariseus originalmente tinham grande influência sobre Hircano, que era um de seus discípulos e grandemente amado por eles. A história do conflito entre eles começa em um banquete oferecido pelos fariseus a Hircano.[17] Durante o banquete, Hircano

---

[13] *Ant.* 13.9.1-10.3 (254-283).

[14] BLENKINSOPP, J. Prophecy and Priesthood in Josephus. *JJS*, v. 25, pp. 239-262, esp. 250, 256. 1974.

[15] *Ant.* 13.10.7 (299-300). Especificamente, Hircano previu que seus dois filhos mais velhos não permaneceriam senhores do Estado.

[16] *Ant.* 13.10.5 (288).

[17] *Ant.* 13.10.5-6 (288-298). Esta história é contada também na literatura rabínica (b. Qidd. 66a), mas o rei é Janai, ou seja, Alexandre Janeu. O relacionamento entre as duas histórias e sua confiabilidade histórica têm sido frequentemente discutidos, sendo que a maioria dos estudiosos favorece a narrativa de Josefo. Na literatura rabínica, João Hircano (Joanan, o sumo sacerdote) é mostrado positivamente, na maior parte do tempo, enquanto Ianai, negativamente. Alguns tentaram resolver o conflito referindo-se à história de seus reinados. Recentemente, M. J. Geller, "Alexander Jannaeus and the Pharisees Rift", *JJS*, v. 30, pp. 202-211. 1979, mostrou-se favorável à narrativa talmúdica, baseando-se na aprovação talmúdica de João Hircano e nos indícios de outra turbulência no reinado de Alexandre. Schwartz, *Josephus*, pp. 158-159, argumenta que a história do banquete está inserida no esquema da história de Nicolau de Damasco, de modo que originalmente não se refere a João Hircano. Ele observa que ela não se acha presente no lugar

Parte II • Fontes literárias

disse que desejava ser justo e agradar a Deus em tudo, e assim queria agradá-los, porque eles buscavam o conhecimento (*philosophousin*).[18] Hircano, então, pediu que os fariseus o corrigissem se estivesse fazendo algo errado. Os fariseus, porém, testemunharam que ele era virtuoso, e ele se encantou com o elogio deles.

Esta cena inicial muito revela acerca do lugar dos fariseus na sociedade. Hircano é o governador político e o patrono dos fariseus; os fariseus são os clientes que dependem dele e agem em conformidade, não o criticando[19] Os fariseus são descritos como parte do círculo de servidores de Hircano e, como grupo, eles conseguiram considerável influência, especialmente sobre como um respeitável governante judeu deveria levar adiante as leis e os costumes ancestrais. A história também implica que eles constituem uma força intelectual na sociedade, com um modo particular de interpretar a tradição. Embora os fariseus tenham acesso a Hircano, qualquer poder que eles possuam baseia-se na influência junto a Hircano, e não mantido diretamente nas mãos deles[20] Este relacionamento político patrono–cliente explica por que Hircano promoveu um banquete para seus clientes valorosos e influentes, e por que os fariseus taticamente louvaram seu patrono poderoso quando ele perguntou se tinham alguma crítica a fazer-lhe.

---

correspondente em *Guerra* 1.2.8 (67-68). Cf. também LEVINE, Lee I. The Political Conflict Between Pharisees and Sadducees in the Hasmonean Period, [em hebraico]. In: OPPENHEIMER, A. et al. (eds.). *Jerusalem in the Second Temple Period: Abraham Schalit Memorial Volume*, Jerusalem, Ministry of Defence, 1980. pp. 70-72. O próprio Talmude discute a confusão destes dois governadores hasmoneus em b. Ber 29a.

É provável que o conflito com João Hircano seja histórico. Uma vez que o Talmude geralmente aprova Joanan, o Sumo Sacerdote, ele transferiu a história do banquete para Janai porque ele era aquele com quem os fariseus supostamente estiveram em conflito. Para uma análise convincente, que sugere que os rabis usaram Josefo em alguns casos e que, ao recontar tais histórias, a literatura rabínica muitas vezes muda as pessoas, os tempos e lugares, cf. Shaye J. D. Cohen, Parallel Historical Traditions in Josephus and Rabbinic Literature, *Proceedings of the Ninth World Congress of Jewish Studies* (Div. B, v. 1; Jerusalém, World Union of Jewish Studies/Magnes, 1986), pp. 7-15.

[18] A Loeb traduz esta frase como "pois os fariseus professam tais crenças". A ideia é que os fariseus conhecem e amam as leis de Deus e, assim, qualquer um que agradá-los deve também ser agradável a Deus.

[19] Diz-se que Hircano era espiritual e religiosamente subordinado aos fariseus, e a linguagem filosófica de discípulo (e mestres) é usada e mostra-se reveladora durante o banquete, mas este não é o relacionamento principal que emerge.

[20] Note-se que os fariseus têm influência como grupo. Não se mencionam indivíduos ou líderes, tampouco são detalhados os pré-requisitos para a associação ou para a organização interna. Parece que Hircano se interessa por eles em virtude da influência corporativa deles como grupo político.

A unidade dos fariseus foi rompida por um fariseu chamado Eleazar, "que possuía uma natureza perversa e se comprazia na dissensão", o qual sugeriu a Hircano que renunciasse ao sumo sacerdócio por causa de uma história de que sua mãe tinha sido prisioneira.[21] Hircano ficou furioso, bem como os fariseus, porque a história era falsa e, mais significativamente, porque a posição de Hircano como governante estava ligada ao seu sumo sacerdócio.[22] Não apenas Hircano, mas também os fariseus, que eram dependentes da boa vontade de Hircano, irritaram-se com o ataque contra Hircano por parte de um dentre os seus. Embora a ruptura com Hircano pareça ter sido causada por um mal-entendido, está implícito um ataque político sério, e deve refletir alguma oposição farisaica a Hircano. Percebendo deslealdade em seus aliados, Hircano exigiu que os fariseus reconhecessem isto e realizassem reparações.

A posição política dos fariseus como servidores influentes é ulteriormente esclarecida por sua rivalidade contra outros grupos de servidores — os saduceus. Jônatas, amigo íntimo de Hircano e saduceu, caluniou os fariseus com a acusação de que Eleazar agiu com a aprovação deles, e sugeriu um teste para verificar se realmente desaprovam o que dissera Eleazar e se desejavam vê-lo severamente punido. Quando os fariseus não foram favoráveis à morte de Eleazar, por causa da lenidade de seus ensinamentos a respeito da punição, Hircano ficou mais irritado, e Jônatas, o saduceu, inflamou aquela ira até que Hircano rejeitou os fariseus como clientes e aliados, aceitando os saduceus em seu lugar. Assim, as práticas e as políticas saduceias substituíram as farisaicas no governo da nação.

A passagem do favor de Hircano dos fariseus para os saduceus é típica das relações entre um governador e a classe dos servidores.[23] Muitos grupos e indivíduos

---

[21] O povo inventou esta história mais tarde em *Ant.* 13.13.5 (372). Se uma mulher tivesse sido prisioneira, ela podia ter sido sexualmente violentada. Isto punha em dúvida a hereditariedade de um sacerdote. Por esta razão, os sacerdotes estavam proibidos de desposar prisioneiras (Lv 21,14).

[22] *Ant.* 13.11.1 (301) e *Guerra* 1.3.1 (70) dizem que Aristóbulo (104-103) assumiu o título de rei, mas as moedas não confirmam o fato. Strabo 16.2.40 (762) diz que Alexandre Janeu foi o primeiro a assumir o título, e as moedas confirmam seu uso do título de rei. Cf. Schürer, E.; Vermes, G.; Millar, F. *The History of the Jewish People in the Age of Jesus Christ (175 B.C.-A.D. 135)*. Edinbourgh, Clark, 1973. p. 217, p. 227, v. 1.

[23] Cf. Levine, op. cit., pp. 74-75, argumenta que Hircano iniciou a ruptura a fim de transferir sua fidelidade para os saduceus, que eram o partido militar ascendente no reinado hasmoneu emergente. Os indícios para esta posição são magros, embora Levine esteja correto em suspeitar da influência de algum incidente político não reportado pelo texto. Seu estudo concorda com este na visão de que todos os grupos do tempo eram forças políticas na sociedade.

Parte II • Fontes literárias

rivalizavam-se em busca do favor real e do poder e da riqueza subsequentes. Josefo reconhece que os fariseus foram rejeitados mediante mal-entendidos e intrigas, mas ele não lamenta a rejeição deles. Grupos que caem nas graças e que perdem o favor de seus patronos políticos são corriqueiros, e não precisam ser lamentados de modo especial. As consequências deste litígio foram terríveis para os fariseus. Hircano ab-rogou as regulamentações peculiares aos fariseus e puniu aqueles que as observavam. Em consequência, o povo, que seguia os fariseus, chegou a odiar Hircano e seus filhos. Isto faz parte da explicação de Josefo para a tensão sob Alexandre Janeu e, finalmente, para a queda da dinastia dos hasmoneus e da intervenção de Roma em 63 a.C. Infelizmente, Josefo não especificou os costumes e regulamentações dos fariseus e, depois, os dos saduceus que João Hircano apadrinhou. Obviamente tais normas faziam parte do comportamento público e significativo, e não eram práticas e crenças sectárias de pouca monta.

Alexandre Janeu e Alexandra

Durante os reinos de Alexandre Janeu (103-76) e de sua esposa Alexandra, que o sucedeu (76-67), os fariseus continuaram a buscar influência e poder e a agir como um grupo de interesse político que recorria ao governador como patrono, ou forjava alianças com outros grupos dissidentes contra o soberano. Neste período grassavam rixas faccionais e coalizões inconstantes que competiam pelo controle da sociedade judaica. Josefo desaprovava a desordem e levantou acusações contra Alexandre, Alexandra, os fariseus e todos os outros que esfacelavam a sociedade judaica.

À morte de João Hircano seguiu-se uma luta pela dinastia. Seus filhos Aristóbulo e Antígono rivalizavam-se pelo poder, mas, finalmente, outro filho, Alexandre Janeu (103-76), obteve o controle.[24] Josefo narra longamente as guerras de Alexandre Janeu, seu êxito em tirar proveito dos conflitos e das fraquezas da dinastia selêucida, seus ganhos territoriais, seus embates com o povo e com outros grupos e sua opressiva crueldade.[25] Josefo desaprovou Alexandre porque suas políticas desastrosas atiçaram o povo ao distúrbio e à revolta, enchendo o reino de conflitos.[26]

---

[24] *Ant.* 13.12.1ss (320).

[25] Alexandre matou 6.000 quando foi alvejado com limas durante a festa dos Tabernáculos e mais tarde ele crucificou 800 oponentes e chacinou-lhes as famílias. *Ant.* 13.13.5 (372-373); 13.14.2 (379-383).

[26] *Guerra* 1.2.8 (67-69) e 1.4.1-8 (85-106).

Em seu leito de morte, Alexandre legou seu reinado à sua rainha, Alexandra, e tranquilizou seus medos acerca da hostilidade do povo com o conselho de que ela conquistasse os fariseus para seu lado, de modo que eles pudessem controlar o povo.[27] A *Antiguidades* não traz nenhum relato das disputas de Alexandre com os fariseus, mas Alexandre, em seu discurso final à sua esposa, admite que seu atrito com o povo foi parcialmente provocado por seus maus-tratos com relação aos fariseus. Alexandre enfatiza à sua esposa a habilidade dos fariseus em prejudicar ou ajudar o povo, influenciando a opinião pública, a despeito do fato de que eles, às vezes, agissem movidos pela inveja. Ele também revela o modo de agir político dos fariseus, ou seja, a ânsia de poder deles sobre as leis que governavam a vida judaica doméstica. Alexandra deveria tratá-los com benevolência, concedendo-lhes certa parcela de poder. Mais tarde ele ordena-lhe: "Promete-lhes também que, enquanto estiveres no trono, não tomarás nenhuma decisão sem o consentimento deles".[28]

Alexandra seguiu este conselho e também permitiu que os fariseus se ocupassem do cadáver de Alexandre e do sepultamento, conforme ele aconselhara. Os fariseus, em troca, esqueceram-se de sua raiva e fizeram discursos laudatórios a Alexandre como um grande e justo rei; assim, conseguiram levar o povo a oferecer-lhe um esplêndido enterro. Josefo nem louva nem condena os fariseus por suas ações. Ele os vê como um dos grupos de interesse político competindo pelo poder e pela influência, e considera a influência e o poder deste grupo sobre a classe governante em dependência direta do *status* e da influência deles em meio ao povo. Ele parece aprovar a admoestação de Alexandre à sua esposa a fim de conquistar o povo e pôr fim à desordem civil que marcou o final de seu reino. Os fariseus, aqui, são vistos como uma força em prol da ordem e, assim, obtêm o beneplácito de Josefo. Josefo não demonstra nenhum interesse pelos detalhes do programa dos fariseus, ou pelas razões deles. Ele dá por descontado a busca interesseira deles pelo poder e o cinismo de seus elogios póstumos a Alexandre, mas logo os critica por causarem desordem.[29]

---

[27] *Ant.* 13.15.5-16.3 (399-417).

[28] *Ant.* 13.15.5 (404).

[29] Embora o relato da *Antiguidades* a respeito da influência dos fariseus sobre o povo seja mais extenso do que o da *Guerra*, o ponto de vista de Josefo não se tornou mais positivo. Narrativas mais longas e mais pormenorizadas são comuns na *Antiguidades*, mas a influência dos fariseus na sociedade está subentendida em ambos os relatos, e a inapelável influência dos fariseus sobre Alexandra é vista como negativa em ambas as obras. Com efeito, a própria Alexandra é mostrada mais negativamente na *Antiguidades* do que na *Guerra* por ter sucumbido aos fariseus.

Parte II • Fontes literárias

Josefo começa a narrativa do reino de Alexandra observando que o povo a amava porque pensava que ela desaprovara os cruéis crimes de Alexandre. O próprio Josefo expressa admiração por ela na *Guerra* porque ela não era desumana como Alexandre, estava mais sintonizada com o povo e portava-se de modo a obter o apoio popular. Ela conservava a paz, governava eficientemente e era piedosa. Estudava os antigos costumes de seu país e expulsava do governo as pessoas que ofendessem as leis sagradas. A fim de não pintá-la como uma santa eremita exageradamente piedosa, Josefo observa que Alexandra organizou o exército, conduziu campanhas militares e empenhou-se eficazmente em negociações estrangeiras.

Josefo acusa Alexandra de fraqueza, ao permitir que os fariseus governassem, e o povo judeu, de pusilanimidade, ao permitir que uma mulher os governasse. Alexandra levou a cabo sua promessa de conceder o poder aos fariseus, permitindo-lhes agir conforme quisessem em todos os assuntos, ordenando ao povo que lhes obedecesse. Ela restaurou também as normas farisaicas que haviam sido ab-rogadas por João Hircano.[30] Comenta Josefo: "Ali, ao lado dela, no seu poder, cresceram os fariseus, certo corpo (*syntagma*) de judeus com a reputação de serem mais piedosos do que os outros e comentando as leis mais acuradamente". Alexandra ouvia-os com grande deferência, porque ela era piedosa, e eles, gradativamente, tiraram vantagem de sua simplicidade (ou sinceridade[31]) "e tornaram-se administradores (*dioikētai*) de tudo, para banir e reconvocar quem eles quisessem, para soltar e para prender. Em resumo, as vantagens da realeza pertenciam-lhes; as despesas e os encargos eram de Alexandra".[32] Na *Antiguidades*, Josefo resume o poder dos fariseus com excesso: "Enquanto ela trazia o título de rainha, os fariseus detinham o poder"; e, a seguir, acrescenta que eles não diferiam, de forma alguma, de soberanos absolutos.[33] Os fariseus detinham substancial poder burocrático direto nos negócios domésticos, repatriavam exilados e libertavam prisioneiros, mas não tinham poder ilimitado, porque não podiam punir, com base na própria autoridade, os antigos conselheiros e aliados de Alexandre que tinham crucificado os oitocentos.

---

[30] *Ant.* 13.16.2 (408).

[31] *Haplotēta.*

[32] *Guerra* 1.5.1-3 (107-114).

[33] *Ant.* 13.16.2 (409).

O poderoso, mas limitado, papel dos fariseus na sociedade pode ser visto da forma mais evidente em sua tentativa de vingar-se daqueles que foram responsáveis pelos oitocentos rebeldes crucificados por Alexandre Janeu.[34] Eles assassinaram diversos partidários antigos de Alexandre e instaram junto à rainha a execução de outros. Os servidores de Alexandre apelaram à Rainha Alexandra contra seus novos poderosos servidores e clientes, os fariseus, usando seu filho Aristóbulo como porta-voz. Enfatizando sua lealdade à casa dos hasmoneus e sua relutância em tornarem-se mercenários ou conselheiros de outro rei na região, eles pediram permissão para vigiar as fortalezas dela e salvar-se dos fariseus no exílio. Josefo não aprova nenhum dos participantes deste conflito porque todos os partidos contribuíam para a instabilidade. Os partidários de Alexandre tinham sido responsáveis pela tensão e tinham permitido que Alexandra assumisse o controle; Alexandra tinha consentido que os fariseus obtivessem demasiado controle; os fariseus estavam dilacerando a sociedade.[35]

Alexandra resolveu o conflito entre seus antigos e novos servidores e clientes reconhecendo as reivindicações que lhe fazia a guarda antiga e conservou-os na reserva. "A rainha, não sabendo o que fazer consoante sua dignidade, confiou-lhes a guarda de suas fortalezas, à exceção de Hircânia, Alexandreion e Maquera".[36] Alexandra confiava claramente nesses servidores desfavorecidos e sentia-se na obrigação de cuidar deles, de modo que satisfazia minimamente as exigências de um patrono, a fim de tratar seus clientes com justiça.[37] Ela também impediu que os fariseus obtivessem o controle total sobre os inimigos deles e sobre o governo dela. Essa concessão, porém, trouxe-lhe problemas próximo ao fim de seu reinado, quando a antiga guarda ameaçou seu governo e lutou ao lado de Aristóbulo na

---

[34] *Guerra* 1.4.6 (96-98); *Ant.* 13.16.2 (410-415). Diz-se comumente que a passagem anti-farisaica na *Guerra* é proveniente da fonte de Josefo, Nicolau de Damasco, que era membro da corte de Herodes e escreveu uma história de seu reinado. Mas que Josefo incluísse tal avaliação dos fariseus e, por outro lado, concedesse-lhes pouca atenção é consistente com seu interesse no soberano e no topo da classe governante, e com seu apoio à ordem civil. Cf. Rajak, op. cit., p. 34. Para uma avaliação do uso que Josefo faz de Nicolau, bem como dos textos de algumas passagens explicitamente atribuídas a ele, cf. Stern, *Greek and Latin Authors*, vol. 1, pp. 227-260, esp. pp. 229-230.

[35] In: *Ant.* 13-16.3 (417). Cf. também 13.16.6 (430-432) para uma avaliação negativa mais extensa de Alexandra.

[36] *Ant.* 13.16.5.3 (417).

[37] Lande, op. cit., pp. xxiii.

Parte II • Fontes literárias

tentativa de alcançar o trono pela força.[38] A avaliação última de Josefo é que os fariseus haviam promovido o conflito dentro da sociedade e que Alexandra não resolvera os atritos nem governara tendo em mente os interesses de longo prazo de sua dinastia porque "ela expressava as mesmas opiniões daqueles que eram hostis à sua família".[39]

Resumo

Durante os reinados de João Hircano, Alexandre Janeu e Alexandra, Josefo retrata uma luta pelo poder nas classes governantes e nas classes dos servidores. Os fariseus apareceram durante o reinado de Hircano rivalizando-se pelo poder com outros grupos de interesse político. Eles possuíam seu próprio projeto para a sociedade judaica, contido em uma série de tradições e regras que Josefo não descreve. Eles ganharam e perderam grande influência e ainda subsistiam durante o reinado de Alexandre. Embora não sejam mencionados entre os grupos que se opunham a Alexandre, solidarizavam-se fortemente com aqueles executados por ele.[40] Josefo vê os fariseus como um grupo organizado, a que ele chama de *syntagma*, algo que é ordenado, tal como uma unidade militar, uma constituição política ou um grupo civil reconhecido por uma constituição. Josefo (ou sua fonte Nicolau, antes dele) evita familiaridade com os fariseus e não os adota como líderes autênticos ou modelos da vida judaica ao dizer que eles *tinham fama* de ser mais piedosos e cuidadosos na interpretação das leis do que os demais.

Durante o tempo de agitação, no final do reinado de Alexandre, o próprio rei cessante propôs à sua esposa e sucessora, Alexandra, que juntasse ao redor dela novo grupo de partidários e servidores, os fariseus. Tanto Alexandre quanto Alexandra compreenderam que a posição deles como soberanos estava em perigo, e, assim, tomaram medidas para consolidar o seu poder, realizando uma coalizão

---

[38] *Ant.* 13.16.5 (423-429).

[39] *Ant.* 13.16.6 (431). Provavelmente Josefo alude aos fariseus, uma vez que ele mostrou anteriormente que eles eram hostis aos hasmoneus.

[40] Muitos comentadores identificam com os fariseus os 800 oponentes de Alexandre que foram executados, mas Josefo não o faz. Uma vez que a sociedade judaica contava com inúmeros grupos políticos e sociais, alianças e coalizões com relacionamentos complexos, os estudiosos deveriam hesitar identificar um grupo com outro. Levine, "Political Conflict", p. 69, argumenta que Josefo não identifica os 800 com os fariseus a fim de não mostrá-los como rebeldes. Mas, conforme será visto no final do capítulo 6, o envolvimento e a resistência política deles são claramente apresentados na *Antiguidades*.

com o grupo mais influente entre o povo, os fariseus. Os fariseus entraram na coalizão e estabilizaram a transição de Alexandre para Alexandra, acalmando o povo. Alexandra deu aos fariseus o que eles queriam — apoio legal para sua interpretação particular do judaísmo e algum poder direto para administrar negócios domésticos. Os fariseus usaram o poder para atacar os rivais, a antiga classe governante. Os soldados, conselheiros e altos burocratas sob Alexandre, agora destituídos de poder, apelaram para Alexandra por justiça com base na lealdade deles a ela e a Alexandre, e ela atendeu a seus pedidos.

Na confusão que se seguiu à morte de Alexandra, os fariseus não são mencionados e é provável que eles tenham perdido a influência e a popularidade junto ao povo, devido ao modo pelo qual exerceram o poder sobre ele e, assim, perderam o poder político para os grupos de interesse, coalizões e facções rivais. Embora ambos os filhos de Alexandra — Aristóbulo e Hircano — tivessem seguidores entre a classe governante, a classe dos servidores e, possivelmente, entre as classes inferiores, de nenhum deles se diz que se tenha voltado para os fariseus em busca de apoio. A ascensão e a queda dos fariseus se encaixam no padrão encontrado em muitos outros países e impérios descritos nos capítulos 2 e 3. Nos impérios e estados burocráticos, tal como o Estado judaico, grupos e funcionários religiosos tendem a emergir como centros de poder político parcialmente independentes. De modo especial em tempos de revolta e de mudança, tal como o período posterior à morte de Alexandre, eles, bem como muitos indivíduos e grupos, naturalmente se inclinaram à luta pelo poder. Sociologicamente, os fariseus fazem parte da classe dos servidores de Lenski, a serviço da classe governante como burocratas, educadores e funcionários. Em um reajustamento do poder reinante, eles podiam obter poder na burocracia e tornar-se temporariamente parte da classe governante, como aconteceu sob Alexandra.

No relacionamento com Alexandra, os fariseus podem ser vistos da melhor maneira como um grupo de interesse religioso-político, uma associação corporativa, espontânea, "organizada para a busca de um interesse ou de diversos interesses comuns". Provavelmente recrutava pessoas de acordo com princípios reconhecidos e tinham interesses e normas comuns que governavam o comportamento dos membros.[41] Alexandra e os fariseus julgaram mutuamente benéfico tornarem-se

---

[41] BOISSEVAIN, op. cit., p. 171.

Parte II • Fontes literárias

aliados e formarem uma coalizão. A aliança não constituía uma mudança permanente na classe e no *status*, mas uma posição temporária obtida na sociedade e baseada na patronagem da soberana e no prestígio que os fariseus obtiveram mediante a prática e o conhecimento religiosos. Destarte, a posição dos fariseus na sociedade fazia parte de uma complexa rede de relacionamentos e dependia fortemente das circunstâncias.

Josefo conta-nos diretamente pouco acerca da organização dos fariseus, dos objetivos estabelecidos, dimensão ou liderança. Ele enxerga-os como uma força social vital que possui sua base no conhecimento e na observância das leis ancestrais do judaísmo. Eles provavelmente funcionavam como uma organização de movimento social que busca mudar a sociedade.[42] Em razão da helenização dos hasmoneus e da classe governante que seguiram leis não tradicionais no controle da sociedade, os fariseus provavelmente procuraram um compromisso comum, novo, com uma forma de vida judaica estrita, baseada na adesão à aliança. Verossimilmente eles tiraram proveito do sentimento popular para novamente dedicar-se ao judaísmo ou para a reforma deste e criaram um movimento social formal ou informal. Em um tempo assim, de mudanças, com a desatenção de alguns da classe governante, grupos como o dos fariseus podiam exercer grande influência com o apoio do povo.

O período herodiano

Os fariseus permaneceram atores influentes nos mais altos níveis da sociedade, tanto na corte de Herodes quanto no sinédrio. No início do reinado de Herodes, os fariseus foram favorecidos por ele como partidários e clientes; mais tarde, porém, eles uniram-se a uma facção oposta a Herodes e sofreram sua ira. Os fariseus, como todas as classes superiores, eram controlados por Herodes e não conseguiram obter nenhum poder concreto enquanto ele viveu; contudo, eles não se retraíram, mas permaneceram participantes ativos na vida política. Josefo dá as razões para o apoio deles a Herodes, mas é difícil distingui-las das próprias opiniões de Josefo. Alguns

---

[42] Uma organização de movimento social é "uma organização complexa, ou formal, que identifica seus objetivos com as preferências de um movimento social ou de um contramovimento, e busca implementar tais metas". Cf. TAIFEL, Henri. *Differentiation between Social Groups*; Studies in the Social Psychology of Intergroups Relations. London/New York, Academic, 1978. pp. 28-46 e McCarthy e Zald, *Resource Mobilization*, pp. 1212-1219, esp. pp. 1217-1219.

fariseus parecem ter abraçado uma visão do destino de Israel que podia incluir Herodes como líder, ao menos nos começos de seu reinado.

Samaias e Pólion

Cerca de vinte anos depois da morte de Alexandra, em 47-46 a.C., a situação política era confusa, com Antípater e seus filhos, Herodes e Fasael governando, para grande consternação dos líderes tradicionais de Jerusalém. Em uma tentativa de governar neste novo poder, eles intimaram Herodes a julgamento perante o sinédrio, sob a acusação de que ele agira ilegalmente ao executar alguns bandidos sem o veredicto do sinédrio de Jerusalém.[43] A pretensão do sinédrio ao poder encontrava oposição no sumo sacerdote Hircano, que fora aliado de Herodes, no governador romano da Síria, que ordenara a Hircano ilibar Herodes, e finalmente em Samaias, um importante membro do sinédrio e discípulo de um fariseu chamado Pólion.[44] Quando Herodes apareceu com uma forte escolta, ele amedrontou de tal forma o sinédrio que ninguém se ergueu para acusá-lo. Samaias repreendeu os membros do sinédrio por sua covardia ao permitir que Herodes os dominasse e vaticinou que eles lamentariam deixar Herodes escapar, pois um dia ele os puniria. Mais tarde, quando Herodes e o general romano Sósio sitiaram e capturaram Jerusalém das mãos dos partidários de Antígono, Samaias aconselhou o povo de Jerusalém a permitir que Herodes entrasse em Jerusalém, pois os pecados do povo tornavam a vitória dele inevitável. A predição de Samaias realizou-se quando Herodes puniu aqueles que se tinham oposto a ele e mostrou especial benevolência a seus partidários, entre os quais achavam-se Pólion, o Fariseu, e Samaias, seu discípulo que aconselhara o povo a acolhê-lo.[45]

Uma vez que a repreensão de Samaias ao sinédrio se coaduna intimamente com o próprio pensamento de Josefo, é provável que seu discurso não represente

---

[43] Acerca do contexto social do banditismo e de sua conexão com a revolta campesina, cf. HORSLEY, R. Josephus and the Bandits. *JSJ*, v. 10, 37-63, 1979.

[44] *Ant.* 14.9.3-5 (163-184); Samaias é identificado como discípulo de Pólion em *Ant.* 15,1.1 (3) e ali se diz que Pólio teria sido aquele que repreendeu o sinédrio, contrariamente a *Ant.* 14.9.4 (172). Acerca de tentativas de ligar estes vultos às figuras rabínicas de Shammai e Abtalion, cf. a bibliografia na edição da Loeb, v. 14, apêndice K. Cf. também A. Guttmann, *Rabbinic Judaism in the Making* (Detroit, Wayne State, 1970) p. 53; S. Zeitlin, *The Rise and Fall of the Jewish State* (Philadelphia, Jewish Publication Society 1964-). vol. 2, p. 104 e L. Feldman, The Identity of Pollio, the Pharisee in Josephus, *JQR*, v. 49, pp. 53-62, 1958.

[45] *Ant.*, final do livro 14 e começo do livro 15.

Parte II • Fontes literárias

diretamente um ensinamento farisaico. Josefo não gostava de Herodes, mas apreciava ainda menos os líderes judaicos que eram fracos e que permitiam a desordem no Estado e nas instituições. Deste modo, na prática Josefo favorecia Herodes, porque este era o melhor líder disponível. Na visão de Josefo, a fraqueza sempre conduzia ao desastre e, neste caso, a fraqueza apagou todo vestígio do governo hasmoneu e levou Herodes ao poder. Como porta-voz das opiniões de Josefo, Samaias é apresentado positivamente. Dele se diz que era um homem justo (*dikaios*), que estava acima do medo e era capaz de fazer uma verdadeira predição do futuro (um sinal seguro do favor divino, aos olhos de Josefo).[46] Josefo, mediante Samaias, interpreta a ascensão de Herodes para indicar que Deus estava punindo os hasmoneus e aqueles que em Jerusalém os apoiaram.

Samaias, como membro do sinédrio, era membro da classe governante, e talvez seu mestre, Pólion, o fosse também. Não surpreende, pois, que um fariseu, ou talvez certo número de fariseus, devesse ser contado entre o grupo de anciãos e de líderes que compunham o sinédrio.[47] Os fariseus tinham sido tanto influentes quanto poderosos no governo, e alguns continuavam a participar da atividade política. Samaias e Pólion, porém, estavam em uma posição frágil, pois a reprimenda de Samaias ao sinédrio em 47-46 e o conselho deles para que Herodes fosse admitido em Jerusalém em 37 foram ignorados. Eles ainda tentaram influenciar o povo, como o fizeram nos dias de João Hircano e de Alexandre Janeu, mas não obtiveram sucesso digno de nota. No entanto, ao apoiar Herodes em pontos cruciais de sua luta pelo poder, eles ganharam favor como clientes de Herodes.

Os fariseus sob Herodes

O apoio continuado de Herodes aos fariseus e sua concepção de que eles eram seus aliados, ou pelos menos não constituíam uma ameaça, tornam-se claros mais tarde, em meados de seu reinado. Por volta de 20 a.C., ele empreendeu uma

---

[46] Josefo fez o mesmo com Vespasiano (*Guerra* 3,8,6 [387-408]).

[47] Em Jerusalém, o sinédrio era o conselho supremo, incluía os cidadãos mais poderosos e influentes de qualquer tempo que fosse e, assim, provavelmente, tinha uma associação instável, que reflete as lutas pelo poder e as correntes sociais da história. A fim de conciliar asserções aparentemente conflitivas em Josefo e na literatura rabínica, alguns estudiosos têm desposado uma teoria de dois sinédrios, um político e outro religioso. A inextrincável união entre sociedade política e religiosa torna isto impossível. Para um resumo apropriado das teorias, cf. Hugo Mantel, Sanhedrin. *IDBS*, pp. 784-786.

série de ações a fim de suprimir as insatisfações em seu governo.[48] Como parte deste programa, ele exigiu que o povo fizesse um juramento de fidelidade a ele, e todo aquele que se recusasse seria eliminado, à exceção dos fariseus e dos essênios. Herodes tentou persuadir Pólion, o Fariseu, Samaias e os discípulos deles[49] a fazer o juramento, mas eles se recusaram. Herodes, porém, não os puniu, mas mostrou--lhes respeito por causa de Pólion.

Josefo não diz por que estes grupos se recusaram a emitir um juramento. Os essênios são consistentemente apresentados como um grupo ascético e atípico, e é provável que tivessem lá seus escrúpulos especiais. Os fariseus possuíam suas próprias interpretações da lei judaica, mas em Josefo não se diz nada explícito a respeito de restrições quanto a fazer votos. O papel ativo dos fariseus na vida política e legal judaica daria a entender que eles não tinham nenhum problema com juramentos. A narrativa de Josefo sobre o vaticínio de Pólion e Samaias concernente a Herodes, a aquiescência deles a seu governo e a sua explanação teológica da ascendência de Herodes sugerem que eles não se opuseram a ele, talvez porque ele era a melhor alternativa disponível na sociedade palestinense do tempo. Os fariseus parecem ser aliados incomodados de Herodes; eles podem ter mantido distância de Herodes, seja porque temiam seu poder autocrático, seja porque discordavam demasiado fundamentalmente de suas políticas. Os fariseus permaneceram uma força política ativa que Herodes reconhecia, procurava conservar benevolente e tratou com grande seriedade quando eles se tornaram uma ameaça, conforme será visto no próximo incidente envolvendo os fariseus.

Conflito com Herodes

Conflitos domésticos e intrigas palacianas por causa da sucessão dominaram a parte final do reinado de Herodes, conforme Josefo. Os fariseus participaram de uma intriga faccional como uma força política menor, com catastróficos resultados para eles mesmos. O irmão de Herodes Ferora, tetrarca da Pereia, juntamente com a esposa, a mãe e a irmã de Ferora e a mãe de Antípater, conspirou para que Antípater, filho de Herodes, o sucedesse. Salomé, a irmã de Herodes, falou do conluio deles a seu irmão, mas Herodes, que ainda se achava influenciado pelos

---

[48] *Ant.* 15.10.4 (368-372).

[49] *Sundiatribontōn autois*, literalmente "aqueles que passavam o tempo com eles".

Parte II • Fontes literárias

conspiradores, levou longo tempo para tomar providências contra eles.[50] Durante este tempo de maquinações, Josefo narra desaprovativamente o longo relacionamento dos fariseus com a esposa de Ferora e o papel deles nos complôs. "Havia também um grupo de judeus que se orgulhava de sua adesão a costumes ancestrais e pretendia observar as leis aprovadas pela Divindade; por estes homens, chamados fariseus, as mulheres (da corte) eram governadas."[51] Os fariseus são descritos aqui como influenciadores de mulheres importantes, exatamente como o fizeram com Alexandra na geração anterior. Josefo mantém suas reservas em relação aos fariseus ao referir-se, sem afirmar, à reputação deles quanto à observância e quanto à pretensão deles de conhecer as leis, exatamente como ele se portara anteriormente. Para ele, os fariseus são apenas mais um grupo de servidores ao redor de Herodes, conjurando pelo poder. "Estes homens eram capazes de ajudar grandemente o rei em virtude da previdência [predição] deles; contudo, tencionavam claramente combatê-lo e prejudicá-lo".[52] Como exemplo da má vontade dos fariseus para com Herodes, Josefo cita a recusa dos seis mil em fazer o juramento de fidelidade a César e ao governo do rei.[53] Tal ato enfraqueceu o governo e promoveu a desordem, resultado que Josefo constantemente deplora.[54] Se o número dos fariseus — seis

---

[50] *Guerra* 1.29.2 (567-571); *Ant.* 17.2.4-3.3 (32-60).

[51] *Ant.* 17,2,4 (41). A palavra grega traduzida aqui por "grupo" é *morion*, que significa literalmente uma "parte", e é usada idiomaticamente para grupos. É aplicada aos fariseus apenas aqui.

[52] *Ant.* 17.2.4 (41). AI. Baumgarten, The Name of the Pharisees, *JBL* 102 (1983) 414-416, citando a opinião comum, sustenta que esta passagem hostil deriva de Nicolau de Damasco, que era pró-herodiano. Ele e outros não conseguem perceber que Josefo é completamente consistente em condenar os causadores de problemas em todas as suas obras.

[53] É provável que esta recusa em fazer um juramento não seja a mesma recusa de Pólion, Samaias e de seus estudantes registrada em *Ant.* 15.10.4 (368-371). 1) No Livro 15, Herodes desculpou Pólion e seus discípulos porque ele o considerava um aliado e não lhe impôs uma punição. 2) No Livro 15, o grupo é Pólion e seus discípulos. Aqui, trata-se de seis mil fariseus que parecem constituir um grupo organizado. 3) No Livro 15, menciona-se apenas um juramento a Herodes. Aqui, trata-se de um juramento a César e a Herodes. 4) Aqui, Herodes reclama que a esposa de Ferora se opôs a ele mediante uma série de ações, inclusive o pagamento das multas dos fariseus. O contexto não é o da primeira recusa a fazer um juramento, cerca de 20 a.C., mas as intrigas por volta do fim da vida de Herodes, em 7-4 a.C. Cf. ALON, G. The Attitude of the Pharisees to the Roman Government and the House of Herod. *Scripta Hierosolymitana*, v. 7, pp. 53-78. 1961 e SCHÜRER, E.; VERMES, G.; MILLAR, F. *History*. vol. 1, n. 94, p. 314, D. Schwartz, Josephus, p. 160, defende um único conflito a respeito do fazer um juramento em relatos divergentes em Nicolau de Damasco e em Josefo.

[54] Josefo não diz por que os fariseus se recusaram a fazer o juramento. Um juramento a César poderia ser religiosamente repulsivo para eles, embora não necessariamente. Politicamente, eles são apresentados como oponentes de Herodes e, portanto, o mais provável do Império Romano que o constituiu rei. A recusa em emitir um juramento certamente funcionou como — e provavelmente era esta a intenção — um protesto e um ataque políticos.

mil — é correto, sugere que os fariseus eram um grupo ou movimento organizado com fronteiras suficientemente claras para ser identificado.

A recusa dos fariseus ao voto de fidelidade e sua coalizão com o exército de Ferora estão conectadas, pois Herodes puniu os fariseus com uma multa que foi paga pela esposa de Ferora.[55] Ela portou-se como patrono deles e eles, em troca, transferiram-lhe a fidelidade que antes tinham com Herodes e a serviram como clientes: "Em reconhecimento pela benevolência dela, eles predisseram — pois acreditava-se que eles possuíam a precognição das coisas mediante aparições de Deus a eles — que, por decreto de Deus, o trono de Herodes ser-lhe-ia tomado, tanto dele próprio quanto de seus descendentes, e o poder real cairia nas mãos dela e de Ferora, e de quaisquer filhos que eles pudessem ter".[56] Josefo registra a fama dos fariseus como previdentes, um dom que assinalaria o favor divino, mas o modo como ele fala a respeito do motivo cínico que eles têm para fazer a predição e do fato de que a predição não se realizou mostra, na visão de Josefo, que os fariseus são oportunistas políticos que manipulam seus patronos. Este também narra que os fariseus predisseram que outro poderoso oficial da corte, Bagoas, um eunuco, chegaria ao poder e teria até mesmo filhos.[57] Os fariseus acham-se no grosso das lutas políticas e têm considerável influência sobre os oponentes de Herodes, uma influência que Josefo considera danosa.

Herodes reagiu a esta coalizão hostil executando Bagoas, Caros, os servos de Herodes que aprovaram o que disseram os fariseus e os fariseus mais responsáveis pela corrupção de seu povo (isto é, colocando-o contra ele). A seguir, ele levou a esposa de Ferora a julgamento por conspiração e levantou uma série de acusações contra ela, por exemplo de que ela ajudara os fariseus a evitar a multa imposta a eles pagando-a. O resultado de suas acusações foi a diminuição do poder da facção de Ferora e, consequentemente, dos fariseus.[58]

---

[55] *Ant.* 17.2.4 (42-45).

[56] *Ant.* 17.2.4 (43).

[57] Richard A. Horsley, Popular Messianic Movements Around the Time of Jesus, *CBQ*, v. 46 (1984) 483, observa que a aceitação das predições dos fariseus sugere uma ansiedade por um rei ungido em reação à repressão herodiana.

[58] Outro acontecimento durante a vida de Herodes merece menção: a destruição da águia de ouro sobre o portão do Templo pelos discípulos de Judas e Matias (*Ant.* 17.6.1-4 [148-167]; *Guerra* 1.33.2-4 [648-655]). Muitos comentadores tratam estes mestres e seus discípulos como fariseus. Contudo, eles não são identificados como tais. É verdade que Pólion, o Fariseu, tem discípulos e dizia-se que João Hircano

Parte II • Fontes literárias

O primeiro século

Os fariseus são mencionados diversas vezes por Josefo em seu relato do primeiro século. A referência final aos notáveis dos fariseus na *Guerra* ocorre na discussão sobre se se deveria cessar de oferecer os sacrifícios diários enviados pelo imperador, a serem oferecidos por seu bem-estar e pelo da nação.[59] Eleazar, filho do sumo sacerdote Ananias e capitão do Templo, convenceu os sacerdotes do Templo a não aceitar sacrifícios da mão de estrangeiros. Os chefes dos sacerdotes e os notáveis (*gnorimoi*) tentaram impedir que os sacerdotes recusassem os sacrifícios do imperador, porque isto seria uma declaração de guerra. Então, os cidadãos principais (*dunatoi*) reuniram-se com os chefes dos sacerdotes e os notáveis dos fariseus, a fim de deliberar acerca do problema. Este grupo decidiu dirigir-se ao povo buscando mudar as opiniões dos revolucionários, uma tática que não deu certo. No decorrer da assembleia, os líderes apresentaram eclesiásticos peritos em tradições, os quais testemunharam que todos os seus ancestrais tinham aceitado sacrifício de estrangeiros. Visto que os líderes tinham perdido autoridade e influência no caos da guerra civil, a tentativa deles de persuadir o povo falhou e a guerra contra Roma aconteceu.

Josefo inclui na classe governante os chefes dos sacerdotes, os cidadãos mais importantes e os notáveis dos fariseus; ele faz clara distinção entre estes líderes legítimos e o povo, dentre os quais alguns eram revolucionários. Os notáveis entre os fariseus eram consultados, mas a base para o *status* deles não está clara. Eles podem ter vindo de famílias hereditárias, que tinham posição aristocrática na cidade, ou podem ter sido poderosos em virtude de sua liderança dos fariseus. Ademais, não sabemos se os fariseus, *como grupo*, tinham uma posição na discussão quanto a revoltar-se contra Roma. Anteriormente, eles eram unidos em sua oposição a Alexandre e a Herodes, mas nisto eles se igualavam à maioria da sociedade palestinense. Aqui, a maior parte do povo de Jerusalém parece ter sido a favor da

---

era discípulo dos fariseus. No entanto, mestres com círculos de discípulos parecem ter sido comuns, e não há nenhuma razão para tratar este grupo como fariseus. Os dois mestres exortam seus estudantes a praticarem zelosas ações e o martírio pela lei. Os fariseus, nesta parte da *Antiguidades*, são apresentados mais como agentes políticos penetrando em coalizões sofisticadas para obter poder do que como nacionalistas e religiosos fanáticos a incitar a revolução.

[59] *Guerra* 2.17.2-4 (409-417). Philo, *Leg. ad Gaium*, p. 157, p. 317, também traz informações sobre tais sacrifícios.

revolta, mas é provável que os fariseus, mediante seus líderes, estivessem do lado da classe governante.

Os fariseus na "Vida"

Josefo menciona os fariseus às vésperas da revolta contra Roma.[60] Ao retornar de uma embaixada em Roma, ele buscou asilo no Templo contra os salteadores que controlavam Jerusalém. Depois que o líder deles, Menaém, foi assassinado, Josefo diz que novamente "ligou-se aos chefes dos sacerdotes e aos fariseus mais importantes".[61] Conforme Josefo, ele e estes líderes temiam o povo e, portanto, fingiram concordar com suas ideias revolucionárias, procurando entretê-los todo o tempo à espera da chegada das tropas romanas. O próprio Josefo é um sacerdote ligado à família do sumo sacerdote e aos hasmoneus,[62] de modo que sua presença entre os líderes é compreensível. Visto que ele reivindicou ser fariseu, bem como sacerdote, pode estar apresentando a si mesmo em conexão com os líderes de seus dois grupos. Contudo, aqui, como na *Guerra*, os fariseus mais notáveis fazem parte da classe governante, e a associação deles aos fariseus é digna de nota. Desta forma, os fariseus devem ter sido um grupo social e político importante, influente e poderoso o bastante para ser escutado mediante seus líderes.

Mais tarde, na *Vida*, durante a posse de Josefo como comandante na Galileia, ele se confronta com Simão ben Gamaliel. João de Gíscala (na alta Galileia), que era rival de Josefo, procurou fazer com que Josefo fosse removido e ele fosse indicado em seu lugar.[63] Ele enviou seus irmãos a Jerusalém a fim de pedir a seu velho e íntimo amigo Simão ben Gamaliel que convencesse a assembleia a realizar tal mudança. "Este Simão era nativo de Jerusalém, de família muito ilustre, e da escola dos fariseus, que tinham a fama de serem peritos incomparáveis nas leis (*nomina*) de seu país. Um homem altamente dotado de inteligência e discernimento, ele podia, mediante puro gênio, restabelecer uma desastrada situação nos

---

[60]   *Vida* 20-23 (5).

[61]   Os notáveis entre os fariseus são citados ao lado dos sacerdotes principais na *Guerra* também (2.17.2-4 [409-417]).

[62]   *Vida* 1-6 (1).

[63]   *Vida* 189-198 (38-39).

Parte II • Fontes literárias

negócios de estado". Simão instou junto "aos sumos sacerdotes, Anano e Jesus, filho de Gamalas, e alguns outros do partido deles" para que destituíssem Josefo. Anano recordou-lhes a boa reputação que Josefo tinha diante de muitos sacerdotes importantes e líderes do povo e advertiu contra a invenção de acusações. Simão então instruiu o irmão de João a subornar Anano e, desta forma, conseguiu que Anano e seu partido concordassem com a remoção de Josefo sem o conhecimento de outros na cidade.

A classe governante de Jerusalém era composta de muitos grupos, tendo os sumos sacerdotes e seus partidos no centro. Simão tinha mais poder e influência do que João de Gíscala ou Josefo em razão de diversos fatores, inclusive sua família, sua habilidade e, mais provavelmente, sua conexão com os fariseus. Simão é apresentado como um político atuante na classe governante, que ajuda um aliado a alcançar seus objetivos contra considerável oposição. Josefo pertence ao mesmo círculo e tem seus próprios partidários, mas, ausente (na Galileia), perdeu a batalha por apoio continuado e estava destinado à remoção.

A delegação enviada para destituir Josefo revela algo mais da estrutura da classe política em Jerusalém e do *status* dos fariseus.[64] A delegação era constituída por quatro homens igualmente educados, provenientes de diferentes classes da sociedade. Dois fariseus pertenciam aos extratos inferiores da sociedade,[65] outro fariseu era um sacerdote e uma quarta pessoa, a mais jovem, pertencia à família sumo sacerdotal. As orientações que a delegação recebeu ao partir para a Galileia são instrutivas. Se o povo da Galileia resistir à remoção de Josefo, dever-se-ia averiguar o fundamento do domínio de Josefo sobre o povo e refutá-lo.[66] São oferecidas três garantias para a autoridade de Josefo: ser nativo de Jerusalém, ter conhecimento das leis ancestrais e ter o sacerdócio; obviamente,

---

[64] *Vida* 196-198 (39).

[65] Josefo chama os dois fariseus de *demotikoi*, ou seja, homens do povo, as pessoas, os cidadãos sem posição social.

[66] As autoridades de Jerusalém não tinham controle direto sobre a Galileia. Como de costume, os líderes locais eram os "notáveis", ou seja, os cidadãos importantes e abastados. Quanto aos notáveis da Galileia, cf. *Guerra* 2.12.3 (233), e para os samaritanos proeminentes (*dunatoi*) cf. *Guerra* 2.12.5 (239). Para um resumo adequado da diferença regional dentro da Galileia e entre a Galileia e outras partes da Palestina, cf. MEYERS, Eric M. & STRANGE, James F. *Archaeology, the Rabbis and Early Christianity*. Nashville, Abingdon, 1981. Cap. 2.

a delegação é igual a Josefo em todos os pontos. Os três fariseus do grupo procedem de Jerusalém e são conhecedores das leis; um deles é um sacerdote. As três bases para que alguém fosse aceito como líder são consistentes com o que Josefo mostrara da história judaica. Na ausência de um rei, os sacerdotes e, especialmente, o sacerdote principal e as famílias sumo sacerdotais mantinham o centro do poder. Um pré-requisito para o governo e admissão à classe governante é o conhecimento das leis e costumes dos antepassados do judaísmo. De modo especial, desde as guerras dos Macabeus, quando o modo de vida judaico tinha sido ameaçado, a fidelidade às leis tinha sido uma marca distintiva da sociedade judaica. Aqueles que eram famosos pelo conhecimento e pela observância das leis, tal como os fariseus, obtinham influência e, muitas vezes, poder entre o povo. Por contraste, aqueles que não observavam a forma de vida judaica, como Herodes, eram desprezados e, se possível, rejeitados. Finalmente, ser nativo de Jerusalém implicava que o povo reconhecia Jerusalém como seu centro e como o centro do governo judaico; aqueles que viviam em Jerusalém e que foram educados, eram considerados como a classe governante, até mesmo pelos galileus que viviam em outra região e eram controlados diretamente por diferentes autoridades judaicas. Neste caso, porém, eles falharam. Pode ser que os galileus consideraram Josefo e o trabalho que ele realizara na Galileia como mais próximos dos interesses deles do que a delegação e sua política enviada de Jerusalém.[67]

Os saduceus na "Antiguidades" e na "Vida"

Jônatas, o Saduceu — que levou os saduceus ao poder sob João Hircano —, já foi analisado. O próximo saduceu aparece em Josefo durante a guerra contra Roma, quando Anano, o sumo sacerdote, é identificado com um saduceu e, como os saduceus do tempo de João Hircano, é destacado por seu rigor ao emitir julgamento legal.[68] Anano foi indicado pelo rei Agripa durante o intervalo entre a morte do procurador Festo e a chegada de seu substituto, Albino. Uma vez que ele havia executado Tiago, o irmão de Jesus, e outros tantos, alguns que pensavam que ele

---

[67] Acerca do problema da *Vida* e deste episódio, cf. Cohen, *Josephus*, esp. pp. 223-227.

[68] *Ant.* 20.9.1 (199-203).

Parte II • Fontes literárias

agira ilegal ou injustamente protestaram, e ele foi removido após três meses.[69] Josefo, como de costume, não aprova quem quer que provocasse agitação, inclusive o saduceu Anano, neste caso. Posteriormente, na *Guerra*, Anano, como decano dos chefes dos sacerdotes, é louvado por resistir aos zelotes e por colocar o bem-estar público acima do seu próprio.[70] Mais tarde, ainda na *Vida*, Josefo defende que ele, Anano, fora subornado para apoiar aqueles que se opunham a Josefo.[71] Josefo não é a favor nem contra os saduceus, Anano, Tiago ou os primeiros cristãos. Ele é a favor da ordem e louva qualquer um que resista aos revolucionários.

Os saduceus aparecem muito menos frequentemente em Josefo, porque eles têm um impacto menos assíduo do que os fariseus na liderança nacional. Dois saduceus são citados, mas o grupo ao qual pertenciam permanece na retaguarda e no anonimato. Os saduceus nominados, Jônatas e Anano, pertenciam à classe governante, visto que um é amigo de Hircano e o outro é sumo sacerdote. Isto não implica necessariamente que todos os saduceus fizessem parte da classe governante e, certamente, que toda a classe governante fosse saduceia.

Resumo

Tanto os fariseus quanto os saduceus eram pequenos grupos no complexo tecido social do judaísmo na Judeia. Os fariseus são, com certeza, um grupo de interesse político que pretendia influenciar o modo segundo o qual a vida judaica era vivida religiosa, social e politicamente. Os saduceus provavelmente constituíam também um grupo deste jaez. Os fariseus, em sua maioria, eram servidores, ou seja, um grupo cujos membros não possuíam riqueza e poder independentes, mas estavam sujeitos à classe governante. Alguns fariseus faziam parte da classe governante e do sinédrio e, às vezes, os fariseus gozavam de uma base de poder

---

[69] Os adversários de Anano são descritos como aqueles "que eram considerados os mais imparciais e que eram rigorosos na observância da lei". Alguns comentadores identificam os opositores com os fariseus e dizem que Josefo estaria protegendo-os de aparente deslealdade. Cf. G. Baumbach, Das Sadduzäerverständnis bei Josephus Flavius und im Neuen Testament, *Kairos*, v. 13 (1971), 22 e Baumgarten, *Name*, 413-414. Contudo, todos os grupos da sociedade judaica não precisam ser reduzidos aos fariseus e aos saduceus. Josefo, que desaprovava quem quer que causasse desordens, desabona Anano aqui e apoia os líderes de bom senso, os quais teriam evitado o conflito. Cf. LeMoyne, J. *Les Sadducéens*. Paris, Etudes Bibliques, 1972. p. 240.

[70] *Guerra* 4.3.7 (151) a 4.5.2 (325).

[71] *Vida* 195-196 (39).

parcialmente independente mediante sua influência junto ao povo. Os poucos saduceus que aparecem em Josefo provêm da classe dirigente, mas sua cultura, seu número, seu projeto e sua influência sobre a classe governante são obscuros. Embora Josefo tenha escrito a fim de favorecer sua própria interpretação da sociedade judaica, sua imagem dos fariseus e dos saduceus é coerente com o que sabemos dos impérios agrários e, portanto, sociologicamente provável em linhas gerais. Uma completa apreciação dos fariseus e dos saduceus em Josefo precisa ser precedida da descrição que Josefo faz destes dois grupos.

Capítulo 6

Descrição dos fariseus e dos saduceus em Flávio Josefo

Josefo oferece descrições comparativas dos fariseus, saduceus e essênios uma vez na *Guerra* e duas na *Antiguidades*. Descrições adicionais dos fariseus e dos saduceus estão contidas no relato da ruptura de João Hircano com os fariseus na *Antiguidades* e na descrição de Josefo de seu próprio envolvimento com os três grupos no início de sua obra *Vida*. Cada obra foi escrita com um objetivo particular e deve ser interpretada neste contexto. As descrições são especialmente úteis para a análise da natureza destes grupos e de seus mecanismos internos, na medida do possível. Elas devem ser comparadas uma à outra a fim de se detectarem mudanças nas opiniões ou objetivos de Josefo e, depois, todas as descrições devem ser comparadas com seus relatos das atividades dos fariseus no capítulo anterior.

Os fariseus e os saduceus são mais bem conhecidos a partir das descrições paralelas deles e dos essênios na *Guerra* e na *Antiguidades*.[1] O contexto desta importante descrição é idêntico em ambas as obras e decisivo para sua interpretação. Depois da morte de Herodes e antes que Arquelau, seu filho e herdeiro, pudesse assumir o controle, havia muitas revoltas e desordens oriundas principalmente do povo[2] e conduzidas por diversos políticos e figuras messiânicas judaicas. Arquelau governou com grande violência durante nove anos, até que tanto os judeus quanto os samaritanos solicitaram que Augusto o removesse.[3] De 6 a.C. até a Grande Guerra,

---

[1] A descrição está contida na *Guerra* 2.8.2-14 (119-166), que trata dos fariseus e dos saduceus em 2.8.14 (162-166). O paralelo na *Antiguidades* encontra-se em 18.1.2-6 (11-25), sendo que os fariseus e os saduceus encontram-se em 18.1.3-4 (12-17).

[2] *Guerra* 2.1.1. (1)ss.

[3] *Guerra* 2.7.3 (111-113).

Parte II • Fontes literárias

em 66 (à exceção de três anos), a Judeia e a Samaria foram governadas por prefeitos e procuradores romanos, sendo Copônio o primeiro deles.

Nesta conjuntura crítica na narrativa de Josefo, quando cessou o controle herodiano dos negócios judeus e teve início a estrada para a revolta, Josefo narra que, sob Copônio, um galileu chamado Judas liderou uma revolta na qual encorajava seus patrícios a recusar o pagamento de impostos a Roma e a reconhecer somente a Deus como seu soberano (*despotēs*).[4] Este rebelde era diferente porque era "um mestre (*sophistēs*) de sua própria escola (*hairesis*)", o fundador da quarta filosofia.[5] Com a ajuda de Sadoc, um fariseu, conforme a *Antiguidades*, Judas inflamou o povo à rebelião e começou um processo que culminou sessenta anos mais tarde na guerra que destruiu Jerusalém.

Josefo aproveita esta ocasião para advertir que inovação e reforma são muito perigosas e que a quarta filosofia intrometeu-se ilegitimamente e, no final das contas, destruiu o corpo político judaico.[6] Josefo apressa-se em acrescentar que esta quarta escola de pensamento, que incentivava à rebelião, nada tinha em comum com os outros três tipos (*eidē*) de filosofia judaica — os fariseus, os saduceus e os essênios.[7] Josefo parece dar a entender que, daqui em diante, as três escolas de pensamento anteriores — presumivelmente tradicionais, antigas e legítimas — juntaram-se a um quarto tipo, o qual levou à rebelião. Josefo apresenta as três filosofias tradicionais a seus gentis leitores como uma parte respeitável e permanente do judaísmo, mas ele desacredita a quarta filosofia, que conduziu à guerra, aqui e ao longo de todo o livro.

---

[4] *Antiguidades* 18.1.6 (23). A origem de Judas é confusa. Em *Guerra* diz-se que ele provinha da Galileia (2.8.1 [118]), mas em *Antiguidades*, 18.1.1 (3), diz-se que ele era de Gamala, na Gaulane, a leste do Mar da Galileia.

[5] *Guerra* 2.8.1. (118). O termo *hairesis* é muitas vezes traduzido por seita. É a escolha de uma forma de vida que pode ser uma opção sectária no sentido moderno, ou uma escolha de uma escola de filosofia ou de pensamento consoante a qual esperava-se que alguém vivesse na Antiguidade. A presença dos termos "mestre" e "filosofia" neste contexto faz com que "escola" (de pensamento) seja uma palavra traduzida adequadamente aqui.

[6] Ele também detalha as pobres políticas de alguns dos procuradores, as quais contribuíram para os sentimentos revolucionários judaicos.

[7] Na *Antiguidades*, Josefo reconhece que a quarta filosofia é a mesma filosofia farisaica, exceto por sua paixão por liberdade, por sua aceitação de Deus apenas como soberano e por suas metas revolucionárias; contudo, em virtude da desordem e do sofrimento que ela causava, Josefo abomina esta novel e intrusa filosofia (*Ant.* 18.1.6 [23] e 18.1.1 [9]).

Guerra

Ainda que Josefo possa ter obtido suas descrições das três filosofias tradicionais de uma fonte etnográfica independente,[8] suas opções e a disposição da fonte favoreceram seus objetivos. Em sua análise das três filosofias na *Guerra*, Josefo enumera-as na ordem fariseus, saduceus e essênios e, imediatamente, passa a uma longa e laudatória descrição do modo de vida ascético e eremítico dos essênios.[9] Obviamente este grupo é o único que ele deseja que seja notado pelos romanos, provavelmente porque seu modo de vida retraído não representava nenhuma ameaça política. Além do mais, sua inédita vida de comunidade seria um apelo ao interesse romano pelas filosofias e religiões orientais durante o primeiro século.[10] Uma descrição comparativa breve dos fariseus e dos saduceus segue-se a uma longa descrição dos essênios. Contrastam-se suas crenças acerca de três temas filosóficos e teológicos: primeiro, o destino (ou providência divina); segundo, livre-arbítrio e responsabilidade humana; e, terceiro, imortalidade com recompensa e castigo. A seguir, são confrontadas suas relações mútuas e com os demais. Uma comparação detalhada entre fariseus e saduceus está contida no quadro a seguir.

Fariseus	*Saduceus*
Modo de vida	*Modo de vida*
São cordiais uns com os outros	Grosseiros uns com os outros
Cultivam relações harmoniosas com a comunidade	Tão ásperos entre si quanto com os outros.

---

[8] MOORE, George F. Fate and Free Will in the Jewish Philosophies According to Josephus. *HTR*, v. 22, p. 374, pp. 383-384. 1929. SMITH, Morton. The Description of the Essenes in Josephus and the Philosophumena. *JQR*, v. 49, pp. 292-300. 1958. ATTRIDGE, H. *The Interpretation of Biblical History in the Antiquitates Judaicae of Flavius Josephus*. HDR, Missoula, Scholars, v. 7, n. 4, pp. 178-179. 1976.

[9] Josefo cataloga os três grupos na ordem fariseus, saduceus e essênios em *Antiguidades* 13, *Guerra* e *Vida*. Em *Antiguidades* 18, ele enumera-os na ordem essênios, saduceus, fariseus. Ele *analisa*-os na ordem essênios, fariseus, saduceus na *Guerra*; fariseus, essênios, saduceus em *Antiguidades* 13; e fariseus, saduceus, essênios em *Antiguidades* 18.

[10] Smith, Palestinian Judaism, p. 75 e H. Attridge, Josephus, p. 186.

Parte II • Fontes literárias

Pensamento	*Pensamento*
Atribuem tudo ao destino e a Deus	Negam o destino. Deus está além tanto da execução quanto do próprio aparecimento do mal
Agir correta ou erroneamente depende fundamentalmente dos seres humanos, mas o destino coopera em cada ação.	Os seres humanos controlam totalmente a opção pelo bem e pelo mal
Cada alma é imperecível	Não há subsistência da alma
Somente as almas dos bons passam para outro corpo. As almas dos maus sofrem castigo eterno.	Não há recompensas nem castigos
Influência	*Influência*
Considerados os mais cuidadosos intérpretes das leis	*(nenhuma informação)*
Detinham a posição de primeira/ principal escola	

Os fariseus e os saduceus, ambos tratados como grupos estabelecidos e bem conhecidos no judaísmo, não são nem louvados nem condenados por Josefo na *Guerra*. Após seu extenso e entusiasmado exame dos essênios, ele volta-se para os dois primeiros grupos mencionados, começando pelos fariseus e depois pelos saduceus, "a segunda ordem (*tagma*)". Ele apresenta os fariseus dizendo que eles *eram reputados* os mais desvelados intérpretes das leis e detinham a posição de[11] escola principal.[12] Josefo mantém distância da fama dos fariseus como os intérpretes mais cuidadosos das leis mediante o uso do verbo grego *dokeō*, exatamente como o fez ao falar das atividades deles durante o reino de Alexandra. Embora Josefo diga em sua obra *Vida* que ele era fariseu, certamente ele não escreve como se fosse

---

[11] "Detinham a posição de" é a tradução de Thackeray para a palavra *apagontes*. A tradução de Whiston traz "apresentar", o que não faz nenhum sentido. A forma significa "tomar para si".

[12] "Principal" é a palavra grega para "primeira", que poderia ter também o sentido de "ser a primeira a aparecer ou a mais antiga".

um deles. Os fariseus são uma das escolas de pensamento do judaísmo, mas não aquela na qual Josefo está mais interessado, não obstante ele realmente admitir sua proeminente reputação.[13]

Josefo descreve brevemente as diversas opiniões filosóficas e teológicas dos fariseus e, a seguir, dos saduceus sobre o destino (a providência), a responsabilidade humana e a liberdade, e a vida após a morte. Josefo não faz comentários estimatórios nem tampouco comenta sobre as origens ou razões para tais posições.

Depois do retrospecto das posturas dos fariseus e dos saduceus em relação aos problemas filosóficos, Josefo compara explicitamente as relações sociais dos dois grupos, de modo a favorecer os fariseus, e explica a importância deles. Os fariseus aquecem as relações sociais internas e as relações harmoniosas com o público, ao passo que os saduceus são rudes entre si e com seus companheiros. Nenhuma explicação é dada para o comportamento dos saduceus, nem Josefo liga o comportamento dos fariseus e saduceus às suas crenças.

Antiguidades, Livro 18

Na descrição paralela em *Antiguidades* Josefo oferece sua apresentação mais detalhada da crença e do comportamento dos fariseus como grupo e como filosofia. Ele enumera as três filosofias na ordem essênios, saduceus e fariseus e, a seguir, trata-os na ordem inversa, acrescentando à lista a quarta filosofia, para contrastar. Os fariseus e os essênios recebem tratamento igualmente minucioso, sendo que os saduceus e a quarta filosofia recebem um exame mais breve. Josefo apresenta uma referência cruzada em sua análise destes grupos na *Guerra*, mas, por contraste, nesta obra os essênios recebem uma análise mais longa, ao passo que os fariseus, um tratamento mais curto na *Antiguidades*.

As descrições contêm muitos pontos de comparação e de contraste entre os grupos. As características que Josefo atribui à forma de vida, ao pensamento e à influência farisaicos e saduceus são postas em contraste no quadro a seguir:

---

[13] Josefo não mudou radicalmente suas opiniões, porque volta a referir-se a esta descrição das três escolas de pensamento duas vezes em *Antiguidades* e uma vez em *Vida*. Cf. *Antiguidades* 13.5.9 (173), 18.1.2 (11); *Vida* 10, que é uma referência geral a todas as descrições.

Parte II • Fontes literárias

Fariseus	**Saduceus**
Forma de vida	*Forma de vida*
Simplificam o padrão de vida, não fazendo concessão ao luxo	
Demonstram respeito e deferência para com os mais velhos e não contradizem rispidamente suas propostas	Discutem com os mestres do caminho de sabedoria que eles seguem
Pensamento	*Pensamento*
Seguem a orientação de que aquilo que o *logos*[14] diz é bom	Não aceitam nenhuma observância, salvo a das leis
A atividade humana é explicada por uma combinação de destino e vontade humana	
A alma sobrevive à morte	A alma perece juntamente com o corpo
Existem recompensas e castigos sob a terra	
Influência	*Influência*
Influência entre a população (*demois*) em virtude das opiniões deles.	Poucos conhecem este *logos*, mas são os de mais alta posição social
Culto realizado conforme suas opiniões	Realizam pouca liturgia, pois as massas obrigam-nos a seguir o ensinamento farisaico
Os cidadãos (*hai poleis*) testemunham a excelência dos fariseus mediante a prática dos mais altos ideais de seu modo de vida e de seu discurso.	

---

[14] *Logos*, aqui, provavelmente significa as crenças ou doutrinas deles, não a "razão" grega ou estóica.

Descrição dos fariseus e dos saduceus em Flávio Josefo

O rol de características de Josefo não possui nenhuma coerência ou inteligibilidade próprias. Ele comparou anteriormente o ensinamento dos fariseus, saduceus e essênios acerca do livre-arbítrio e da vida após a morte, e isso se repete aqui. Ele alude de forma um tanto obscura ao *logos* dos fariseus e saduceus, aos mandamentos que o *logos* farisaico lhes apresenta a fim de guiar suas vidas e às leis que os saduceus seguem, excluindo qualquer outra observância. Josefo não diz explicitamente que os fariseus seguem a lei oral, nem diz que os saduceus seguem apenas as leis escritas da Bíblia, contrariamente às pretensões presentes em muitas descrições destes grupos. Esta passagem diz que as tradições deles divergiam, mas não diz como.

Dos saduceus diz-se que faziam da discussão com seus mestres uma virtude. Isto sugere que os saduceus possuíam suas próprias tradições e interpretações que eram objeto de disputa. Falou-se que os fariseus demonstravam respeito pelos mais velhos e não contradiziam asperamente suas sugestões. Talvez o modo de interação deles aponte para o respeito a certo corpo de tradições que eles transmitiam e segundo o qual viviam. Esta consideração pelos mais velhos e pela tradição também dá a impressão de que eles eram humanitários e gentis em suas relações sociais e oferecem apoio para a tese de Josefo de que eles eram influentes entre o povo. A inclinação do povo para as tradições dos fariseus pode também ter derivado do conteúdo de tais tradições, um conteúdo que nos é desconhecido. Se os saduceus eram oriundos da classe governante, eles podem ter usado uma interpretação da lei que era política e economicamente desvantajosa para as classes inferiores. Os fariseus podem ter desenvolvido ou adotado uma série de costumes e de interpretações legais que favoreciam as necessidades das classes mais baixas. No final, porém, a magra descrição dada por Josefo na *Antiguidades* diz-nos muito pouco acerca dos fariseus e dos saduceus.

Josefo trata os fariseus e os saduceus como grupos conhecidos, organizados, influentes. Os saduceus provém dos cidadãos proeminentes (note-se que todos os chefes dos sacerdotes e cidadãos importantes são tidos como saduceus) e muitas vezes detinham o poder mediante altos cargos. Os fariseus são influentes junto à população ou aos cidadãos, o que indica que eles são mui provavelmente uma subclasse especializada, estabelecida em cidades maiores e menores, política e socialmente ativa, e poderosa ou influente em áreas restritas. Estas descrições correspondem aos fariseus e saduceus conforme aparecem na narrativa de Josefo.

Os fariseus não são a classe governante, mas uma parte da classe dos servidores, subordinada à classe dirigente. Josefo menciona-os em tempos de agitação e de fraqueza entre a classe governante, quando se esperava que servidores, como os fariseus, obtivessem poder político.

Josefo tampouco elogia os saduceus ou os fariseus por suas atividades, mas registra apenas seu poder e influência. Eles, juntamente com outras forças, são partes importantes da sociedade. Apesar de Josefo apresentar um retrato pouco lisonjeiro dos saduceus, comparado ao dos fariseus, ele permanece fiel a seu objetivo principal: mostrar que os modos de pensar tradicionais judaicos são tão respeitáveis quanto a filosofia grega, e não revolucionários. Muitos dizem que Josefo exagerou no relato sobre a influência dos fariseus aqui, a fim de confirmar os herdeiros dos fariseus pós-setenta como líderes judaicos legítimos aos olhos dos romanos. Uma avaliação desta afirmação será feita no final do capítulo. Se Josefo exagerou, ele não contradisse sua própria opinião consistente de que um grupo deve ser elogiado se promover a ordem.

Antiguidades, Livro 13

Os fariseus são mencionados primeiramente em *Antiguidades*, Livro 13, onde Josefo apresenta brevemente os fariseus, saduceus e essênios a fim de demonstrar a respeitabilidade do judaísmo no mundo grego.[15] Depois que Jônatas, irmão de Judas Macabeus, alcançou vitória militar sobre o rei selêucida Demétrio II, em 143 a.C., enviou missões diplomáticas a Roma e Esparta para obter o reconhecimento e o apoio no mundo mediterrâneo mais amplo, contra os selêucidas. Neste contexto, Josefo informa a seus leitores que o judaísmo tinha três escolas de pensamento (*haireseis*) que diziam respeito às atividades humanas, e ele identifica cada uma de acordo com a visão de destino e de livre-arbítrio, um problema que dividia diversas escolas de filosofia grega, tais como os estóicos, os epicureus e os cínicos. Como outros estados helenísticos respeitáveis, o estado judaico também tinhas suas filosofias, e Josefo distingue-as de modo que seus leitores de língua grega pudessem entender. Josefo reconhece que sua descrição é sumária e remete o leitor ao seu relato mais extenso na *Guerra*, Livro 2. A descrição das três escolas

---

[15] *Ant.* 13.5.9 (171-173).

de pensamento também prepara o leitor para o encontro com os fariseus e com Judas, o Essênio, no livro, mais adiante.[16]

Josefo enumera os três grupos na sequência fariseus, saduceus e essênios, mas trata-os na ordem fariseus, essênios e saduceus. Cada grupo é tratado de forma igual, e Josefo não faz avaliações. Os fariseus acreditavam tanto no destino (providência divina, em linguagem teológica) quanto na responsabilidade humana; os essênios atribuíam tudo ao destino; e os saduceus negavam o destino e colocavam toda a responsabilidade na ação humana. Os essênios são chamados de *genos*, que é traduzido da melhor maneira pelo termo neutro grupo.[17] Na *Antiguidades* ainda não foi dada nenhuma descrição dos papéis destes grupos na sociedade e de sua importância histórica; tampouco ficamos sabendo de sua origem ou constituição interna. Esta breve descrição meramente informa aos leitores que o judaísmo possui filosofias, e prepara para a referência a elas nas passagens subsequentes.

Fariseus e saduceus sob Hircano

Josefo, após ter narrado a contenda entre os fariseus e os saduceus pelo favor de João Hircano (tratado no capítulo anterior), esclarece que o conflito a respeito das regulamentações se baseava na afirmação farisaica de *nomina* (leis/costumes/práticas), transmitidas por gerações (*paterōn*) anteriores, mas não escritas nas leis de Moisés.[18] Os saduceus aceitavam somente *nomina* escritas, e não se sentiam ligados àquelas transmitidas pelas gerações passadas.

---

[16] Schwartz, *Josephus*, pp. 161-162, supõe que a descrição provém de Nicolau de Damasco e incluía originalmente um ataque contra a legitimidade dos hasmoneus, baseada na rejeição do sumo sacerdócio deles por parte dos essênios e dos saduceus (sadoquitas). Esta hipótese é demasiado especulativa e carece de provas.

[17] Os essênios são designados de *genos* diversas vezes em Josefo: *Guerra* 1.3.5 (78), 2.7.3 (113); *Ant.* 13.11.12 (311), 15.10.4 (371), 17.13.3 (346). Os saduceus são chamados assim uma vez em *Ant.* 13.10.6 (297). A palavra grega possui ampla gama de significados, tais como "raça, família; classe, espécie, tipo, sorte de". Na tradução da Loeb, Marcus traduz *genos* como "seita", aqui e no Livro 17, mas como "grupo" em referência aos saduceus e também em referência aos essênios em #311 e no Livro 15. Na *Guerra*, Thackeray traduz o primeiro uso de *genos* como "de origem essênia" e o segundo como "seita", com uma nota de rodapé explicando que a palavra grega significa raça. Quer Josefo esteja tentando aludir a uma unidade mais física entre os essênios, quer deseje distinguir-lhes o grupo como de um tipo especial de classe, não está claro pelo uso que ele faz da palavra. Em *Ant.* 18, #119, Josefo usa *genos* para os essênios, mas tanto o contexto quanto a gramática mostram que a palavra significa que os essênios eram judeus de nascimento, e não que o grupo deles era um *genos*.

[18] *Ant.* 13.10.6 (297-298).

Parte II • Fontes literárias

Consequentemente, os fariseus e os saduceus tinham controvérsias e grandes desacordos, e cada grupo lutava para que seus ensinamentos característicos concernentes às leis políticas e religiosas do judaísmo e sua forma distinta de viver o judaísmo fossem aceitos. Estas controvérsias não eram apenas acadêmicas ou assuntos de preferência pessoal, pois as opiniões destes grupos afetavam a administração do Estado judaico.[19]

Josefo observa que os saduceus gozavam da confiança dos ricos, mas ele não diz que todos os saduceus eram ricos; muito menos diz que todos os ricos, os governantes e os chefes dos sacerdotes eram saduceus, uma postura frequentemente assumida por estudiosos. Tanto os fariseus quanto os saduceus eram grupos de interesse político, com especial conhecimento e interesse pelas leis (e, portanto, pela religião) da nação.[20] Infelizmente, Josefo não nos dá a conhecer nenhuma das regulamentações especificamente em questão nem nos diz por que os ricos favoreciam um grupo e o povo, outro. Podemos especular por que os saduceus eram agraciados pelos ricos e poderosos. Eles defendiam punições severas para crimes, algo que chamaria a atenção dos encarregados de manter a ordem na sociedade. Mais importante ainda é que eles limitavam a autoridade às regulamentações escritas (bíblicas ou outras?), e não a outras tradições aceitas pelos fariseus, talvez porque a classe governante preferisse, tanto quanto possível, não ser constrangida pelos costumes. As regras escriturísticas, não interpretadas por minuciosas tradições, eram, o mais das vezes, vagas ou inaplicáveis tal como escritas. Assim, a classe governante podia sentir-se livre de decidir o que elas significavam. O certo é que a classe dirigente tinha suas próprias tradições e que o povo, em diversos lugares, tinha costumes e regras tradicionais para guiar-lhes o comportamento.

---

[19] Este é um clássico efeito de influência no sentido de Parson (cf. cap. 2). O conhecimento especial de um grupo concede-lhe posição na comunidade e a capacidade de guiar as ações dos outros sem o uso do poder político direto. A influência pode também afetar aqueles que detêm poder político e levá-los a tornar certos ensinamentos conduta sancionada.

[20] Nesta passagem, Josefo refere-se aos saduceus como *moira* e como *genos*. *Genos* já foi analisado acima. *Moira* é outro termo com grande variedade de significados. Pode significar divisão, secção ou até mesmo partido político. Josefo usa-o para os saduceus apenas aqui e jamais para os outros grupos. É improvável que ele utilize a palavra em outro sentido que não no geral.

Vida

Em *Vida*, que era uma resposta aos ataques a sua pessoa e que foi escrita como um apêndice da *Antiguidades*, Josefo fala de seu aprendizado junto a diversos grupos e de sua escolha pelos fariseus. Consoante seu próprio relato, ele fez um contato inicial com estes grupos quando tinha dezesseis anos e "decidiu obter experiência pessoal das diversas *haireseis* (escolas de pensamento), nas quais nossa nação está dividida [...]. Assim, submeti-me a duro treinamento e a árduos exercícios e atravessei as três correntes (a dos fariseus, a dos saduceus e a dos essênios)".[21] Além disso, Josefo passou três anos com Bannus — um homem que residia no deserto, vivia fora do país e purificava a si mesmo frequentemente em água fria — e tornou-se seu discípulo devotado. Finalmente, na idade de dezenove anos, ele decidiu governar sua vida "conforme a *hairesis* dos fariseus, (uma *hairesis*) que tinha pontos semelhantes àquela a que os gregos chamam de estóica (*hairesis*)".

Cada um dos quatro grupos era uma forma de vida que exigia mudanças na vida pessoal e algum conhecimento especializado. Josefo já havia recebido sua educação básica e afirma que possuía tal fama de ser amante das letras que, aos catorze anos, "os chefes dos sacerdotes e os homens proeminentes costumavam vir a mim constantemente a fim de obterem informação exata em algum detalhe de nossos decretos (*nomina*)".[22] Josefo não nos diz que tipo de treinamento ele recebeu de Bannus, embora a vida no deserto presumivelmente envolva ascetismo. Tampouco ele informa onde foi adestrado pelos fariseus, saduceus e essênios, nem quanto tempo ele ficou com cada grupo, exceto que ele percorreu todos os três em um ano.[23]

Com frequência têm-se lançado dúvidas sobre o relato de Josefo acerca de seu treinamento.[24] Se ele passou apenas um breve tempo com as três seitas, o que ele poderia ter aprendido e que efeito elas podem ter causado nele? Embora ele diga que esteve por três anos no deserto e fora devotado discípulo de Bannus, retornou e

---

[21] *Vida* 9-12 (2).

[22] Note-se a afirmação semelhante a respeito de Jesus, aos doze anos, em Lucas 2,41-51.

[23] Rajak, *Josephus*, p. 34-36, sugere que Josefo passou cerca de três meses com cada um dos grupos — fariseus, saduceus e essênios —, a fim de aprender o elementar do modo de vida deles, e refere-se a esta prática como costume grego comum.

[24] Attridge, "Josephus", p. 188.

Parte II • Fontes literárias

optou pelos fariseus. Ainda que as coisas estejam assim, os escritos de Josefo, suas ações e interpretações da Escritura não manifestam nenhuma conexão com aquilo que sabemos dos fariseus. Cohen observa que a identificação que Josefo faz de si mesmo como fariseu e como alguém respeitoso das tradições judaicas na *Vida* serve ao seu propósito apologético global, e pode não ser confiável.[25] Costumeiramente, Josefo identifica a si mesmo como sacerdote e líder comunitário, mas não como fariseu. Ao falar de sua opção pelos fariseus, ele não diz que se juntou aos fariseus como grupo, mas que começou a governar sua vida segundo as normas dos fariseus. Talvez ele fosse orientado por alguns aspectos do ensinamento e das práticas deles, sem tornar-se social e politicamente aliado e ativo na organização deles. Se for assim, mui provavelmente o programa dos fariseus para permanecerem judeus enquanto viviam dentro e adaptando-se ao Império Romano era o que o atraía.[26] Rajak cogita que Bannus, vivendo no deserto, podia ter liderado um grupo politicamente radical, similar a outros referidos por Josefo. Se assim for, a opção de Josefo pelos fariseus teria sido uma recusa à revolução e anuência à adaptação ao império.

Resumo: os fariseus e os saduceus em Josefo

O papel secundário que os fariseus e os saduceus representavam em Josefo é explicado por sua concentração na classe governante e em suas venturas políticas e militares, tão cruciais para a sociedade judaica como um todo. Nem o sacerdócio nem os aristocratas ou os camponeses são examinados, senão quando exercem impacto sobre os destinos da nação como um todo. Os fariseus e os saduceus são mencionados em tempos de mudança, crise ou transição no governo porque, quando o poder se deslocava, eles e muitas outras forças sociais e políticas na sociedade judaica tornavam-se ativas na competição pelo poder e pelo prestígio. Quando João Hircano transferiu sua submissão dos fariseus para os saduceus, quando Alexandra lutou para manter o controle depois da morte de seu esposo, no começo e no fim do reinado de Herodes, na transição do governo herodiano para os procuradores

---

[25] Cohen, *Josephus*, pp. 144-151. A avaliação negativa de Josefo em Cohen é padrão, embora mais bem elaborada do que anteriormente. Por exemplo, Rasp segue Laqueuer ao avaliar Josefo como um oportunista em sua autoapresentação ("Flavius Josephus", p. 46).

[26] Cf. Rajak, *Josephus*, pp. 34-39 e p. 224. Ela aceita a afirmação de Josefo de que ele era fariseu. Attridge, op. cit., pp. 176-179, diz que a primeira metade da *Antiguidades* não apresenta nenhuma prova de que Josefo fosse fariseu.

romanos e nos complexos acontecimentos no início da guerra contra Roma, os fariseus e os saduceus são tratados por Josefo como parte da competição política e social pelo poder e pelo predomínio.

Os fariseus funcionavam como um grupo de interesse político que tinha seus próprios objetivos para a sociedade e se engajavam constantemente em atividades políticas a fim de alcançá-los, ainda que nem sempre conseguissem. Eles mesmos não eram os líderes da comunidade judaica, não obstante proeminentes líderes dos fariseus, seja por sua posição no grupo farisaico seja pelo *status* familiar, fizessem parte da classe governante. Os fariseus, como grupo, não detiveram o poder direto (exceto em grau limitado, sob sua patrona real, Alexandra) e, como um todo, não foram membros da classe dirigente. Eram um grupo literato, organizado, que buscava constantemente o prestígio junto à classe governante. Como tais, eles se encaixam na classe dos servidores, de Lenski, um grupo de pessoas acima dos camponeses e de outras classes inferiores, mas dependentes da classe governante e do soberano quanto a seu lugar na sociedade. Os membros da classe dos servidores normalmente exerciam funções administrativas, burocráticas e militares na sociedade. Josefo não deixa claro que funções os fariseus desempenhavam na sociedade, mas em cada época da história judaica, do período hasmoneu até a destruição do Templo, eles estiveram presentes e forcejando para conseguir acesso ao poder.

As metas precisas dos fariseus para a sociedade e as leis pelas quais eles desejavam que a sociedade se pautasse não são descritas por Josefo, mas, conforme Josefo, as tradições que eles promoviam eram simpáticas ao povo, especialmente no período hasmoneu.[27]Tantos as atividades deles no período hasmoneu, quanto sua descrição no final do reino de Arquelau implicam que eles eram aliados do judaísmo tradicional, não revolucionário. Qualquer prestígio que eles porventura alcançavam, conseguiam-no mediante a ajuda de um patrono poderoso, e faziam

---

[27] HORSLEY, Richard. Like One of the Prophets of Old; Two Types of Popular Prophets at the Time of Jesus. *CBQ*, v. 47, pp. 444-445, 1976. Este autor observa que a classe inferior nem sempre contava com a classe literata, que formava um minúsculo estrato médio, para a liderança. Estes grupos eruditos tinham seus próprios interesses a serem buscados e, se estes diferiam dos das pessoas comuns, o povo era muito capaz de produzir seus próprios líderes, tais como os profetas. É o que parece ter acontecido no tempo da guerra contra Roma. Em outra parte, ele faz notar que o povo não teria contado com a pequena nobreza possuidora de terra para a liderança, porque ela estava comprometida com Herodes e outros "líderes estrangeiros" ("Messianic Movements", pp. 484-485).

parte de coalizões com outros grupos entre as classes superiores a fim de obter crédito e influenciar aqueles que detinham o poder.

Josefo conta-nos pouco sobre os saduceus. Embora os membros dos saduceus fossem predominantemente da classe governante, Josefo não diz que todos ou a maioria dos sacerdotes e aristocratas eram saduceus, contrariamente à suposição de muitos estudiosos. É provável que as tradições bíblicas e as interpretações que os saduceus defendiam favorecessem o *status quo* e os interesses políticos e financeiros da classe governante. Isto explicaria seu círculo eleitoral e sua impopularidade junto ao povo e, reciprocamente, a popularidade das opiniões dos fariseus.

As *descrições* que Josefo faz dos fariseus e dos saduceus são geralmente compatíveis com suas narrativas sobre suas ações. Contudo, as descrições estão longe de ser completas e não apresentam um quadro coerente dos pensamentos e da organização dos grupos. Os fariseus eram notórios por sua prática da lei e por sua habilidade em interpretar a lei a seu próprio modo. Isto implica que eles tinham opiniões particulares acerca de como viver a vida judaica e, provavelmente, seguiam costumes comuns dentro de uma estrutura organizacional. No entanto, Josefo não nos oferece nenhuma informação a respeito do funcionamento interno dos fariseus ou de sua liderança presumivelmente erudita. A aceitação, por parte dos fariseus, da vida após a morte, da ressurreição, bem como da recompensa e do castigo, contrastava com a rejeição de tais ensinamentos por parte dos saduceus. Estes ensinamentos típicos são atestados o mais das vezes em Josefo e também no Novo Testamento. De maneira semelhante, a posição deles a respeito do destino (significando providência divina) e sobre o livre-arbítrio e a responsabilidade humana são contrapostos. Suas posições sobre a vida após a morte e sobre a divina providência são coerentes umas com as outras, e provavelmente derivam da escatologia e expectativas apocalípticas deles. Os saduceus representam os seres humanos como independentes e distantes de Deus tanto na vida quanto após ela; os fariseus imaginam Deus e os humanos como em um íntimo relacionamento tanto nesta vida quanto na outra. (Os essênios atribuíam tudo ao destino; isto reflete, provavelmente, sua forte orientação apocalíptica, espelhada nos Manuscritos do Mar Morto, com sua concomitante rejeição da sociedade judaica.)[28]

---

[28] Blenkinsopp, Prophecy, p. 249.

Dos fariseus diz-se, tanto na *Guerra* quanto na *Antiguidades*, que eram a principal e mais influente escola de pensamento. Dos saduceus diz-se que provinham da classe governante, na *Antiguidades*, mas a classe social dos fariseus não é especificada, exceto que, conforme deduzível, a maioria deles provinha de uma posição social inferior à dos saduceus. Isto se harmoniza com as conclusões tiradas dos acontecimentos narrados acima por Josefo. A descrição das relações sociais entre os membros destes grupos e com os de fora pode combinar também com o lugar deles na sociedade. Os saduceus são descritos como competitivos, críticos e difíceis de conviver. Os fariseus cultivavam relações harmoniosas com todos, tinham grande respeito por suas tradições e anciãos e, consequentemente, tinham um amplo séquito em virtude de seu atraente modo de vida.

Embora as descrições apresentadas por Josefo sejam muito incompletas, algumas especulações cautelosas a respeito destes grupos revelar-se-ão úteis. As atitudes e comportamentos dos saduceus congraçam-se com a classe governante, que tem acesso hereditário a altos postos do poder. Eles rivalizavam-se mutuamente pelo poder e despertavam a inimizade ou a inveja daqueles que os rodeavam. A maioria dos fariseus não possuía vínculos hereditários com posições de mando, lutavam para influenciar a sociedade como grupo mediante a obtenção do prestígio. Consequentemente, eles enfatizavam as relações sociais para edificar o próprio grupo e obter o favor e a admiração junto aos outros. Que a luta deles pelo poder e pela influência era uma luta de grupo, é demonstrado pela ausência de nomes de líderes farisaicos na maioria dos casos. Somente Eleazar, que atacou João Hircano, Samaias e Pólion, que encetaram um relacionamento peculiar e ambíguo com Herodes, Simão ben Gamaliel e os três fariseus que faziam parte da delegação enviada a Josefo, na Galileia (Jônatas, Ananias e Jozar) são nominados.

A partir das descrições de Josefo, ficamos sabendo pouco a respeito da organização interna dos fariseus e dos saduceus.[29] Os fariseus parecem ter sido um grupo mais coeso do que os saduceus, e é provável que eles tivessem uma estrutura de comando, educação para seus membros e critérios claros de chefia. As crenças que eles abraçavam — vida eterna, ação divina na história e liberdade humana

---

[29] Isto lança dúvidas sobre a reivindicação de Josefo, em *Vida*, de que ele fosse fariseu. Ele não demonstra nenhum interesse especial pelos fariseus e não manifesta conhecimento íntimo algum da posição, das práticas ou da organização deles.

Parte II • Fontes literárias

— eram mui provavelmente diferentes o bastante dos ensinamentos e atitudes tradicionais judaicos para exigir algum compromisso positivo. Ao contrário, os saduceus mantinham a visão mais antiga, mais tradicional do judaísmo, de que não existe vida após a morte e, provavelmente, eles também seguiam a tradição pós-exílica ao considerar Deus mais transcendente do que imanente, e menos diretamente envolvido nos acontecimentos da história. Consequentemente, os saduceus poderiam ser uma identificável escola de pensamento que não possuía uma estrutura comunitária altamente articulada e que não atraía muita gente para as suas opiniões.

Hairesis: seita ou escola?

Josefo fornece tão pouca informação a respeito da organização interna e do comando dos fariseus e saduceus, que a natureza destes grupos se torna controversa e obscura. O uso indiscriminado e não técnico que ele faz de diversos termos gregos para designar estes grupos sugere que eles não se igualavam exatamente a nada no mundo greco-romano.[30] Conforme foi discutido no capítulo quatro, assinalá-los como associações gregas espontâneas ajuda pouco a esclarecer-lhes a natureza em virtude da variedade daquelas organizações. O mais próximo de uma qualificação destes grupos a que Josefo chega é quando ele os chama de *haireseis. Hairesis*, uma palavra grega mais conhecida em seu sentido pejorativo cristão de heresia, tinha um significado neutro e até positivo no uso grego não cristão. Em razão do uso que Josefo faz deste *hairesis*, os estudiosos muitas vezes identificaram os fariseus e os saduceus como escolas filosóficas de pensamento ou como seitas religiosas. Essas duas possibilidades serão examinadas alternadamente.

Uma *hairesis* era uma opção, coerente e baseada em princípios, por uma forma de vida, ou seja, por uma determinada escola de pensamento.[31] Na visão dos povos antigos e sobremodo na de Josefo, uma vez que alguns princípios básicos

---

[30] Para um quadro das palavras que Josefo usa, tais como *genos, moira, tagma*, cf. LeMoyne, *Sadducéens*, p. 19. O procedimento de Josefo não parece seguir nenhum paradigma consistente e significativo.

[31] SIMON, Marcel. From Geek *Hairesis* to Christian Heresy. In: SCHOEDEL, William R. e WILKEN, Robert L. (eds.). *Early Christian Literature and the Classical Intellectual Tradition* (in honorem Robert M. Grant) *Théologie Historique*, v. 53, Paris, Beauchesne, 1979. pp. 101-116, esp. p. 110 e p. 104. MARROU, Henri I. *A History of Education in Antiquity.* New York, Mentor, 1964. p. 157 e p. 504. Este último observa que *hairesis* pode também significar uma classe etária de efebos no uso egípcio.

Descrição dos fariseus e dos saduceus em Flávio Josefo

de uma tradição tivessem sido aceitos, poder-se-ia esperar alguma diversidade, ou seja, alguma escolha de modos de vida e de pensamento particulares. As escolas filosóficas gregas eram, normalmente, formas de vida baseadas em certa compreensão do universo e da lei moral. Assim, Josefo usa *hairesis* a fim de descrever as grandes correntes de pensamento e práticas do judaísmo — os fariseus, saduceus, essênios e os revolucionários da "Quarta Filosofia" — de forma a suscitar respeitabilidade para o judaísmo e atestar a antiguidade e o valor de suas tradições.[32] *Hairesis* ganhou o sentido pejorativo de heresia somente em meados do segundo século com Justino Mártir; ainda assim, seu sentido neutro persistiu até o terceiro século na literatura cristã.

As traduções da *hairesis* em Josefo comumente alternam-se entre *seita* e *escola* (de pensamento), mas nenhuma das duas talvez seja exata. *Seita*, no uso popular, geralmente se refere a um grupo religioso que reage à tradição religiosa principal e que vê a si mesmo como a verdadeira religião e uma substituta exclusiva para a tradição dominante.[33] Tal atitude não é típica dos saduceus, se Josefo estiver correto ao dizer que eles provinham dos líderes da sociedade. Eles seriam um subgrupo da classe governante, buscando solidificar sua posição e interpretação tradicional de como a sociedade deveria funcionar. Na tipologia mais exata desenvolvida por Bryan Wilson (ver cap. 4), os fariseus, com suas expectativas para a vida judaica, e seu envolvimento político, podiam ser uma seita reformista, mas se conhece demasiado pouco a respeito deles sobre este ponto para ter certeza. Vemo-nos especialmente inseguros a respeito de quanta vida e organização comunitária tinham os fariseus, de modo que falta-nos o conhecimento de um determinante fundamental das seitas. Os essênios, especialmente o grupo de Qumrã, são os que mais se aproximam da ideia moderna de seita, porque eles se retiraram da sociedade em protesto e sustentavam um conflito ativo com as autoridades religiosas da sociedade. Eles se encaixam no tipo introversionista de Wilson, aqueles que se retraem para dentro de uma comunidade purificada. Os essênios que viviam nas cidades palestinenses, se eram apocalipticamente orientados, como os Manuscritos do Mar Morto dão a entender, seriam do tipo revolucionista, na terminologia de Wilson, na expectativa da intervenção divina para destruir a ordem social perversa.

---

[32] Simon, op. cit., pp. 104-105.

[33] Cf. o resumo da análise de sectário no capítulo 4.

Parte II • Fontes literárias

Escola de pensamento, como tradução para *hairesis,* pode estar mais perto daquilo que Josefo quis dizer, embora não necessariamente daquilo que os fariseus pudessem ser. Obviamente Josefo está comparando os fariseus, saduceus e essênios às escolas gregas de filosofia a fim de mostrar que os judeus são um povo respeitável e civilizado, com tudo aquilo que se deveria esperar no pensamento e na prática.[34] Mas, são estes grupos escolas que realmente treinavam seus membros e que viviam algum tipo de vida comunitária ou tinham pelo menos fortes laços sociais? Consideravam-se, eles mesmos, escolas, à moda grega? Isto é possível porque o judaísmo tinha sido totalmente influenciado pela civilização helênica que encorajava grandemente as escolas filosóficas e as associações voluntárias. Morton Smith instiga-nos a levar a sério as designações de Josefo sobre os grupos judeus como escolas de pensamento porque, para o mundo antigo, filosofia era o termo mais exato para grupos que praticavam certo tipo de sabedoria.[35] É muito difícil, porém, provar que estes grupos judaicos fossem escolas filosóficas, ou saber como era a educação nos círculos judaicos.

As escolas gregas de filosofia não se empenhavam apenas no estudo acadêmico de um corpo de doutrinas, mas procuravam inculcar em seus membros e estudantes uma forma de vida. Os estudantes muitas vezes experimentavam diversas escolas de filosofia, mas dedicar-se a uma das escolas, implicava longo período de estudo, vida conforme um código moral, atividades comunitárias com outros membros da escola e, muitas vezes, uma veste distintiva.[36] Se os fariseus, saduceus ou essênios pertencem a este tipo de grupo, é necessário ser determinado pelos indícios presentes nas fontes. Nem Josefo nem o Novo Testamento descrevem a completa organização interna dos fariseus, mas algumas alusões e pequenas informações

---

[34] Josefo usa "filosofia" e "filosofar" para as escolas de pensamento nas descrições em *Guerra,* Livro 2 e *Antiguidades,* Livro 18, e também na história de João Hircano em *Ant.* 13.10.5 (289). Em *Ant.* 18, ele classifica os revolucionários como a "quarta filosofia" (18.1.1.[9]).

[35] Smith, *Palestinian Judaism,* p. 79. Ele também sugere que os fariseus eram escolas filosóficas autoconscientes e vistas como tais pelo povo (pp. 79-81). Contudo, para tirar tais conclusões, Smith usa acriticamente fontes rabínicas posteriores.

[36] Para uma cômoda lista das características das escolas antigas, conferir CULPEPPER, Alan R. *The Johannine School;* An Evaluation of the Johannine School Hypothesis Based on an Investigation of the Nature of Ancient Schools. *SBLDS,* v. 26, Chico, Scholars, pp. 258-259, 1975. Esta lista, porém, é compósita e não distingue com precisão os diversos tipos de escola. Cf., para a distinção de alguns tipos, STOWERS, Stanley. Social Status, Public Speaking and Private Teaching; The circumstances of Paul's Preaching Activity. *Nov Test,* v. 26, pp. 59-82, 1984.

Descrição dos fariseus e dos saduceus em Flávio Josefo

permitirão hipóteses prudentes. Que os fariseus, na verdade, eram semelhantes a uma escola filosófica ou outra associação helenística é provável, pois a formação de grupos sociais espontâneos era uma característica da sociedade helênica. Até mesmo o testemunho rabínico, apesar de data posterior, mostra o impacto das categorias helenística na compreensão de suas próprias instituições e daquelas dos fariseus anteriores, embora a avaliação da validade histórica desta compreensão dos fariseus precise aguardar um capítulo seguinte.[37]

Ao falarmos de escolas, precisamos distinguir diversos tipos. Os equivalentes imperfeitos das modernas escolas primárias e secundárias eram organizados nas cidades para as crianças das classes superiores; tais instituições incluíam um edifício, classes formais etc. A educação superior, incluindo-se a filosofia, era, na maioria das vezes, organizada informalmente. Tanto a academia, a escola estóica de filosofia e o liceu, em Atenas, quanto as escolas, em Alexandria, eram exceções à regra geral. Com maior frequência, um único mestre de filosofia reunia um grupo de estudantes sob a patronagem e na casa de um rico patrocinador.[38] Os membros viviam vida comunitária plena ou parcial, deles se esperava que aderissem a um código de comportamento que podia incluir também vestimenta e alimentação, estudavam e discutiam de movo vivaz e devotavam suas vidas, parcial ou inteiramente, aos objetivos propostos pela forma de vida e escola de pensamento a que se dedicavam. Todavia, este quadro generalizado não pode ser aplicado rigorosamente. As escolas filosóficas diferenciavam-se entre si acerca de como a aprendizagem deveria ser realizada,[39] e cada cultura e lugar adaptavam o modelo grego às circunstâncias locais.

Sabemos pouco a respeito da educação superior na Palestina no período helenístico. Presumivelmente, os chefes dos sacerdotes e os líderes das famílias mais importantes eram versados nas tradições judaicas e também em grego, de modo que podiam comunicar-se com o governo imperial. O hino conclusivo a Ben Sira alude a uma escola (Eclo 51, 23), embora a forma literária não deixe claro se

---

[37] Cf. Mantel, *Great Synagogues*, pp. 69-92, para uma análise concisa, embora muitas vezes acrítica, deste testemunho.

[38] Acerca deste modelo, conforme se aplica às comunidades cristãs paulinas, cf. Stowers, op. cit., pp. 59-82. Meeks, *Urban*, pp. 81-84, também compara a comunidade paulina a escolas filosóficas e observa que tais escolas eram, às vezes, famílias modificadas ou associações gregas.

[39] Stowers, op. cit., pp. 76-77.

Parte II • Fontes literárias

se faz referência a uma escola metafórica ou literal. Em qualquer um dos casos, a ideia está presente. Menciona-se também o pagamento pela instrução (Eclo 51,28). A proliferação de literatura judaica a partir do período helenístico e a preservação e estudo das tradições bíblicas anteriores, tudo depõe a favor de uma animada tradição intelectual e literária, que incluía a educação em todos os níveis.

Não sabemos quão instruídos eram os fariseus como grupo. Josefo apresenta-os como intérpretes supostamente acurados da tradição judaica, uma reivindicação que implica que todos eles aprendiam suas próprias tradições, e que alguns eram altamente instruídos.[40] Nos evangelhos, eles aparecem como bem informados e hábeis adversários de Jesus, um papel que implica familiaridade com tradição e costume. É, talvez, mais provável imaginar os fariseus, de modo geral, como líderes instruídos do povo. Os escribas, também, eram literatos, como condição para seu ofício e quanto mais alta sua função na sociedade, mais letrados eles devem ter sido. Presumivelmente, os saduceus, que pertenciam à classe superior, segundo Josefo, eram também eruditos, mas não se sabe se formavam uma escola definida.

Se os fariseus e outros grupos podem ser proveitosamente tratados como escolas filosóficas ou escolas de pensamento à moda helenística é algo incerto. Não dispomos de provas suficientes da organização, do autoconceito e do papel deles para estarmos certos de sua semelhança com as escolas gregas, além de algumas vagas similaridades. Os fariseus, conforme descritos por Josefo, agiam como um grupo de interesse político e, portanto, ultrapassavam as atividades de muitas escolas gregas. Por outro lado, eles tinham um projeto de reforma para a vida judaica, uma interpretação especial da tradição judaica e uma visão definível e às vezes controvertida a respeito de assuntos fundamentais, cruciais para o judaísmo. O uso que Josefo faz da *hairesis* para os fariseus é mais bem traduzido por escola (de pensamento), desde que esta expressão seja compreendida como uma interpretação e uma forma de vida que não é exclusivamente acadêmica e teórica. Mesmo com tal caracterização, o problema da natureza exata dos fariseus, saduceus e também dos essênios como grupos históricos é mais complexo do que indica Josefo com a descrição deles.

---

[40] Cf. Baumgarten, The Name, pp. 411-428 quanto à exatidão de interpretação atribuída aos fariseus nas fontes.

Excurso:
Tendências pró-farisaicas na *Antiguidades*?

Muitos têm sustentado que Josefo exagerou o papel e a influência dos fariseus, projetando no período pré-guerra a função que os rabis estavam desempenhando no final do primeiro século. R. Laqueur, Hans Rasp, Morton Smith e Jacob Neusner afirmaram que Josefo é bem mais positivo com relação aos fariseus na *Antiguidades*, que ele os favorece porque se tornaram os líderes dos judeus palestinenses e, consequentemente, dedica uma função mais importante aos fariseus do que se pode justificar historicamente.[41] Neusner argumentou, com base na Michná e nos evangelhos, que os fariseus eram um grupo sectário no primeiro século depois da era cristã, e não um grupo politicamente ativo.

A pretensão de que Josefo foi pró-fariseu é enfraquecida por diversas dificuldades. Em *Antiguidades*, Josefo trata-os do mesmo jeito que a outros grupos, e é antifarisaico em muitos lugares. Não os analisa suficientemente para que possa intervir em favor deles, e revela suas atividades revolucionárias de forma mais completa do que em *Guerra*. Finalmente, os herdeiros rabínicos dos fariseus provavelmente ainda não eram importantes o bastante para serem promovidos a líderes judaicos.

Embora Josefo tenha sido quase sempre caracterizado como pró-fariseu, especialmente em *Antiguidades*, é provável que a visão mais ampla que Josefo tinha da sociedade e do governo tenha determinado sua postura com relação aos fariseus. Josefo valorizava, acima de tudo, um governo forte, ordenado, que garantisse a paz. A desordem e o desastre da guerra judaica contra Roma levaram-no a criticar qualquer grupo que causasse instabilidade e revolta na sociedade judaica no período greco-romano. Consequentemente, ele desaprovou os fariseus quando se vingaram de seus inimigos sob Alexandra, porque provocaram contendas sociais. Ele aprovou Pólion e Samaias por terem apoiado Herodes no começo de seu reinado, porque Herodes era um governador forte, que traria estabilidade, em contraste com o caos dos derradeiros anos dos hasmoneus. Ele desaprovou a coalizão dos fariseus com a família de Ferora contra Herodes no final de seu reinado, porque

---

[41] Laqueur, *Josephus*; H. Hasp, Flavius Josephus und die Jüdischen Religionsparteien. *ZNW*, v. 23, 27-34. 1924; Smith, *Palestinian Judaism*, pp. 75-77; J. Neusner, *From Politics to Piety*. Englewood Cliffs, Prenitice-Hall, 1973, pp. 65-66.

Parte II • Fontes literárias

fazia parte da disputa partidária que levou às desordens do primeiro século. Ele aprovou os fariseus que se uniram a outros líderes de Jerusalém na tentativa de acalmar o povo no início da guerra contra Roma. Apoiou tanto os fariseus quanto os saduceus como antigas escolas judaicas de pensamento que emprestavam estabilidade e respeitabilidade ao judaísmo, especialmente em oposição à nova e revolucionária quarta filosofia. Apresentou um quadro crítico das relações dos saduceus com o resto da sociedade que privava-os de influência útil e estabilizadora junto ao povo. Criticou o saduceu Anano, porque sua implacável postura saduceia em favor da pena capital provocou convulsão social e levou-o à perda do poder. Mais tarde, aprovou a resistência heróica do mesmo homem aos revolucionários zelotes em Jerusalém, porque estava desempenhando adequadamente sua função de comando. Ele ficou indiferente à transferência do beneplácito de João Hircano dos fariseus para os saduceus, porque isto não provocou instabilidade social ou crise no governo.

Em muitos lugares em que Josefo é claramente antifarisaico no tom e no julgamento, muitos afirmam que ele não está apresentando sua própria visão, mas citando Nicolau de Damasco, historiador da corte de Herodes, o qual foi resolutamente pró-herodiano e, consequentemente, antifarisaico. Este argumento não é persuasivo. Embora Josefo seja, às vezes, inconsistente no uso de suas fontes, suas narrativas dos fariseus, bem como as de outros grupos judaicos, formam um todo coerente. Ele aprova os fariseus quando são uma força em favor da estabilidade e desaprova-os quando desafiam o governo e o modo de vida judaico dominante, tradicional e estável. Josefo usa tanto Nicolau quanto outras fontes, especialmente em *Antiguidades*, Livros 14-17, mas seus temas e principais interpretações dos acontecimentos aparecem por meio de seu uso (às vezes desleixado) das fontes, e transmitem sua visão de muitos aspectos da história judaica.

Alguns têm afirmado que *Antiguidades* trata dos fariseus mais longamente do que *Guerra*, portanto, aquelas são pró-farisaicas e refletem o apoio de Josefo aos rabis que tinham emergido como líderes fidedignos, não revolucionários do judaísmo por volta do ano 90 d.C. Contudo, *Antiguidades* traz mais sobre os fariseus, porque a narrativa ali é mais longa e detalhada. De fato, nem *Guerra* nem *Antiguidades* cobrem tanto assim os fariseus, de modo que é improvável que um dos maiores propósitos de Josefo tenha sido o de promover os fariseus perante os

Descrição dos fariseus e dos saduceus em Flávio Josefo

olhos dos romanos.[42] Josefo realmente enfatiza as leis, os costumes e o caráter altamente moral dos judeus como dignos do respeito de gregos e romanos. Deste modo, os fariseus, como intérpretes dos costumes judaicos, devem ser louvados,[43] mas em nenhum lugar ele diz que eles deveriam ser os governantes da sociedade.

D. Schwartz demonstrou convincentemente que, longe de apresentar um quadro uniformemente positivo e pacífico dos fariseus em *Antiguidades*, Josefo é mais sincero acerca do envolvimento deles na guerra do que ele fora em sua obra anterior, que estava mais perto dos eventos.[44] Ele mostra que não existe nenhum indício claro de que os fariseus tenham deixado a política sob Herodes ou imediatamente depois, uma conclusão a que ele chegou através de um caminho diferente em seu estudo.[45] Em *Antiguidades*, Josefo admite que os fariseus estão muito próximos da quarta filosofia em tudo, exceto no ardor revolucionário, que eles se empenharam em conluios políticos sob Hircano e Herodes (aqui, ele usa Nicolau de Damasco como fonte) e (na *Vida*) que Simão ben Gamaliel e os três delegados farisaicos estavam envolvidos na liderança revolucionária anterior.[46] Schwartz sugere que em *Guerra*, logo após o fim da revolta contra Roma, Josefo foi cuidadoso em separar os fariseus e outros da política, mas duas décadas depois, em *Antiguidades*, ele foi menos cauteloso em alguns casos, embora ainda favoreça os fariseus e conserve-os a maioria das vezes fora da política.[47]

---

[42] Attridge, *Interpretation*, p. 14, observa que existe alguma mudança no tratamento de Josefo das escolas de pensamento de *Guerra* para *Antiguidades*, mas que a conexão e as atitudes de Josefo para com as seitas não são significativas em toda a sua obra.

[43] Attridge, Josephus, pp. 224-227. Cf. *Ant*. 3.9.1-3 (224-286) e 4.8.4-43 (196-301) para exaustivos sumários apologéticos da lei judaica. Cf. também *Apiono* 2 145-220 e 291-296.

[44] Schwartz, Josephus, distingue Josefo de Nicolau de Damasco e, a seguir, mostra a evolução em sua abordagem dos fariseus.

[45] Schwartz, Josephus, p. 66. Ele concorda com a opinião de que Josefo é pró-fariseu em *Antiguidades*, mas não de forma tal a obscurecer ou desvirtuar o envolvimento político deles. Cohen, *Josephus*, pp. 236-237, observa que em *Antiguidades* se reconhece que a responsabilidade pela guerra contra Roma era bem mais difusa do que admitida em *Guerra*. Ademais, os fariseus são ligados explicitamente à revolta em *Antiguidades*, embora nenhuma escola de pensamento tenha sido conectada a ela em *Guerra* (pp. 154-157). Apesar disso, de acordo com Cohen, *Antiguidades* é mais pró-farisaica do que *Guerra* (pp. 237-238).

[46] Schwartz, Josephus, p. 169; Rast, "Flavius Josephus", p. 33, observam que os fariseus são mais políticos em *Antiguidades* do que em *Guerra*.

[47] Schwartz, Josephus, pp. 169-170.

Uma vez que os relatos de Josefo acerca do envolvimento político desagregador e revolucionário dos fariseus em *Antiguidades* não derivam de, nem servem especialmente a seus propósitos políticos, deve-se confiar em tais narrativas como representativas do envolvimento político dos fariseus. Minha posição é que Josefo não é discernivelmente pró ou antifarisaico em sua atitude global para com eles, mas que sua avaliação dos fariseus e de outros grupos está orientada por amplos princípios políticos, especialmente o desejo de um governo bem ordenado e mantenedor da paz.

A teoria de que Josefo estaria elevando os fariseus como líderes no judaísmo é debilitada também pela incerteza acerca do papel deles na Palestina por volta do ano 90 depois da era cristã. Embora muitas análises dos fariseus, baseadas em fontes talmúdicas, vejam o "príncipe" ($n\bar{a}\acute{s}\hat{i}$) ou patriarca firmemente no comando do judaísmo, não está nada claro que os fariseus tenham assumido o judaísmo por volta do ano 90 depois da era cristã. A liderança rabínica, que tomou forma gradativamente ao longo das décadas que se seguiram à destruição do Templo, era composta por sacerdotes e escribas, bem como por fariseus pré-guerra.[48] É provável que muitos dos líderes rabínicos proviessem de grupos farisaicos, mas não há provas de que os fariseus, como grupo coerente, tenham sobrevivido à destruição do Templo.[49] Os rabis emergentes não assumiram imediatamente o judaísmo nem obtiveram o reconhecimento do povo e dos romanos. Os indícios de que Gamaliel II tenha sido reconhecido como líder do judaísmo pelos romanos são poucos e altamente ambíguos, tornando esta reivindicação, tantas vezes repetida, historicamente incerta.[50] Não obstante os romanos costumassem recrutar líderes locais como seus representantes, não há nenhuma prova concludente de que continuassem a agir assim após a guerra. Ainda que tenham reconhecido Gamaliel como representante da comunidade judaica, ele e seus associados (rabis) teriam tido apenas controle

---

[48] Cf. NEUSNER, Jacob. *Judaism*; The Evidence of the Mishnah. Chicago, Chicago UP, 1981. pp. 230-256 e outros ensaios acerca da contribuição dos sacerdotes, escribas e chefes de família.

[49] Cf. uma análise dos argumentos em favor da ligação entre os fariseus e os rabis em COHEN, Shaye. The Significance of Yavneh; Pharisees, Rabbis, and the End of Jewish Sectarianism. *HUCA*, v. 55, 36-38. 1984. Cohen afirma, provavelmente de forma correta, que nenhum argumento é convincente, mas que o efeito cumulativo de diversos argumentos torna a conexão provável. O que deve ser conservado em mente é que sabemos muito pouco acerca da emergência dos novos líderes judeus após a destruição do Templo, e que o quadro harmonioso comum, proveniente do Talmude, não é historicamente comprovado.

[50] Schwartz, Josephus, pp. 167-168. Cf. a discussão ulterior no capítulo 10.

limitado sobre como a vida judaica deveria ser vivida primeiramente. O domínio não era total nem mesmo na época da Michná (200 depois da era cristã). A Michná apresenta-se como uma visão ideal do judaísmo e mostra poucos sinais de que fosse um experimentado código legal, com aplicação e punições efetivas. Histórias e conflitos no Talmude Palestinense do terceiro e quarto séculos indicam que os rabinos tinham êxito em sua luta para obter o controle de como o povo devia viver a vida judaica.

Influência política farisaica

Jacob Neusner afirmou que os fariseus deixaram de ser um grupo politicamente ativo, abandonaram a arena política durante o tempo de Herodes e dos romanos, e assumiram características mais sectárias.[51] Contudo, tal separação do político e do religioso é demasiado aguda. Parece que os fariseus eram um grupo fundamentado política e religiosamente em uma sociedade complexa, e que eles estavam sempre interessados no poder político, e em ser um agente contínuo na sociedade de modo geral. Mas eram um agente menor, ou melhor, um dentro de um número maior de forças que constituíam a sociedade judaica. É possível que, ao tempo da revolta, os notáveis farisaicos não estivessem trabalhando para a organização, mas fossem apenas indivíduos proeminentes. Contudo, o fato de Josefo identificá-los com os fariseus demonstra que essa associação tinha um valor político e social. Eles estiveram lutando pelo final do reinado de Herodes, e a confusão e o colapso da liderança tradicional durante o primeiro século eram uma oportunidade perfeita para os fariseus e muitos outros grupos conquistarem o poder. Em *Vida*, Josefo narra de novo que a delegação enviada para controlar suas manobras na Galileia contava com três fariseus como membros (cf. a seguir). Os fariseus eram provavelmente menos visíveis e influentes e, portanto, menos referidos por Josefo durante o primeiro século depois da era cristã, porque eles não contavam com nenhum patrono real como Alexandra e não havia nenhuma autoridade judaica central, como Herodes, com a qual entrar em conflito. Os fariseus sobreviveram como uma força política depois do reinado de Herodes uma vez que a sua presença

---

[51] Cf. Neusner, *From Politics to Piety*, pp. 65-66; "Josephus' Pharisees: A Complete Repetoire". In: *Formative Judaism: Religious, Historical and Literary Studies. Third Series: Torah, Pharisees, and Rabbis. BJS*, v. 46, Chicago, Scholars, pp. 61-82, 1983, um resumo adequado. Nisto ele segue Smith, Palestinian Judaism.

Parte II • Fontes literárias

foi notada entre os líderes de Jerusalém no começo da guerra contra Roma e na delegação enviada de Jerusalém a Josefo na Galileia. A presença deles na tradição de Marcos, que deriva de meados do primeiro século, também sugere que eles ainda estavam lutando por prestígio junto ao povo, neste caso, rivalizando-se com Jesus.

Paulo, o fariseu

Paulo é a única pessoa, além de Josefo, cuja reivindicação de ser fariseu foi preservada (Fl 3,5), e é o único judeu da diáspora identificado como fariseu. Esta única passagem nas cartas de Paulo, na qual a palavra fariseu é usada, pode mostrar algo da compreensão de Paulo acerca dos fariseus somente quando interpretada no contexto das afirmações autobiográficas de Paulo e do mundo social. A informação contida nas próprias cartas de Paulo será separada da interpretação de Paulo apresentada no livro de Atos, porque a visão que Lucas tem de Paulo, do final do primeiro século, está fortemente influenciada por sua interpretação do cristianismo, e não concorda plenamente com as cartas de Paulo. É notável que os Atos não identifiquem Paulo como fariseu, embora ele seja apresentado como um judeu zeloso e ativo que, finalmente, chegou à fé em Jesus.

Não obstante as cartas de Paulo serem mais confiáveis do que os Atos, elas devem ser lidas de forma crítica, pois Paulo sempre escreveu para insistir sobre determinado assunto junto a seus ouvintes, e jamais apresentou um relato completo de si mesmo de maneira relativamente objetiva. As perguntas mais importantes a serem feitas aos textos paulinos dizem respeito ao que significava para Paulo ser fariseu e que valor social ele associava ao farisaísmo. Também indagaremos sobre o tipo de compromisso exigido para tornar-se fariseu e que efeito ou influência o farisaísmo tinha na diáspora.

O único texto que menciona os fariseus (Fl 3,2–4,1) ataca os oponentes de Paulo que enfatizam a circuncisão. Os estudiosos que pensam que Filipenses é um texto composto por diversas unidades literárias preexistentes identificam esta seção como uma de tais unidades.[1] Paulo contrasta aqueles que "mutilam a

---

[1] KOESTER, Helmut. *Introduction to the New Testament*. Philadelphia, Fortress, 1982. v. 2, pp. 132-134, considera esta seção a terceira carta contra os missionários judaizantes e gnosticizantes, escrita na forma de um testamento e que visa à história biográfica, à admoestação ética, à instrução escatológica às bênçãos e maldições. Cf. seu artigo The Purpose of the Polemic of a Pauline Fragment,

Parte II • Fontes literárias

carne" (Fl 3,3) com os cristãos que são os "verdadeiros circuncisos" e que "não põem sua confiança na carne" (Fl 3,4). Paulo argumenta que, embora ele tivesse sobejas razões para confiar na carne, ou seja, em seu nascimento e herança judaicos (Fl 3,4-6), ele considera tudo isso como perda em comparação com Jesus (Fl 3,7-11). Nesta seção sobre sua herança judaica é que Paulo menciona sua conexão com o farisaísmo.

Paulo expõe sua genealogia judaica e suas realizações em Fl 3,4-6 (apresentados aqui em uma tradução literal que refletirá o estilo conciso do grego):

> Se algum outro pensa que pode confiar na carne, eu ainda mais;
> Quanto à circuncisão, um oitavo dia[2]
> do povo/nação[3] Israel, da tribo de Benjamim;
> em relação à lei, um fariseu,
> em relação ao zelo, um perseguidor da Igreja,
> em relação à justiça na lei, sendo irrepreensível.

Paulo interpreta sua vida anterior como sem valor em comparação à sua vida atual em Jesus. Sua ascendência física é tratada como perda; seu modo de vida passado, como fariseu, perseguidor dos cristãos e irreprochável praticante da lei, foi substituído pelo desejo de ser encontrado tendo a justiça baseada na fé provinda de Deus (Fl 3,8-9).

A única alusão de Paulo ao ter sido fariseu está relacionada à lei, ou seja, ao modo de vida judaico como interpretação da Torá. A afirmação concisa de Paulo, "em relação (*kata*) à lei, fariseu", significa com maior naturalidade viver a vida judaica conforme a interpretação farisaica da lei. As duas características de sua forma de vida judaica que seguem sua reivindicação de ser fariseu parecem derivar de seu farisaísmo:

The Writings of the New Testament. An Interpretation, Philadelphia, Fortress, 1986, pp. 338-339 e DALTON, W. J. The Integrity of Phil. *Bib* 60, pp. 97-102, 1979.

[2] Esta extravagante construção grega é traduzida idiomaticamente "circuncidado ào oitavo dia". A tradução literal ressalta os paralelos gramaticais com as outras frases.

[3] *Genos* refere-se à linhagem física e a grupos unidos por ascendência.

1. Sua fidelidade ao modo farisaico de interpretação da lei conduziu-o a atacar um grupo que havia lançado um importante desafio ao modo de vida farisaico. Assim como alguns fariseus tinham desafiado e maquinado contra Jesus (segundo os evangelhos), da mesma forma Paulo, o fariseu, atacou os seguidores de Jesus que ameaçavam a influência farisaica sobre os judeus e que ensinavam mais e mais uma compreensão significativamente diferente da Torá e do modo de vida judaico.[4] Os fariseus e os seguidores de Jesus colidiam-se especialmente quanto à importância das leis de pureza, dízimos e outros "mecanismos de fronteira" para a manutenção da integridade do povo de Deus.

2. Paulo observava a lei como convinha e obteve a justiça da lei, que lhe era própria. Paulo não está se referindo a uma complexa doutrina de justiça das obras *versus* justiça da graça, mas simplesmente dizendo que viveu uma vida boa, segundo as regras. A questão de Paulo é que ele era humanamente aceitável conforme as normas ordinárias dos judeus para o comportamento adequado em relação a Deus e aos companheiros judeus; ele viveu plenamente de acordo com as expectativas do código de comportamento da sociedade, e não podia ser rejeitado como um mal-humorado fiasco.

A descrição que Paulo faz de sua vida como judeu fariseu refere-se ao passado. Ao seguir Jesus, Paulo rejeitou o sistema judaico de normas comunitárias e o substituiu pelo ensinamento e pela ressurreição de Jesus como o alicerce para um novo código de comportamento. Uma vez que a honra e a integridade de Paulo estão sendo atacadas, ele defende-se como judeu consciente que seguiu a interpretação farisaica da lei. A referência de Paulo ao farisaísmo implica que era bem conhecido e aceito como legítimo e rígido modo de viver a vida judaica.

Dois outros casos, nos quais Paulo se refere à sua herança judaica sem referência específica à lei e ao farisaísmo, ajudarão a completar sua visão do judaísmo. Em 2Cor 11,21-33, ele defende-se contra oponentes que pretendiam ser maiores do que ele, mediante "tola" jactância de que ele também é hebreu, israelita, descendente de Abraão (2Cor 11,22) e, naturalmente, servo dos sofrimentos de Cristo. Em Rm 11,1, ele recusa a noção de que Deus rejeitou Israel, ressaltando que ele é "israelita, descendente de Abraão, membro da tribo de Benjamim". Em ambas as passagens, Paulo destaca que ele é permanentemente judeu de nascimento, e

---

[4] Cf., a seguir, os detalhes desta perseguição.

Parte II • Fontes literárias

na segunda, que Deus continua a amar os judeus porque Deus o amou. Estas passagens contrastam com a de Filipenses na qual o valor da lei era questionado. Em 2 Coríntios e em Romanos, Paulo afirma que ele é um judeu amado por Deus, mas em Filipenses ele rejeita a compreensão e a prática normais do judaísmo.

A brevíssima descrição de Paulo de seu modo de vida judaico como fariseu corresponde parcialmente à visão dos fariseus encontrada em Josefo. Tanto Josefo quanto Paulo dizem que os fariseus tinham uma interpretação da lei, embora nenhum diga qual fosse, e ambos se referem aos fariseus como grupo bem conhecido que, infelizmente, não precisa de identificação minuciosa. Tal como Josefo, Paulo não nos informa a respeito da organização interna dos fariseus. Tanto Paulo quanto Josefo dizem que eles foram fariseus no passado, mas jamais se referem a isto como parte de suas identidades judaicas. Talvez ambos costumassem considerar a si mesmos como judeus, em contraposição ao horizonte mais amplo do mundo greco-romano onde as distinções judaicas internas, tal como a pertença aos fariseus, eram muito importantes.

O contexto social de Paulo

Embora as cartas de Paulo não acrescentem nada mais sobre os fariseus, algumas coisas a respeito deles podem ser deduzidas com certa probabilidade a partir da vida e das atividades de Paulo. É provável que os fariseus e sua influência tenham-se espalhado pela Palestina e áreas adjacentes à Síria e à Cilícia. Em Josefo, os fariseus aparecem apenas em Jerusalém. A limitada informação das cartas de Paulo concorda com Atos ao sugerir que grande parte da vida de Paulo, antes de ele tornar-se seguidor de Jesus, transcorreu na Síria-Palestina e na vizinha Cilícia, que incluía Tarso, seu lar, conforme os Atos. Ele havia perseguido as Igrejas na Judeia (Gl 1,22-23) e dá a entender que tivera uma visão de Jesus em ou perto de Damasco, pois logo após foi para a "Arábia" (Gl 1,17), querendo indicar com isso, provavelmente, o reino nabateu na Síria maior e a Transjordânia (somente os Atos fazem de Damasco o lugar da catequese e do batismo de Paulo). Ele afirma que foi a Jerusalém somente três anos depois de sua conversão (Gl 1,18) e jamais morou ali como seguidor de Jesus.

Paulo não menciona onde entrou em contato com os fariseus, se em Tarso, na Síria ou em Jerusalém. Uma vez que ele jamais se refere aos fariseus como a seus oponentes, nem como líderes na comunidade judaica em nenhuma de suas cartas endereçadas a comunidades na Ásia Menor e na Grécia, é bem provável que os fariseus não estivessem presentes em tais comunidades. Visto que Paulo vivia e trabalhava na área da Síria maior como fariseu, é de alguma forma provável que o farisaísmo tivesse alguma influência ali e que alguns fariseus vivessem fora de Jerusalém e da Judeia. Contudo, os indícios de que ensinamentos e influência farisaicos tenham sido espalhados para além das fronteiras palestinenses são muito tênues.

As informações concernentes ao farisaísmo são tão minguadas que não sabemos como Paulo chegou a conhecer o farisaísmo, por que este o atraía e o que implicava ser fariseu. O farisaísmo, conforme descrito por Josefo, pelo Novo Testamento e pelos escritos rabínicos, ocupava-se dos problemas sociais e políticos judeu-palestinenses, e com certo estilo de vida judaica que incluía o pagamento do dízimo e a preparação ritual de alimentos especialmente adequados à vida nos povoados e cidades judaicas. Como Paulo utiliza a linguagem da pureza metaforicamente para descrever e manter as novas fronteiras da comunidade cristã, é provável que ele estivesse familiarizado com as regras de pureza judaicas e talvez farisaicas.[5] Se assim for, Paulo estava conscientemente criando uma nova comunidade, com uma nova compreensão de pureza, exatamente como os fariseus tinham do judaísmo.

Na diáspora, não está claro o que pudesse significar ser fariseu. Tanto Josefo quanto Paulo afirmaram ser fariseus e conscientemente viveram como tais no mundo mais vasto do Império Romano. Talvez eles considerassem a visão farisaica de como viver o judaísmo uma reação viável ao desafio intelectual e espiritual da visão do mundo helenista. Embora não conheçamos os ensinamentos dos fariseus em mínimos detalhes que sejam (a despeito dos textos rabínicos tardios e de algumas alusões no Novo Testamento que implicam uma forma de vida semelhante ao de uma seita), eles provavelmente introduziam as práticas judaicas na vida cotidiana e criavam uma forma de vida consciente que respondia às questões e às crises experimentadas por alguns judeus quando confrontados com o mundo greco-romano. Nenhum dos dois diz como alguém se tornava membro dos fariseus,

---

[5] A respeito das regras de pureza primitivas, cf. capítulo 10. Quanto ao uso paulino da linguagem de pureza, cf. NEYREY, Jerome. Body Language in 1 Corinthians; The Use of Anthropological Models for Understanding Paul and His Opponents. *Semeia*, v. 35, pp. 129-170, 1986.

Parte II • Fontes literárias

nem que tipo e intensidade de compromisso se exigia. Possivelmente nenhum dos dois pertenceu a um grupo claramente definido; antes, identificaram-se frouxamente com o modo de vida farisaico porque correspondia ou podia ser adaptado para corresponder às necessidades deles como judeus que viviam em um vasto mundo greco-romano.

Paulo não era palestinense nem membro da classe governante. Embora Paulo não diga, em suas cartas, onde nasceu, o livro dos Atos (21,39; 22,3) diz que ele era oriundo de Tarso, na Cilícia. O grego razoavelmente bom de suas cartas e sua vida e trabalho na diáspora geram a probabilidade de que ele fosse um judeu nascido na dispersão. Segundo seu próprio testemunho, ele trabalhava como artesão durante suas viagens missionárias (1Ts 2,9; 1Cor 9,6). O trabalho deve ter sido algum tipo de habilidade urbana, e os Atos dizem que ele era fabricante de tendas, uma forma de trabalho com couro (At 18,3). Assim, Paulo é diferente dos fariseus que aparecem em Josefo como servidores ligados à classe governante de Jerusalém e como grupo palestinense de interesse político, com objetivos que incluíam a renovação ou a reforma da sociedade judaica de acordo com as normas deles e sob sua influência e poder.

Como artesão, Paulo era, em princípio, membro das classes inferiores. Artesãos não eram uma classe média independente, mas uma classe subserviente, limitada por sua capacidade de produzir apenas pequena quantidade de trabalho manual. Apesar de alguns artesãos terem-se tornado ricos e poderosos em virtude da qualidade de seus trabalhos ou por causa de sua habilidade em organizar outros artesãos em oficinas, a maioria era decididamente de classe inferior, como os camponeses. Hock oferece um relato detalhado e dramático das horas de penoso labor que exigia o trabalho com couro na fabricarão de tendas, e demonstra que os artesãos atingiam *status* social muito baixo porque o trabalho manual era rebaixado na Antiguidade, e porque o trabalho deles assemelhava-se ao dos escravos.[6] Assim, quando Paulo se refere à sua dura vida como missionário cristão a fim de sustentar a si mesmo, ele não está incorrendo em floreios retóricos. Enquanto viajava, Paulo provavelmente fazia seus primeiros contatos nos bairros dos curtidores, e pode até mesmo ter utilizado a oficina como lugar

---

[6] Hock, Ronald. *The Social Context of Paul's Ministry.* Philadelphia, Fortres, 1980. pp. 20-27, pp. 31-37.

para a pregação da missão e da instrução.[7] Embora as Igrejas paulinas contassem com membros de todas as posições sociais, a audiência urbana de Paulo era principalmente as classes inferiores, que constituíam a maior parte da sociedade antiga.[8] O *status* de Paulo como artesão da classe inferior teria sido um auxílio no contato com tais grupos.[9]

Paulo poderia ter conseguido um patrono, como o fez Josefo, e juntar-se às fileiras dos servidores educacionais e religiosos que auxiliavam a classe governante e proviam às necessidades de uma complexa sociedade. No caso de Paulo, isto significaria ligar a si mesmo à família de um rico convertido ao cristianismo e trabalhar na comunidade sob sua égide. Mas, fundamentalmente, Paulo recusou a patronagem e conservou sua independência sustentando a si mesmo.[10] Assim, em sua profissão e em seu ministério cristão, Paulo optou por ser membro das classes inferiores, ou seja, um artesão.

Embora as cartas de Paulo apresentem-no como artesão, alguns fatos acerca da vida de Paulo sugerem que ele tinha conexões com as classes superiores e era mais do que um artesão iletrado e sem poder. O fato de ele ser citadino não significa necessariamente que fosse instruído ou influente, embora a cidade não excluísse esta possibilidade, como as áreas rurais comumente o faziam. Suas cartas, escritas em um grego fundamentalmente bom, mas não altamente erudito, atestam que Paulo recebeu educação básica em gramática. Sua familiaridade com e sua interpretação da Bíblia mostram que ele recebera sólida educação judaica.[11] É provável que ele falasse e lesse o hebraico e/ou o aramaico. Paulo, como muitos artesãos da Antiguidade, viajava; como artesão, ele podia encontrar emprego nas grandes cidades e grandes centros.[12] No relato de sua vida, em Gálatas, ele diz ter perseguido a "Igreja" de Deus. Atos situa tal atividade em Jerusalém, na Judeia, na Palestina e no sul da Síria, mas as próprias cartas de

---

[7]   Hock, op. cit., pp. 37-42 e Meeks, *Urban*, p. 29.

[8]   Cf. Theissen, Gerd. *The Social Setting of Pauline Christianity*; Essays on Corinth. Philadelphia, Fortress, 1982.

[9]   Cf. Meeks, *Urban*, para uma ampla análise do contexto urbano de Paulo como pregador cristão.

[10]   Hock, op. cit., pp. 50-59; Meeks, *Urban*, p. 27 e p. 202, n. 63.

[11]   A afirmação, nos Atos, de que ele tenha sido aluno de Gamaliel pode ser um exagero. Cf. a seguir.

[12]   Hock, op. cit., p. 9 para localidades de artesãos.

Paulo deixam isso subentendido. Tampouco as cartas nos dizem por que Paulo, em primeiro lugar, deixara seu lar, ou que tipo de relacionamento ele tinha com as autoridades judaicas em Jerusalém e em outro lugar antes de seguir a Jesus. Visto que ele construiu o conciso relato de sua vida em Gálatas 1–2 a fim de defender sua independência e a verdade de seu evangelho, a narrativa resta incompleta e inclinada à questão que Paulo desejava ressaltar, a saber, que ele fora chamado por Jesus e que seus evangelho e seu ministério eram independentes de qualquer outro apóstolo, especialmente daqueles de Jerusalém. Ao narrar seu relacionamento inicial com os seguidores de Jesus, Paulo admite que perseguiu e tentou destruir a Igreja de Deus (Gl 1,13). Aqui (cf. também Gl 1,23), em Filipenses, e em 1Cor 15,9, Paulo faz questão de admitir que perseguiu a Igreja. Ele enfatiza sua atividade hostil passada a fim de mostrar a misericórdia de Deus para com ele e o poder da revelação e do chamado de Jesus.

Acerca de sua vida no judaísmo, Paulo diz enigmaticamente: "E como progredia no judaísmo mais do que muitos judeus da minha idade, mostrando-me extremamente zeloso das tradições paternas" (Gl 1,14). Paulo não diz como nem onde ele perseguiu os cristãos, nem descreve como progredia ou excedia-se no zelo mais do que seus companheiros em relação ao judaísmo. Uma vez que Paulo estava envolvido no judaísmo mais do que o comum e perseguia os cristãos, é provável que estivesse envolvido com a liderança judaica, em Jerusalém ou em outras regiões, e que ele tivesse um conhecimento mais do que usual das tradições judaicas. Contudo, isto não é afirmar que Paulo fosse um rabi (um anacronismo demasiado prematuro no primeiro século) ou que fosse uma autoridade na comunidade. Visto que as divisões entre as classes não eram estanques e, especialmente, uma vez que havia mais mobilidade descendente, ao lado de alguma mobilidade ascendente, é bem provável que Paulo se tenha situado na fronteira entre as classes superiores e as classes inferiores. O fato de ser letrado e instruído nas tradições judaicas prova que ele recebeu alguma educação a mais do que o aprendizado de alguém que trabalha com couro.

As cartas de Paulo não esclarecem sua posição social, talvez porque sua ênfase na humildade e na morte de Jesus o tenha levado a não sublinhar a posição social como critério na comunidade cristã. Embora Paulo fosse um fariseu, não está claro o nível de sua educação, como ou onde ele fizera contato com os fariseus, que compromisso, se tinha algum, ele tinha com o grupo como fariseu e que função ele desempenhava na comunidade judaica quando perseguia os primeiros seguidores de Jesus.

Atos

Em Atos, Lucas transforma Paulo em um judeu fariseu altamente educado, bem relacionado e ativo, pertencente à classe dos servidores. Conforme Atos, Paulo era cidadão romano (At 25,11) e, como tal, teria vindo de uma família que conseguira, em algum tempo, prerrogativas no serviço do império e fizera parte da classe servidora ou militar. Ele havia viajado para Jerusalém e fora educado por Gamaliel (At 22,3), e tinha acesso suficiente ao sumo sacerdote a ponto de pedir-lhe cartas de apresentação à comunidade judaica de Damasco (At 9,1-2; 22,4-5; 26,12). Estava suficientemente envolvido com chefes de comunidades para tomar iniciativas arrojadas em oposição ao novo movimento de Jesus. Ao agir assim, comportava-se como um líder comunitário de nível inferior, dependente da classe governante, mas esta imagem é muito improvável. Nem as cartas de Paulo nem suas atividades sugerem que ele era cidadão romano, que fora educado em Jerusalém ou que fosse um chefe de comunidade judaica. Ele realmente admite que perseguiu os cristãos, mas o tipo de perseguição descrita nos Atos é improvável. Em Atos, Lucas descreve Paulo empenhado em violenta perseguição, mas este tipo de perseguição é uma experiência tardia, no primeiro século, para a comunidade cristã.[13] O zelo de Paulo pelas tradições judaicas tê-lo-ia levado a usar a persuasão, bem como os procedimentos e sanções legais da comunidade judaica, para conter a influência do novo grupo de seguidores de Jesus. Os cristãos deveriam ser evitados e seus ensinamentos, refutados; os judeus (inclusive os judeu-cristãos) que continuassem a causar problemas seriam submetidos à disciplina da comunidade e à expulsão. Esta visão fundamenta-se nas cartas de Paulo, segundo as quais as sinagogas judaicas da diáspora usavam os mesmos procedimentos contra Paulo, disciplinando-o cinco vezes com açoites (2Cor 11,24) e, por outro lado, opondo-se a ele (2Cor 11,26) e expulsando-o.[14]

---

[13] Cf. o excelente estudo de HULTGREN, Arland J. Paul's Pre-Christian Persecutions of the Church; Their Purpose, Locale, and Nature. *JBL*, v. 95, pp. 97-111, especialmente pp. 107-109, 1976.

[14] Cf. Hultgren, Persecutions, pp. 101-103 e pp. 108-109.

Em suma, Paulo uma vez apenas identifica a si mesmo como fariseu, e faz isso em um contexto que indica que ele levava uma vida judaica segundo a interpretação farisaica. Os fariseus tinham seguidores na Palestina e, provavelmente, nos territórios imediatamente adjacentes, inclusive Tarso, que ficava perto de Antioquia, ao Norte da Síria. As cartas de Paulo indicam que ele conhecia bem a Bíblia e podia escrever, mas não mostram se ele obteve sua educação quando jovem ou depois de tornar-se seguidor de Jesus. Quando Paulo perseguia os primeiros seguidores de Jesus, provavelmente obtinha prestígio e algum poder que tivesse, da parte da classe governante judaica, tanto em Jerusalém quanto nas comunidades locais. Que tipo de influência e *status* ele possuía na comunidade não se sabe claramente. Ele era artesão de profissão e, portanto, de classe inferior. Certamente, quando se tornou cristão, ele perdeu todo prestígio e *status* dentro do judaísmo, mas ganhou *status* e poder na comunidade cristã, uma posição que ele defendia ferozmente, de modo especial quando sua autoridade de mestre e seu comportamento cristão estavam em questão.[15] A única referência aos fariseus nas cartas de Paulo não oferece nenhuma informação direta a respeito desse povo, exceto a indicação de que eles ensinavam um modo de vida judaico especial que era bem conhecido no judaísmo. Se o ensinamento farisaico procurava reformar e reforçar a comunidade judaica tentando influenciar outros judeus a viverem de determinada maneira, então Paulo, quando começou a seguir Jesus, compreendeu a nova forma de vida em Jesus como um modo alternativo de reformar o judaísmo; daí, promoveu vigorosamente aquela maneira de viver. Paulo parece ter sido membro das classes inferiores, com alguns contatos com a classe governante. Sua pertença aos fariseus pode ter sido tal ligação. Contudo, não está claro se Paulo, como fariseu, tenha obtido alguma instrução particular ou posição na comunidade.

---

[15] Para um estudo sociológico do poder nas comunidades paulinas, cf. HOLMBERG, Bengt. *Paul and Power*; The Structure of Authority in he Primitive Church as Reflected in the Pauline Epistles. Philadelphia, Fortress, 1980. Para as relações sociais na comunidade paulina e no mundo em geral, cf. PETERSON, Norman R. *Rediscovering Paul*; Philemon and the Sociology of Paul's Narrative World. Philadelphia, Fortress, 1985.

Capítulo 8

Fariseus, escribas e saduceus em Marcos e Mateus

Introdução

Os evangelhos não oferecem claramente informações para a compreensão histórica dos fariseus, escribas e saduceus. Os evangelhos datam da última terça parte do primeiro século e, assim, não apresentam testemunhos de primeira mão daquilo que aconteceu na vida de Jesus. Frequentemente eles projetam na vida de Jesus as controvérsias posteriores entre as comunidades cristãs e judaicas, e podem simplesmente refletir um mal-entendido de um autor posterior das tradições à sua disposição e da sociedade palestinense. Em todos os casos, os autores dos evangelhos entreteceram os oponentes de Jesus em uma narrativa dramática que é norteada por seus objetivos ao escreverem o relato, mais do que pelo desejo de reproduzir fielmente os acontecimentos da vida de Jesus.[1] Assim, fariseus, escribas e saduceus sofrem mutação em virtude de propósitos dramáticos e teológicos. Finalmente, todos os evangelhos atacam os oponentes de Jesus, que incluem quase todos os líderes judeus que aparecem na narrativa.

Na análise dos evangelhos, será dada atenção especial às relações sociais que mantinham unidos os povos em um mundo pequeno, intimista, especialmente o sistema de honra, as relações patrono-cliente, as coalizões e facções. A apresentação literária de Marcos, os fatos históricos e os padrões sociais gerais, até certo ponto, confirmarão e ampliarão uns aos outros.

---

[1] Cf. MALBON, Elizabeth Struthers. The Jewish Leaders in the Gospel of Mark: A Literary Study of Markan Characterization, *JBL* para um completo estudo do uso que Marcos faz da oposição a Jesus.

Parte II • Fontes literárias

A teoria da prioridade marcana é aceita nesta análise de Marcos e de Mateus (e de Lucas, no capítulo seguinte). Marcos e Mateus são tratados juntos porque Mateus segue Marcos de perto e modifica-o de um jeito que pode ser claramente explicado segundo sua visão do judaísmo e de Jesus. A imagem dos fariseus, escribas e saduceus em Mateus é menos distinta do que em Marcos, e é provável que Mateus tenha revisado Marcos a fim de corresponder a seus propósitos literários e teológicos, sem oferecer nenhuma nova informação de primeira mão. Tanto Lucas-Atos quanto João, a serem analisados no próximo capítulo, trazem quadros significativamente diferentes dos fariseus e de outros líderes judeus, imagens que provavelmente não estão baseadas em informações diretas, mas que, de fato, refletem sua compreensão da sociedade do primeiro século e das relações de Jesus com os chefes judeus.

Os fariseus e os escribas aparecem numerosas vezes quer em Marcos, quer em Mateus. Contudo, os saduceus aparecem apenas uma vez em Marcos e três vezes em Mateus. Frequentemente os fariseus, escribas e saduceus são aliados de outros partidos da liderança judaica palestinense, inclusive os chefes dos sacerdotes, os herodianos e os anciãos. Marcos traz um quadro coerente e consistente dos fariseus e de outros grupos de liderança que correspondem à sua compreensão da obra e do lugar de Jesus na sociedade palestinense. As tradições de Marcos provavelmente datam da Palestina de meados do primeiro século e, assim, oferecem um relato indireto das relações da comunidade primitiva com os chefes judeus e talvez algum conhecimento dos próprios conflitos de Jesus com os chefes.[2] Dever-se-ia notar que o relato de Marcos acerca dos fariseus difere significativamente do de Josefo e de suas fontes. Algumas das contradições podem ser explicadas pelas perspectivas e interesses diversos dos autores, mas os conflitos exigirão análise histórica no final deste estudo. O mesmo é verdadeiro para os relatos apresentados pelos outros evangelistas.

---

[2] R. Bultmann, *The History of the Synoptic Tradition*, pp. 52-54 (New York, Harper, 1963), demonstra que muitas histórias de controvérsias originalmente circulavam com oponentes anônimos para Jesus, tais como o povo e seus chefes de cidades, e que a tradição tendeu a introduzir os fariseus, os escribas etc. Morton Smith, *Jesus the Magician*, Appendix A: "The Pharisees in the Gospels", pp. 153-157 (New York, Harper, 198), esp. 157, argumenta que os fariseus são anacrônicos em todas as passagens. A questão acerca de se havia fariseus na Galileia será retomada detalhadamente no capítulo 12.

O evangelho de Marcos

Os fariseus, juntamente com os escribas, são os principais opositores de Jesus na Galileia; os chefes dos sacerdotes, escribas e anciãos são seus adversários em Jerusalém no tempo de sua morte; os saduceus aparecem apenas uma vez. As relações sociais que mantêm estes grupos e Jesus unidos em coalizão e em conflito serão aqui o foco principal. Uma vez que a maioria dos comentadores situa Marcos perto da guerra contra Roma (66-70), é improvável que Marcos esteja refletindo as mudanças no comando judeu nas décadas subsequentes à guerra, e é provável que ele esteja espelhando algo da situação de meados do primeiro século, seja mediante seu próprio conhecimento, seja por meio dos elementos contidos nas tradições de que dispunha.[3] Ainda que Marcos esteja usando tradições mais antigas, não é seguro até que ponto tais tradições baseiam-se em um conhecimento acurado e sofisticado do judaísmo. Visto que Marcos amiúde traduz termos hebraicos ou aramaicos e explica costumes de Jesus (por ex., Mc 7,3-5), e uma vez que ele rejeita completamente a pureza ritual (Mc 7,19), é verossímil que seus ouvintes sejam principalmente de origem gentia e não familiarizada com o judaísmo.

Marcos menciona os fariseus por um número limitado de vezes, mas com menos frequência que Mateus. Eles aparecem apenas em cinco casos, e em todos as circunstâncias, acham-se em conflito com Jesus.[4] Os escribas e fariseus são mencionados juntos em duas ocasiões, quando estão em atrito com Jesus (Mc 2,16; 7,1.5).[5] Os fariseus são também conectados aos herodianos por duas vezes (Mc 3,6; 12,13) em assuntos mais políticos. Os escribas são citados sozinhos em sete ocasiões[6] e

---

[3] Martin Hengel, *Studies in the Gospel of Mark* (Philadelphia, Fortress, 1985), defendeu a apresentação de Marcos da tradição pré-70. Contudo, se Marcos está em Roma, como diz Hengel, ou em algum outro lugar e não tem conhecimento do judaísmo palestinense pré-70, como muitos afirmam, então ele possivelmente ignora pessoalmente o assunto e depende de suas tradições. Cf. Michael Cook, *Mark's Treatment of the Jewish Leaders* (Leiden, Brill, 1978), que afirma que Marcos ignora a situação palestinense e erroneamente combina duas fontes sem compreender que os fariseus e os escribas são o mesmo grupo.

[4] 2,18; 2,24; 3,2; 8,11.15; 10,2; Mc 3,2 diz que "eles" espreitavam Jesus na sinagoga a fim de acusá-lo. O contexto, tanto o anterior quanto o final desta história, no qual os fariseus conspiram com os herodianos contra Jesus, indica que se alude aos fariseus.

[5] A polêmica de Michael Cook (*Jewish Leaders*) de que estas passagens são redacionais é gratuita. Uma variante textual em Mc 9,11 também une os fariseus aos escribas.

[6] Mc 1,22; 3,22; 9,11; 9,14; 12,28.32; 12,35; 12,38.

Parte II • Fontes literárias

são ligados aos chefes dos sacerdotes e aos anciãos por cinco vezes,[7] e somente com os chefes dos sacerdotes outras quatro vezes.[8] Finalmente, para completar o quadro, os chefes dos sacerdotes são citados sozinhos cinco vezes.[9] Os chefes dos sacerdotes, escribas e anciãos aparecem juntos a partir do capítulo 8, especialmente nos capítulos de 11 a 15, nos quais se ocupam com a morte de Jesus.[10]

A classe e o *status* social dos fariseus, escribas e saduceus em Marcos e o relacionamento deles com a sociedade podem ser determinados por sua localização geográfica e pelos problemas com que se ocupavam.

Localização

Fariseus

Marcos situa os fariseus na Galileia em todas as ocasiões, exceto em uma, quando os fariseus e os herodianos são enviados a Jesus a fim de apanhá-lo em armadilha em Jerusalém.[11] Os fariseus encontram Jesus em Cafarnaum e em outras cidades rurais (Mc 3,2.6; 7,1.5) e em diversos lugares, muitas vezes indeterminados (Mc 2,18.24; 8,11; 10,2). Ao contrário de Josefo, que mostra os fariseus como intimamente ligados aos chefes em Jerusalém, Marcos os vê como ativos apenas na Galileia. Não lhes faltam alianças e conexões com outros grupos, pois conspiram com os herodianos (Mc 3,6), aliam-se aos escribas em conflito com Jesus, e entre eles contam com alguns escribas (Mc 2,16). Aparecem em Jerusalém uma vez, mas isto pode ser em virtude da organização literária de Marcos.[12] Assim, isto não

---

[7] Mc 8,31; 11,27; 14,43; 14,53; 15,1.

[8] Mc 10,33; 11,18; 14,1; 15,31.

[9] Mc 14,10; 15,3.10.11.31. Os chefes dos sacerdotes e todo o sinédrio são mencionados em Mc 14,55. Ademais, o sumo sacerdote e sua família são citados algumas vezes durante a narrativa da paixão.

[10] Para uma breve análise destes padrões nos evangelhos, cf. KLIJN, A. F. J. Scribes, Pharisees, Highpriests and Elders in the New Testament. *Nov Test*, v. 3, pp. 259-267, 1959.

[11] Os fariseus estão na Galileia em Mc 2,16; 2,18; 2,24; 3,2; 3,6; 7,1.5; 8,11; 10,2. Eles, com os herodianos, estão em Jerusalém apenas em Mc 12,13. São descritos em 7,3 e 8,15 em um contexto galileense.

[12] No capítulo 12, imediatamente antes da prisão de Jesus, este depara-se com uma série de oponentes: os fariseus e os herodianos (Mc 12,13), os saduceus (Mc 12,18) e um escriba amigável (Mc 12,28). Ele conclui, então, com um ataque contra os escribas (Mc 12,35-40) e, implicitamente, contra as autoridades do Templo, os sacerdotes, quando diz que o Templo será destruído (Mc 13,1-2). É provável que Marcos situe os fariseus (e possivelmente os herodianos) neste contexto a fim de criar uma lista completa dos oponentes de Jesus bem próximo da prisão e crucifixão.

elimina a possibilidade de que os fariseus fossem ativos em Jerusalém, mas torna incerto o testemunho de Marcos.[13]

Escribas

Os escribas aparecem tanto na Galileia quanto em Jerusalém, mas com mais frequência em Jerusalém. Os comentários que Marcos faz sobre os escribas indicam que o ensinamento e a autoridade deles eram geralmente reconhecidos pelo povo, de modo que eles podem ter sido ativos em ambos os lugares. Os escribas encontram-se na casa de Jesus em Cafarnaum, onde ele está ensinando (Mc 2,6), e em outra ocasião, escribas, vindos de Jerusalém, fazem acusações contra ele no mesmo lugar (Mc 3,22). Alguns escribas de Jerusalém, juntamente aos fariseus, desafiam Jesus em lugar indeterminado (Mc 7,1.5), e os escribas dos fariseus também desafiam Jesus uma vez em sua casa, em Cafarnaum (Mc 2,16). Escribas discutem com seus discípulos depois da transfiguração em lugar indeterminado (9,14). Ademais, os discípulos referem-se aos ensinamentos dos escribas em um contexto galileense (1,22; 9,11), e o povo galileu contrasta a autoridade de Jesus com a dos escribas (1,22), indicando que os ensinamentos dos escribas são bem conhecidos e bem-aceitos na Galileia. Em diversos casos, os escribas tanto vêm de Jerusalém (3,22; 7,1) quanto são encontrados em cidades maiores, tal como Cafarnaum (2,6.16; 3,22). Mais tarde, na narrativa, os escribas são situados em Jerusalém e frequentemente associados aos sacerdotes e anciãos. São mencionados com os chefes dos sacerdotes e, às vezes, com os anciãos em duas predições da paixão (8,31; 10,33), e diversas vezes na narrativa de Jerusalém.[14] Como um instruído grupo de comando, os escribas parecem estar associados aos grandes centros, seja a Jerusalém, seja a cidades importantes.

Outros líderes

Para completar o esboço, os chefes dos sacerdotes e os anciãos são mencionados somente em Jerusalém e em conexão com a morte de Jesus. Os herodianos são citados com os fariseus em Mc 3,6 na Galileia e novamente no mesmo livro

---

[13] Cook, op. cit., afirma que os fariseus, na parte mais antiga de Marcos, e os escribas, na última parte, são realmente o mesmo grupo chamado por nomes diferentes em fontes diversas. Sua tese pressupõe a análise de Rivkin acerca dos fariseus e possui uma análise das fontes bastante arbitrária.

[14] Mc 11,18.27; 14,1.43.53;15,1.31.

Parte II • Fontes literárias

em 12,13 (onde eles, tal como os fariseus, vieram engrossar a lista dos inimigos de Jesus).[15] Os saduceus são mencionados apenas uma vez, em Jerusalém, em controvérsia teológica com Jesus, como parte do rol de inimigos.

Questões

Fariseus

Informações adicionais concernentes à natureza e à posição social dos fariseus e dos escribas podem ser deduzidas a partir dos problemas que eles discutem com Jesus. Os fariseus discutem com ele sobre o jejum (Mc 2,18), a observância sabática (Mc 2,24 e 3,2) e sobre o divórcio (Mc 10,2). Os escribas e fariseus discutem com ele a respeito da purificação das mãos (Mc 7,1) e os escribas dos fariseus questionam sua comensalidade com os pecadores (Mc 2,16). Os fariseus questionam, ainda, a autoridade de Jesus, exigindo-lhe um sinal (Mc 8,11). De comum acordo com os herodianos, os fariseus tentam apanhar Jesus em uma cilada sobre um assunto político, ou seja, a questão das taxas romanas, (Mc 12,13) participam com os herodianos de uma trama contra Jesus.

Visto que os fariseus em Marcos relacionam-se com outros grupos da sociedade, fazem aliança política com os herodianos contra Jesus (Mc 3,6) e, juntamente com os herodianos, põem Jesus à prova sob a instigação dos chefes de Jerusalém (Mc 12,13), eles comportam-se como um grupo de interesse político bem relacionado, do qual os escribas dos fariseus (Mc 2,16) podem ser os representantes de Jerusalém. Uma vez que suas opiniões religiosas fazem parte de vida dos judeus na Palestina, eles procuravam controlar ou influenciar, tanto quanto possível, os fatores políticos, legais e sociais que pudessem determinar as práticas e opiniões sociais da comunidade.

---

[15] Os estudiosos têm discutido longamente acerca dos herodianos. Um apanhado das posições é oferecido por ROWLEY, H. H. The Herodians in the Gospels. *JTS*, v. 41, pp. 14-27, 1940 e por SANDMEL, S. Herodians. *IDB*, v. 2, pp. 594-595. Rowley está mui provavelmente correto ao afirmar que eles são pessoas associadas à corte de Herodes, seja como oficiais, partidários, ou como homens de posição e de prestígio aliados a ele. Isto corresponde bem à nossa teoria de que os fariseus e os herodianos são também "servidores" segundo as categorias de Lenski. BENNETT, W. J. The Herodians of Mark's Gospel, *NovTest*, v. 17, pp. 9-14, 1975, mostra como os herodianos funcionam literariamente nos evangelhos e sugere que eles são uma criação de Marcos. Contudo, os argumentos filológicos de Rowley, tirados de Lieberman e Joüon, mostram que os partidários de Herodes, de alguma forma, são prováveis. Isto não nega a função literária deles ressaltada por Bennett.

Jacob Neusner afirmou que a polêmica do Novo Testamento contra a preocupação dos fariseus pela pureza ritual, pelos dízimos agrícolas e pela observância sabática reflete acuradamente o programa deles para o judaísmo do primeiro século.[16] Estas questões sugerem a Neusner que os fariseus são principalmente uma seita religiosa ou um grupo de comensais, e não uma força politicamente ativa.[17] Todavia, conforme vimos em nossa análise da sociedade judaica, um grupo com práticas tipo sectárias não precisa desvencilhar-se da vida política, pois a religião está incrustada na sociedade política. Jerome Neyrey analisou todos os comentários de Marcos a respeito da pureza utilizando os estudos antropológicos de Mary Douglas a fim de mostrar que as regras de pureza em Marcos funcionam como mecanismos de definição de limites para a comunidade.[18] Dessa forma, os fariseus são defensores de certo tipo de comunidade, e Jesus desafiava a visão de comunidade dos fariseus atacando as suas regras de pureza quanto à ablução e à alimentação, bem como à prática sabática. A essência do ensinamento de Jesus é dilatar as fronteiras da comunidade e abrandar as normas para a associação à sua comunidade. Assim, Jesus criou uma nova comunidade, fora do controle dos fariseus e de forma bem natural, provocou o protesto e a hostilidade deles.[19]

Jesus e fariseus não discutiam sobre questões teológicas que eram do interesse de um limitado número de judeus, mas, antes, lutavam pelo controle da comunidade. Segundo Marcos, os fariseus eram chefes reconhecidos na comunidade galileense, o que significava que eles tinham posição de destaque na comunidade, influência, quando não poder, junto ao povo e outros líderes da comunidade. Jesus, que provinha de uma família de artesãos de classe inferior, não tinha a posição

---

[16] NEUSNER, Jacob. *From Politics to Piety.* Englewood Cliffs, Prenitice-Hall, 1973. Cap. 4. Este autor mostrou também que a polêmica a respeito da purificação interna ou externa da taça em Marcos 7 reflete uma genuína controvérsia do primeiro século a respeito da pureza ritual em First Cleanse the Inside, *NTS*, v. 22, pp. 486-495, 1976. Cf. capítulo 10 para ulterior discussão da obra de Neusner.

[17] Uma análise adicional da comensalidade e de outros elementos a respeito de que tipo de grupo os fariseus possam ter sido será apresentada no capítulo sobre as fontes rabínicas.

[18] NEYREY, Jerome. The Idea of Purity in Mark's Gospel. *Semeia*, v. 35, pp. 91-128, 1986.

[19] DEWEY, Joanna. Markan Public Debate; Literary, Technique, Concentric Structure, and Theology in Mark 2,1-3,6. SBLDS, v. 48, Chico, Scholars, pp. 120-121; pp. 188-190, 1980. Ela argumenta que cura e alimentação são duas questões que unificam os primeiros capítulos de Marcos e se conectam com a condenação final de Jesus. Assim, ela atribui a função destes temas à redação marcana. Estas conclusões literárias não tratam nem negam a natureza tradicional das controvérsias sobre a pureza, nem a probabilidade delas como questões entre judeus e o movimento de Jesus no primeiro século.

Parte II • Fontes literárias

social, a honra e a influência para exigir respeito como mestre, como mostra sua volta a Nazaré (Mc 6,2-3). Aqueles que o conheciam despediram-no como um carpinteiro local, sem nenhum reconhecimento de sabedoria ou poder por parte da comunidade. Sua família é uma família comum, e sua pretensão de ensinar e de possuir uma posição especial na comunidade é rejeitada imediatamente.[20] Marcos explica a embaraçosa falta de aceitação em Nazaré com o dito proverbial de que "um profeta só não é valorizado na sua própria terra, entre os parentes, e na própria casa" (Mc 6,4).[21] Jesus foi excluído da sociedade de sua própria cidade, mas continuou a obter novo *status*, honra e influência em outras cidades da Galileia, mediante seu próprio trabalho e aqueles de seus seguidores (cf. o restante do capítulo 6 de Marcos). Isto provocou o ataque dos fariseus e dos escribas sobre as regras de pureza e o controle da comunidade em Marcos 7.

Escribas

Os problemas suscitados pelos escribas em Marcos concentram-se na autoridade de Jesus para ensinar. Em duas ocasiões, quando os escribas dos fariseus confrontam-se com Jesus e quando os escribas que vieram de Jerusalém, juntamente com os fariseus, questionam-no, as questões discutidas coicidem com as levantadas pelos fariseus. Os escribas dos fariseus criticam Jesus porque ele come com cobradores de impostos e pecadores (Mc 2,16), e os escribas de Jerusalém e os fariseus questionam Jesus porque seus discípulos não lavam as mãos ritualmente antes da refeição (Mc 7,1.5). Tais problemas de comensalidade e de pureza ritual são típicos das questões levantadas pelos fariseus. No restante da interação entre Jesus e os escribas, os problemas concentram-se mais em torno da autoridade de Jesus para seu ensinamento e atividade do que ao redor de regras tipicamente sectárias.

Em três lugares a narrativa marcana revela que o povo e os discípulos de Jesus conhecem e admitem os ensinamentos dos escribas. Quando Jesus ensina

---

[20] Na Antiguidade, a disputa pela honra e pela posição na comunidade exigia que quem pretendesse maior prestígio ou autoridade do que os reconhecidos pela comunidade deveria emular por aquela posição e derrotar alguém que o desafiasse.

[21] Ausência de honra (*atimos*) é mencionada nos evangelhos somente aqui e em Mt 13,57. O termo honra (*timē*) é usado na versão joanina do dito (Jo 4,44). Lucas 13,33 traz outra versão do dito. Em Mateus 27,6.9, *timē* é usado em seu outro significado: preço.

pela primeira vez na sinagoga de Cafarnaum (Mc 1,22-28), o povo fica admirado com seu ensinamento, porque ele "os ensinava como quem tem autoridade e não como os escribas" (Mc 1,22). Os escribas são o ponto de referência para o ensinamento religioso judeu, e Marcos dá a entender que eles são os mestres habituais com quem o povo está familiarizado. Jesus, que também ensina, é contraposto a eles, especialmente por causa do modo como ensina, mais do que pelo conteúdo de seu ensinamento. Marcos, que acabou de mostrar Jesus como enviado por Deus, no Jordão, agora apresenta Jesus exercendo aquela autoridade na forma como ele ensina. Mais adiante, os discípulos de Jesus citam o ensinamento dos escribas sobre a vinda de Elias (Mc 8,11), e Jesus, que aceita o ensinamento, explica que tal ensinamento já se realizou (Mc 9,12-13). Finalmente, Jesus cita o ensinamento dos escribas segundo o qual o Messias deve ser filho de Davi (Mc 12,35) e refuta essa afirmação mediante interpretação da Escritura, para deleite da multidão (Mc 12,36-37). Nesses três casos, o ensinamento dos escribas é conhecido e acatado como a "norma" e o ponto inicial da discussão. Naturalmente, Marcos mostra Jesus como superior aos escribas, mas mesmo em sua comparação ele presume que os escribas são a norma.

Em três encontros com os escribas, a autoridade de Jesus ou de seus discípulos é colocada em questão e em uma dessas ocasiões um escriba aceita a autoridade docente de Jesus. Na primeira de uma sequência de cinco histórias de controvérsias, os escribas estavam sentados com uma multidão na casa de Jesus em Cafarnaum, e questionaram (em seus corações) a autoridade de Jesus para perdoar os pecados do paralítico, pois somente Deus pode perdoar pecados (Mc 2,6). Após a transfiguração de Jesus, ele encontrou os escribas discutindo com seus discípulos, porque esses não conseguiam curar um menino possesso (Mc 9,14). Embora o conteúdo do argumento não seja explícito, provavelmente dizia respeito à pretensão dos discípulos de possuírem autoridade e poder para realizar obras que ultrapassavam a capacidade humana e seu malogro em realizá-las. Finalmente, em Marcos 12,18, um escriba, que ouvira Jesus discutir com os saduceus a respeito da ressurreição dos mortos, ficou impressionado com sua resposta; daí, fez-lhe uma amigável pergunta, por sua própria conta, a fim de dialogar com ele. O escriba e Jesus concordavam a respeito do maior dos mandamentos, e Jesus diz que o escriba estava próximo do Reino de Deus (Mc 12,28-34). Nos dois primeiros casos, os escribas não se acham em conflito direto com ensinamentos específicos de Jesus, mas com seu exercício de autoridade e de poder. No último caso, o escriba está admirado com a habilidade

Parte II • Fontes literárias

docente e com a autoridade de Jesus, e questiona-o como um discípulo o faria a um mestre ou a um professor.

Os escribas são descritos de forma polêmica quando Jesus os ataca durante sua estada em Jerusalém. Ao concluir seu ensinamento e controvérsias, preliminares a seu discurso sobre o fim de Jerusalém e do mundo, Jesus adverte seus discípulos a estarem atentos aos escribas, porque eles buscam a distinção social, são economicamente opressores e pretensiosos na oração (Mc 12,38-40). Os escribas, dizia-se, usam longas túnicas, buscam o reconhecimento nas praças públicas e os melhores lugares na sinagoga; devoram as casas das viúvas e fingem recitar longas orações. Era ponto pacífico que eles eram socialmente importantes e politicamente poderosos, mas condenados pelo abuso de sua posição social. Essa condenação dos escribas chega ao ápice nos conflitos verbais de Jesus com seus desafetos e imediatamente antes de ele ser capturado e executado pelas autoridades judaicas e romanas. Os escribas, que "devoram as casas das viúvas", são contrastados com a pobre viúva que doa duas moedas ao Templo e é louvada por Jesus. Marcos identifica Jesus com os que são destituídos de poder e rejeitados pela sociedade, uma vez que isso descreve exatamente a posição de Jesus.

O ataque contra os escribas testemunha outro papel deles no evangelho de Marcos: o papel de chefes de comunidades, juntamente aos chefes dos sacerdotes e os anciãos. Esses três grupos são mencionados por Jesus como seus adversários, que o matarão na primeira predição da paixão (Mc 8,31), e os chefes dos sacerdotes e escribas são citados na terceira predição (Mc 10,33). Enquanto Jesus está em Jerusalém (Mc 11–15), os escribas são associados aos chefes dos sacerdotes e às vezes aos anciãos em sete passagens.[22] Em todos os casos, eles fazem parte da estrutura de autoridade judaica que busca a morte de Jesus.

Saduceus

Os saduceus aparecem apenas uma vez em Marcos, como parte de uma sequência de grupos em Jerusalém, a qual faz a Jesus a série final de perguntas antes da paixão (Mc 12,18-27). O ponto de controvérsia é a rejeição saduceia da ressurreição como legítima crença judaica. A posição dos saduceus sobre a ressurreição encontra-se também em Josefo, é repetida nas passagens paralelas em Mateus e

---

[22] Mc 11,18.27; 14,1.43.53; 15,1.31.

Lucas e apresentada em Atos. Ao defender a ressurreição, Jesus coloca-se ao lado dos fariseus e escribas, como o reconhece o amistoso escriba que se impressiona com Jesus por ter respondido bem aos saduceus (Mc 12,28).

O mais importante para uma compreensão exata dos saduceus é aquilo que não ficamos sabendo a respeito deles. Embora estejam em Jerusalém, não se diz que fossem membros da classe governante, nem se explicam a natureza de seu grupo nem seu papel social. Marcos, ou a tradição de que se utiliza, pressupõe que os saduceus são conhecidos do leitor. Pode ser que se pressuponha uma descrição tal qual a dá Josefo. Tendo em vista um mal-entendido comum na pesquisa do Novo Testamento, é preciso enfatizar que nem Josefo nem o Novo Testamento afirmam que todos ou a maioria dos chefes dos sacerdotes, anciãos e outros membros da classe governante eram saduceus, mas que somente os saduceus, embora poucos em número, em sua maioria provinham daquela classe.

A classe e o status social dos grupos judaicos em Marcos

As relações e os interesses dos grupos judaicos dirigentes são razoavelmente claros. Os chefes dos sacerdotes vão a Pilatos porque são nitidamente o grupo dominante em Jerusalém, especialmente no trato com os romanos e com os problemas políticos e sociais mais amplos da comunidade judaica. Eles opõem-se ao grande número de seguidores de Jesus entre o povo e a consequente perda de controle deles sobre a comunidade como um todo; também temem a desordem que pode advir de um mestre não autorizado. Suas preocupações são principalmente políticas, e nesses assuntos a eles juntam-se os anciãos, provavelmente os líderes tradicionais da comunidade, que eram membros mais velhos de famílias importantes, e os escribas que, como vimos, eram mestres reconhecidos na comunidade. Pilatos vê os chefes dos sacerdotes e os escribas como competidores de Jesus, e a disputa deles como porfia faccional motivada pela inveja. Segundo Marcos, os escribas, que estavam associados aos chefes dos sacerdotes, tinham alguma autoridade de governo sobre a comunidade.

Essa visão dos escribas, dos chefes dos sacerdotes e dos anciãos é coerente com o que sabemos da sociedade antiga. Na sociedade judaica, sob os romanos, é altamente provável que os chefes dos sacerdotes e os cidadãos influentes funcionassem como a classe governante, restrita em seu poder, mas responsável pela comunidade perante o governo imperial. Os cidadãos importantes teriam sido

Parte II • Fontes literárias

os cabeças de antigas e poderosas famílias, líderes de grupos na comunidade; outros teriam sido reconhecidos como líderes por causa de seu saber ou função na comunidade.[23] Em Marcos, os (alguns) escribas são vistos como líderes. Nesta competência, eles podem ter tido responsabilidades legislativas, judiciais e burocráticas. Tal papel condiz com os escribas que formavam um grupo literato, instruído na lei e nos costumes judaicos. Tais grupos agiam tipicamente em uma variedade de funções, tais como conselheiros, altos oficiais, burocratas, juízes, professores e funcionários de baixo escalão. Os escribas eram, em princípio, membros da classe dos servidores que colaboravam com e dependiam da classe governante. Contudo, escribas de alto escalão podiam exercer a função de membros da classe governante e podiam até mesmo alcançar poder independente como membros daquele grupo.

Em Marcos, os escribas e fariseus são descritos como detentores de diversos interesses em comum. Os dois grupos entram em confronto com Jesus a respeito de seu ensinamento, e ambos opõem-se ao desafio que Jesus lança à tradição. Os assuntos levantados por estes dois grupos refletem preocupações específicas ligeiramente diferentes. Os fariseus falam do sábado e das leis alimentares, enquanto os escribas discutem acerca da autoridade docente. Isto indica que os escribas são mestres oficialmente reconhecidos e autorizados na comunidade, e que os fariseus são um grupo com uma interpretação particular de certas leis e práticas. Tanto os escribas quanto os fariseus buscam o prestígio e o consequente controle entre o povo como peritos religiosos e, nesta busca, rivalizam-se com Jesus.

Marcos difere de Josefo ao situar os fariseus e seus aliados, os escribas, na Galileia como poderosas forças políticas e religiosas. Visto que Marcos escreve imediatamente antes ou depois da guerra contra Roma, ele não está lendo anacronicamente para dentro da vida de Jesus os fariseus e/ou rabis posteriores. Suas tradições refletem no mínimo os meados do primeiro século e a experiência da comunidade cristã primitiva, se não a experiência de Jesus. A localização marcana

---

[23] Os líderes locais, ativos nos litígios, mal-entendidos e tumultos do povoado sob o procurador Cumano e seu predecessor Pilatos, têm uma variedade de designações em Josefo. Por exemplo, em *Guerra* 2.12.5-6 (237-243), Josefo refere-se aos magistrados (*archontes*) de Jerusalém, aos notáveis (*gnōrimoi*) da Galileia, aos eminentes (*dunatoi*) poderosos samaritanos, aos judeus notáveis, inclusive o sumo sacerdote, e ao sumo sacerdote juntamente com pessoas da mais alta eminência (*dunatōtatōn*), aos notáveis e mais distintos (*epiphanestatous*) dos samaritanos. Mais tarde, os notáveis dos fariseus encontram-se entre os líderes de Jerusalém em *Guerra* 2.17.5-6 (422-429).

dos fariseus na Galileia será avaliada historicamente no capítulo doze. Algumas observações acerca da Galileia orientarão nossa avaliação das outras fontes. Herodes Antipas e, a seguir, Agripa, governaram a Galileia como reis-clientes do Império Romano. Os chefes dos sacerdotes e outras autoridades jerosolimitanas não detinham nenhum controle político direto ali. A própria Galileia não era uma província uniforme, mas dividida em alta e baixa Galileia, por topografia e por tradição.[24] A Galileia contava com diversas cidades importantes que serviam como centros regionais para a coleta de impostos e a segurança, como Séforis e Tiberíades. Considerando-se a complexa estrutura social e política da Galileia, Jesus e seus oponentes na Galileia — fariseus, escribas, herodianos etc. — devem ser vistos como parte da luta política mais ampla pelo controle durante o primeiro século. Os adversários de Jesus não são autoridades religiosas independentes, mas membros da classe dos servidores, envolvidos no comando e liderança da comunidade e, provavelmente, possuíam *status* na comunidade e alguma função oficial na comunidade. Com muita probabilidade, às vezes eles se faziam de patronos e intercessores não oficiais do povo e consideravam Jesus uma ameaça ao poder e influência deles. Todas as pessoas em Marcos desempenham um papel menor no drama nacional, especialmente na Galileia, que ficava distante do centro do poder político judaico em Jerusalém e onde a influência de Jerusalém era mitigada. A Galileia não deveria ser concebida como separada de Jerusalém, porque tanto em Josefo quanto nos evangelhos os oficiais descem para a Galileia, vindos de Jerusalém. Contudo, eles não têm poder direto e precisam pelejar por prestígio junto ao povo e junto aos líderes locais, em cada caso.

No evangelho de Marcos, bem como na história do primeiro século, de Josefo, os fariseus são um grupo de interesse religioso com objetivos políticos, mas não são um grupo dominante. Os fariseus de Marcos não estão sediados em Jerusalém, contrariamente a Josefo, mas os padrões sociais dominantes permanecem. Os fariseus exercem influência sobre o povo e competem com Jesus pelo controle; fazem alianças políticas com os herodianos e estão associados aos escribas, que têm algum domínio político e estão presentes em Jerusalém. Ainda que Marcos não saiba grande coisa sobre os fariseus e escribas históricos, como M. Cook

---

[24] Cf. no capítulo 5, a narrativa de Josefo sobre suas atividades ali, as tensões com Jerusalém e dentro da liderança galileia.

Parte II • Fontes literárias

afirma,[25] ele reproduz realmente o padrão social dominante da sociedade antiga e situa os fariseus no limiar da classe governante. Dado que eles constituem um grupo de interesse político destituído de poder, eles não são vistos em atividade em Jerusalém. Embora não possamos ter certeza de que Marcos e suas fontes nos dão uma imagem completamente acurada dos fariseus como uma poderosa força comunitária na Galileia no começo e meados do primeiro século, o papel deles na sociedade galileense é intrinsecamente provável.

O evangelho de Mateus

Mateus tende a inserir os fariseus em maior número de situações do que Marcos, apesar de não em tantas quanto Lucas. Ele também emparelha os líderes diferentemente de Marcos. Os fariseus e os saduceus, um par historicamente oposto e, portanto, improvável, de acordo com alguns estudiosos, são mencionados em dois contextos (Mt 3,7; 16,1.6.11.12 [bis]). A parelha escribas e fariseus, não encontrada precisamente nessa forma em Marcos,[26] aparece em um grande número de ocasiões (5,20; 12,38; 15,1; 23,2.13[14].15.23.25.27.29).[27] Na última parte de Marcos, os chefes dos sacerdotes e os escribas são um par frequente (Mc 10,33; 11,18; 14,1; 15,31), mas em Mateus os chefes dos sacerdotes e os escribas aparecem apenas três vezes (2,11; 20,18; 21,15). Em Mateus, os chefes dos sacerdotes, escribas e anciãos aparecem juntos apenas uma vez (16,21), em contraste com Marcos, que os cita diversas vezes, mas os chefes dos sacerdotes e os anciãos voltam com frequência (21,23; 26,3.47; 27,1.3.12.20; 28,12). Finalmente, Mateus traz somente os escribas em cinco passagens (7,29; 8,19; 9,3; 13,52; 17,10) e os saduceus em 3,7 e no capítulo 16, bem como no paralelo marcano (Mc 12; Mt 22).

Essas características tipicamente mateanas, que são geralmente, mas não de modo exclusivo, atribuídas à redação de Marcos e a outros materiais tradicionais de que ele dispunha, apresentam questões respeitantes às fontes tradicionais de Mateus e a seus propósitos ao escrever. A pesquisa recente a respeito do papel dos

---

[25] Cook, *Jewish Leaders*.

[26] Cf. Mc 2,16 e 7,1 para os dois únicos exemplos da conjunção dos escribas com os fariseus, mas em nenhum dos casos a designação metódica "escribas e fariseus" é usada.

[27] A sequência escribas e fariseus está invertida apenas em Mt 15,1, porque o paralelo marcano (Mc 7,1) as traz nesta ordem.

Fariseus, escribas e saduceus em Marcos e Mateus

líderes judaicos em Mateus tem sido dominada pela perspectiva redacional, que tem enfatizado o uso dramático e teológico que Mateus fez desses líderes, e tem duvidado de que tanto Mateus quanto as tradições que ele transmite possam oferecer algum conhecimento exato, recuperável desses grupos.[28] Três explicações dos procedimentos de Mateus, que não são mutuamente excludentes, foram propostas. Alguns defendem que a visão de Mateus em relação aos líderes judaicos, especialmente a proeminência dada aos fariseus, reflete o confronto polêmico entre a comunidade mateana e a comunidade judaica pós-70, que era dominada por fariseus que se tornaram rabis.[29] Outros sugerem que a comunidade mateana havia-se separado da comunidade judaica e que ao menos algumas seções e opiniões polêmicas dos líderes judaicos refletem tradições antigas (pré-70).[30] Finalmente, alguns consideram que a caracterização mateana dos líderes judaicos é um artifício literário e teológico para identificar a comunidade cristã em contraposição ao judaísmo e para explicar a rejeição de Jesus por parte do judaísmo.[31] De acordo com esta última opinião, na narrativa mateana os líderes formam um fronte unido contra Jesus e não precisam ser necessariamente distintos uns dos outros em si mesmos ou por funções específicas na comunidade.

Escribas

Como os escribas aparecem sozinhos em apenas cinco passagens em Mateus e três delas provêm de Marcos, o papel deles pode ser facilmente estabelecido. Como em Marcos, os escribas são notórios por sua autoridade de ensinar. A autoridade docente deles é contraposta à de Jesus (Mt 7,29), e o ensinamento deles acerca de Elias (Mt 17,10) é referido, bem como conhecido e aceito, na sociedade palestinense. Em outro caso, o problema é um ajuizamento de como interpretar e viver a tradição judaica, um assunto que exige aprendizado. Quando Jesus disse ao paralítico que seus pecados estavam perdoados, os escribas disseram de si

---

[28] Sjef van Tilborg, *The Jewish Leaders in Matthew* (Leiden, Brill, 1972), tipifica esta opinião.

[29] Para as clássicas afirmações desta posição cf. DAVIES, W. D. *The Setting of the Sermon of the Mount.* Cambridge, Cambridge University, 1963 e HUMMEL, R. *Auseinandersetzung zwischen Kirche und Judentum im Matthäusevangelium.* München, Kaiser, 1963.

[30] Cf., para o capítulo 23, por exemplo, GARLAND, D. E. *The Intention of Matthew 23* (SupplNovTest 52; Leiden, Brill, 1979).

[31] Cf. WALKER, R. *Die Heilsgeschichte im ersten Evangelium.* Göttingen, Vandenhoeck, 1967.

Parte II • Fontes literárias

para si (*eipan en heautois*), e não a Jesus, que ele estava blasfemando (Mt 9,3). Os escribas não aceitam Jesus como um igual e entram em atrito com ele. Aliás, tratam-no como um subordinado, julgando-o e, ao mesmo tempo, ignorando-o. Jesus precisou interpor-se em suas deliberações, desafiar a posição social deles, o conhecimento e o fato de eles o condenarem e, finalmente, venceu-os com seu ensinamento.[32]

Em duas passagens os escribas são associados a Jesus de forma positiva. Uma vez um escriba diz que seguirá Jesus (Mt 8,19) e, enquanto a resposta de Jesus ressalta as dificuldades do seguimento de Jesus ("As raposas têm suas tocas..."), o escriba é, certamente, alguém de boa vontade, mas não fica claro se ele seguiu Jesus.[33] Esta passagem deriva da fonte Q e é provável que a versão lucana com um tal (*tis*) que diz que seguirá a Jesus seja a original (Lc 9,57-58). Assim, Mateus atribuiu a um escriba, que chama a Jesus de mestre, um desejo sincero de seguir Jesus como discípulo. O escriba aceitou Jesus como um companheiro instruído e como um superior com quem ele poderia aprender. No final dos capítulos das parábolas, Mateus refere-se a escribas que aceitaram Jesus como aqueles que têm sido "treinados para o reino de Deus" (Mt 13,52), e que têm tanto algo novo quanto algo velho para ensinar. É provável que ele esteja se referindo a escribas cristãos de seus próprios dias. Em todos os casos, os escribas estão associados ao aprendizado e ao discipulado, e porque os escribas são aceitos como autoridades docentes na sociedade judaica, eles também podem exercer tal função na comunidade cristã, se seguidores de Jesus.

Uma passagem adicional oferece uma compreensão do papel dos escribas como mestres legítimos na sociedade judaica e cristã. Em sua polêmica contra os escribas e fariseus, Mateus ironicamente refere-se aos escribas que foram rejeitados na história judaica e talvez aos escribas cristãos rejeitados no presente (Mt 23,34): "Vede, eu vos envio profetas, sábios e escribas: a uns matareis e crucificareis;

---

[32] Cf. Malina, *New Testament World*, cap. 2, a respeito da honra, especialmente pp. 29-39. Ao confrontar os escribas e ao trazer à lume o julgamento deles, Jesus deflagra um conflito com eles. Ao vencê-los publicamente na discussão, Jesus obtém honra e prestígio aos olhos do povo e rebaixa a posição social dos escribas.

[33] Em Mateus, somente os não discípulos chamam Jesus de mestre. Contudo, o escriba exprime um simples desejo de seguir Jesus, sem restrições, em contraste com outro discípulo em potencial (Mt 8,21), que deseja primeiramente enterrar o pai.

Fariseus, escribas e saduceus em Marcos e Mateus

outros açoitareis nas vossas sinagogas e expulsareis de cidade em cidade".[34] Esse dito provém de Q e o paralelo em Lucas traz profetas e apóstolos (Lc 11,49). Parece que a palavra "profetas" é a original neste dito e faz parte da polêmica de Q contra a rejeição dos profetas no judaísmo. Tanto Mateus quanto Lucas adaptaram a expressão de modo a convir às circunstâncias cristãs no final do primeiro século. Mateus considera os líderes e mestres do cristianismo, e do judaísmo anteriormente, como profetas, sábios e escribas. Assim, para Mateus, o ofício de escriba permanece parte importante da comunidade, mesmo que ele critique alguns escribas por sua oposição a Jesus.

Escribas e outros grupos

Em todas as outras passagens nas quais os escribas aparecem em Mateus, eles estão ligados a outros grupos, na maioria das vezes aos chefes dos sacerdotes ou aos fariseus. Quando associados aos chefes dos sacerdotes, os escribas mantêm seu papel de membros letrados da comunidade, mas exercem mais fortemente a função de líderes acreditados e porta-vozes do judaísmo. Nesses contextos, eles são menos políticos do que em Marcos. Diversas vezes, na narrativa da paixão, Mateus deixa completamente de lado os escribas, ou substitui-os pelos anciãos.[35] Os líderes judaicos são amiúde identificados como os chefes dos sacerdotes e anciãos, uma parelha preferida por Mateus (21,23; 26,3.47; 27,1.3.12.20). Em três dessas passagens, também encontradas em Marcos, o autor de Mateus omite os escribas e deixa apenas os chefes dos sacerdotes e os anciãos (Mt 21,23; 26,47; 27,1); em uma passagem (21,45), Mateus refere-se aos chefes dos sacerdotes e aos fariseus, em vez de aos chefes dos fariseus, escribas e anciãos.[36] Em outra passagem, ele substitui os escribas pelos anciãos como associados aos chefes dos sacerdotes (Mt 26,3). (Por fim, em uma outra passagem ele usa chefe dos sacerdotes e anciãos por conta própria [27,3] e em outras duas ele acrescenta os anciãos aos chefes dos sacerdotes de Marcos [Mt 27,12-20].) Mateus considera que a figura central

---

[34] Cf. van Tilborg, op. cit., pp. 128-141, especialmente. pp. 140-141.

[35] SENIOR, D. *The Passion Narrative According to Matthew*, pp. 24-25 (Louvain, Leuven University, 1975), diz que as mudanças operadas nos capítulos 26–27 refletem o uso mateano de agrupamento-padrão. Aqui, aprofundam-se a questão da natureza sociológica e a probabilidade histórica da visão de Mateus acerca da liderança judaica.

[36] Em 12,12, Marcos traz "eles", tendo como antecedentes mais próximos os chefes dos sacerdotes, escribas e anciãos (cf. 11,27).

Parte II • Fontes literárias

no comando judaico eram os chefes dos sacerdotes e os escribas, uma visão que se harmoniza com a opinião de Lenski acerca das classes dirigentes, descritas anteriormente.[37] A soberana — neste caso, Roma — é apoiada por uma classe governante tipicamente composta pelos mais poderosos donos de terra, líderes comunitários e líderes religiosos. Os chefes dos sacerdotes judeus e os anciãos encaixam-se perfeitamente nessa classe. A classe dirigente é apoiada pela classe dos servidores, que tem influência e, às vezes, poder, mas não é tão importante quanto a classe diretora. Os escribas, como funcionários religiosos letrados, fariam parte da classe dos servidores. Os chefes dos sacerdotes e os anciãos têm um amplo envolvimento político na busca da morte de Jesus como um perturbador da ordem, e os escribas desempenham um papel político subsidiário, visto que estão mais preocupados com o próprio ensinamento.

Somente em alguns lugares os escribas são associados aos aspectos mais políticos da liderança. Em duas predições da paixão, Mateus segue Marcos ao nominar os inimigos de Jesus em Jerusalém como anciãos, chefes dos sacerdotes e escribas (Mt 16,21), e chefes dos sacerdotes e escribas (20,18).[38] Estes adversários de Jesus ameaçam sua integridade física, e Mateus segue a tradição de Marcos ao designar os escribas como oponentes. Os escribas aparecem duas vezes no relato da paixão como parte da completa liderança do judaísmo. Quando Jesus é levado diante de Caifás, o sumo sacerdote, este último recebe o apoio dos escribas e dos anciãos (Mt 26,57), que são identificados como o conselho (sinédrio) (Mt 26,59). Quando Jesus está na cruz, ele é ridicularizado pelos chefes dos sacerdotes, escribas e anciãos (27,41). Em ambos os casos, nos quais Mateus segue Marcos, os sacerdotes, escribas e anciãos simbolizam o comando completo do judaísmo a condenar e a rejeitar Jesus. Uma vez Mateus apresenta os escribas, juntamente com os chefes dos sacerdotes, como oficiais do Templo que desafiam Jesus (21,15) quanto à adequação da designação popular dele como filho de Davi; implicitamente, eles atacam a legitimidade de Jesus como líder popular.[39] Jesus despertou o interesse da

---

[37] Dever-se-ia notar que em Mateus 21, os chefes dos sacerdotes estão ligados aos escribas (v. 15), aos anciãos (v. 23) e aos fariseus (v. 45). Enquanto Jesus encontra-se em Jerusalém, os chefes dos sacerdotes fazem-lhe constante oposição e os outros grupos de líderes aliam-se a eles em ocasiões diferentes.

[38] A predição intermediária menciona somente "homens", tanto em Mateus como em Marcos (Mt 17,22-23; Mc 9,31).

[39] Jesus não é um líder legal ou socialmente estabelecido, mas um líder prévia e naturalmente constituído. Cf. Malina, *Christian Origins*, pp. 143-153.

liderança religiosa instruída porque seu novo jeito ameaçava o *status* e o prestígio deles. Mateus é consistente na visão dos escribas que ele projeta na narrativa da infância quando Herodes reúne os chefes dos sacerdotes e os escribas a fim de indagar onde o Messias deveria nascer (2,4). Essa cena é sociologicamente correta, embora as narrativas não sejam históricas. O governador consulta-os porque eles são membros da classe dos servidores, responsáveis pelas tradições religiosas e estão disponíveis para aconselhá-lo. O relato pressupõe que os escribas, bem como os chefes dos sacerdotes, possuem conhecimento, autoridade e importância social.

Em suma, a compreensão que Mateus tem dos escribas, quando se refere a eles sem os fariseus, difere um pouco da compreensão de Marcos, mas geralmente não é diferente daquilo que se deveria esperar. Os escribas estão associados ao saber; como homens instruídos, eles possuem um *status* elevado na comunidade e, associados aos chefes dos sacerdotes, são consultados pelos que estão no poder, e exercem alguma autoridade e controle na comunidade. Todavia, ao contrário de Marcos, Mateus não os apresenta como uma força importante nos acontecimentos que conduzem à morte de Jesus e, consequentemente, eles estão politicamente menos envolvidos do que os escribas em Marcos. Isto é provável, porque Mateus conhece escribas cristãos e tem uma visão fundamentalmente positiva do escribalismo. Somente quando os escribas são especificamente contra Jesus é que eles são maus.

Os escribas estão associados a Jerusalém; aparecem sozinhos na Galileia na ocasião da cura do paralítico (Mt 9,1) e no caso do escriba que deseja seguir Jesus (Mt 8,19). Aparecem também com os fariseus algumas vezes na Galileia, conforme se verá a seguir. Como em Marcos, o ensinamento deles é referido como conhecido pelo povo (Mt 7,29; 17,10), de modo que se pressupõe que eles, de alguma forma, tenham tido contato com o povo da Galileia. Mateus traz algumas passagens nas quais os escribas são tratados positivamente (8,19; 13,52; 23,34), como o faz Marcos (12,28), mas geralmente eles são oponentes. A ênfase de Mateus sobre a interpretação que os escribas fazem da Bíblia e do ensinamento autorizado da lei tem óbvias ligações com as práticas escribais no Oriente Próximo (cf. 11).

Escribas e fariseus

Em diversas passagens, Mateus elimina os escribas citados em Marcos quando se opõem a Jesus e os substitui pelos fariseus.[40] A desusada categoria

---

[40] Lucas insere os fariseus nas passagens ainda mais do que Mateus.

Parte II • Fontes literárias

marcana dos "escribas dos fariseus" (Mc 2,16) é regularizada em fariseu (Mt 9,11). Isto é apropriado porque a ocasião — o desafio à comensalidade de Jesus com os pecadores — corresponde às normas farisaicas quanto à comensalidade e à pureza ritual. A frase de Marcos: "Os escribas vindos de Jerusalém diziam que ele [Jesus] estava possuído por Beelzebu..." (Mc 3,22) torna-se farisaica em ambas as versões mateanas da história (Mt 9,34; 12,24). O grupo que desafia Jesus no Templo antes de sua paixão e que deseja prendê-lo (os chefes dos sacerdotes, escribas e anciãos em Mc 11,27 e 12,12), torna-se chefe dos sacerdotes e anciãos em Mt 21,23 e chefe dos sacerdotes e fariseus em 21,45.

O escriba amistoso de Marcos, que faz uma pergunta acerca do maior dos mandamentos, é transformado em um jurista hostil, que é fariseu, e faz a pergunta por instigação dos fariseus como um teste final (Mt 22,34-40). O contraste com o escriba amigável de Marcos é flagrante, porque Marcos traz o escriba como o ápice de uma série de questões de várias facções judaicas — os fariseus, os saduceus e, por fim, os escribas — e conclui com uma nota positiva com o grande mandamento. Mateus enfatiza o conflito em sua seção de Jerusalém, e assim, elimina esta nota de harmonia, substituindo o escriba gentil por um fariseu tipicamente agressivo. Há uma exceção na tendência mateana em transformar escribas em fariseus. Mateus muda os fariseus de Marcos que pedem um sinal do céu (Mc 8,11) em alguns dos escribas e fariseus (Mt 12,38).

Em suma, normalmente os escribas são omitidos e os fariseus acrescentados nas passagens onde existe confronto com Jesus. Os fariseus são vistos por Mateus como opositores mais ativos de Jesus do que os escribas. Embora os escribas permaneçam como adversários, o papel deles é restrito, tanto como contestadores de Jesus, quanto como líderes de Jerusalém.

Escribas e fariseus são colocados lado a lado por Mateus em quatro ocasiões: duas histórias de conflito e duas polêmicas. Nesses quatro incidentes, os escribas e os fariseus são um grupo estabelecido, que representa o judaísmo mediante sua liderança, e não se faz nenhuma distinção clara entre os dois grupos. Na primeira polêmica, o autor de Mateus faz Jesus resumir as exigências para o Reino de Deus no Sermão da Montanha com o dito: "Eu vos digo: Se a vossa justiça não for maior que a dos escribas e dos fariseus, não entrareis no Reino dos Céus" (5,20).[41]

---

[41] Para uma completa apresentação dos argumentos para a natureza redacional de Mt 5,20, cf. MEIER, John P. *Law and History in Matthew's Gospel*. AnBib 71; Rome, Pontifical Biblical Institute, 1974. pp. 108-119.

Os escribas e os fariseus são apresentados como piedosos e zelosos representantes oficiais do judaísmo, cujas prática e interpretação da Bíblia podem ser contrastadas com a interpretação de Jesus de como os cristãos e, especialmente, os chefes cristãos deveriam conduzir a vida na segunda geração do cristianismo.[42] No contexto da polêmica de Mateus contra os escribas e fariseus estão as comunidades judaicas e cristãs do tempo de Mateus. Os primeiros seguidores de Jesus e os escribas e fariseus são vistos como grupos competidores, cada qual com seus próprios ensinamentos, práticas e identidade, uma situação semelhante à da comunidade mateana uma geração depois.

A segunda polêmica cobre a maior parte de Mt 23, em que Jesus reclama dos "escribas e fariseus, hipócritas" (23,13.15.16.23.25.27.29).[43] Contrariamente ao tom do capítulo, os escribas e fariseus são apresentados com um dito pré-mateano no qual são reconhecidos como os intérpretes oficiais da lei bíblica e a quem se deve obediência (Mt 23,2-3). Tal aprovação dos escribas e dos fariseus é contrária a muito do que Mateus ensina, de modo que o autor passa rapidamente a atacar-lhes a incapacidade de praticar sinceramente o judaísmo, de guiar os outros a viver corretamente o judaísmo, de interpretar corretamente a Bíblia e de levar em conta os princípios mais importantes da lei e da forma de vida judaica. Eles são usados como exemplos negativos de como um líder comunitário não deveria agir (Mt 23,4-7) e contrastados com os líderes cristãos, que não deveriam ostentar títulos e deveriam caracterizar-se pela humildade (Mt 23,8-12).[44]

Mateus iguala os fariseus e os escribas sem dar atenção a quaisquer diferenças em seus interesses e funções no capítulo 23, ao contrário de Lucas, que distingue cuidadosamente os "ais" contra os fariseus e doutores da lei, de forma que eles são condenados por falhas condizentes com suas respectivas atividades na sociedade (Lc 11,37-52). Ambos os grupos são acusados de serem hipócritas, e uma série de exemplos de hipocrisias é citada para fundamentar a questão. Os escribas e fariseus são vistos como líderes corruptos que rejeitam a Deus e não conseguem conduzir o povo como convém. Mateus oferece uma lista tradicional de atitudes e

---

[42] Meier, op. cit., pp. 111-112. Note-se que Mateus diferencia consistentemente a multidão ou o povo dos líderes. A multidão reage favoravelmente a Jesus e é tratada positivamente, mas os líderes são universalmente negativos na reação a Jesus e na apresentação de Mateus.

[43] Mateus 23,14 é rejeitado pela maior parte da crítica textual. Está ausente em muitos manuscritos, interrompe a organização tópica dos "ais" e aumenta o número de "ais" de sete para oito.

[44] Cf. Garland, op. cit., pp. 53-54.

Parte II • Fontes literárias

ações impróprias com as quais ele acusa tanto os oponentes de Jesus quanto os adversários de sua própria comunidade, quer interna, quer externamente. A lista é tão polêmica, e os fariseus e escribas tão identificados uns com os outros, que pouca informação histórica confiável pode ser colhida dela.

A competição entre Jesus e os outros grupos judaicos torna-se explícita em duas histórias de conflitos. Os escribas e os fariseus dirigem-se a Jesus como mestre e desafiam-no pedindo um sinal, presumivelmente para autenticar sua autoridade de ensinar e para mostrar a fonte de seu poder (Mt 12,38).[45] O desafio lançado pelos escribas e fariseus é precedido de uma passagem (tematicamente semelhante a Mateus 3,7-10, ou seja, a polêmica de João Batista contra os fariseus e saduceus), na qual Jesus se dirige a eles como uma ninhada de víboras e apresenta os frutos deles. Em outra história de conflito, os fariseus e os escribas colidem com Jesus sobre as regras de pureza (Mt 15,1). A história e a ordem dos oponentes (fariseus antes de escribas, somente aqui em Mateus) provêm de Mc 7,1. Somente em Marcos os escribas vêm de Jerusalém, porque ele não associa os fariseus a Jerusalém; Mateus, até certo ponto, associa-os, de modo que tanto dos fariseus quanto dos escribas diz-se que vieram de Jerusalém. Assim, Mateus vê os fariseus como representantes oficiais do judaísmo em uma medida maior do que Marcos. Nessa passagem, os fariseus e os escribas defendem a tradição dos anciãos (*tēn paradosin tōn presbyterōn*), e Jesus defende o mais importante dos mandamentos de Deus. Ainda que fariseus e escribas sejam associados em uma defesa da tradição, a associação marcana e mateana dos fariseus com as leis de pureza aparece em uma passagem redacional no final da disputa (Mt 15,12), quando os discípulos de Jesus advertem-no de que ele escandalizou os fariseus (os escribas não são mencionados).[46] A advertência dos discípulos implica que os fariseus têm *status* na comunidade e que ofendê-los é perigoso.

Em quatro passagens nas quais escribas e fariseus aparecem combinados, eles unem forças para opor-se a Jesus (ou são apresentados como um único grupo de chefes judaicos). A distinção entre os interesses deles encontrada em Marcos — autoridade, para os escribas, e pureza, alimentação, regras sabáticas, para os

---

[45] Mateus traz uma segunda versão desse desafio em 16,1, no qual os fariseus e os saduceus provocam Jesus. Marcos traz apenas os fariseus (Mc 8,11) e Lucas fala de pessoas indeterminadas (Lc 11,16.29). É provável que havia duas versões desta história, uma em Marcos e outra em Q.

[46] Cf. van Tilborg, *Jewish Leaders*, pp. 99-104.

fariseus — é obscurecida aqui e ali, mas passagens como Mt 15,12, nas quais os escribas são omitidos em uma discussão sobre a pureza, mostram que o autor de Mateus conhece e mantém, ainda que imperfeitamente, a distinção entre os fariseus e os escribas, uma distinção que se tornará mais clara nas passagens em que os fariseus são tratados separadamente ou com outros grupos.

Fariseus e saduceus

Em dois lugares Mateus traz aquilo que muitos têm considerado a improvável combinação de fariseus e saduceus, unindo-se para opor-se a Jesus.[47] Os comentadores têm citado estas passagens como uma prova de que Mateus aglomera todos os grupos judaicos e não faz nenhuma distinção. Mas é possível e até mesmo provável que os fariseus e saduceus, como grupos de interesse dentro do judaísmo, pudessem ter interesses em comum e pudessem unir-se contra uma nova facção centrada ao redor de Jesus.

Na primeira ocasião, João Batista ataca os fariseus e os saduceus que vêm a ele para o batismo mediante uma advertência-padrão de julgamento e de exortação a produzir bons frutos (Mt 3,7-10). Em Lucas, João dirige-se ao povo e, provavelmente, está seguindo o texto de Q; contudo, Mateus favorece a multidão, insere os fariseus e os saduceus como objeto do ataque de João. Mateus pressupõe que os fariseus e os saduceus são grupos judaicos bem conhecidos (como o faz Josefo) e partícipes da liderança judaica que articula e promove uma visão da vida judaica em concorrência com Jesus e João. A presença deles para serem batizados não é levada a sério, porque João imediatamente os ataca como uma ninhada de víboras (cf. Mt 23,33, onde os escribas e fariseus são tratados assim).

Os fariseus e os saduceus também são vistos como mestres em concorrência com Jesus quando lhe pedem um sinal (Mt 16,1-12). Jesus, partindo do símbolo do pão na alimentação dos cinco mil (Mt 15), admoesta os discípulos acerca do fermento dos fariseus e dos saduceus, o que é interpretado como o ensinamento dos fariseus e dos saduceus. Em Marcos, o fermento é o dos fariseus e de Herodes (Mc 8,15), e seu significado não é especificado. Em Lucas, é o fermento dos fariseus

---

[47] Marcos e Lucas trazem os saduceus apenas uma vez em seus evangelhos, quando os saduceus questionam Jesus a respeito da Ressurreição (Mc 12,18-27; Lc 20,27-40).

Parte II • Fontes literárias

(Lc 12,1), que é a hipocrisia. Mateus usa os grupos principais do judaísmo — os fariseus e os saduceus — como símbolos de falsos mestres, em conflito com Jesus.

Os fariseus

Mateus, em comparação com Marcos, expande o papel dos fariseus como oponentes de Jesus. Os fariseus são a mais constante oposição de Jesus na Galileia e estão preocupados com os mesmos problemas dos fariseus de Marcos: observância sabática, regras alimentares e de pureza.[48] Em Mateus, os fariseus têm um papel mais amplo e são menos distintos dos escribas do que em Marcos. Eles desafiam a autoridade de Jesus como líder religioso e social atacando-lhe as fontes (Mt 9, 32-34; 12,22-30) e discutindo com ele sobre o divórcio (Mt 19,3-9, na Judeia). Nos capítulos 21 e 22, após Jesus ter atacado os fariseus com uma série de parábolas que eles percebem direcionadas contra eles (21,45-46), eles confabulam contra Jesus (22,15). Assim, eles são ativos na liderança de Jerusalém, em contraste com os fariseus de Marcos. A hostilidade dos fariseus emoldura a crucifixão, da qual eles não tomam parte direta. Um jurista dos fariseus faz uma última pergunta hostil (Mt 22,34-35), e os fariseus juntam-se aos chefes dos sacerdotes para pedir uma guarda para a tumba de Jesus (Mt 27,62-65). Os fariseus não apenas fazem parte da liderança local, cuja influência sobre o povo e poder sobre as normas sociais estão sendo desafiados e minimizados por Jesus; mas também estão em contato direto com as forças mais poderosas da liderança hierosolimitana.

Uma análise de algumas passagens salientará a visão peculiar de Mateus sobre os fariseus. Jesus alterca com os fariseus (e com os discípulos de João Batista) sobre a importância das regras alimentares e, após o chamado de Levi, os fariseus afrontam os discípulos de Jesus porque Jesus come com pessoas impuras (Mt 9,6-13).[49] A resposta de Jesus recorre à justiça, compreendida segundo a nova maneira apresentada por Mateus, como o motivo para sua comensalidade com os pecadores, e ainda assim, permanece aceitável, ou seja, honorável.[50] Jesus e os

---

[48] Mt 9,6-13; 9,14-17; 12,1-14.

[49] Mateus normaliza o grupo atípico de Marcos — os escribas dos fariseus (Mc 2,16; Mt 9,11) — em fariseus, porque as preocupações com a pureza são normais para eles. Lucas 5,30 muda a frase estranha de Marcos para "fariseus e seus escribas".

[50] WHITE, Leland J. Grid and Group in Matthew's Community. The Righteousness/Honor Code in the Sermon on the Mount. *Semeia*, v. 35, pp. 61-90, 1986.

fariseus entram em atrito a respeito dos limites da comunidade e dos critérios de aceitação. Um conflito faccional sobre as fronteiras fica evidente no próximo incidente, no qual os discípulos de João Batista provocam Jesus porque seus discípulos não jejuam como eles e os fariseus jejuam (Mt 9,14-17). Novamente, regras alimentares são determinantes para o comportamento e a identidade de grupos no judaísmo.[51] Assim, os seguidores de Jesus são diferentes dos fariseus, dos seguidores de João Batista e da comunidade cristã posterior, porque eles não jejuam.[52] Jesus e seus seguidores são uma parte extra da sociedade nessa história, e o significado básico da história é mudar as regras sociais, de modo que o jejum é secundário para Jesus, o árbitro de todas as regras.

Os fariseus de Mateus também estão preocupados com a fonte do poder de Jesus em duas versões da cura de um possesso mudo (Mt 9,32-34 e 12,22-30). Em Marcos 3,22, escribas que vêm de Jerusalém é que desafiam a autoridade de Jesus, mas Mateus ofusca a distinção.[53] A acusação de que o adversário está possuído é típica de disputas e brigas faccionais por prestígio e *status* social. Tais pretensões são um tipo de acusação de bruxaria usadas por grupos que procuram manter suas fronteiras e identidades contra uma força externa mais poderosa. Nesse caso, o judaísmo está empenhado em manter-se dentro do Império Romano. Tal preocupação subjaz também aos dois conflitos sobre as observâncias sabáticas (colheita de grãos e cura do homem com a mão ressequida), que são tirados de Marcos 12,1-14.

Embora Mateus elimine as conexões políticas dos fariseus com Herodes e com os herodianos na Galileia, ele descreve-os como uma força política secundária em Jerusalém. Quando os fariseus maquinam sobre como destruir Jesus (Mt 12,14), Mateus omite os herodianos da conspiração deles (cf. Mc 3,6) e, mais tarde, Mateus substitui Herodes pelos saduceus no dito sobre o fermento (Mc 8,15; Mt 16,6). Contudo, quando Jesus entra na Judeia (cap. 19), os fariseus

---

[51] Em Marcos, as pessoas perguntam a Jesus acerca do jejum (2,18) e em Lucas, "eles" (5,33), presumivelmente os fariseus e seus escribas do incidente anterior (5,30), indagam-no.

[52] Um grupo minoritário de interesse religioso normalmente jejua apelando a Deus para que mude sua condição de oprimido e para tentar assegurar sua identidade mediante práticas piedosas que o distingam dos demais. Cf. Malina, *Christian Origins*, cap. 9, para um estudo sobre o jejum, especialmente p. 202. Contudo, para os discípulos, Jesus está com eles e lhes concede uma posição especial diante de Deus e uma forte identidade em Jesus.

[53] Em Lucas, alguns dentre o povo desafiam Jesus (Lc 11,15).

Parte II • Fontes literárias

explicitamente põem Jesus à prova e assumem uma postura mais agressiva a seu respeito, tramando e fazendo alianças com outros. A primeira prova é a respeito da legalidade do divórcio, outro problema que é típico da agenda dos fariseus. A crescente hostilidade dos chefes dos sacerdotes e dos fariseus é enfrentada, nos capítulos 21 e 22, com uma série de parábolas que os ataca por não acreditarem em Jesus. Em Mateus 21,45-46, os chefes dos sacerdotes e os fariseus percebem que a parábola da vinha tem a ver com eles. No final da série de parábolas que acusam os judeus de incredulidade nos capítulos 21–22, Mateus conclui que "os fariseus foram reunir-se para tramar como apanhá-lo por alguma palavra" (Mt 22,15). Como resultado da conspiração deles, enviaram discípulos com os herodianos a fim de indagar de Jesus acerca do pagamento do imposto a César. A presença dos herodianos assinala um tipo de conflito diferente entre os fariseus e Jesus, algo menos faccional e mais político. Dever-se-ia notar que no capítulo 21, os chefes dos sacerdotes estão ligados aos escribas (v. 15), aos anciãos (v. 23) e aos fariseus (v. 46). Enquanto Jesus está em Jerusalém, os chefes dos sacerdotes são o centro constante de oposição política a Jesus, e os outros grupos de líderes aliam-se a eles em ocasiões diversas. Mateus inclui os fariseus entre os grupos que maquinam contra Jesus em Jerusalém, contrariamente a Marcos, que os vê quase exclusivamente como uma força na Galileia.

A agudização que Mateus faz da oposição política em Jerusalém torna-se clara na questão que diz respeito ao maior dos mandamentos. O escriba amistoso de Marcos é transformado em um jurista hostil, que é fariseu, e que levanta a questão por instigação dos fariseus como um teste final (Mt 22,34-40). O contraste com o escriba amigável de Marcos é flagrante, porque Marcos traz o escriba como o ápice de uma série de questões de várias facções judaicas: os fariseus, os saduceus e, por fim, os escribas, e conclui com uma nota positiva, com o grande mandamento. Mateus finaliza com uma nota de hostilidade e continua com esse tom pelo restante do capítulo e na grande polêmica contra os escribas e fariseus no capítulo 23 (tratado anteriormente). Para Mateus, Jesus concluiu seus conflitos com os fariseus, seus maiores oponentes (bem como com todos os outros, uma vez que ninguém mais ousou propor-lhe novas questões), confirmando o ensinamento principal de seu programa, o mandamento do amor (Mt 22,34-40), e estabelecendo sua própria condição de Messias (22,41-46). Jesus é apresentado como vitorioso sobre seus desafetos na esfera da disputa faccional, do desafio e reação. Ele não pode ser vencido mediante o conflito verbal, e seu *status* como mestre e líder honorável, que conhece a lei e a interpreta autorizadamente, fica garantido. Ele pode ser vencido apenas mediante o poder físico, político, na esperança de que seu prestígio seja negado.

As narrativas da paixão em Marcos e Mateus assemelham-se no fato de que os fariseus não têm um papel nas acusações e nos procedimentos judiciais contra Jesus. Mateus difere de Marcos por mostrar os fariseus ativos em Jerusalém antes da prisão de Jesus e depois de sua morte, quando os chefes dos sacerdotes e os fariseus apelam a Pilatos por guardas junto ao túmulo de Jesus, de modo que seus discípulos não lhe roubem o corpo e pretendam que tenha ressuscitado (27,62-65). Era perfeitamente normal que os chefes dos sacerdotes negociassem com Pilatos, mas era algo anormal que os fariseus os acompanhassem, em vez de os anciãos e os escribas. Contudo, o ponto em questão — a ressurreição — corresponde perfeitamente à posição teológica dos fariseus e explica por que Mateus usou-os nessa história. Não se conhece a concepção dos chefes dos sacerdotes acerca da ressurreição,[54] mas podemos presumir que eles estavam interessados em acalmar a multidão e fazê-la esquecer Jesus. Os interesses políticos dos chefes dos sacerdotes ficam claros quando eles (sem menção dos fariseus) subornam os guardas para que mudem a versão de como a tumba teria ficado vazia (28,11-15).

Classe e status *dos fariseus, escribas e saduceus em Mateus*

Mateus situa os fariseus tanto na Galileia quanto na Judeia, ao contrário de Marcos, que os restringe quase que exclusivamente à Galileia. Em sua opinião, eles pressentiam os passos de Jesus por toda parte. Às vezes, aliavam-se aos oficiais na Galileia e em Jerusalém; o mais das vezes, porém, estavam do lado dos escribas. Para Mateus, tanto os escribas quanto os fariseus eram grupos instruídos por excelência. As agendas específicas dos fariseus e dos escribas não são tão acuradamente descritas e diferenciadas quanto em Marcos, mas os mesmos tópicos gerais são contemplados, ou seja, observância sabática, leis alimentares, pureza ritual e autoridade docente de Jesus. Os escribas aparecem em Jerusalém junto aos chefes dos sacerdotes, embora menos frequentemente do que em Marcos. Na Galileia, tal qual em Marcos, eles são menos regulares e menos poderosos membros da liderança do judaísmo do que os fariseus.

---

[54] Muitos pressupõem que os chefes dos sacerdotes eram saduceus e não acreditavam na ressurreição, mas não dispomos de nenhum indício convincente que identifique todos os chefes dos sacerdotes como saduceus.

Tal como em Marcos, escribas e fariseus parecem ser membros da classe dos servidores que auxiliava a classe governante da nação (ou seja, aqueles que possuíam riqueza e poder político direto) e aliavam-se a eles e a outros grupos a fim de promover seu próprio programa para o judaísmo. Na Galileia, eles não eram a nata da liderança, mas eram influentes na chefia do povoado local, segundo o relato de Mateus. Eles constituíam um nível intermediário de liderança entre a classe governante e o povo e, por vezes, atuavam como intercessores pelo povo junto a seus contatos mais elevados. Se eles próprios eram funcionários pagos, não se sabe ao certo, embora os fariseus pareçam ser tais e os escribas fossem-no por força da própria arte. Os saduceus são minimamente citados. Mateus coloca-os em aliança com os fariseus em algumas ocasiões. Isto é possível nas mutáveis coalizões da vida religiosa e política judaica, mas nenhuma prova contundente de semelhante aliança pode ser tirada de Mateus.

Para Mateus, bem como para Marcos e Josefo, está claro que os fariseus e os saduceus eram grupos bem conhecidos no judaísmo do primeiro século. Cada um tinha determinados ensinamentos pelos quais eram conhecidos, e alguma influência e autoridade na comunidade. Mateus, às vezes, favorece os escribas, pois pretende promover certo tipo de aceitação da lei judaica entre os cristãos e apoiar o ofício do escriba cristão. Contudo, os escribas são também opositores de Jesus e fazem parte da aliança política contra ele. Os fariseus são os adversários por excelência do dia a dia de Jesus. Eles opõem-se a seus ensinamentos sobre o sábado, pureza e outros temas, e tentam arruinar sua reputação e influência junto ao povo. Como em Marcos, as funções exatas dos fariseus na sociedade não são claras, mas em Mateus eles são uma presença constante na Galileia, enquanto são uma força menor em Jerusalém. Sabemos muito pouco a respeito dos saduceus em virtude da falta de evidências.

Muitos têm acusado Mateus de não possuir nenhum conhecimento da sociedade judaica do tempo de Jesus, e que estaria retroprojetando a situação do judaísmo e do cristianismo pós-Jâmnia na vida de Jesus. Essa postura é, provavelmente, exagerada. As posições e funções sociais atribuídas aos escribas e fariseus, e também aos saduceus, chefes dos sacerdotes e anciãos, são cronologicamente prováveis e correspondem à sociedade judaica do primeiro século conforme o sabemos através de Josefo, de outros livros do Novo Testamento e de fontes rabínicas posteriores. As linhas que distinguem os escribas e os fariseus dos demais grupos e entre si tornaram-se um tanto ininteligíveis, mas os grupos não são simplesmente identificáveis uns com os outros.[55] É provável que estivesse elaborando tradições mais antigas e carecesse de uma avaliação cheia de vida da natureza exata e do papel social dos grupos judaicos. Consequentemente, ele não é totalmente consistente em sua descrição da liderança judaica e da oposição a Jesus. Todavia, não parece que esteja retroprojetando, em grande escala, a leitura que faz da situação do primeiro século na vida de Jesus.[56] A oposição dos escribas e dos fariseus a Jesus é razoável e previsível, pois eles e o movimento de Jesus eram forças de liderança que tentavam modelar a vida e a piedade judaica, e buscavam defender a sociedade judaica das diversas pressões políticas e sociais não judaicas que a rodeavam. Mateus situa os fariseus em Jerusalém e os liga aos saduceus, algo que não se encontra em Marcos. Permanece obscuro se Mateus fundamentava-se em conhecimento histórico confiável ou apenas respondia às exigências dramáticas de sua narrativa. Josefo situa os fariseus em Jerusalém, de modo que a presença deles não é improvável. Os conflitos entre os fariseus e os saduceus têm sido ampliados por alguns estudiosos a ponto de a aliança entre eles ter-se tornado impensável. Mas ambos os grupos eram variações do judaísmo e poderes litigantes no mesmo sistema, e não inimigos figadais. Finalmente, a presença e a influência dos fariseus na Galileia provêm de Marcos e não são encontradas em Josefo. Este, porém, não estava interessado na vida de povoados; ele notou, sim, que os fariseus eram muito populares e influentes entre o povo, e o esboço deles em Mateus é consistente com esta visão. Uma avaliação final sobre a probabilidade dos fariseus na Galileia está reservada para o capítulo doze.

---

[55] O evangelho de João mistura todos os oponentes aos fariseus de forma muito mais abrangente do que Mateus.

[56] Comumente se diz que Mateus provém de Antioquia, na Síria, ou do Leste de Antioquia, mas os indícios para isso são fracos. Se Mateus está em contato com fariseus posteriores a 70 d.C. ou possui tradições a respeito deles, seu evangelho pode provir da Galileia e reflete a presença de fariseus depois da destruição do Templo.

Capítulo 9

Fariseus, escribas e saduceus em Lucas-Atos e João

Os fariseus, escribas e saduceus aparecem em Lucas-Atos e em João bem diferentemente do modo como surgem em Marcos e em Mateus. Os fariseus são líderes independentes e são essencialmente parte da classe governante na Galileia; em João e em Atos, eles têm poder também em Jerusalém. Os escribas não aparecem em João e não se distinguem dos fariseus em Lucas. Em nenhuma da obras ficamos sabendo muita coisa a respeito dos saduceus, além de sua rejeição da ressurreição.

Lucas

O evangelho de Lucas é digno de nota por acrescentar os fariseus em diversas passagens.[1] Muitos têm afirmado que o autor tem uma atitude menos hostil para com os fariseus tanto no evangelho quanto especialmente em Atos.[2] Contudo, a situação não é simples, pois no evangelho, Lucas insere fariseus hostis em diversas situações, mas os retira de alguns lugares onde Marcos e Mateus os retratram como agressivos.[3] Se Lucas é menos adverso aos fariseus não será nossa maior preocupação aqui. Está claro também que Lucas não é incondicionalmente

---

[1] No evangelho, Lucas aumenta o número de referências aos fariseus da seguinte forma: sozinhos em 7,36; 13,31; 14,1; 16,14; 17,20; 18,10-14, com os escribas em 11,53, com juristas e mestres da lei em 5,17; 7,30; 14,3.

[2] Para um estudo recente sobre o problema cf. ZIESLER, J. A. Luke and the Pharisees. *NTS* 25, pp. 146-157.1978-1979.

[3] SANDERS, Jack T. The Pharisees in Luke-Acts. In: GROH, D. & JEWETT, R. (eds.). *The Living Test*; Essays in honor of Ernest W. Saunders. Lanham, New York/London, Univ. of America, 1985. pp. 141-188, esp. 149-154.

Parte II • Fontes literárias

amável para com os fariseus, e tem suas queixas específicas e determinadas a respeito deles.[4]

Um breve estudo da visão de Lucas sobre os fariseus, doutores da lei e saduceus precederá uma análise mais minuciosa. Alguns aspectos dos fariseus em Lucas-Atos são únicos. Três vezes Jesus janta com fariseus.[5] Os fariseus são chefes de comunidades (14,1), envolvidos com riqueza (Lc 16,14) e politicamente ativos e bem informados (Lc 13,31). Embora Lucas siga Marcos ao situar os fariseus na Galileia, e não em Jerusalém, eles são mais onipresentes e poderosos do que em Marcos e Mateus. Com os escribas, eles são um grupo de liderança com poder e riqueza nos povoados galileus (cf. Lc 5,17-26.30-32; 6,7-11; 11,37-53; 14,1-3; 15,2). Finalmente, os fariseus parecem simpáticos a Jesus e aos cristãos em diversas ocasiões (Lc 13,31; At 5,34-39; 23,6-9). Os Atos, de modo especial, tratam bem os fariseus, porque estes aceitam a ressurreição (ainda que não aceitem Jesus).[6] Em segundo lugar, Jesus e seus seguidores, que foram apresentados como um grupo completamente contra o judaísmo no evangelho, são vistos agora (com o judaísmo) como uma pequena parte do mundo greco-romano, maior e mais diversificado. Por fim, a visão positiva de alguns fariseus em relação ao cristianismo e uma referência a fariseus cristãos (At 15,5) enquadram-se no tema lucano da continuidade entre o judaísmo e a Igreja.

A apresentação lucana dos fariseus e de outros líderes judaicos faz parte de uma inversão literária, teologicamente motivada, da sociedade ordinária. De um lado, os líderes dos judeus, os ricos, os outros cidadãos estabelecidos e, às vezes, o próprio Israel são descritos como os que rejeitam a Jesus, rejeitando assim a Deus e, finalmente, perdendo a salvação. De outro, os pobres, os pecadores, marginalizados como os cobradores de impostos e os não judeus, aceitam Jesus e a salvação vinda de Deus, tornando-se, assim, Israel. Esta nova comunidade é delineada e formada gradativamente no relato, e os fariseus, os escribas e outros líderes estão a serviço deste tema abrangente.[7]

---

[4] Luke T. Johnson, *The Literary Function of Possessions in Luke-Acts* (SBLDS 39, Chico, Scholars, 1977) pp. 116-117, adverte, corretamente, que a simpatia de Lucas pelos fariseus não deveria ser presumida.

[5] Lucas 17,36; 11,37; 14,1.

[6] Sanders, op. cit., pp. 182-187, conclui que como os fariseus rejeitam Jesus, Lucas considera que eles não são e não podem ser verdadeiros cristãos.

[7] Johnson, op. cit., pp. 112-115; p. 140 e passim.

A partir de uma perspectiva sociológica, os fariseus funcionam como ricos e poderosos patronos dos camponeses na sociedade e como intercessores dos camponeses em suas relações com o mundo exterior. A objeção de Lucas contra eles é que não cuidam dos pobres, que dependem deles e têm uma reivindicação para fazer à patronagem deles, especialmente a generosidade e as relações recíprocas e justas. Lucas também se queixa de que os pobres, por serem considerados impuros e marginalizados da ordem social, são privados da justiça. O uso que os fariseus fazem das regras de pureza para manter a ordem social leva a relacionamentos injustos. Em resposta, Lucas define a verdadeira impureza como uma deficiência moral, e não ritual; assim, ele abre as fronteiras do cristianismo aos excluídos, gentios e pecadores.[8]

Em virtude de os fariseus serem o grupo-chave de oposição para Lucas, os escribas são menos salientes, isto é, aparecem sozinhos em Lucas-Atos apenas em duas passagens do evangelho (Lc 20,39.46). Do contrário, estão associados a outros líderes, notadamente aos fariseus na Galileia e aos chefes dos sacerdotes e anciãos de Jerusalém. Lucas apresenta também um novo grupo de oponentes, os juristas (*nomikoi*). Este grupo, frequentemente identificado com os escribas, deveria ser compreendido como um grupo versado em e envolvido com a lei, não como advogados e conselheiros à moda atual. Finalmente, a designação "mestre da lei" é usada em duas ocasiões (Lc 5,17; At 5,34).

Os saduceus aparecem uma vez no evangelho, questionando Jesus a respeito da ressurreição (cf. Mc 12,18-27). Em Atos, eles aparecem diversas vezes como um partido ligado aos sumos sacerdotes e, como no evangelho, eles são caracterizados como descrentes da ressurreição (At 4,1; 5,17; 23,6-8).

Essas informações serão agora submetidas a uma análise literária, histórica e sociológica a fim de descobrirmos a classe e o *status* social de tais grupos, seus papéis e suas funções na sociedade e o seus relacionamentos com outros grupos. Lucas-Atos mostram-nos, o mais diretamente possível, como Lucas e suas fontes viam o sistema social judaico no império; mas seu valor, como fonte histórica, é discutível.

---

[8] Esta descrição dos fariseus em Lucas é devedora do trabalho ainda não publicado de Halvor Moxnes of Oslo, The Pharisees were Lovers of Money; Social and Economic Relations in Luke's Gospel.

Parte II • Fontes literárias

O evangelho

Em comparação com Marcos, Lucas, de forma mais linear, faz dos fariseus a oposição galileense de Jesus, e desliga-os da política. Na sequência primitiva das histórias de conflitos (Lc 5,17–6,11), Lucas insere os fariseus na história do paralítico (Lc 5,17.21). Além disso, Lucas torna explícita a presença deles na história do homem com a mão ressequida (Lc 6,7). Nos demais litígios, os fariseus aparecem nas histórias exatamente como o fizeram em Marcos. Lucas corrige a oposição a Jesus e vê os fariseus como os oponentes-chave e centrais de Jesus. Contudo, ele faz distinções entre os fariseus e mostra apenas alguns deles a questionar Jesus a respeito da colheita de grãos (Lc 6,2).

Significativamente, Lucas separa os fariseus dos herodianos. No final desta sequência de histórias de conflitos (Lc 6,11), Lucas não acusa os fariseus de estarem maquinando com os herodianos sobre como destruir Jesus, como o faz Marcos (Mc 3,6). Ele refere-se vagamente a "eles" (o antecedente mais próximo são os escribas e os fariseus em Lucas 6,7), e diz que eles ficaram furiosos com Jesus e discutiam sobre o que poderiam fazer contra ele. Lucas também elimina os fariseus de outra passagem em Marcos, na qual eles e os herodianos aparecem juntos (Mc 12,13).[9] Embora Lucas certamente não veja os fariseus como simpatizantes de Jesus, ele não os vê politicamente hostis e em conexão com as mais altas autoridades. Os fariseus fazem causa comum com Jesus contra as autoridades em uma passagem tardia, encontrada apenas em Lucas, quando eles aconselham Jesus a fugir, porque Herodes estava à procura dele (Lc 13,31).[10] Outra passagem adicional merece consideração e pode demonstrar a mesma atitude. Quando Jesus é louvado durante sua entrada em Jerusalém, Lucas traz os fariseus, em vez dos chefes dos sacerdotes e dos escribas em Mateus, a pedir a Jesus que repreendesse seus discípulos (Lc 19,39-40). Note-se que em Mateus (21,15-16), o lugar da repreensão é no Templo, depois que Jesus entrou na cidade e foi ao Templo. Não está claro se os fariseus estão preocupados com os perigos políticos da aclamação de Jesus, ou escandalizados com o tipo de louvor que lhe está sendo dado. Embora a segunda alternativa seja a mais provável, os fariseus não são apresentados como politicamente ligados aos

---

[9]   Esta é a única passagem de Marcos em que os fariseus aparecem em Jerusalém. Em Lucas, eles acham-se somente na entrada em Jerusalém (Lc 19,39), e não precisamente em Jerusalém.

[10]   Esse aviso não parece uma tentativa de se livrar de Jesus. Antes, ele harmoniza-se com o papel dos fariseus como mediadores entre o povo e o governo. Cf. Sanders, op. cit., pp. 145-146.

líderes de Jerusalém. A intervenção deles é independente de qualquer outro partido político.[11] A visão que Lucas tem dos fariseus que se opõem a Jesus baseia-se no fato de que a atividade deles restringe-se à Galileia e não está ligada aos mais altos círculos de chefia de Jerusalém.

Jesus interage com fariseus na Galileia mais constante e intimamente do que nos outros evangelhos. Lucas descreve os fariseus como os líderes locais que estão empenhados em uma disputa com Jesus por prestígio e pelo controle da sociedade galileense. Por exemplo, três vezes Jesus come com os fariseus (Lc 5,36; 11,37; 14,1); em um caso os fariseus observam-no e surge um conflito. O fariseu que convida Jesus em Lucas 14,1 é um líder farisaico local (*tinos tōn archontōn [tōn] pharisaiōn*). Finalmente, quando os fariseus escarnecem do ensinamento de Jesus a respeito do administrador desonesto e da mamona, Lucas faz a chocante afirmativa de que eles eram "amantes do dinheiro" (Lc 16,14). Esse dito, encontrado apenas em Lucas, possui uma forte conotação teológica no contexto;[12] pressupõe que a posição social dos fariseus inclui acesso à riqueza, seja independentemente, seja em dependência dos ricos. Assim, de acordo com Lucas, os fariseus, na Galileia, são membros da classe dirigente e estão em disputa pela riqueza, bem como pelo prestígio e pelo poder. Lucas usa a riqueza, o poder etc. como rejeição simbólica de Jesus da parte dos líderes da sociedade e como um agente catalítico para a formação de uma nova sociedade cristã.

Mais do que em Marcos e em Mateus, os fariseus em Lucas têm uma importante posição social na Galileia, e as relações deles com Jesus mostram que eles consideravam a ele e a sua liderança sobre as pessoas como uma ameaça à posição deles e, portanto, rejeitaram-no. A atitude de Lucas em relação aos fariseus é complexa e não pode ser simplesmente caracterizada como amável ou hostil. O problema de Lucas com os fariseus é que eles não aceitam Jesus, isto não significa que não haja nenhum contato, ou que todas as relações sejam inamistosas, mas segundo Lucas, a resistência deles contra a autoridade de Jesus está intimamente ligada à sua posição social.

---

[11] Johnson, op. cit., p. 112, argumenta que 19,39-40 completa o modelo de rejeição de Jesus por parte dos líderes judaicos e a aceitação dele pelo povo.

[12] Cf. Fitzmyer, *The Gospel According to Luke*, pp. 1111-1113 (AB 28-28a, Garden City, Doubleday, 1981, 1985) e Johnson, op. cit., p. 141.

Parte II • Fontes literárias

A visão que Lucas tem da posição social dos fariseus vem à tona em diversas passagens nas quais os fariseus mantêm suas reservas em relação aos socialmente excluídos. A oposição dos fariseus aos cobradores de impostos e pecadores é tipológica para Lucas e símbolo da rejeição paradoxal de Jesus pelo judaísmo, e da aceitação dele pelos gentios. Os fariseus são apresentados como guardiães das fronteiras sociais normais contra Jesus, que procura mudar os limites e reconstituir o povo de Deus. Depois que Jesus elogia João Batista, Lucas comenta paralelamente: "Todo o povo que o escutava, e até os publicanos, reconheceram a justiça de Deus, e deixaram-se batizar com o batismo de João. Mas os fariseus e os doutores da lei recusaram ser batizados por João e desprezaram os planos de Deus a respeito deles" (Lc 7,29-30). O julgamento de Lucas está documentado na história da mulher que lavou e ungiu os pés de Jesus quando ele estava comendo na casa do fariseu. A mulher era uma pecadora, e os fariseus pensavam que Jesus, sabendo disso, não deveria deixar-se tocar por ela (Lc 7,36-39). Jesus responde à objeção deles ao discutir o perdão dos pecados e também ressaltando que a mulher está realizando os atos de cortesia omitidos pelo anfitrião Simão, o fariseu, lavando-lhe os pés, beijando-o e ungindo os pés com óleo (Lc 7,40-47).[13] As parábolas da ovelha e da moeda perdidas, e a do filho pródigo são prefaciadas pela objeção dos fariseus e dos escribas de que Jesus come com cobradores de impostos e pecadores (Lc 15,1-2). Finalmente, a parábola do fariseu e do coletor de taxas (Lc 18,9-14) é pronunciada contra aqueles que, "convencidos de serem justos, desprezavam os outros". Dois temas perpassam esses incidentes. Primeiro, os fariseus (e presumivelmente a maioria do povo) que rejeitam aqueles comumente considerados marginalizados socialmente, tais como pecadores e cobradores de impostos, são postos em contraste com Jesus, que dá início a uma nova comunidade que inclui os excluídos. Mais decisivo para nossa análise aqui, Lucas descreve os fariseus como aqueles que se separam também do povo e de Jesus. Lucas os vê reivindicando outro e mais elevado *status* social, e critica-os por isso. Os fariseus tinham delimitado fronteiras nítidas e estritas para a sociedade, e haviam excluído os normalmente marginalizados, incluindo-se Jesus e, em alguns casos, o povo. Quando Jesus se recusa a aceitar as fronteiras dos fariseus, eles questionam sua legitimidade e entram em conflito com ele pelo controle da sociedade.

---

[13] Os fariseus são apresentados como detratores das pessoas de posição social inferior, inclusive Jesus e os pecadores.

Lucas enfatiza a hostilidade e a rivalidade entre os fariseus e Jesus em diversas outras passagens não encontradas em Marcos e em Mateus. Depois dos "ais" contra os fariseus, Lucas resume a hostilidade deles dizendo que os escribas e os fariseus começaram a provocar Jesus a fim de apanhá-lo em alguma palavra (Lc 11,53-54). Imediatamente depois disso, Lucas identifica o fermento dos fariseus com a hipocrisia (Lc 12,1). Lucas também repete uma variante de uma história mais antiga do conflito-cura (Lc 6,6-11; Mc 3,1-6), situada na casa de um chefe farisaico (Lc 14,1-6). Em 17,20-21, uma passagem exclusiva de Lucas, os fariseus perguntam a Jesus quando o Reino de Deus virá, e ele responde que ele já está entre eles dentro deles. O sentido exato desta enigmática resposta é discutido, mas ela indica, pelo menos, que o Reino está bem perto deles e que eles o estão deixando escapar.[14]

A passagem final a ser apreciada no evangelho é um importante ataque contra os fariseus e legistas que inclui instrução a respeito do ritual da purificação das mãos pela água antes do jantar, e três "ais" contra cada grupo (Lc 11,37-54). Parte do material é encontrada em Mateus, capítulo 23, de modo que Lucas, provavelmente, compôs este capítulo usando material tirado de Q. Em sua forma atual e em seu contexto narrativo, um jantar na casa de um fariseu, reflete o julgamento de Lucas a respeito dos fariseus. Os três "ais" contra os fariseus e a discussão do ritual de ablução dizem respeito ao contraste entre a observância externa e a atitude interior, e entre mandamentos importantes respeitantes à justiça e outros menos importantes relacionados às observâncias rituais. Lucas não diz que as práticas dos fariseus estão erradas, mas ele realmente limita de tal forma a importância delas a ponto de os fariseus e sua forma de vida serem vistos como uma má influência na sociedade.[15] A agenda atribuída aos fariseus, pureza e dízimos (como em Marcos), difere daquela atribuída aos legistas e mostra que Lucas é sensível à distinção entre fariseus e juristas, em oposição a Mateus, que junta escribas e fariseus em diversos "ais".

A historicidade da apresentação dos fariseus por Lucas é questionável em muitos detalhes. Lucas apresenta-os como oponentes galileus de Jesus por excelência

---

[14] Johnson, op. cit., pp. 110-111 afirma que a pergunta dos fariseus em 17,20 inicia uma seção deste evangelho (até Lc 18,4), na qual os fariseus são atacados por seu equívoco, especialmente quanto ao lugar dos marginalizados no Reino.

[15] Cf. Fitzmyer, op. cit., pp. 943-945, que interpreta essa passagem mais positivamente.

Parte II • Fontes literárias

e insere-os em vários incidentes onde Marcos não os inclui. Lucas descreve-os como importantes, influentes e até mesmo poderosos líderes comunitários na Galileia. Ao limitá-los à Galileia, ele seguiu a tradição encontrada em Marcos, e talvez, em outras partes. Ao considerá-los uma força política ativa na sociedade judaica, com influência e controle entre o povo, ele é compatível com Josefo. (Em Atos, os fariseus são ativos no sinédrio de Jerusalém, como o são em Josefo.) Os fariseus têm sido muitas vezes tratados como criações da composição e das necessidades literárias de Lucas, um tipo de oposição a Jesus. Embora eles realmente funcionem como uma oposição estereotipada a Jesus, eles também correspondem, de alguma forma, sociológica e historicamente à sociedade judaica. Contudo, é duvidoso que os fariseus fossem líderes nos povoados agrícolas da Galileia. Os anciãos líderes das famílias tradicionalmente proeminentes, em sua maioria proprietários de terra, teriam sido a liderança rural. Apesar de ser possível que alguns fariseus tenham prosperado mediante aliança com eles, os fariseus não teriam tido a predominância numérica e política que Lucas lhes atribui.

Escribas

Os escribas são mencionados algumas vezes em Lucas, mas não possuem um papel distinto e independente. O lugar e o papel social deles estão combinados quase que totalmente com os dos fariseus, dos chefes dos sacerdotes e dos anciãos. Os escribas aparecem apenas duas vezes no evangelho de Lucas. Uma vez eles aprovam a resposta que Jesus deu à provocação dos saduceus quanto à fé dele na ressurreição (Lc 20,39), de modo que são apresentados positivamente como quem está de acordo com Jesus quanto à ressurreição (cf. também Atos). Por outro lado, Lucas assume, de Marcos (Mc 12,37-40), a advertência de Jesus contra os escribas que buscam o reconhecimento público e devoram as casas das viúvas. As acusações levantadas contra eles são semelhantes às arrojadas contra os fariseus em outra parte (Lc 16,14). Em todos os outros casos, os escribas aparecem tanto com os fariseus (Lc 5,30; 6,7; 11,53; 15,2), quanto com os chefes dos sacerdotes e, às vezes, com os anciãos (Lc 9,22; 19,47; 20,1.19.46; 22,2.66). Em todas as passagens nas quais eles aparecem com os chefes dos sacerdotes, Lucas está seguindo Marcos. Quando ligados com os fariseus, os escribas não possuem uma identidade distinta para diferenciá-los dos fariseus, mas são simplesmente vistos como um grupo aliado oposto a Jesus.

Em suma, os escribas não são um grupo bem distinto em Lucas. Assemelham-se aos fariseus em sua crença na ressurreição e juntam-se aos fariseus, diversas vezes, em oposição a Jesus. Lucas não tem nenhuma ideia clara do papel ou função deles; eles são colocados apenas como um apêndice dos fariseus, que são o grupo dominante. Além disso, Lucas toma de Marcos diversas referências aos escribas como parte do grupo de liderança em Jerusalém, juntamente aos chefes dos sacerdotes e, às vezes, aos anciãos. Uma vez que o termo escriba designava uma habilidade e uma ocupação com diversas funções e *status* no mundo greco-romano, Lucas provavelmente não concebia os escribas como um grupo político e social distinto como o fez Marcos. Assim, o autor tende a misturar os escribas aos fariseus.

Legistas

Lucas também apresenta uma nova categoria de oponentes de Jesus — o legista (*nomikos*). Um legista aparece sozinho uma vez, quando pergunta a Jesus sobre a vida eterna, a fim de pô-lo à prova (Lc 10,25). Em Marcos, em um contexto diverso (Mc 12,28), o questionador é um escriba. O escriba de Marcos é mais gentil do que o jurista de Lucas, embora tanto o escriba em Marcos quanto o legista em Lucas respondam corretamente, pois Jesus aprova a resposta deles.[16] Em todos os outros casos, eles estão intimamente associados com os fariseus, de forma semelhante à dos escribas. Em 7,30, Lucas julga que tanto os fariseus quanto os juristas rejeitam o plano de Deus para suas vidas. Em Lucas 11,45 e 14,3, juristas estão presentes nas casas dos fariseus que convidaram Jesus para jantar, e em Lucas 11,46-52, Jesus condena os legistas com três "ais". O conteúdo dos "ais" corresponde às atividades dos juristas (e dos escribas) que são publicamente ativos e ocupam posições oficiais. Eles são censurados por colocarem fardos legais insensatos sobre os outros, comprazendo-se em ostentação pública e protegendo a própria autoridade em detrimento da de Deus.

Alguns indícios sugerem que Lucas usa legista como uma alternativa para escriba.[17] Imediatamente depois dos "ais" contra os fariseus e juristas no capítulo 11, ele faz os fariseus e os escribas buscarem apanhar Jesus em uma armadilha

---

[16] Em contrapartida, em Mateus a pergunta é feita por um fariseu agressivo, que é um jurista.

[17] Fitzmyer, op. cit., a respeito de Lucas 7,30; Sanders, op. cit., p. 172.

Parte II • Fontes literárias

(Lc 11,53-54). Em Lucas 10,25, ele muda o escriba de Marcos para um legista. Visto que Mateus traz um legista que era um fariseu na passagem paralela (Mt 22,34-35), este uso pode provir de Q. Contudo, Lucas não é consistente em sua utilização, pois ele retém os escribas em muitos casos e até mesmo insere-os em lugares exclusivos a ele. Ele não insere legista simplesmente como um auxílio para seu auditório gentio, dado que escriba (*grammateus*) é tão compreensivo a seus ouvintes quanto jurista. A verdadeira questão diz respeito à compreensão de Lucas sobre os escribas e legistas, e sua intenção ao introduzir os legistas na narrativa. Certamente, com a palavra jurista, Lucas não quer dar a entender um advogado legal no sistema jurídico. Em Lucas, os juristas são peritos na lei judaica que as pessoas podiam consultar e talvez um grupo zeloso da lei.[18] É provável que, no mundo do autor, os juristas, mais do que os escribas, funcionassem como peritos autorizados nas leis e costumes sociais e religiosos, funcionários e guardiães das normas da comunidade. Enquanto tais, eles se harmonizam à narrativa melhor do que os escribas.[19]

Os três "ais" contra os juristas oferecem a principal informação a respeito de sua natureza, como Lucas a vê.[20] A primeira acusação, de que eles punham fardos pesados sobre o povo, poderia ter sido feita contra os fariseus também.[21] Os juristas, porém, são tratados como autoridades que possuem um poder especial de controlar o modo de o povo viver o judaísmo e uma concomitante obrigação especial de ajudar o povo. No lamento seguinte, eles são acusados de terem aprovado o assassínio dos profetas, tornando-se, assim, responsáveis por esse ato assim como os líderes e juízes o são. Naturalmente estão implícitas a rejeição deles a Jesus e a responsabilidade por sua morte. O lamento final acusa-os de recusarem-se a entender e de impedirem que outros compreendessem, ou seja, nesse contexto este dito refere-se à compreensão da Bíblia, especialmente da profecia. Tal como os ancestrais deles rejeitaram e mataram os profetas, da mesma maneira os juristas não compreendem os escritos proféticos e assim rejeitam o último da linhagem dos profetas, Jesus. Nos "ais", dá-se por descontado que os

---

[18] Sanders, op. cit., p. 169, p. 172; PARKER, P. Lawyers. *IDB*, v. 3, p. 102.

[19] Não está claro se Lucas considerava que alguns juristas fossem fariseus. Fitzmyer, op. cit., p. 947 interpreta os juristas no capítulo 11 como sendo legistas entre os fariseus.

[20] Sanders, op. cit., pp. 173-174

[21] Cf. Atos 15,10, em que Pedro condena o "pôr o fardo da lei sobre os gentios".

juristas são letrados, custódios da Bíblia, responsáveis pelo ensinamento do povo, líderes influentes e poderosos oponentes dos mensageiros enviados por Deus no passado e no presente.

Uma última expressão usada por Lucas é mestre da lei (*nomodidaskalos*). Ela descreve certo grau de instrução, mais do que um papel ou grupo social. Na primeira história de controvérsia (Lc 5,17), os fariseus e os mestres da lei estavam sentados ao redor de Jesus; mais tarde, porém, na história, os escribas e os fariseus desafiaram Jesus. Consequentemente, Lucas concebia os escribas como "os mestres da lei". Contudo, em Atos, Gamaliel, o fariseu, é considerado um "mestre da lei" (At 5,34). Desse modo, Lucas compreendeu esse título como se referindo a qualquer mestre instruído e aceito, e não como um subgrupo distinto dentro do judaísmo.[22]

Atos

Em Atos, aparecem novos aspectos dos fariseus, escribas e saduceus. Os fariseus aparecem duas vezes como membros do sinédrio. Gamaliel, um fariseu e membro do sinédrio, possuía suficiente sabedoria, respeito e influência para ser capaz de vencer a fúria do sinédrio e aconselhar prudente cautela no trato com os apóstolos (At 5,33-40). Gamaliel ajuda os apóstolos, e porque estava aberto à possibilidade de que o ensinamento deles pudesse vir de Deus, a atitude de Lucas em relação a ele é positiva,[23] mas a historicidade da apresentação de Gamaliel em Atos pode ser posta em dúvida, porque, como figura literária, serve ao propósito de Lucas de mostrar a continuidade entre cristianismo e judaísmo. Quando Paulo apareceu diante do sinédrio, ele declarou que era fariseu, filho de fariseu, sua reivindicação de pertença ao farisaísmo arruinou o processo contra ele ao provocar uma discussão sobre a ressurreição entre fariseus e saduceus dentro do sinédrio (At 23). De acordo com a história, alguns dos escribas dos fariseus defendiam que Paulo podia ter recebido essa mensagem de um espírito ou anjo, seres cujas existências eram negadas pelos saduceus. Assim, Lucas, como Josefo, afirma que os fariseus e os saduceus discordam no ensinamento quanto à ressurreição e à existência de

---

[22] Essa expressão aparece em outro lugar no Novo Testamento: 1Tm 1,7.

[23] Lucas faz Paulo mencionar seu estudo com Gamaliel como parte nobre e importante de sua atividade como judeu em At 22,3, testemunhando, assim, a importância e o lugar de honra de Gamaliel no judaísmo.

Parte II • Fontes literárias

anjos. Como Paulo acredita na ressurreição e é fariseu, ele entra em uma aliança bem temporária com os fariseus contra os saduceus na disputa deles pelo poder no sinédrio e, presumivelmente, na vida judaica.

Alguns cristãos hierosolimitanos, bem como Paulo, são identificados por Lucas como fariseus. Durante o encontro da comunidade de Jerusalém com Paulo, "alguns dos que tinham sido da escola (*hairesis*) dos fariseus, mas haviam abraçado a fé", afirmavam que era preciso circuncidar os fiéis gentios e prescrever-lhes a observância da lei de Moisés (At 15,5). Este zelo pela lei de Moisés corresponde à ideia lucana dos fariseus tanto nos evangelhos quanto nos Atos e é coerente com sua imagem de Paulo quando este, mais tarde, afirma que viveu o judaísmo de acordo com a mais rigorosa escola (*hairesis*), a dos fariseus (At 26,5). O autor dos Atos usa a mesma palavra que Josefo para descrever o grupo farisaico, e identifica-os pelo rígido modo de vida que eles levavam segundo a interpretação da lei bíblica. De forma semelhante a Josefo, Lucas apresenta os fariseus como uma força política no judaísmo, notória por seu programa para a vida judaica. Os Atos também concordam com a própria caracterização do farisaísmo de Paulo em Fl 3,5, onde ele dá a entender que a forma de vida farisaica é um modo de viver a vida judaica reconhecido, exigente e aceito.

Uma palavra precisa ser dita acerca da historicidade do relato de Lucas sobre os fariseus. É provável que alguns fossem membros do sinédrio e que competissem pelo poder em Jerusalém. Todavia, a ideia de Lucas de que Paulo pudesse ser fariseu e cristão, e de que havia cristãos que permaneceram fariseus é muito implausível, especialmente em virtude dos conflitos com as autoridades e dos ensinamentos judaicos narrados em Atos e mencionados nas cartas de Paulo. Os fariseus eram um grupo de interesse político com um programa para a vivência do judaísmo, e qualquer interpretação do cristianismo, não importava quão judaica fosse, encontrar-se-ia em conflito com eles. Ao tentar estabelecer a continuidade entre cristianismo e judaísmo, Lucas maximiza os acordos entre eles quanto ao ensinamento e aos interesses comuns. Ele junta os judeus que eram severos na observância da lei (fariseus) com os judeu-cristãos que desejavam permanecer fiéis à lei de Moisés. Lucas entrevê corretamente muitas coisas acerca dos fariseus, mas ele provavelmente enfatiza demais as relações positivas com os primeiros seguidores de Jesus.

Escribas

Os escribas aparecem em diversas passagens do livro de Atos, mas eles não se diferenciam dos escribas do evangelho. Os escribas são associados aos governantes, anciãos e aos sumos sacerdotes Anás e Caifás no julgamento de Pedro e João (At 4,5). Em relação aos apóstolos, eles funcionam tal como o fizeram em relação a Jesus; eles fazem parte da oposição oficial. Quando Paulo está perante o sinédrio, diz-se que alguns escribas fazem parte (*meros*) dos fariseus e apoiam Paulo por causa de sua crença na ressurreição (At 23,9). Finalmente, membros da Sinagoga dos Homens Livres instigaram o povo, os anciãos e os escribas contra Estêvão e, a seguir, trouxeram-no diante do sinédrio (At 6,12). Em Atos, como no evangelho, os escribas são líderes legítimos e letrados da comunidade, politicamente ativos na proteção da comunidade judaica.[24]

Saduceus

Os saduceus, que são mencionados apenas uma vez no evangelho (como em Marcos), aparecem três vezes no livro de Atos. Em todas as ocasiões, eles estão associados à mais alta liderança de Jerusalém. Pedro é preso no Pórtico de Salomão, dentro dos recintos do Templo, pelos sacerdotes, pelo capitão (*stratēgos*) do Templo e pelos saduceus (At 4,1). Os apóstolos são presos pelos sumos sacerdotes e por todos os que estão com eles, "isto é, a escola (*hairesis*) dos saduceus" (At 5,17). Por fim, em uma cena que já examinamos, os saduceus são uma parte (ou partido [*meros*]) do sinédrio que não acredita na ressurreição ou em anjos e espíritos. As crenças dos saduceus e a associação deles com a classe dirigente correspondem à descrição dos saduceus dada por Josefo, que também os denomina de escola ou partido.

Conclusão

É difícil avaliar historicamente a visão que Lucas tem dos fariseus, escribas e saduceus. Sua concepção da sociedade judaica é coerente em muitos aspectos e está de acordo com Josefo em alguns pontos. Contudo, ele estereotipa claramente os

---

[24] Em At 19,35, o escriba de Éfeso põe ordem na assembleia da cidade e a preside. Ele é um oficial da cidade, tal como um secretário de município ou secretário de assembleia. Cf. capítulo 11 para outros exemplos desse uso.

Parte II • Fontes literárias

oponentes de Jesus, de modo especial os fariseus. Tem-se pouquíssima informação acerca dos escribas e saduceus para que se possa apresentar um quadro completo. Os escribas são um grupo que depende seja dos fariseus, seja dos chefes de Jerusalém, como convém a funcionários instruídos dentro do esquema de governo. Lucas concorda com Josefo em que os saduceus estão intimamente ligados à liderança rica e poderosa, e que eles não acreditam na ressurreição ou nos anjos. Nos Atos, os fariseus gozam de prestígio em Jerusalém, assim como em Josefo. No evangelho, eles são influentes na Galileia, tal como em Marcos.

Os fariseus em João

Os fariseus agem tanto como oficiais do governo quanto como eruditos doutores da lei que estão interessados no ensinamento de Jesus e que discutem sua veracidade. Saduceus e escribas não são mencionados em João.[25] Em João, a apresentação dos fariseus difere enormemente dos demais evangelhos sinóticos, embora alguns traços comuns permaneçam. Tanto na Galileia quanto em Jerusalém, os fariseus são uma presença ameaçadora, "sempre vigilantes e suspeitosos adversários de Jesus, que mantêm o povo sob vigilância e influenciam-no com sua propaganda".[26] Eles rivalizam-se com Jesus pelo prestígio junto ao povo e procuram minar-lhe o ensinamento. Ao longo de todo o evangelho, os fariseus estão aliados aos chefes dos sacerdotes na promoção de ações oficiais contra Jesus, especialmente quando de suas viagens a Jerusalém. Além disso, os fariseus, quer sozinhos, quer com outros oficiais, controlam a sinagoga e os processos judiciais para a remoção daqueles a quem eles se opõem. Essa imagem dos fariseus como um grupo oficialmente poderoso tem traços significativos em comum com a apresentação que deles faz Josefo durante o período hasmoneu. Consoante os dois relatos, eles alcançaram verdadeiro poder político, ainda que esse poder derivasse da classe dirigente à qual serviam. Está evidente na narrativa da condenação de Jesus à morte, que os fariseus não constituíam as mais altas autoridades durante a qual saem de cena (tal como nos evangelhos sinóticos).

---

[25] Os escribas aparecem em João 8,3 (a mulher surpreendida em adultério), mas a passagem é uma perícope não joanina, ausente dos melhores manuscritos e caracterizada por uma linguagem não joanina. Em João, os fariseus representam o papel dos escribas e dos fariseus em Marcos. Cf. DODD, C. H. *Historical Tradition in the Fourth Gospel*. Cambridge, Cambridge University, 1963. p. 264.

[26] SCHNACKENBURG, R. *The Gospel According to St. John I*. New York, Herder, 1968. p. 293.

Os fariseus são mencionados pela primeira vez em conexão com uma delegação enviada de Jerusalém ao Jordão a fim de investigar João Batista (Jo 1,19-28). Os judeus enviaram sacerdotes e levitas a João, para perguntar-lhe quem era ele. Os judeus são, obviamente, as "autoridades", compreendidas de modo genérico, que se opõem a Jesus durante todo o evangelho.[27] Visto que este é o único lugar nos evangelhos onde os sacerdotes e levitas são identificados como oficiais que lidam com João ou com Jesus,[28] Dodd afirma que é provável que uma tradição anterior, pré-70, tenha sido preservada em João.[29] Depois que os sacerdotes e os levitas convenceram-se de que João não tinha pretensões perigosas à liderança profética ou messiânica, outros questionam João a respeito do significado de seu batismo e de sua legitimidade (Jo 1,24). O texto grego é discutido; os questionadores poderiam ser fariseus ou pessoas enviadas pelos fariseus, e eles poderiam fazer parte da delegação anterior ou formarem uma delegação à parte.[30] O mais provável é que alguns fariseus fossem membros da mesma delegação.[31] No incidente, os fariseus são situados em Jerusalém, encarregam-se da investigação oficial a respeito de João e estão interessados na exatidão de seu ensinamento e em sua autoridade para tal. Aqui e amiúde, João situa os fariseus em Jerusalém, contrariamente à tradição sinótica e em concordância com a apresentação de Josefo. Além do mais, os fariseus agem como representantes oficiais da classe governante.

---

[27] A palavra judeu aparece setenta vezes em João e possui diversos significados. Cf. von Wahlde, Urban C. The Terms for Religious Authorities in the Fourth Gospel, A Key to Literary Strata? *JBL*, v. 98, pp. 233-234, 1979, para um sumário dos usos e bibliografia recente. Quando "judeus" refere-se aos oponentes de Jesus, significa sempre as autoridades, exceto em Jo 6,41.52, onde indica o povo. Essas duas últimas passagens podem provir de um redator. Cf. von Wahlde, Urban C. The Johannine "Jew", A Critical Survey. *NTS*, v. 28, pp. 44-46. 1982. Raymond Brown, *The Community of the Beloved Disciple*, pp. 40-43 (Ramsey, NJ, Paulist, 1979), ressalta que, para o autor de João e sua comunidade, no final do primeiro século, depois da separação da sinagoga, "judeus" refere-se a todos os judeus. Eles são vistos como os herdeiros das autoridades judaicas que se opuseram a Jesus durante sua vida. Tanto os judeus do tempo de João quanto as autoridades judaicas do tempo de Jesus são asperamente atacadas. R. Alan Culpepper, *The Anatomy of the Fourth Gospel*, A Study in Literary Design, p. 126 (Foundations and Facets; Philadelphia, Fortress, 1983), sugere que, do ponto de vista literário, João está usando "judeus" com significados múltiplos e interligados. Embora isto seja verdade em um sentido amplo, sentidos múltiplos, baseados na redação, não podem ser ignorados.

[28] Semelhantemente em Josefo, *Vida*, 189-198 (38-39), sacerdotes e fariseus são enviados a fim de destituir

[29] Dodd, op. cit., pp. 263-264.

[30] Cf. BROWN, Raymond. *The Gospel According to John*. Anchor Bible 29; Garden City, Doubleday, 1966. v. 1, pp. 43-44.

[31] Schnackenburg, op. cit., v. 1, p. 292.

Parte II • Fontes literárias

O papel fiscalizador dos fariseus na sociedade é atestado mais uma vez quando se diz que a viagem de Jesus da Judeia à Galileia (Jo 4,1) é motivada pelo fato de ele ter ouvido dizer que os fariseus sabem que ele está fazendo mais discípulos do que João Batista. A implicação é que os fariseus desaprovarão Jesus e ser-lhe-ão uma ameaça de alguma forma palpável. A história de Nicodemos confirma esta imagem dos fariseus. Ele é fariseu e "chefe" (*archon*) dos judeus, que vem a Jesus em Jerusalém, durante a festa da Páscoa, dirige-se a ele como Rabi e reconhece-o como mestre vindo de Deus (Jo 3,1-2).[32] Em contrapartida, Jesus qualifica Nicodemos como mestre de Israel (Jo 3,10), quando o repreende por sua inadmissível ignorância. Nicodemos corresponde ao perfil dos fariseus, ou seja, desempenha uma função oficial em Jerusalém, tem informações sobre Jesus, mostra interesse erudito por seu ensinamento (neste caso, positivo) e sente a ameaça da desaprovação de seus companheiros fariseus.[33] Nicodemos, que representa para João um fariseu parcialmente "bom", aceita Jesus como companheiro mestre e até mesmo seu superior, portanto, consultando-o e entrando em um diálogo educacional com ele.[34] Que a desaprovação dos fariseus, a qual Nicodemos teme devido a sua aceitação de Jesus, seja uma ameaça social que merece atenção, fica claro em um encontro posterior dos chefes dos sacerdotes e dos fariseus no qual Nicodemos fala em favor de Jesus (Jo 7,52) e no comentário de que muitos líderes (*archontes*) judeus acreditaram em Jesus, mas não abertamente, porque os fariseus fariam com que fossem expulsos da sinagoga (Jo 12,42).[35]

O poder dos fariseus e a ameaça política que eles representavam ficaram evidentes quando Jesus foi à Festa dos Tabernáculos secretamente, em vez de às claras, porque os judeus procuravam matá-lo (Jo 7,1.10). O tipo de influência que os fariseus tinham e procuravam preservar pode ser visto naquilo que é dito de Jesus

---

[32] Brown, op. cit., p. 130 sugere que Nicodemos era especificamente membro do sinédrio, embora o termo sinédrio não seja usado aqui e é usado apenas uma vez em todo o evangelho (Jo 11,47).

[33] S. Pancaro, *The Law in the Fourth Gospel*, p. 86 (Studia Neotestamentica 42; Leiden, Brill, 1975), sugere que a descrição de Nicodemos aqui e em João 7,50 e 19,39 é estereotipada e, assim, oferece-nos informações ulteriores sobre a visão do autor a respeito dos fariseus. Certamente isto é verdadeiro quanto a Nicodemos, bem como para todas as personagens joaninas, mas Culpepper está certo ao afirmar que Nicodemos é tanto representante quanto sutilmente indivíduo autônomo (op. cit., pp. 134-136).

[34] Em João, os termos "mestre" e "rabi" são usados apenas para Jesus. A única exceção a este uso é a irônica designação de Nicodemos, por Jesus, como mestre em Israel que não compreende (Jo 3,10).

[35] Em 9,22, os judeus decidiram expulsar da sinagoga quem confessasse Jesus. Os fariseus podem estar implicados, como as autoridades judaicas, ou João pode estar simplesmente sendo inexato.

em Jerusalém. Quando Jesus ensinava no Templo, os judeus ficaram maravilhados, porque ele era instruído,[36] mas não tinha estudado. O tipo exato de estudo ou de legitimação que era exigido não se sabe, mas as normas comunitárias para a erudição e a autoridade para ensinar eram comuns. O mais provável é que se tratasse de uma familiaridade com a lei e os costumes reconhecidos pelo povo e pelos pares, como os fariseus, em vez de um ofício abalizado pela lei.[37] Os resultados do ensinamento de Jesus mostram aquilo que os líderes judeus, inclusive os fariseus, estavam tentando evitar. Visto que muitos acreditaram em Jesus, alguns hierosolomitas tentaram matá-lo (Jo 7,30-31), enquanto outros, ocuparam-se em discussão (literalmente, murmurando) a respeito dele. A disputa levou a um confronto com os fariseus, que são, mais uma vez, retratados como interessados no ensinamento de Jesus. Neste caso, eles, juntamente aos chefes dos sacerdotes, empreendem uma ação política oficial ao enviar subordinados[38] a fim de prenderem Jesus (Jo 7,32). Quando aqueles que foram enviados para capturar Jesus voltaram sem Jesus, porque estavam inspirados de temor respeitoso para com ele (Jo 7,44-46), os fariseus insinuaram que eles estavam sendo enganados por Jesus (Jo 7,47).[39]

Os critérios para a rejeição de Jesus como mestre são sintomáticos: nenhuma das autoridades (*archontes*) ou dos fariseus acreditaram nele, e o povo que acreditou não conhece a lei e, portanto, é maldito. Os fariseus manifestam tanto seu habitual interesse naquilo que Jesus ensina e faz, quanto sua ênfase na erudição como critério para a liderança. Note-se, também, que os líderes (provavelmente os chefes dos sacerdotes e outras autoridades políticas) são distintos dos fariseus, ainda que alguns deles estivessem ligados aos chefes dos sacerdotes no exercício do poder.

Usualmente os fariseus não legitimam Jesus tratando-o como a um igual.[40] Antes, eles mantêm uma posição superior baseada no reconhecimento social do

---

[36] Literalmente, ele "conhece suas letras".

[37] Cf. Malina, *Christian Origins*, pp. 144-153.

[38] *Hypēretai* são servos ou ministros. Foram interpretados como oficiais, polícia do Templo, agentes etc.

[39] A sequência cronológica no capítulo 7 é confusa. Eles parecem ter sido enviados quando Jesus está falando em meio à festa (Jo 7,14.32) e retornam depois de Jesus ter falado no último dia da festa (Jo 7,37). A sequência dramática e o impacto de Jesus sobre os guardas na narrativa estão claros, e este é o ponto principal para o autor.

[40] Cf. Malina, *The New Testament World*, cap. 2, a respeito da honra. Alguém participa de disputas e desafios por honra e por posição na comunidade somente com pessoas do mesmo nível. Ignoram-se os que são inferiores, ou mandam-se subordinados para tratar com eles.

Parte II • Fontes literárias

próprio conhecimento, da influência junto ao povo e do poder político em comunhão com os chefes dos sacerdotes. Somente uma única vez os fariseus realmente debatem diretamente com Jesus, em oposição aos evangelhos sinóticos, nos quais as histórias de conflito são abundantes. Um discurso desconectado, junto ao tesouro do Templo (8,13-20), começa com a afirmação de Jesus de que ele é a luz do mundo e com a objeção dos fariseus de que ele dá testemunho de si mesmo, invalidamente, segundo a lei. Assim, isso conduz a um breve discurso sobre a autoridade de Jesus e a interpretação correta da lei, com uma pergunta adicional feita pelos fariseus. O assunto temático é típico dos fariseus.

A história da cura do homem cego de nascença (capítulo 9) e a controvérsia subsequente revelam muita coisa sobre os fariseus e também com mais probabilidade ainda a respeito da situação do autor do evangelho de João e de sua comunidade.[41] Quando o cego de nascença foi curado e voltou para sua vizinhança em Jerusalém, aqueles que o conheciam procuraram uma explicação para sua cura. As pessoas não queriam que a boa ordem da comunidade fosse perturbada e estavam apreensivas com um exercício de poder de alguém que eles não conheciam. Consternados por esta mudança na ordem física e social, eles levaram o homem aos guardiães da comunidade e dos costumes, os fariseus, para uma avaliação da situação. Os fariseus interrogaram o homem e daí, ao ficarem sabendo que Jesus havia misturado lama em dia de sábado, dispensaram-no como um pecador que violou o descanso sabático (Jo 9,13-17). Nessa narrativa, os fariseus são líderes preocupados com o ensinamento, com a ordem e com o exercício do poder na comunidade. Os fariseus usam o papel deles, socialmente aceito, como apurados intérpretes da tradição para condenar Jesus de acordo com as leis e os costumes que conferem à comunidade sua identidade e forma. O que é especialmente digno de nota é que o povo volta-se para eles como os oficiais locais zelosos da ordem pública e das normas comunitárias.

O diálogo com os pais do cego mostra que os judeus tinham decidido que quem quer que confessasse que Jesus era o Cristo seria expulso da sinagoga (Jo 9,22). R. Brown[42] diz que os fariseus (13.15.16 e 40) são os mesmos que os judeus

---

[41] Cf. Martyn, J. Louis *History and Theology in the Fourth Gospel*. Rev. ed., Nashville, Abingdon, 1968. pp. 24-62. Este autor vê no capítulo 9 um reflexo da situação da comunidade joanina no final do primeiro século, quando foi expulsa da sinagoga pelos rabis, os sucessores dos fariseus.

[42] *John*, p. 373.

Fariseus, escribas e saduceus em Lucas-Atos e João

(18.22) nessa narrativa. Esta interpretação se harmoniza com a passagem de João 12,42, na qual se diz que muitas autoridades acreditaram em Jesus secretamente, mas, "por causa dos fariseus, não o confessavam, para não serem expulsas da sinagoga".[43] Isto é aceitável se todos os líderes judeus estiverem sendo misturados em um único grupo opositor ou se presume-se a íntima associação dos fariseus com outros líderes judeus. Contudo, é possível ler o texto como referindo-se a uma segunda investigação feita por outros oficiais, chamados genericamente de judeus. Neste caso, os fariseus partilham a autoridade sobre a sinagoga juntamente com outros oficiais judeus, uma situação histórica mais provável, tanto antes quanto depois da destruição do Templo. Seja os fariseus, seja os judeus exerciam a função de líderes comunitários com autoridade para dar ordens e interrogar membros da comunidade, e com *status* suficiente para serem consultados pelo povo e exercer controle sobre ele, bem como uma importante instituição do povo — a sinagoga.

Quando Jesus falou ao cego pela última vez, ele relacionou cegueira e visão à fé. Os fariseus, que se achavam de alguma forma artificialmente dentre os ouvintes, perguntaram se *eles* eram cegos; Jesus expande a metáfora dizendo-lhes que eles, dado que alegavam ter visto, não eram cegos e inocentes, mas culpados. Em uma virada irônica, a pretensão dos fariseus quanto ao conhecimento e à verdade volta-se contra eles. Eles, assim como Nicodemos (Jo 3,10), são mestres que não têm desculpas para a ignorância.

Como na história do cego de nascença, também na história de Lázaro muitos acreditaram em Jesus (Jo 11,45), mas alguns foram e contaram aos fariseus o que Jesus fizera. Em ambos os casos, os fariseus são os chefes da comunidade a quem o povo recorre quando existe ruptura da ordem corriqueira. Contudo, como resultado dessa queixa, a ação oficial passou a um novo nível. Os chefes dos sacerdotes e os fariseus reuniram um conselho (sinédrio)[44] para discutir o que fazer com Jesus (Jo 11,46). A presença dos chefes dos sacerdotes e a natureza oficial do encontro conduzem à conspiração contra Jesus e à sua condenação final. Em Marcos, os escribas e anciãos aparecem com os chefes dos sacerdotes como a oposição oficial, política, e, em Mateus, tanto os anciãos quanto os escribas juntam-se aos chefes dos sacerdotes na oposição. Nem os escribas nem os anciãos aparecem em João;

---

[43] Cf. Jo 16,2 também quanto à expulsão da sinagoga.

[44] Esta é a única ocorrência de *synedrion* no evangelho, embora outras passagens, por ex. Jo 7,45, pareçam aludir a esta associação.

Parte II • Fontes literárias

antes, os fariseus são os cúmplices dos chefes dos sacerdotes, e os papéis tanto dos escribas quanto dos anciãos são incorporados a eles.

As preocupações expressas pelo conselho são tipicamente políticas. Eles temiam que todo o povo chegasse a acreditar em Jesus, rompendo, assim, a ordem civil, com a consequência de que os romanos poderiam destruir o lugar e a nação (Jo 11,47-48).[45] Consequentemente, a partir daquele dia ele planejaram como levar Jesus à morte (Jo 11,53) e procuraram encontrar Jesus a fim de prendê-lo (Jo 11,57). Diz-se também que os chefes dos sacerdotes planejaram a morte de Lázaro (Jo 12,10), porque sua popularidade e presença levavam o povo a acreditar em Jesus.

A oposição e a preocupação dos fariseus manifestaram-se por duas vezes durante a última viagem de Jesus a Jerusalém. Quando Jesus entrou triunfalmente em Jerusalém e foi testemunhado por aqueles que tinham visto Lázaro ter sido revivificado dos mortos, os fariseus queixaram-se de que nada podiam fazer, porque o mundo (*kosmos*) tinha seguido Jesus (Jo 12,19). Eles temiam perder seu *status* social na comunidade como líderes respeitados e sua influência sobre as crenças e comportamentos do povo; daí, exprimem a frustração de estarem perdendo a disputa com Jesus.

Os fariseus aparecem uma última vez quando enviam alguns oficiais subordinados juntamente a Judas com o fito de prender Jesus (Jo 18,3). A partir daí, os sumos sacerdotes Anás e Caifás, os chefes dos sacerdotes e seus subordinados assumiram o comando, e os fariseus não foram mais citados. Nesse ponto, a narrativa joanina da Paixão assemelha-se às dos evangelhos sinóticos: os sacerdotes, e não os fariseus, desempenham um papel preponderante na condenação e execução de Jesus. Os fariseus não são a autoridade governamental determinativa, mas detêm algum poder direto.

Em muitas passagens do evangelho, os fariseus são vistos como os detentores de poder direto ou de influência decisiva na determinação de quem deve ser

---

[45] Cf. Horsley, Richard. High Priests and the Politics of Roman Palestine. *JSJ*, v. 16, pp. 23-55. 1985, sobre o papel da elite que cooperava com os romanos e sobre a prevalência de seus interesses em preservar o *status quo*. Os nexos entre os oficiais da província romana e a aristocracia local, e a tendência da aristocracia em cooperar com os romanos em benefício próprio e, às vezes, em detrimento de seu próprio povo são salientados por Richard P. Saller, *Personal Patronage Under the Early Empire*. Cambridge, Cambridge UP, 1982, pp. 145-194, para o caso do Norte da África.

reconhecido como judeu de boa reputação. Essa função fica evidente no sumário que conclui a primeira metade do evangelho (Jo 12,36-50). Muitos acreditaram, inclusive os anciãos (*archontes*), mas não o admitiram por medo dos fariseus, que poderiam expulsá-los da sinagoga (Jo 12,42-43). A qualificação de membro da sinagoga como algo decisivo para ser judeu parece mais característica da diáspora do que da Palestina. Na Palestina, especialmente antes de 70 d.C., era-se judeu vivendo-se a vida judaica em um povoado ou cidade judaicos.[46] Na diáspora, os judeus tinham de manter a identidade judaica mediante associação ativa a uma comunidade e organização judaica, ou seja, a uma sinagoga. O realce na sinagoga como categórico para a boa posição de alguém pode harmonizar-se com a Palestina depois da destruição do Templo, quando os líderes judeus podem ter usado a ameaça de expulsão ou algum tipo de excomunhão ou de ostracismo no povoado como estratégia para o fortalecimento do judaísmo e proteção contra o cristianismo.[47] Uma vez que os esforços para proteger e moldar a comunidade judaica são amplamente testemunhados pela literatura neotestamentária, as punições comunitárias provavelmente eram uma experiência antiga dos seguidores de Jesus, embora a formulação "expulsar da sinagoga" aplique-se também, de modo especial, à diáspora.

Conclusões

No evangelho de João, os fariseus, juntamente aos judeus e aos chefes dos sacerdotes, são os adversários mais importantes de Jesus e têm um papel essencial na trama do evangelho. Do ponto de vista dramático, eles incrementam a ação da vida e da morte de Jesus e, retoricamente, representam os oponentes da comunidade joanina no tempo do autor.[48] Uma análise sociológica do retrato joanino dos fariseus pode ajudar-nos a avaliar sua probabilidade histórica.

---

[46] Cf. o capítulo 4.

[47] Dodd, op. cit., pp. 409-410 ressalta que as tradições cristãs sobre o ser levado perante sinédrios (Mc 13,9; Mt 10,17) e sinagogas (Lc 21,12) são comuns a todas as tradições, provavelmente antigas e, assim, talvez, descrições fidedignas daquilo que aconteceu aos seguidores de Jesus. Essas tradições primitivas poderiam provir da Palestina ou da Síria. O termo sinédrio pode referir-se a algo tão pequeno quanto o conselho local do povoado, e sinagoga, à comunidade judaica local reunida.

[48] Cf. Culpepper, op. cit., p. 129 e sua citação de Fortna.

Em João, os fariseus desempenham um papel muito mais oficial do que nos evangelhos sinóticos. A ausência de escribas e anciãos, que se achavam nos evangelhos sinóticos e, certamente, eram membros da liderança judaica no primeiro século, depõe a favor de uma visão simplificada e não histórica da liderança judaica em João.[49] Muitos estudiosos defendem que os fariseus assumiram o comando do judaísmo depois da destruição do Templo no ano 70 d.C., e que os fariseus, na narrativa, são símbolos da liderança rabínica emergente no final do primeiro século, um grupo com o qual a comunidade joanina tinha sérios conflitos.[50] Essa posição é demasiado simplificada. É duvidoso se os rabis dominaram o judaísmo por volta do final do primeiro século, especialmente na diáspora, na qual João foi finalmente editado. Além do mais, os rabis incluíam muito mais do que os antigos fariseus em suas fileiras.[51] Depois da destruição do Templo, a liderança judaica provavelmente permaneceu como os anciãos tradicionais e líderes comunitários, incluindo-se alguns fariseus e escribas, e somente gradativamente, durante o segundo século e até mesmo no terceiro, os rabis realmente tornaram-se uma força dominante na comunidade.

Os fariseus, segundo João os apresenta, podem refletir parcialmente a situação palestinense em meados do primeiro século. Os críticos estão corretos ao perceber que João mistura todos os oponentes de Jesus, exceto os chefes dos sacerdotes, em uma única categoria — os fariseus. Mas a reinterpretação joanina da história não deve ser exagerada. Está bem atestado no Novo Testamento que os fariseus eram oponentes históricos de Jesus, e Dodd mostrou que João muitas vezes conserva tradições antigas fidedignas.[52] A análise de João precisa ser corrigida por Josefo, porque os fariseus eram apenas um entre os numerosos grupos no judaísmo do primeiro século a rivalizarem-se pelo prestígio social e pelo poder, sendo, portanto, menos proeminentes do que a narrativa joanina levaria a crer.[53] Assegurando-se esse ajuste de enfoque, o quadro joanino dos fariseus como ativos

---

[49] Culpepper, op. cit., p. 129.

[50] Martyn, *History*, pp. 72-75; pp. 84-89 e passim.

[51] Cf. capítulos 6 e 10.

[52] Esta é a tese de seu estudo, *Traditions*.

[53] Martyn, *History*, pp. 84-89, exagera quando afirma que João apresenta os fariseus como a força por trás de todos os outros grupos judaicos no evangelho.

em Jerusalém e concorrendo com Jesus é sociologicamente provável e consistente com outras fontes.

Os fariseus eram um grupo letrado que tinha influência junto ao povo, porque eram aceitos por ele como os guias do comportamento e da fé judaicos. Como tais, eram líderes comunitários, talvez com algum poder direto tanto na sinagoga quando no conselho governamental em Jerusalém, e certamente com grande influência em conjunção com os chefes dos sacerdotes e outros líderes comunitários ("os judeus"). Como Josefo, João enfatiza aqueles fariseus (provavelmente apenas pequeno núcleo de comando) que estavam em Jerusalém e que participavam diretamente do governo da nação. Ao contrário dos evangelhos sinóticos, João sublinha o papel de liderança dos fariseus na comunidade. Eles espionavam Jesus e observavam como o povo reagia a ele. Eram aqueles a quem o povo consultava ou relatava os fatos quando se sentia perturbado ou confuso por causa de Jesus. Discutiam os ensinamentos e a autoridade docente de Jesus, mas, à exceção de um caso, eles não desafiavam Jesus diretamente. Ao contrário, portavam-se como deveriam os líderes estabelecidos; mantinham distância do recém-chegado e planejavam obnubilar sua influência e preservar a própria. Quando os fariseus encetavam ações oficiais, faziam-no com a cooperação dos chefes dos sacerdotes e de outros oficiais. Eles não eram os principais líderes políticos, pois os chefes dos sacerdotes prevaleceram como os oponentes primários de Jesus na narrativa da Paixão, tal como nos evangelhos sinóticos. Isto demonstra que tanto João quanto os sinóticos beberam em tradições que concordavam em que os fariseus não eram fatores decisivos na crucifixão de Jesus.

Em suma, a visão que João tem dos fariseus corresponde a muito daquilo que sabemos sobre as sociedades incrustadas no Império Romano. A religião faz parte da estrutura política e social. Os líderes da sociedade são tradicionais — os chefes dos sacerdotes, apoiados por servidores que desempenham várias funções na sociedade e competem pelo prestígio com aqueles que detêm o poder. João descreve os fariseus como o grupo mais bem-sucedido e influente; isto é, provavelmente, uma simplificação não histórica, pois os fariseus não passavam de mais uma força religiosa e política entre tantas outras no judaísmo do primeiro século. A visão joanina dos fariseus verossimilmente corresponde à experiência de sua comunidade em relação ao judaísmo e aos fariseus em meados do primeiro século. Os fariseus eram um grupo de oposição importante para a comunidade joanina, porque alguns fariseus

Parte II • Fontes literárias

tinham grande influência em Jerusalém e algum controle sobre quem era aceito como judeu de bem e admitido na assembleia (sinagoga).[54] Outras fontes, bem como João, deixam claro que os fariseus eram uma força reconhecida na interpretação da lei e da vida judaica, tinham grande influência junto ao povo e rivalizavam com Jesus e com a comunidade cristã primitiva para manter sua posição.

---

[54] A experiência inicial da comunidade joanina foi na Palestina; a edição final do evangelho provém, provavelmente, da Ásia Menor. Cf. Brown, *The Community*, pp. 25-31.

Capítulo 10

Fariseus e saduceus na literatura rabínica

A maioria das análises dos fariseus e saduceus contidas nos estudos e manuais cita extensamente as fontes rabínicas, porque elas oferecem muito mais informação do que Josefo e o Novo Testamento e porque julga-se que elas sejam menos tendenciosas do que Josefo e o Novo Testamento. Contudo, tais reconstruções do farisaísmo e do saduceísmo têm-se fundamentado em uma leitura acrítica de uma ampla gama de fontes judaicas tardias, vagamente chamada de literatura rabínica. Estas coleções — da Michná, cerca do ano 200 d.C., passando pelos Talmudes do quinto e sexto séculos, até as primeiras coleções midráshicas medievais — têm sido usualmente selecionadas por causa das poucas passagens que falavam dos fariseus e dos saduceus, pelas leis, ditos e histórias mais numerosas atribuídas aos sábios que datam de antes da destruição do Templo, e por passagens anônimas que parecem referir-se à sociedade anterior à destruição. Esse material, tirado do contexto, tem sido tratado como tradições do primeiro século historicamente acuradas e alinhavadas em uma narrativa.[1] Embora os estudos com frequência refiram-se aos problemas de datação, e esforços tenham sido feitos no sentido de discernir tradições antigas de tardias, normalmente eles consideram os textos dispersos como historicamente confiáveis a menos que se prove o contrário.

---

[1] Para uma sincera e polêmica análise da pesquisa em torno dos fariseus, cf. Bibliographical Reflections. In: NEUSNER, Jacob. *The Rabbinic Traditions about the Pharisees before 70*. Leiden, Brill, 1971. v. 3, pp. 320-368. Reconstruções clássicas e prestigiosas dos fariseus são encontradas em: MOORE, George Foot. *Judaism in the First Centuries of the Christian Era*. Cambridge, Harvar UP, 1927. v. 1, pp. 56-92; LAUTERBACH, Jacob. *Rabbinic Essays*. New York, Ktav, 1973; HERFORD, R. Travers. *The Pharisees*. New York, Macmillan, 1924.

Neste estudo, as fontes rabínicas serão lidas dentro do mesmo tipo de metodologia crítica usado para Josefo e para o Novo Testamento. Os fariseus não serão identificados com os rabis posteriores, nem tampouco os textos de documentos tardios serão automaticamente aceitos como fontes fiéis do primeiro século. Dado que cada uma das fontes rabínicas conta narrativas de tempos mais antigos a fim de realizar seus próprios intentos religiosos, tais narrativas não podem ser tomadas como história. Se assim o fossem, produziriam, no primeiro século, uma retroprojeção ilegítima e não histórica do judaísmo rabínico do século segundo ao sétimo. Tal reconstrução acrítica enseja leituras perniciosas. Por exemplo, quando tal leitura foi conjugada com uma aceitação acrítica da avaliação negativa do Novo Testamento em relação aos fariseus, emergiu a tradicional e inexata imagem dos fariseus como legalistas. Os saduceus são mencionados raramente e, então, sempre pejorativamente.

Em virtude de a leitura acrítica das fontes rabínicas produzir uma confusão de reconstruções arbitrárias dos fariseus e dos saduceus que ainda proliferam até mesmo na melhor literatura, far-se-á referência às interpretações errôneas mais recentes desses indícios, e os limites daquilo que conhecemos serão sublinhados. A obra de Jacob Neusner merece crédito. Em uma série de estudos sobre os fariseus, os sábios antigos e a Michná, Neusner lançou os fundamentos para uma avaliação crítica da literatura rabínica e para a compreensão do desenvolvimento do judaísmo primitivo e do lugar dos fariseus nesse desenvolvimento.[2]

É impossível fazer aqui uma análise completa de todos os textos que lidam com os fariseus, os sábios primitivos e as pretensas leis antigas na literatura rabínica, porque os textos existem às centenas, e cada um deve ser examinado literariamente no seu contexto e, a seguir, avaliado historicamente pelos elementos que fornece e pelo objetivo a que está a serviço. Os dados da literatura rabínica que podem ser úteis na compreensão dos fariseus são de três tipos: ditos e histórias dos

---

[2]   As obras mais importantes de Neusner, além de *Pharisees*, já mencionada, são: *The Development of a Legend*, Studies on the Traditions Concerning Yohanan ben Zakkai (SPB, v. 16; Leiden, Brill, 1970) e *Eliezer ben Hyrcanus*, The Tradition and the Man (SJLA; Leiden, Brill, 1973), 2 vols. Neusner designa agora essas obras como o início do empreendimento crítico. Seus trabalhos posteriores analisam documentos rabínicos independentes, tanto internamente quanto em relação a outras partes do cânone rabínico. Cf. seus 43 volumes intitulados *History of the Mishnaic Law* (SJLA; Leiden, Brill, 1974-1985), que abrangem cinco dentre as ordens, e suas conclusões sintéticas em *Judaism*, The Evidence of the Mishnah (Chicago, University of Chicago, 1981).

sábios dos anos 70 d.C. ou anteriores; leis anônimas atribuídas ao período pré-70, especialmente se elas parecem corresponder à sociedade anterior à destruição; e textos que mencionam os fariseus e os saduceus pelo nome. *Primeiro,* ditos e histórias respeitantes a certo número de sábios que datam de antes de 70 d.C., bem como as disputas entre as casas de Hillel e de Shammai, não identificam explicitamente os sábios como fariseus, ainda que eles sejam tratados como os predecessores dos rabis e como uma força poderosa na sociedade judaica. Como Gamaliel é identificado como fariseu em At 5,34, e seu filho Simão é identificado como fariseu durante o tempo da guerra em *Vida* de Josefo 190-194, e como o ensinamento rabínico parece ter continuidade com aquilo que é atribuído aos fariseus no Novo Testamento e em Josefo, presume-se que os primeiros sábios tenham sido fariseus e que os rabis tenham sido uma extensão da tradição farisaica.[3] O farisaísmo, porém, é um fenômeno do período do segundo Templo. O modo de vida e as visões históricas posteriores dos rabis estão mui provavelmente relacionadas com o fenômeno do farisaísmo, mas não são simplesmente uma extensão dele. Consequentemente, as narrativas rabínicas do período do segundo Templo serão lidas aqui não como história, mas como movimento rabínico tardio de reconstrução de sua história primitiva.[4]

O *segundo* corpo de indícios são as leis anônimas atribuídas ao período pré-70, especialmente aquelas leis que se aplicam à sociedade do segundo Templo. A reconstrução comum do desenvolvimento da Michná, o primeiro corpo escrito da lei rabínica, pressupõe que as tradições foram gradualmente acumuladas a partir do tempo de Esdras e começaram a tomar forma nas coleções michnaicas no primeiro e segundo séculos. Os debates entre as escolas de Hillel e de Shammai são vistos como típicas das discussões legais dos fariseus que adentraram o período rabínico.[5] Contudo, a Michná tem sido inteiramente editada e nenhum critério linguístico pôde, com confiança, diferenciar fontes mais antigas. A análise de Neusner das tradições certificadas dos sábios pré-70 e da lógica de raciocínio na Michná isolou

---

[3] Cf. a breve discussão e referência a Cohen, *Yavneh*, 36-41, no capítulo 1.

[4] Ainda que tais narrativas fossem assumidas como historicamente precisas, elas são tão dispersas a ponto de impedir qualquer reconstrução histórica adequada do desenvolvimento do farisaísmo e de sua forma de vida sem grandes voos de imaginação a fim de preencher as lacunas.

[5] Para um estudo deste problema cf. NEUSNER, Jacob. *From Mishnah to Scripture: The Problem of the Unattributed Saying with Special Reference to the Division of Purities.* BJS 67; Chico, Scholars, 1984.

Parte II • Fontes literárias

um pequeno corpo de assuntos legais que são provavelmente anteriores às tradições desenvolvidas em Jâmnia depois de 70 d.C., porque o conteúdo de tais tradições está pressuposto pelas leis e disputas posteriores e, portanto, a existência delas é aceita e atestada indiretamente.[6] Embora não possamos provar historicamente que uma lei é primitiva por ser logicamente anterior (o desenvolvimento histórico das culturas e das religiões é demasiado variado para isso),[7] a análise de Neusner pode oferecer-nos uma compreensão do pensamento pré-70 das escolas farisaicas. Até mesmo as tradições pré-70 não podem ser atribuídas com segurança aos fariseus, nem tampouco os estratos pré-70 da Michná correspondem aos fariseus tais como os conhecemos particularmente bem, de forma que outros grupos não estão excluídos como criadores de antigas leis.[8] O judaísmo do primeiro século não consistia nas quatro filosofias listadas por Josefo (fariseus, saduceus, essênios e revolucionários). Muito provavelmente, a sociedade judaica estava infestada de grupos, coalizões, facções e grupos de interesse que se diferenciavam pelas práticas, opiniões e estratégias em assuntos sociais importantes.

Um *terceiro* corpo de indícios, relativamente pequeno, a respeito dos fariseus e saduceus, é encontrado em textos que os citam pelo nome. Uma vez que a data da maioria desses textos situa-se além dos dois primeiros séculos, todos eles tratam os saduceus de forma polêmica, e alguns referem-se aos fariseus pejorativamente. Esses textos refletem uma reinterpretação tardia dos fariseus e devem ser usados com cautela. Far-se-á uso da cuidadosa obra de Ellis Rivkin acerca destes textos,[9] embora sua interpretação global seja contestada, porque ele lê textos provenientes de diversas épocas e fontes como um único corpo de indícios. Seus textos de controle

---

[6] Cf. um resumo recente de seus achados anteriores em *The Mishnah Before 70*. BJS 51; Atlanta, Scholars, 1987.

[7] Acerca dos problemas dessa abordagem, cf. Smith, Jonathan Z. *Map is Not Territory*. Leiden, Brill, 1978, p. 258.

[8] Neusner, *Evidence*, pp. 70-71. Enquanto a Michná certamente assume algum ensinamento farisaico, ela lida também amplamente com assuntos sacerdotais e do Templo, ordem civil e direitos de propriedade pertinentes aos proprietários de terra e aos agricultores dos povoados. Os rabis pós-70, com toda probabilidade, contavam com rabis, escribas e outros líderes judeus proeminentes, juntamente com os fariseus (Neusner, *Evidence*, pp. 230-256).

[9] Defining the Pharisees, The Tannaitic Sources. *HUCA*, vv. 40-41, pp. 205-249. 1969-1970; cf. também *A Hidden Revolution*; The Pharisees' Search for the Kingdom Within. Nashville, Abingdon, 1978. Esp. cap. 3, pp. 125-179.

da Michná e da Tosefta, ou seja, aqueles textos que contrastam os fariseus e os saduceus, contam apenas sete e são incompletos para definir os fariseus.[10] Muitos dos textos tardios não reproduzem nada concernente aos fariseus do primeiro século, porque o termo fariseu não é mais compreendido e foi aplicado a um fenômeno sectário posterior.

Os sábios do primeiro século da era cristã serão tratados em primeiro lugar, porque a literatura rabínica contém relativamente mais histórias e ditos a respeito deles do que sobre sábios anteriores. (O material, proporcionalmente esparso, que diz respeito aos sábios durante o segundo e primeiro séculos a.C., será omitido por falta de espaço e porque tais tradições são historicamente ainda mais difíceis de usar do que o material atinente ao primeiro século.) As origens do patriarcado rabínico do final do primeiro século e do segundo século serão examinadas como contexto para a compreensão da Michná e da literatura rabínica tardia. Embora o espaço não permita uma análise dos sábios do segundo século, a Michná e a Tosefta, as fontes mais antigas e mais fidedignas do ensinamento deles, serão criticamente examinadas como fontes históricas. Finalmente, textos que implicitamente mencionam os fariseus e os saduceus serão criticamente perscrutados com referência especial à obra recente de Ellis Rivkin.

Será dada atenção à situação social subentendida pelos textos e por algumas de suas interpretações tradicionais. Em vez de indícios históricos fidedignos do primeiro século, as fontes oferecem uma compreensão direta e merecedora de crédito dos interesses e compromissos dos rabis do segundo ao sexto séculos. Os indícios nos textos, interpretados pelos modelos sociológicos desenvolvidos nos primeiros capítulos e pela informação colhida em Josefo e no Novo Testamento, podem oferecer um esboço historicamente verossímil de alguns aspectos dos fariseus e da contribuição deles para o desenvolvimento do movimento rabínico.

---

[10] LIGHSTONE, Jack. Sadducees *versus* Pharisees, The Tannaitic Sources. In: NEUSNER, Jacob (ed.). *Christianity, Judaism and Other Greco-Roman Cults; Studies for Morton Smith at 60.* Leiden, Brill, 1975. v. 3, pp. 206-217. Cf. a discussão a seguir.

Parte II • Fontes literárias

Os sábios no primeiro século da era cristã

Hillel e Shammai

De todos os sábios pré-70, somente Hillel tem um amplo corpo de ditos e de histórias que lhe são atribuídos.[11] Em virtude de os rabis talmúdicos considerarem Hillel como seu fundador e mais importante mentor, eles descreveram-no constantemente como uma pessoa cativante, sábia e paciente, e cobriram seus ensinamentos legais com uma camada de ditos sapienciais, histórias de sua origem e *status* e relatos de seus discípulos.[12] Hillel é tornado até mesmo o ancestral de Gamaliel e de Simão, seu filho, e assim, um fundador da família patriarcal, embora não haja nenhuma prova para isto nem no Tratado Abot nem no Talmude Babilônico.[13] As histórias sobre Hillel nas fontes rabínicas posteriores correspondem aos interesses da casa patriarcal ulterior, tal como ascensão dele ao poder, sua sabedoria, seu ensinamento moral e a predominância de suas opiniões em matérias de lei. Ele é descrito como um líder de grande prestígio e poder em todas as esferas da vida, em contraste com os sábios anteriores, cujos ensinamentos diziam respeito a assuntos internos farisaicos, tais como dízimos, pureza e observância sabática.

O Hillel dessas fontes rabínicas não é simplesmente histórico tanto quanto não o é o Jesus dos evangelhos. A única prova em favor de Hillel são as fontes

---

[11] Cf. Neusner, *Pharisees*, II: 185-302 e III: 255-272 para uma análise histórico-literária das tradições. Usando-se os cálculos de Neusner, que só podem ser aproximativos dada a natureza do material, os sábios antes de Hillel, tomados em conjunto, possuem apenas 75 tradições em 173 perícopes, mas Hillel, sozinho, tem 33 tradições em 89 perícopes. Cf. NEUSNER, Jacob. Three Pictures of the Pharisees: A Reprise. *Formative Judaism: Religious, Historical, and Literary Studies*. Fifth Series. BJS, v. 91, p. 65, Chico, Scholaras, 1985. Este artigo (pp. 51-77) é um sumário conciso da posição de Neusner.

[12] Neusner, *Pharisees*, II:294.

[13] M. Abot 1:16-18, com Gamaliel e Simão, acrescentados à cadeia original de tradição que inclui os pares até Hillel e Shammai. Outra sequência de nomes é dada em b. Shabbat 15a. Em nenhum dos casos se diz que Hillel está ligado à dinastia patriarcal, mas tal conclusão poderia ter sido tirada posteriormente da sequência. A busca de legitimidade mediante ascendência alcança seu ápice na pretensão posterior da família patriarcal de que Hillel era descendente de Davi (j. Taan. 4:2). H. STRACK, *Introduction to the Talmud and Midrash* (New York, Harper, 1965), p. 109, expressa o consenso mais antigo dizendo que Gamaliel era "provavelmente filho de Hillel". J. N. EPSTEIN, *Mevo'ot le-Sifrut ha-Tannaim* (Jerusalém, Magnes; Tel-Aviv, Dvir, 1957), p. 31, expressa a opinião mais crítica de que não conhecemos nenhuma relação entre Hillel e Gamaliel. Neusner, *Pharisees*, II: 294-295 e 375-376 observa que nem o material de Hillel nem o de Gamaliel demandam relacionamento. Ademais, o material de Gamaliel não apresenta nenhuma relação intrínseca com o material de Hillel, nem com o da escola de Hillel.

rabínicas, e elas mostram apenas, com relativa segurança, que ele era um mestre fa-risaico influente na virada do período, cujo prestígio foi sentido depois de sua morte. Quando ele foi adotado como o originador do patriarcado farisaico e do patriarcado rabínico tardio, ele foi transformado em uma figura de proporções exageradas, e até mesmo comparado a Moisés.[14] A maioria das histórias sobre Hillel provém de meados do segundo século em diante, e atesta a autocompreensão dos rabis, mais do que a história de Hillel. O que é mais provável historicamente, dentre o material de Hillel, são as regras concernentes aos dízimos, à pureza e à agricultura, pois tais assuntos eram discutidos pelos outros sábios antigos, e formam o mais primitivo estrato da Michná, conforme será mostrado adiante.

Shammai, o oponente de Hillel, aparece em quase todo o material de Hillel,[15] e agora não existe separado dele. Os rabis reivindicavam Hillel como próprio e não preservaram, independentemente, material shammaíta, nem apresentaram uma imagem exata dele e de seus ensinamentos.[16] As regras dos mestres aceitos na tradição são registradas em uma forma legal padronizada, mas Shammai carece de tais regras e é descrito em histórias e ditos biográficos. A Michná e a Tosefta mostram Shammai aceitando a supremacia das posições hillelitas e, assim, agre-gam-no a um de seus propósitos: convencer todos os judeus a aceitar sua própria interpretação da vida judaica.[17] O Talmude Palestinense e os midrashim são menos hostis a Shammai do que o Talmude Babilônico, que o estereotipa completamente. Alguns dos textos sugerem que os escritos rabínicos posteriores consideravam que Shammai fora proeminente durante sua vida. Isto explica o número de histórias em que eles atacam Shammai e também as histórias da vitória final de Hillel e do poder de seu partido.

As casas de Hillel e de Shammai

O material atribuído às casas de Hillel e de Shammai superam em número todo o material atribuído aos sábios pré-70, mesmo o de Hillel. Utilizando a contagem

---

[14] Sifre Deut # 357.

[15] Neusner, *Pharisees*, II:184-211, analisa todos os textos sobre Shammai e em II: 303-340, todos os textos que trazem Hillel e Shammai em oposição um ao outro.

[16] Neusner, *Pharisees*, II:196; a maioria das histórias é hostil, II:208.

[17] A Michná faz isso com muitas figuras, por exemplo Akabya ben Mahalaleel. Cf. SALDARINI, Anthony. The Adoption of a Dissident; Akabya ben Mahalaleel in Rabbinic Tradition. *JJS*, v. 33, pp. 547-556. 1982.

Parte II • Fontes literárias

aproximativa de Neusner, 219 tradições em 300 perícopes pertencem às casas, de um total de 371 tradições pré-70 encontradas em 655 perícopes.[18] O material das casas é altamente estilizado e reflete, em ampla medida, a redação que Neusner situa em Jâmnia, depois da destruição do Templo.[19] Em virtude de as atribuições do material a rabis particulares não serem consideradas acuradas, regras e disputas podem ser fidedignamente datadas apenas se elas forem imputadas ou referidas ao material atribuído aos sábios em uma geração posterior. Por exemplo, se os sábios de Jâmnia (70-130) ou de Ush (140-147) têm conhecimento de um ensinamento ou debate, então esses existiam naquela época e provavelmente provieram da geração anterior. As regras atribuídas às casas dizem respeito principalmente aos dízimos, pureza e observância sabática, e não a outras preocupações mais amplas, características do final do segundo século. Assim os sábios do segundo século parecem ter tido um grupo de disputas que proveio do primeiro século e que eles conservavam como parte de seu ensinamento.

Os debates das casas não nos oferecem uma visão completa e de primeira mão dos fariseus do primeiro século. A formulação do material legal atribuída às casas de Hillel e de Shammai é tão estereotipada e concisa que certamente é uma construção literária, e não o registro de discussões ao vivo em meados do primeiro século, nem a repetição verbal exata dos ensinamentos daquele período. Antes, o essencial das questões e das soluções a que a próxima geração alude e pressupõe provavelmente deriva do período pré-70, mas foi reformulado de forma regular e maneável por gerações posteriores.

O início da casa patriarcal

Sabe-se um pouco mais sobre os sábios do primeiro século posteriores a Hillel. Menciona-se certo número de autoridades, mas não muitas tradições são atribuídas a eles e são superficialmente compreendidas. As figuras mais proeminentes do primeiro século são Gamaliel I (o ancião), Simão, seu filho, e, depois da destruição do Templo, Gamaliel II.[20] Embora fontes posteriores considerem

---

[18] Neusner, *Three Pictures*, p. 65. Este número não inclui muitas perícopes encontradas nos Talmudes. Cf. Neusner, *Pharisees*, II:5.

[19] Neusner, *Pharisees*, III:315.

[20] B. Shab. 15a traz um Simão antes de Gamaliel, o Ancião, e o Tratado Abot 1:16-18 não tem uma sequência clara. Isto levou a muita especulação.

Gamaliel filho de Hillel, e Hillel, portanto, fundador da dinastia patriarcal, não há provas de que Gamaliel estivesse ligado a Hillel. A pretensão de ligação com Hillel e do relacionamento de Hillel com a casa de Davi são reivindicações tipicamente dinásticas a fim de estabelecer autoridade e ligitimidade.

Gamaliel, o ancião, está representado por vinte e seis tradições em quarenta e uma perícopes, de acordo com as contas de Neusner. Simão, seu filho, possui apenas sete tradições em treze perícopes. Os *corpora* de ambos os patriarcas estão marcados por histórias sobre eles e alusões a eles, mais do que regras legais padronizadas, atribuídas a sábios pós-70. A agenda de Gamaliel, o Ancião, é mais ampla do que a dos sábios mais antigos e seu objetivo é coerente com a postura e deveres de um membro do sinédrio, um papel que lhe é atribuído em At 5,34-41.[21] Simão é conhecido a partir de Josefo, segundo o qual ele atuava na chefia de Jerusalém durante a guerra.[22] Parece provável que Gamaliel e seu filhos fossem membros de uma família importante, que também era farisaica. Em virtude de as fontes rabínicas identificarem Gamaliel II, filho de Simão, como shammaíta, é provável que eles não fossem hillelitas, mas, não obstante, eram líderes do movimento farisaico.[23]

Após a destruição do Templo

As histórias dos sábios que se seguem à destruição do Templo e ao longo do segundo século são muito mais numerosas do que aquelas que dizem respeito ao período de pré-destruição. Embora estas histórias tenham sido amiúde aceitas de forma acrítica como historicamente confiáveis, e usadas para construir a história primitiva do movimento rabínico, tanto quanto o livro dos Atos foi usado em gerações anteriores da pesquisa neotestamentária, estudos recentes mostram que todas essas histórias espelham as épocas em que foram formuladas e o contexto no qual foram recolhidas. Limitações de espaço nos impedem uma análise dos sábios deste período e sua conexão com o farisaísmo. Os fenômenos observados no material mais antigo continuam a limitar a confiabilidade deste material como dado histórico. Johanan ben Zakkai, Gamaliel II, Akiba e outros certamente exerceram

---

[21] Cf. Neusner, *Pharisees*, II: 376.

[22] Cf. a seção acerca do *Guerra*, de Josefo.

[23] O lugar de Hillel e de Shammai nas correntes de tradição tem sido submetido a algumas modificações. Pode ser que Shammai tenha sido proeminente durante sua vida e que os hillelitas alcançaram poder somente depois da guerra. Esta é a leitura para a qual Neusner apresenta provas.

Parte II • Fontes literárias

uma influência decisiva no incipiente movimento rabínico, mas muitas das histórias sobre eles datam de um período depois da derrota de Bar Kochba pelos romanos em 135, e refletem o interesse rabínico do final do segundo século pelas origens de seu movimento.

Os documentos midráshicos e talmúdicos dão a impressão de que os sábios eram imediatamente reconhecidos como mestres e líderes da comunidade judaica. Contudo, somente no período talmúdico é que os rabis obtêm realmente o controle da comunidade, pois até então ainda se achavam em luta pelo controle da comunidade judaica, tentando convencer a maioria da população judaica a adotar o modo de viver e de compreender a vida judaica. É provável que as cidades e povoados conservassem seus tradicionais e variados costumes e modos de compreender a vida judaica após a destruição do Templo e que apenas paulatinamente adotaram a peculiar e poderosa interpretação das leis bíblicas e das exigências da aliança incorporadas na Michná e em outra literatura rabínica. O judaísmo da diáspora, cuja diversidade está atestada em inscrições, literatura e arqueologia, provavelmente levou mais tempo para aceitar esta nova forma de vida.

O poder dos patriarcas judeus era, quase certamente, bem limitado. As guerras contra Roma em 66-70 d.C. e 132-135 d.C. dilaceraram a vida judaica palestinense e conduziram ao domínio romano dos negócios judaicos. Todos os líderes judeus, inclusive a liderança rabínica, sofreram durante a guerra de Bar Kochba em meados do segundo século. Somente com Rabi Judá, o Príncipe, por volta do ano 200, é que a literatura rabínica apresenta realmente um líder rico, influente e poderoso, com recursos e pessoal suficientes para dominar, embora não para controlar completamente, a comunidade palestinense. A situação política durante o segundo século era extremamente complexa. Conforme foi observado no capítulo 6, os indícios de que Gamaliel II fosse reconhecido como líder do judaísmo pelos romanos são minguados e altamente ambíguos, tornando esta reivindicação, frequentemente repetida, historicamente incerta.[24] Embora os romanos recrutassem costumeiramente líderes locais como seus representantes, não existe nenhuma prova

---

[24] Schwartz, *Josephus*, pp. 167-168. Para uma argumentação cautelosa de que os romanos tenham indicado Gamaliel e seus sucessores como chefes da comunidade palestinense, cf. GOODBLATT, Davi. The Origins of Roman Recognition of the Palestinian Patriarchate [in Hebrew]. *Studies in the History of the Jewish People and the Land of Israel*. Haifa, University of Haifa, 1978. v. 4, pp. 89-102. Goodblatt mostra que as histórias sobre Gamaliel fazem sentido se ele tivesse sido indicado pelos romanos, mas o caso está longe de ser seguro.

Fariseus e saduceus na literatura rabínica

concludente de que tenham recrutado Gamaliel em vez de outros líderes tradicionais da cidade após a guerra. Ainda que eles tenham deveras reconhecido Gamaliel como representante da comunidade judaica, ele e seus associados (rabinos) teriam tido apenas um controle limitado sobre como a vida judaica era vivida em primeiro lugar. Michael Goodman sugere que o poder do patriarca era inseguro no segundo e no terceiro séculos, poder que foi dissipado depois da guerra de Bar Kochba, consolidado por Judá, o Príncipe, e expandido aos poucos para a esfera secular no terceiro século. Goodman liga esta expansão de poder à crescente importância dos intelectuais no segundo período sofista e à relativa negligência das autoridades romanas em relação à Palestina.[25] Somente no final do quarto século as fontes romanas realmente reconhecem um patriarca com amplos poderes.

Facções e coalizões do primeiro século

A natureza das "casas" de Hillel e de Shammai é assunto um tanto discutido. Em hebraico, o termo "casa" tem um amplo leque de significados que pode incluir família, grupo, associação ou lugar. As casas de Hillel e Shammai, como o farisaísmo em si, têm sido muitas vezes compreendidas como seitas religiosas ou escolas de pensamento dentro do farisaísmo. No entanto, dada a interpenetração entre política, religião e o restante da sociedade, é duvidoso que a imagem das casas como sociedades sectárias rivais seja exata.[26] Uma vez que os dois grupos identificam a si mesmos pelo nome de um líder ou fundador, eles podem ser bem compreendidos como facções, ou seja, associações temporárias de pessoas diversas, agrupadas em redor de um líder.[27] Mais tarde, após a morte dos líderes, estas facções podem ter-se tornado institucionalizadas em grupos formais, corporativos, e proporcionaram parte da estrutura social do primeiro século.

---

[25] GOODMAN, M. *State and Society in Roman Galilee, A.D. 132-212*. Totowa, NJ, Rowman, 1983. pp. 115-117.

[26] Rivkin, *Revolution*, p. 135. Goodman, *State*, pp. 114-115, diz que Rabi Judá, o Príncipe, no ano 200, era principalmente um intelectual religioso a obter poder gradativamente. Ele usa a categoria "intelectual religioso" com a conotação de separação da sociedade secular, um uso que é bastante problemático à luz da estrutura da sociedade delineada no capítulo 3. Contudo, se Judá e seus predecessores são compreendidos como frequentemente interessados no controle da sociedade, mesmo quando lhes faltasse todo poder, sua análise faz sentido.

[27] Cf. capítulo 4

Parte II • Fontes literárias

As facções prosperam quando a autoridade central da sociedade é fraca, desorganizada ou não aceita pela maioria da população, exatamente as condições sociológicas características da Palestina do primeiro século. O judaísmo estava subordinado a Roma, e muitos movimentos populares, violentos e não violentos, surgiram em reação a esta situação, como o atesta Josefo. Os sacerdotes e as famílias dominantes esforçavam-se por acalmar o populacho, mas, no final das contas, fracassaram, com catastróficos resultados para a nação judaica. Em meio a este turbilhão de atividades, muitos grupos esculpiram seus próprios modos de viver o judaísmo e de preservar suas identidades como judeus. Aquelas facções que persistem por longo tempo e sobrevivem a seus líderes tornam-se um grupo formal com uma liderança organizada, autoperpetuadora e de identidade social definida. As narrativas das casas do final do primeiro século e do começo do segundo sugerem que elas eram desse tipo de grupo, e, como tais, duas entre as muitas organizações de judeus zelosos que ofereciam um programa para defesa e reforma do judaísmo perante a pressão romana e helenística. Hillel, Shammai, Judas (o fundador da quarta filosofia), Jesus, o pregador do Reino de Deus, Simão bar Giora, o pretenso messias e outros eram muito comuns no judaísmo do primeiro século e facilmente reuniam modestos grupos de seguidores entusiasmados que se esforçavam para convencer outros judeus a aliar-se a eles na busca de influência e poder sobre a política social. Mais tarde, os primeiros líderes do movimento rabínico, com a toda probabilidade, fizeram o mesmo. Durante o segundo século, os sábios emergentes talvez fossem privados de poder e estivessem lutando para desenvolver seu programa para o judaísmo e angariar adeptos entre o povo. Essa luta pelo controle continuaria ao longo dos primeiros séculos seguintes.

Esses textos rabínicos, muito partidários e fragmentários, exigem interpretação no contexto da sociedade judaica como um todo. Os fariseus e seus líderes, tais como Hillel e Gamaliel, estavam no controle da sociedade judaica durante o primeiro século não mais do que os patriarcas e sábios no segundo. Eles eram um entre inúmeros grupos que emulavam pelo poder e pelo prestígio, forcejando uma identidade para o povo perante a crescente pressão de Roma e da necessidade de adaptar a vida judaica às novas circunstâncias. Note-se que todos os sábios anteriores à destruição estão ligados a Jerusalém, o centro da sociedade, do poder e da religião judaicos. Aqueles sábios sobre os quais existe certo número de tradições são descritos como influentes na sociedade e em contato com o sumo sacerdote e outras autoridades. Até certo ponto, estes sábios rabínicos assemelham-se aos fariseus em Josefo. Os rabinos, como era de esperar, consideravam seus antepassados como um povo política e religiosamente dominante, enquanto Josefo os mantém dentro de limites históricos mais prováveis como um pequeno grupo de limitado prestígio. Eles concordam em que os fariseus eram um grupo político, religioso que buscava o poder e a influência no judaísmo palestinense.

Indícios bem limitados em Josefo e no Novo Testamento sugerem que Gamaliel e Simão, seu filho, eram líderes proeminentes dos fariseus, com substancial influência nos altos conselhos do judaísmo em Jerusalém. (É notável que Hillel não teve origem desta proeminente família e não é reconhecido como uma força social importante fora da literatura rabínica.) A ampla agenda de leis atribuída a Gamaliel e a emergência posterior desta família como líderes do judaísmo palestinense que, eventualmente, receberam o reconhecimento de Roma, tornam provável que ele tenha sido oriundo de uma família importante e que foi um líder farisaico.

Internamente, os fariseus tinham sua própria visão de como a sociedade deveria ser, mas a literatura rabínica também indica que eles tinham muitos desentendimentos no interior de seu pequeno e diversificado movimento. Não está completamente claro como organizavam-se exatamente, mas sua subsistência na sociedade por mais de dois séculos e a eventual emergência como um poder na sociedade judaica durante o segundo e terceiro séculos demonstram um programa coerente e uma política determinada. As teorias concernentes à organização interna desse povo serão apreciadas após uma análise da agenda legal do primeiro século refletida na Michná.

A agenda legal do primeiro século

Conforme foi observado anteriormente neste capítulo, muitas reconstruções dos fariseus têm presumido que partes da lei rabínica na Michná, Tosefta e Talmudes tiveram sua origem remontando-se a Esdras e foram passadas adiante para os rabinos pelos fariseus e outros. Além disso, leis atinentes ao Templo e a outras instituições pré-destruição e muitas leis anônimas têm sido consideradas autênticos testemunhos do primeiro século e de períodos anteriores. Visto que a Michná e todas as coleções rabínicas subsequentes foram integralmente compostas e editadas para comunicar as opiniões de seus autores, desta maneira um simples apelo a tradições supostamente antigas é inaceitável em uma história crítica do farisaísmo.

Parte II • Fontes literárias

Jacob Neusner demonstrou que o material atribuído ao período pré-70 deve ser estabelecido tanto por atestações (nas quais uma lei está pressuposta, em uma discussão, por uma autoridade nomeada) quanto pelo desenvolvimento lógico da lei michnaica (na qual um princípio fundamental ou um conceito generativo é anterior a uma lei).[28] A análise de Neusner determina que os critérios literários não podem prover resultados abrangentes, confiáveis, porque a Michná tem sido completamente modificada, e que os critérios históricos não podem fornecer um contexto social, porque as leis foram situadas em uma síntese atemporal, ideal da vida judaica, que apela para a imaginação e para o coração, mas ignora as complexidades sociais de seu tempo.[29] Mesmo que suas conclusões não possam ser completamente provadas, são convincentemente demonstradas e constituem um ponto de partida necessário para a reconstrução dos fariseus do primeiro século. O material isolado por este método é mais provavelmente típico do primeiro século e uma base mais segura para uma reconstrução histórica e sociológica do que histórias talmúdicas isoladas e ditos proverbiais enigmáticos do Tratado Abot.

Quando a Michná e a Tosefta são analisadas usando-se os critérios de Neusner (a lógica do raciocínio da Michná e as atribuições atestadas), de longe o maior corpo de leis que pode ser de alguma forma seguramente atribuído ao começo e a meados do primeiro século diz respeito à pureza, aos dízimos e a outras leis alimentares e à observância sabática e de outras festas. Essas leis compõem uma agenda de santidade para a terra e para o povo, que era uma reação adequada para um povo desprovido de poder e dominado pelos romanos, porque

---

[28] Cf. *Pharisees*, III:180-238, para as tradições nos nomes dos sábios e *Evidence*, pp. 45-75, para a agenda legal michnaica, que é logicamente anterior ao ano 70 d.C.

[29] Bem recentemente David Weiss Halivni, *Midrash, Mishnah and Gemara*; *The Jewish Predilection for Justified Law*, pp. 52-53 (Cambridge, MA, Harvard UP, 1986), demonstrou, baseando-se em suas análises prévias, detalhadas de porções da Michná e do Targum, que a Michná foi "extraída de fontes mais antigas". O livro de Halivni teoriza que as formulações midráshicas precedem as halacaicas e que as coleções midráshicas e a Michná, tais como as temos, baseiam-se em fontes anteriores, orais e escritas. A obra de Neusner demonstra que todas as fontes rabínicas foram de tal forma inteiramente modificadas que fontes mais antigas não podem ser isoladas; além do mais, a forma e o conteúdo da Michná e de outras fontes são mais bem explicados como produto dos sábios posteriores, e não como reminiscências de gerações mais antigas. A hipótese de Weiss Halivni a respeito do desenvolvimento da lei está fundamentada em uma determinação altamente intuitiva e subjetiva de quais partes da literatura rabínica são antigas e quais são tardias. O estudo de Neusner, baseado sobre uma análise abrangente dos textos e em critérios histórico-literários comumente usados, é mais persuasivo, embora muitos problemas permaneçam insolúveis e algumas interpretações sejam controvertidas.

Fariseus e saduceus na literatura rabínica

tais leis diziam respeito às áreas da vida doméstica que podiam ser controladas pelo povo que estava fora do poder em sua própria sociedade: alimentação, sexo e casamento. Alimentação e reprodução na família, em vez de culto público no Templo e governo da sociedade, estão ao alcance de um povo subjugado. Não sabemos ao certo quem desenvolveu estas leis que datam de antes da destruição, mas a hipótese comum de que foram os fariseus que legaram estas leis à primeira geração de rabinos depois da destruição do Templo é mais provável, baseada nos indícios evangélicos do interesse farisaico na pureza e na alimentação, e na afirmação de Josefo de que os fariseus tinham sua própria interpretação de algumas leis judaicas. Contudo, precisamos manter-nos cautelosos, porque não conhecemos diretamente os autores de tais leis.

Neusner tem afirmado com frequência que a agenda legal dos fariseus, centrada em torno das leis alimentares e das festividades, espelham uma comensalidade sectária que não fazia parte da luta política da Palestina do primeiro século.[30] Contudo, Neusner observou também que esta identificação é hipotética, porque o grupo que desenvolveu a agenda primitiva da Michná não é conhecido certamente por algumas razões: primeira razão, a Michná não indica que o grupo que elaborou suas primeiras leis eram fariseus; segunda, a ênfase na pureza sacerdotal poderia provir de um grupo de sacerdotes radicais ou de pessoas leigas desejosas de agir como sacerdotes, ou de uma combinação dos dois.[31] Tal grupo poderia ser superficialmente definido como uma seita de santidade,[32] mas, no final, Neusner diz prudentemente que até mesmo chamar de "seita" os moldureiros do primeiro século das antigas leis da Michná é demasiado específico para o conhecimento que temos.[33] Tal prevenção é apropriada, pois a reconstrução de um grupo a partir de uma literatura limitada como os antigos estágios da Michná é, sem dúvida, arriscada. Nossa própria reconstrução dos fariseus usará categorias sociológicas mais amplas a fim de conferir maior precisão e probabilidade a hipóteses que dizem respeito à natureza do grupo farisaico.

---

[30] NEUSNER, Jacob. The Fellowship (*Haburah*) in the Second Jewish Commonwealth. *HTR*, v. 53, pp. 125-142., 1960; Two Pictures of the Pharisees: Philosophical Circle or Eating Club. *Anglican Theological Review*, v. 64, pp. 525-528, 1982; Three Pictures.

[31] Neusner, *Evidence*, pp. 50, 70-71.

[32] Neusner, *Evidence*, pp. 50 e 71.

[33] Neusner, *Evidence*, p. 71.

Neusner tem sustentado que a ausência de um corpo coerente de leis concernentes à lei civil e ao sacrifício no Templo, embora seja um argumento *ex silentio*, sugere que os fariseus não detinham o controle do culto do Templo, nem eram a força predominante na sociedade. As histórias talmúdicas que descrevem os fariseus como regentes da sociedade são retroprojeções posteriores do poder rabínico do terceiro ao sexto século sobre os fariseus do primeiro século. Conforme foi demonstrado no capítulo sobre Josefo, os fariseus eram um entre diversos grupos que competiam pelo poder e pelo prestígio no primeiro século. Eles devem sua proeminência posterior não ao seu presumido poder, mas a dois desenvolvimentos históricos tardios: os interesses cristãos por eles como oponentes de Jesus e a adoção deles, por parte dos rabinos, como seus predecessores.

Em oposição à caracterização de Neusner dos fariseus do primeiro século como uma seita não política, defendemos nos capítulos anteriores, baseando-nos na sociologia da Palestina e em Josefo, que a distinção entre os fariseus como grupo político e como comensais religiosos é inapropriada. Em virtude de a religião e a política estarem integralmente conectadas, elas são ambas as coisas em todo o tempo. Os indícios do primeiro século, reconhecidamente esparsos e indiretos, e as probabilidades sociológicas sugerem que os fariseus ainda ansiavam por influência e poder, mas alcançaram menos atributos no primeiro século do que nos tempos hasmoneus ou até mesmo herodianos. Esta é uma provável situação, pois os romanos eram peritos em fazer escoar o poder e a influência para si mesmos e para seus representantes (os sumos sacerdotes e a maioria das famílias importantes).

Como, pois, pode-se explicar sociologicamente a agenda sectária dos sábios pré-70? *Primeiro*, a ênfase sobre o estrito pagamento do dízimo, sobre a observância da pureza ritual por não sacerdotes e sobre certa observância sabática e outras festividades provavelmente reflete as regras e o programa internos dos fariseus para um judaísmo renovado. A articulação desse programa de grupo e a narração das disputas entre diversas facções é comum na literatura de grupos sociais político-religiosos. Assim, interesse em seu próprio programa e silêncio quanto às relações externas não indicam necessariamente separação da grande sociedade. *Segundo*, as regras concernentes à alimentação, à pureza e às práticas em grupo são mecanismos

Fariseus e saduceus na literatura rabínica

típicos de construção de limites, segundo analisado pelos antropólogos.[34] Embora tais grupos, com sua própria identidade e práticas, sejam amiúde considerados, por comentadores modernos, como grupos monásticos retraídos, tais facções, movimentos e coalizões estavam com muita frequência intimamente envolvidos na sociedade, ainda que parcialmente em uma posição adversa.[35] As regras internas, tais como normas alimentares, mantinham os membros dos grupos unidos uns aos outros e separados dos gentios, e até mesmo de outros judeus com quem eles tinham de interagir constantemente, e com quem se rivalizavam. Neusner, em seu estudo sobre a Michná, observou corretamente que a presença de regras que decretam a separação dos fariseus, do primeiro século, de outros na sociedade, dá a entender constante contato com a grande sociedade e uma atitude vigilante contra os perigos de tais contatos.[36]

Terceiro, um relato completo das crenças, regras, costumes e compromissos dos fariseus do primeiro século não emerge da literatura rabínica. A própria literatura interna destes presumiria crenças e práticas fundamentais do judaísmo, aceitação da Bíblia e outras características importantes do judaísmo. Com toda a probabilidade, eles concentraram-se naqueles pontos (muitas vezes insignificantes) da lei e da prática que os distinguiam de outros grupos judaicos ou que estavam em discussão entre as diferentes facções. *Quarto*, enquanto o modo preciso de viver o judaísmo é específico nessas leis, a tradição de usar leis sacerdotais referentes à pureza, à alimentação e ao casamento a fim de separar, proteger e identificar o judaísmo remonta à tradição sacerdotal no exílio e as regulamentações para o judaísmo defendidas por Esdras e Neemias no período da restauração. Os fariseus, ou quem quer que seja, desenvolveram as leis respeitantes à pureza e a assuntos afins, permaneceram em uma longa e bem aceita tradição judaica e foram provavelmente um dentre vários grupos, tais como o dos essênios, a adaptar a tradição judaica a circunstâncias que haviam mudado.

---

[34] Cf. as obras de Mary Douglas, especialmente *Purity and Danger* (New York, Pantheon, 1966) e *Natural Symbols* (London, Routledge, 1970). Grupos étnicos no Império Romano eram grupos fortes, pouco articulados e, portanto, precisavam manter limites fortes a fim de evitar que a grande sociedade e a cultura greco-romana os absorvessem.

[35] Bryan Wilson, *Magic*, demonstrou que mesmo nos países modernos do terceiro mundo as seitas acham-se política e sociologicamente mais implicadas do que nunca. Cf. as discussões sobre seitas no capítulo 4.

[36] Neusner, *Evidence*, p. 75. Em uma obra recente, Neusner reconhece a ambiguidade do papel social dos fariseus, referindo-se a eles como "um grupo de classificação indeterminada (culto político?)" (*Three Pictures*, p. 51).

Parte II • Fontes literárias

Ḥabûrôt (Associações) e o povo da terra

Associações ou sociedades, mencionadas em diversos lugares na literatura rabínica, têm sido muitas vezes identificadas com os fariseus ou comparadas a eles. Os associados ao Tratado Demai, que se devotavam a manter as regras de pureza ritual e do pagamento do dízimo são os mais bem conhecidos. Outras associações em Jerusalém parecem dedicar-se às boas obras de vários tipos, especialmente aos ritos fúnebres.[37] O que resta obscuro em todos estes casos é o que se quer dizer exatamente como o termo "associado", como os textos diferem um do outro no uso que fazem do termo e se até mesmo é um termo técnico. As palavras hebraicas ḥabûrāh (associação, sociedade) e ḥabērîm (associados) são palavras comuns, que simplesmente se referem aos companheiros de alguém, ou seja, os concidadãos ou familiares sociais, sem nenhum significado técnico ou organização especial implícitos. Assim, a tendência dos estudiosos em reunir todas as citações de ḥabēr e habûrāh e criar um único grupo histórico é fora de propósito.[38]

Os fariseus têm sido muitas vezes identificados com as associações que aparecem no tratado michnaico Demai, porque ambos os grupos estão ligados à cobrança do dízimo e ao ritual de pureza. Os associados prometem um ao outro dar a décima parte do alimento que consomem e observar fielmente certos tipos rituais de pureza. Uma breve análise destes textos e de suas variadas interpretações esclarecerá um pouco mais os problemas enfrentados na compreensão do que é o povo fariseu.

As regras para os associados estão contidas em m. Demai 2,2-3 e em t. Demai 2,2–3,9, sendo que esse último é um "ensaio de fôlego" e "um comentário ininterrupto, maravilhosamente construído" da Michná.[39] O associado deve confiar em seus companheiros associados para aplicar corretamente o dízimo à alimentação, e conservá-la ritualmente pura, bem como tudo o que a ela se referir.

---

[37] Este termo também aparece em outros poucos lugares, mas essas referências dispersas não serão consideradas aqui.

[38] Cohen, "History", 50 e Porton, "Diversity", 71, ambos advertem que nós não sabemos realmente o que eram tais associações. Cohen observa que nossa falta de conhecimento da estrutura social judaica obsta a compreensão.

[39] Richard Sarason, *A History of the Mishnaic Law of Agriculture. Section 3. A Study of Tractate Demai*. Part 1 (Leiden, Brill, 1979) 72,75. Para comentários detalhados sobre estas passagens, cf. pp. 65-107.

Aquele que se empenha em ser digno de confiança aplica o dízimo ao que ele come, ao que ele vende e ao que ele adquire, e não aceita a hospitalidade de um *am ha--aretz*...[*] Aquele que se empenha em ser um *ḥābēr* não vende a um *am ha-aretz* produtos secos ou molhados e não compra dele secos ou molhados, não aceita a hospitalidade de um *am ha-aretz* e não o recebe como seu hóspede enquanto estiver usando suas próprias roupas.[40]

Essa regra significa que os associados podem confiadamente comprar e vender um ao outro e também comer juntos sem recear infringir nenhuma das leis que eles desejavam conservar. Ao contrário, eles devem tomar muito cuidado com a maneira de proceder com o povo da terra, o *am ha-aretz*, porque o povo da terra não observa as leis sacerdotais especiais de pureza e não aplicam o dízimo de forma completa e adequada. O alimento deles não foi santificado apropriadamente e não pode ser tomado pelos associados, e, se adquirido, precisa da aplicação do dízimo. A passagem que diz respeito aos associados na Tosefta (t. Demai 2,2–3,9) lida com regras para a aceitação de alguém como associado, com estágios de iniciação (que são obscuros e têm provado inúmeras discussões entre os estudiosos),[41] com duvidosos casos de confiabilidade dentro da família e casos marginais nas relações com o *am ha-aretz*.

Alguns intérpretes têm situado os associados do Demai em contextos e papéis históricos específicos. Os *ḥabērîm* (associados) têm sido compreendidos como fariseus, um grupo que incluía fariseus, ou como um grupo aliado aos fariseus. Anteriormente, Neusner sustentava que todos os associados eram fariseus, mas que nem todos os fariseus eram associados.[42] Freyne leva em consideração os associados que não eram fariseus, mas vê uma sobreposição de fariseus e associados, com alguns pertencendo a ambos os grupos.[43] Os pesquisadores têm

---

[*] "Povo da terra", em hebraico (N.T.).

[40] M. Demai 2,2-3, tradução adaptada de Sarason. Existe grande controvérsia sobre se aquele que é digno de confiança e aquele que é um *ḥābēr* são a mesma pessoa ou se estas são duas categorias separadas.

[41] Neusner, *Fellowship*, pp. 129-135, entre outros, tenta reconciliar os textos em um paradigma coerente. Este texto tem sido muitas vezes comparado com a Regra da Comunidade de Qumrã.

[42] *Fellowship*, p. 125. A obra recente de Neusner modificou claramente o método usado neste artigo, mas o artigo continua sendo citado muitas vezes. Neusner ainda favorece a interpretação de que os fariseus eram comensais, embora por diferentes razões e com maior cautela.

[43] FREYNE, Sean. *Galilee from Alexander the Great to Hadrian 323 B.C.E. to 135 C.E.* Wilmington, Glazier/ Notre Dame, Notre Dame UP, 1980. pp. 307-310 e 322.

Parte II • Fontes literárias

adotado tais posições por causa de manifestas semelhanças entre os interesses dos fariseus pela pureza e pelo dízimo, e os dos associados. Consequentemente, o fato de os associados evitarem o *am ha-aretz* levou a reconstruções dos fariseus que os descrevem como não envolvidos politicamente e separados da sociedade de modo geral. Tais posições não encontram suporte nos textos concernentes aos fariseus, nem em Josefo ou no Novo Testamento.

Outras teorias que dizem respeito às associações têm sido abundantes. A. Guttmann é levado pela presença de associados nos documentos tanaíticos a situá-los no período pós-70 e a identificá-los como sucessores dos fariseus, incluindo-se alguns rabinos.[44] Ele acentua a hostilidade dos associados para com o *am ha-aretz* e sugere que isto causou uma separação entre líderes e povo, superada somente no período amoraíta, com o afastamento dos associados. Uma interpretação claramente diferente do Demai vem de S. Spiro, que atribui aos associados o papel de cobradores de taxas (dízimos) no período hasmoneu.[45] Spiro sustenta que a Michná, a Tosefta e os Talmudes tinham apenas uma vaga ideia do que eram os associados, porque a instituição já estava superada no tempo deles. Os associados não eram um tipo de grupo sectário, mas uma instituição, um conselho de administradores, constituído para a coleta centralizada de dízimos. Mudanças durante o reino de João Hircano desmantelaram o sistema mais antigo de cobrança de taxas e levaram à formação de uma nova instituição que recolhia os dízimos pela força. Spiro reúne diversos textos e harmoniza-os usando a hipótese da coleta de taxa (dízimo) hasmoneana. Contudo, esta hipótese não recebe o respaldo de nenhuma prova direta, e sua exegese dos textos rabínicos é, em muitos casos, forçada, e em outros, improvável.

São muitos os problemas enfrentados pelos intérpretes dessas passagens da Michná e da Tosefta. A estrutura da Michná e da Tosefta aqui é altamente articulada e sofisticada, e reflete a mão dos redatores finais. Não há nenhuma maneira de demonstrar literariamente ou do ponto de vista da crítica das formas que este material provenha do primeiro século. Ainda que se provasse que provém do período

---

[44] Guttmann, *Rabbinic Judaism*, pp. 173-174.

[45] SPIRO, Solomon J. Who was the *Haber*? A New Approach to an Ancient Institution. *JSJ*, v. 11, pp. 186-216, esp. pp. 199, 202-203 e 211-216, 1980.

do segundo Templo, os associados não são identificados como fariseus.[46] Levando em conta a diversidade do judaísmo do primeiro século, é melhor conservar os grupos, até mesmo grupos anônimos como os associados, separados uns dos outros, em vez de tentar identificá-los com grupos conhecidos. Ainda que os associados que observavam a pureza ritual e o dízimo fielmente fossem semelhantes aos fariseus, sociologicamente é provável que muitos grupos semelhantes a esses existissem no primeiro século. A literatura de Qumrã e outros escritos judaicos deste período demonstram forte interesse em interpretações particulares da lei judaica, inclusive leis de pureza e de agricultura, como um modo de vida e uma forma de afirmar a identidade e a independência judaicas perante a opressão.

Outros textos rabínicos, de forma especial t. Megilla 4,15, referem-se a associações que se encontravam em Jerusalém. Estes textos foram recentemente interpretados por A. Oppenheimer e P. Peli como textos que se referem a grupos que se empenhavam em boas obras e que agiam como sociedades funerárias greco--romanas.[47] Apesar de os textos indicarem que tais grupos participavam de festas, funerais, casamentos etc., e não obstante a presença de tais grupos de bem-estar social contar com certa probabilidade no mundo greco-romano, ambos os autores tiram textos de uma variedade de fontes, aceitam-nos acriticamente como históricos e costuram-nos em um tapete elaborado, mas quimérico.

Todas as tentativas de contextualização dos associados na história, da modesta teoria de Neusner, de que eles eram um grupo dedicado à pureza ritual, à intrincada transposição de textos para outra era, de Spiro, sofrem de fatal fragilidade. Elas extraem diversos textos de seu contexto e tratam-nos como relatos historicamente exatos e, daí, criam um contexto para tais narrativas, de modo que os associados tornam-se figuras históricas, com papéis sociais definidos. Esses textos também identificam os associados com outros grupos que sabidamente existiram. Toda esta reconstrução, inclusive juntando diversos fragmentos de indícios de um ou outro período histórico, não é sustentada pela probabilidade histórica. Muitas das sugestões são possíveis, mas as centenas de possibilidades da história devem

---

[46] Embora seja provável que os rabinos michnaicos tenham visto os associados como fariseus, isto não significa que eles o fossem de fato.

[47] OPPENHEIMER, A. Haberot shehu birushalayyim. In: OPPENHEIMER et al. (eds.). *Jerusalem in the Second Temple Period.* Abraham Shalit Memorial. Jerusalem; Yad Izhak ben-Zvi, 1980. pp. 178-190; PELI, Pinchas H. The Havurot that were in Jerusalem. *HUCA*, v. 55, pp. 55-74. 1984.

Parte II • Fontes literárias

ser reduzidas ao que aconteceu ou ao menos ao que era provável. Enfim, a natureza exata de tais grupos permanece desconhecida para nós. A tendência dos autores michnaicos e talmúdicos em falar de tais grupos demonstra a aceitação e a presença deles na sociedade judaica, bem como consolida a ideia de que os fariseus eram um grupo típico entre muitos na sociedade judaica.

Os nomes fariseu e saduceu

Certo número de passagens na literatura rabínica menciona os fariseus e os saduceus, mas as características atribuídas a cada grupo não são consistentes ao longo da literatura rabínica. É evidente que textos, provenientes de diferentes épocas e lugares, têm diversas compreensões do que seriam os fariseus e os saduceus.

Fariseus

A designação fariseu é relativamente pouco frequente na literatura rabínica, e os textos que utilizam esse termo, os quais provêm de diversos séculos de literatura rabínica, fazem-no em sentidos diferentes e, às vezes, pejorativo. A etimologia de fariseus é discutida.[48] O nome parece provir da raiz hebraica e aramaica *prš*, que significa "separar" e "interpretar". A interpretação etimológica mais comum de fariseus é "os separados", embora se discuta "separados" de quem e de quê. Em um sentido positivo, isto significaria pessoas que se retraíram da sociedade judaica normal ou da sociedade gentia, a fim de observar a lei judaica (pureza, dízimo) mais rigorosamente. Em um sentido negativo, significaria sectários ou hereges, ou seja, pessoas que se afastaram ilegitimamente da sociedade em geral, por causa de crenças e práticas julgadas ilegítimas.[49] A literatura rabínica usa o termo em ambos os sentidos. Outro significado possível do nome deles é "intérpretes"; este sentido harmonizar-se-ia com as observações de Josefo e do Novo Testamento do qual os fariseus tinham sua própria interpretação da lei judaica e eram considerados intérpretes acurados da lei.[50] Os dois sentidos da raiz poderiam implicar que

---

[48] Para uma análise das posições dos estudiosos, cf. BAUMGARTEN, A. I. The Name of the Pharisees. *JBL*, v. 102, pp. 411-412, 1983.

[49] Cf. Guttmann, *Rabbinic Judaism*, p. 172.

[50] Baumgartern, Name, pp. 411-128, usa *exatidão* de interpretação como a chave para a compreensão dos fariseus.

os fariseus separavam-se da interpretação sacerdotal ou dominante da lei judaica, mas nenhuma prova ou argumento decisivo resolveu esta questão.

Nenhum grupo judeu refere-se a si mesmo como o fariseu. Os autores da literatura rabínica designavam-se a si mesmos e a seus predecessores como "sábios" (*ḥakāmîm*) e, após a destruição do Templo, usam o título de "rabino" para os sábios. Eles não possuem nenhum nome para o movimento deles, mas chamam a si mesmos Israel, pois se consideram judeus propriamente ditos. É comum que os grupos possuam um nome interno para si mesmos e serem chamados por outro nome pelos grupos de fora. O nome usado pelos grupos de externos a eles pode ser pejorativo, ou uma designação popular que surgiu por acaso, ou um nome descritivo mais prontamente compreensível aos de fora. O nome fariseus é um nome usado pelos grupos, tal como Josefo (assumindo a posição de um historiador helenístico) e o Novo Testamento. Costumeiramente, os sábios não identificam a si mesmos ou a seus predecessores como fariseus, exceto quando implicitamente aliam-se aos fariseus nas disputas com os saduceus.

Mais adiante, neste capítulo, serão examinados os textos que mencionam os fariseus e os saduceus. Aqui, destacaremos alguns textos que aludem aos fariseus de maneira pejorativa ou neutra, e que têm claramente uma compreensão diferente da palavra, mais do que a maioria dos textos normalmente citados.

Em m. Sotah, o tratado que diz respeito ao ordálio a que deveria submeter-se uma mulher suspeita de adultério, uma das michnayot contém um conselho de Ben Azzai de que um pai deveria ensinar a Torá à sua filha. Sua posição é imediatamente atacada pelo rabi Eleazar; ele diz que o ensino da Torá a uma mulher é como ensinar-lhe devassidão, seguido do rabi Joshua, que usa um provérbio estereotipado que descreve as mulheres como luxuriosas, e outro dito proverbial que ataca quatro categorias de pessoas, inclusive uma mulher *perûšāh* (fariseia). Em ambos os ditos, joga-se com a raiz da palavra fariseu, *prš*:

> Rabi Joshua diz: Uma mulher prefere uma medida (*qab*) [de alimento] com libertinagem a nove medidas [de alimento] com autocontrole (*perîšût*). Ele costumava dizer: um homem piedoso tolo, um homem mau esperto, uma mulher fariseia (*'iššāh perûšāh*) e os ferimentos dos fariseus (*perûšîm*), estes estão desgastando o mundo. (m. Sotah 3,4).

Parte II • Fontes literárias

O primeiro provérbio encontra-se em b. Ketubot 62b e parece ser um dito bem conhecido. Sugere que as mulheres desejam de forma tão intensa a atividade sexual ilícita ou frívola, que elas optariam pela pobreza a fim de alcançá-la e, consequentemente, falta-lhes "autocontrole", uma palavra hebraica que também provém da raiz *prš*. No segundo provérbio, o piedoso tolo e o "sábio" perverso formam uma típica dupla sapiencial contrastante. A natureza do segundo par é obscura, mas ambos são caracterizados pela raiz *prš*, usada em sentido pejorativo. O Talmude palestinense[51] interpreta a mulher *perûšāh* como alguém que cita um texto bíblico (por ex., Gn 30,16) de forma sexualmente insinuante. Finkelstein sugere que o termo mulher "separada" refere-se a uma esposa que trata as relações maritais normais como imorais ou impuras.[52] Os ferimentos dos fariseus ou dos separados poderiam referir-se a quase tudo. O Talmude palestinense oferece dois exemplos nos quais táticas astuciosas são usadas a fim de privar de seus direitos as pessoas necessitadas. No primeiro, rabi Eleazar aconselha ao herdeiro de um homem falecido como impedir que a mulher dele dê despesas ao Estado; em contrapartida, ela acusa Eleazar de privá-la de sua manutenção como viúva. O segundo diz respeito a um pobre discípulo do rabi Judá, o Príncipe, que é despido de sua elegibilidade para receber assistência financeira. Neste caso, o rabi, de maneira igualmente astuciosa, providenciou para que o estudante, mais uma vez, se tornasse legalmente elegível para receber contribuições caritativas.

As explicações no Talmude Palestinense não oferecem nenhuma prova de que eles conheçam o sentido original da Michná. A raiz *prš* não é central nas interpretações talmúdicas da "mulher fariseia" e dos "golpes dos fariseus", e os termos não são explanados. A Michná não parece estar usando *prš* com o significado de fariseu, e as mulheres e os fariseus, neste provérbio, não possuem as mesmas características. Ambos são interpretados de maneira convencional, a mulher como lasciva, e os homens como eruditos carentes de integridade.

O Talmude Babilônico cita a bem conhecida lista dos sete tipos de fariseus como um comentário a m. Sotah 3,4.[53] A lista não esclarece o significado dos dois usos de *prš* na Michná, mas mostra, isto sim, que fariseu tem múltiplos sentidos, e

---

[51] J. Sotah 3,4 (19a).

[52] FINKELSTEIN, Louis. *The Pharisees*. 3. ed. Philadelphia, Jewish Publication Society, 1962. p. 837, n. 52.

[53] O Talmude Palestinense cita a lista por duas vezes, mas em outros contextos. Cf. a próxima nota.

alguns deles, pejorativos. Os primeiros cinco nomes têm um significado claramente pejorativo e na discussão subsequente no Talmude Babilônico, os últimos dois, aqueles que têm razões de amor ou de medo para estudarem a Torá, são rejeitados também em favor do estudo da Torá por amor a ela mesma:

> Existem sete tipos de fariseu: o fariseu *śykmy*, o fariseu *nyqpy*, o fariseu *qwz'y*, o fariseu *mdwky'*, o fariseu (que diz) mostre-me minha tarefa e eu a farei, o fariseu do amor, o fariseu do medo.[54]

A exiguidade de espaço e a obscuridade dos nomes impedem uma interpretação completa de cada um dos nomes. No contexto, tanto o Talmude Babilônico quanto o Palestinense estão interessados nos motivos corretos para obedecer à Torá e na rejeição do comportamento hipócrita. Diversos nomes são usados em referência ao comportamento hipócrita ou à obediência à lei por motivos imperfeitos. O Talmude Babilônico conclui esta passagem com um dito do Rei Yannai (Alexandre Janeu), que adverte sua esposa contra "os maquilados" que pretendem ser fariseus.

Uma vez que estas listas são encontradas pela primeira vez em fontes talmúdicas, elas provavelmente não oferecem informações rigorosas sobre o farisaísmo do primeiro século. Por volta do quinto e sexto séculos, o cristianismo tinha alcançado uma posição de poder no Império e, visto que tanto o Novo Testamento quanto os primeiros escritos cristãos continham ataques contra os fariseus como hipócritas, estas listas podem ser uma reação às polêmicas cristãs nas quais os autores talmúdicos abrandam a crítica cristã concordando com o ataque delas aos fariseus hipócritas e separando alguns fariseus e eles próprios dos que estão sendo atacados.

---

[54] O Talmude explica os cinco primeiros tipos baseados na etimologia. O livro está mais interessado na discussão dos méritos relativos do amor e do medo. A lista também aparece em j. Ber. 9,5 (13b) e j. Sot. 5,7 (20c), onde são dadas explanações idênticas, diferentes das do Talmude Babilônico. A lista aparece com variações e sem nenhuma explicação nos Fathers According to Rabbi Nathan, versão A, cap. 37 (Schechter, 109) e versão B, cap. 45 (Schechter, 124). Em j. Ber., a lista dos sete tipos de fariseus aparece em uma discussão acerca do martírio de Akiba, e os sete nomes parecem denotar sete motivos para o martírio e para o ascetismo que o acompanha. Cf. FRAADE, S. Ascetical Aspects of Ancient Judaism. In: GREEN, A. (ed) *Jewish Spirituality From the Bible Through the Middle Ages*. New York, Crossroad, 1986. p. 271.

Parte II • Fontes literárias

Tosefta Berakot (3,25), falando da oração das Dezoito Bênçãos, diz que deveriam ser incluídos os hereges (*minîm*) entre os separados (*prwšyn*). De acordo com este texto, a décima segunda bênção, normalmente designada como a bênção contra os hereges, com base em um texto da Geniza, originalmente era contra os "separatistas". Segundo Lilberman, "separatistas" refere-se aos que se separaram da comunidade judaica em tempos de opressão e de dificuldade.[55] Assim, "fariseus" é usado aqui descritivamente para judeus que não são fiéis à forma de vida judaica. Em outra passagem, "fariseus" é usado como termo descritivo para outro grupo não aprovado pelos rabinos, aqueles que lamentavam a perda do templo evitando comer carne e beber vinho.[56] Esse grupo havia se separado da sociedade comum mediante práticas ascéticas que os rabinos não aprovavam.

"Fariseu" é usado positivamente para alguém que observa as regras de pureza. Até mesmo um fariseu que tem uma doença venérea, que o torna impuro, não deve comer com um *am ha-aretz* que tem doença venérea, de acordo com a escola de Shammai, embora a escola de Hillel o permitisse.[57] Não está claro se o termo *prš*, neste contexto, refere-se aos fariseus como grupo organizado, ou é termo descritivo para uma pessoa que paga dízimos e conserva a pureza ritual com rigor especial e, portanto, separa-se das pessoas comuns. A pureza dos fariseus ou dos separados é citada como uma categoria bem conhecida em m. Toh. 4,12. O autor michnaico parece estar citando um bem notório grau de pureza próprio aos fariseus. Curiosamente, o autor não identifica a si mesmo como fariseu, mas pode estar falando do passado.[58] Em outro lugar, talvez implicitamente citado por M. Tohorot, a pureza dos fariseus faz parte de um polissilogismo sobre os graus de pureza. Nesse elenco, os fariseus situam-se acima do *am ha-aretz*, mas abaixo de três classes sacerdotais.[59]

Essa breve análise não abrange os textos que mencionam os fariseus/*perûšîm*. Contudo, ela mostra a ampla variedade de usos associados à palavra, que também

---

[55] Lilberman, Saul. *Tosefta Ki-Fshutah*. Order Zeraim, Part I. New York, Jewish Theological Seminary, 1955. p. 54.

[56] T. Sotah 15,11-12; b.B.B. 60b e em outros lugares. Cf. também Urbach, E. E. *Ascesis and Suffering in Talmudic and Midrashic Sources*. [em hebraico] *Yitzhak Baer Jubilee Volume*. Jerusalém, 1960, pp. 48-68.

[57] T. Shab. 1,15, b. Shab 13a.

[58] Na Michná anterior o autor fala dos escribas.

[59] M. Hagiga 2:7.

é usada como nome próprio para o grupo do primeiro século, os fariseus. Embora a palavra fosse usada como um nome próprio para um grupo, ela conservou seu sentido mais genérico de "os separados", com suas várias conotações.

Saduceus

O nome grego saduceus e o hebraico *Ṣaddûqîm* (com formas variantes) não oferece nenhuma compreensão real do grupo. Duas explicações do nome foram propostas. A mais popular explanação, recentemente, tem procurado conectar o termo saduceu com os sadoquitas, a família sumo-sacerdotal que traçou seus ancestrais até o sumo sacerdote de Davi, Sadoc. Os saduceus seriam ou sacerdotes sadoquitas, ou partidários dos sadoquitas. Contudo, as formas do nome existentes em grego, hebraico e aramaico não oferecem um apoio claro a esta hipótese. A outra hipótese é que o nome é descritivo e caracteriza este grupo como "justos" ou "honestos", como uma descrição tanto positiva quanto irônica. Nenhuma explicação foi definitivamente provada.[60]

Embora nenhuma literatura dos saduceus tenha sobrevivido e as fontes nos digam pouco, os saduceus eram um grupo judaico do primeiro século estabelecido e reconhecido, visto que foram descritos e citados tanto por Josefo quanto pelos evangelistas. A escassa informação histórica disponível pode conduzir a uma interpretação diminuta daquilo que eles eram ou pelo menos não eram, e a análise sociológica pode ajudar-nos a visualizar o lugar deles na sociedade judaica.

Os saduceus são citados em um modesto número de vezes na literatura rabínica, mas as referências estão dispersas em vários tipos de literatura, de diferentes períodos. Assim, a confiabilidade histórica destas passagens é suspeita.[61] Nos textos da Michná e da Tosefta, os mais antigos disponíveis, os saduceus e os fariseus discordam sobre práticas e ensinamentos. Em virtude de os autores rabínicos considerarem a si mesmos como herdeiros dos fariseus, os saduceus são sempre superados nas discussões e descritos como subordinados aos fariseus.

Diversos problemas impedem o estudo dos saduceus na literatura rabínica. Em algumas ocasiões, os saduceus foram inseridos no texto em lugar dos hereges

---

[60] LeMoyne, *Sadducéens*, pp. 155-163.

[61] Cf. LeMoyne, *Sadducéens*, pp. 321-327 e passim para problemas críticos.

Parte II • Fontes literárias

(*minîm*) e dos gentios (*gôyîm*) originais, seja mediante a intervenção, seja pelo medo dos censores cristãos medievais.[62] Em muitas versões paralelas de histórias e de leis, os saduceus são encontrados em uma versão, e os betusianos, em outra (cf. abaixo acerca dos betusianos). Os betusianos aparecem especialmente na Tosefta (ao passo que aparecem apenas uma vez na Michná). Tanto os saduceus quanto os betusianos eram provavelmente grupos do primeiro século, mas, por volta do terceiro século, quando a Michná e a Tosefta tomaram forma, os dois nomes foram confundidos um com o outro e, até certo ponto, intercambiados. Isso tem levado muitos a misturar os textos saduceus e betusianos em um único grupo, usando-os para descrever os saduceus,[63] mas tal combinação e confusão tardias sugerem que os autores das obras rabínicas não compreenderam as realidades do primeiro século e, assim, lançaram dúvida sobre a confiabilidade de todos os textos sobre os saduceus e os betusianos. Além disso, alguns textos paralelos têm oponentes diferentes para os saduceus, inclusive os fariseus, os sábios e um anônimo "eles". Essas variações indicam que os saduceus tornaram-se estereotipados na literatura rabínica posterior como os "oponentes" do judaísmo rabínico, em vez de serem tratados como um verdadeiro grupo do primeiro século, com suas próprias identidade e compreensão do judaísmo. No Talmude Babilônico, os saduceus aparecem frequentemente no papel de adversários e, em uma passagem midráshica, eles são acusados de desprezar a palavra do Senhor, presumivelmente porque eles se opunham à compreensão rabínica do judaísmo.[64] Tais passagens são claramente não históricas, mas sim uma indicação dos papéis que os saduceus desempenhavam na literatura rabínica.

A identidade dos betusianos

Os betusianos, que aparecem somente na literatura rabínica e que são usualmente identificados com os saduceus, constituem um problema mais intrincado do que os saduceus e os fariseus. Eles surgem somente a partir dos tempos herodianos em diante, e o nome deles aparece apenas uma vez na Michná, mas diversas vezes na Tosefta. O nome é escrito de diversas maneiras na literatura, e

---

[62] Cf. LeMoyne, *Sadducéens*, pp. 97-99.

[63] Cf. Rivkin, *Defining*, por exemplo.

[64] Sifre Num. 112 (sobre 15,31).

Fariseus e saduceus na literatura rabínica

sua origem é incerta.[65] Betusianos aparecem algumas vezes no Talmude palestinense; o Talmude Babilônico traz saduceus em vez de betusianos. Está claro que os saduceus e os betusianos foram gradualmente compreendidos como sendo o mesmo grupo,[66] mas no primeiro século, estes grupos eram mui provavelmente diferentes, embora a origem e a natureza dos betusianos sejam mais que incertas.[67] A família de Betúsio pode ser a mesma condenada por Abba Saul,[68] e Betúsio pode também ter sido o pai ou antepassado de Matias, uma personagem ativa no tempo da Grande Guerra.[69] Em virtude dos estreitos laços entre Herodes, betusianos e saduceus nas fontes, LeMoyne sugere que os betusianos eram um subgrupo dos saduceus, e podem ter sido equivalentes aos herodianos, mas essa hipótese é muito duvidosa.

A maioria das hipóteses presume que grupos associados (ou confundidos) uns com os outros nas fontes deveriam ser identificados, mas é melhor conservar separados os grupos com nomes diferentes, ainda que saibamos bem pouco a respeito deles. A preservação do nome, ainda que os betusianos não tenham nenhum significado para os autores rabínicos, sugere que o nome era conhecido, mas que as gerações posteriores sabiam pouco acerca deles e paulatinamente os assimilaram aos saduceus. É igualmente provável que os betusianos fossem um grupo sacerdotal ou associados aos sacerdotes e a outros líderes judaicos. Como tais, eles poderiam ter sido uma entre as muitas facções e grupos de interesse em competição pelo poder e pelo prestígio em Jerusalém durante o período romano. Eles podem ter tido ensinamentos e interpretações especiais da vida judaica, mas nenhuma foi conservada distintamente das dos saduceus.[70] Referências a

---

[65] LeMoyne, *Sadducéens*, p. 332.

[66] LeMoyne, *Sadducéens*, pp. 101-102. The Fathers According to Rabbi Nathan, versão A, cap. 5 (a ser tratado a seguir), atribui-lhes uma origem comum, consistentemente com a visão posterior que deles tem a literatura rabínica, mas a historicidade desta narrativa é duvidosa.

[67] LeMoyne analisa diversas teorias da origem do nome betusianos e demonstra que, em razão de aparecerem na literatura rabínica do tempo de Herodes, provavelmente devem seu nome a um sacerdote judeu alexandrino chamado Betúsio, cujo filho, Simão, foi feito sumo sacerdote por Herodes em 22 a.C. (*Sadducéens*, pp. 336-337). Cf. Josefo, *Ant.* 15.9.3 (320).

[68] T. Men 13,21. Cf. também b. Pes. 57a.

[69] Josefo, *Guerra* 5.13.1 (527).

[70] LeMoyne, *Sadducéens*, pp. 177-198, reúne certo número de textos concernentes aos betusianos e à lei litúrgica. Os indícios são fragmentários e a reconstrução bastante hipotética. Uma análise completa dos dados distanciar-nos-ia do assunto principal tratado aqui.

Parte II • Fontes literárias

eles no Talmude são muitas vezes hostis, por exemplo, que eles alugavam falsas testemunhas para enganar os fariseus a respeito da lua nova[71] e, portanto, não confiáveis como fontes históricas.

Como Rivkin interpreta os fariseus

A análise de Ellis Rivkin dos textos rabínicos que contrastam com os fariseus e os saduceus lança a base para sua tese de que os fariseus não são uma associação semelhante a uma seita preocupada com pureza ritual, mas uma "classe letrada, dedicada ao ensino da lei dupla [...] e à disseminação de sua crença no mundo vindouro e na ressurreição dos mortos".[72] Para Rivkin, a posição dos fariseus representava uma profunda interiorização do judaísmo, prometendo vida individual para além da morte e combatendo eficazmente a ameaça de dissolução da vida judaica no período greco-romano. Eles foram tão bem-sucedidos que conseguiram alcançar enorme influência e poder na sociedade judaica. Rivkin, então, interpreta Josefo e o Novo Testamento de forma coerente com sua tese.

Rivkin apresentou a alternativa mais aceitável para a tese de Neusner, mas, não obstante com seu cuidado metodológico, ele interpretou os textos rabínicos, e por fim o Novo Testamento e Josefo, de forma acrítica. Embora não haja espaço para uma crítica detalhada à sua análise do Novo Testamento e de Josefo, alguns exemplos são suficientes.[73] Mateus 23,2 diz que os fariseus estão sentados na cátedra de Moisés, e a autoridade deles deve ser respeitada. Josefo diz que os fariseus eram muito influentes junto ao povo, como vimos no capítulo seis. Rivkin toma essas passagens e outras mais como indicadores historicamente fidedignos do poder político e social dos fariseus na sociedade. Contudo, Mateus 23 é uma polêmica contra os fariseus que são, para Mateus, os mais fortes oponentes de Jesus. Além de que, Mateus contém muitas antigas tradições cuja proveniência e significado no período pré-70 é difícil determinar. Josefo não diz que os fariseus estavam no comando da sociedade permanentemente, mas que eles tiveram grande influência sob Alexandra e, ocasionalmente, em outros tempos. Até mesmo sua observação geral de que eles eram influentes junto ao povo não mostra que

---

[71] T. Rosh Hashanah 1,15; b. Rosh Hashanah 22b; j. Rosh Hashanah 57d.

[72] *IBDS*, p. 657; *Hidden Revolution*, esp. cap. 3, pp. 125-179 e Defining.

[73] Cf. Shaye J. D. Cohen, para uma análise crítica da interpretação que Rivkin faz de Josefo, em *JBL*, v. 99, pp. 627-629, 1980.

eles tivessem um prestígio dominante sobre a sociedade judaica, mas apenas que eles eram um entre os diversos grupos rivais na sociedade, que obtinham variados êxitos em diversos tempos.

O procedimento de Rivkin, ao trabalhar com os textos rabínicos, mostra um avanço em relação aos ensaios impressionistas anteriores, cheios de referências desconexas. Ele observa corretamente que a designação farisaica possui significados diferentes em alguns textos e é ambígua em outros. Seu método é analisar primeiramente aqueles textos em que fariseus são contrastados explicitamente com saduceus e, assim, certamente são os mesmos fariseus encontrados em Josefo e no Novo Testamento. Com base nos textos dos fariseus-saduceus, ele elimina aqueles textos que mencionam os fariseus de forma inconsistente com o controle dos textos. Finalmente, ele analisa textos ambíguos de forma congruente com os textos fariseus-saduceus.[74]

Embora este método represente um avanço em relação às análises anteriores, ele falha em virtude de diversas dificuldades. Em primeiro lugar, os textos reunidos por Rivkin provêm de fontes rabínicas que cobrem diversos séculos. Sua análise toma cada texto fariseu-saduceu como historicamente digno de fé e não leva em conta o tipo de coleção de onde ele provém, nem o lugar, nem a data. Não há espaço para a possibilidade de que um autor talmúdico do terceiro ou do quarto século possa ter escrito ou mudado uma história a fim de que correspondesse à sua *ideia* daquilo que os fariseus e saduceus pudessem ser.[75] Ele dá por pressuposto que quando os fariseus e os saduceus são postos em confronto, as categorias possuem o mesmo significado em todas as fontes, inclusive Josefo, no primeiro século, a Michná, no segundo século, e o Talmude Babilônico, três séculos mais tarde e muito distante. Ele ignora mudanças de categoria em fontes diferentes e o conteúdo da opinião dos rabinos posteriores sobre o primeiro século. Por exemplo, quando os betusianos aparecem na Tosefta, ele os toma por saduceus porque alguns dos ensinamentos atribuídos aos betusianos na Tosefta são atribuídos

---

[74] Defining, pp. 207-208.

[75] Por exemplo, em t. Hag 3,5, o autor presume que os fariseus tinham poder direto sobre o culto, porque deles se diz que mergulharam a menorá na água a fim de torná-la ritualmente pura, contra a posição dos saduceus. Mas a passagem é um ataque altamente retórico, proveniente de quase um século e meio depois da destruição do Templo e pouco confiável historicamente. Presume-se também que havia um número suficiente de fariseus que eram sacerdotes para que pudessem controlar o culto do Templo, certamente uma visão bem tardia e improvável deles.

Parte II • Fontes literárias

aos saduceus em outras fontes. Mediante procedimentos similares ele identifica os sábios (*ḥakāmîm*) como fariseus em alguns textos nos quais se opõem aos saduceus.[76] Os problemas com a identidade dos betusianos foram tratados acima. A mudança de terminologia de fariseus para sábios provavelmente espelha a identificação posterior dos sábios rabínicos de si mesmos com os fariseus, mas lança dúvidas sobre a confiabilidade histórica dos textos nos quais aparece. Contudo, permanece a questão da fidedignidade dos textos como fontes do primeiro século. É mais provável que tais textos transmitam as opiniões dos rabinos posteriores a respeito daquilo que eles compreendiam que fossem os fariseus e os saduceus, e não a realidade do primeiro século.

Os mais antigos e fidedignos textos fariseus-saduceus são os sete que provêm da Michná e da Tosefta.[77] O estudo de Lightstone deste uniforme mas diminuto corpo de textos supera a maior dificuldade do método de Rivkin, combinando fontes disparatadas (na data e no tipo) em um amálgama. Todavia, este corpo homogêneo de textos mostra apenas que os fariseus possuem leis, especialmente leis quanto à pureza, que diferem das dos saduceus. Eles não mostram que os dois grupos tinham programas diferentes para o judaísmo, interpretações divergentes da Escritura, e não, certamente, uma disputa sobre a adesão à lei oral. Uma vez que as fontes rabínicas mais antigas não provêem a informação que lhe é normalmente atribuída, a costumeira visão dos fariseus derivada das fontes rabínicas depende de uma mistura acrítica de fontes confusas, tanto rabínicas quanto não rabínicas.

Os relatos michnaicos dos fariseus favorece-os muito, em virtude de os editores michnaicos adotarem os fariseus como seus predecessores. Em cada caso, os fariseus concordam com a posição dominante na Michná, pois o propósito dos editores não era simplesmente narrar o desacordo entre os fariseus e os saduceus, mas repassar histórias exemplares, precedentes legais ou polêmicas destinadas a ridicularizar ou aviltar a posição assumida pelos saduceus em oposição ao ensinamento da Michná. Assim, a partir destes textos, não se podem tirar conclusões inteiramente fidedignas sobre os ensinamentos exatos dos fariseus e dos saduceus; ainda que tudo fosse aceito como confiável, os textos não oferecem um quatro completo da agenda deles. Alguns dos textos nos quais os fariseus

---

[76] Defining, pp. 209-217 e passim.

[77] Lightstone, Sadducees *versus* Pharisees. Para outros problemas com o método de Rivkin, cf. o capítulo 1.

e os saduceus aparecem serão analisados a fim de mostrar os limites de nossos conhecimento nesta área.

Textos fariseus-saduceus

Na Michná e na Tosefta, a maioria das disputas diz respeito à pureza e a maioria são controvérsias nas quais os saduceus levam desvantagem.[78] Em m. Yadaim, os saduceus e os fariseus discordam sobre se a Escritura torna as mãos impuras, quais ossos tornam uma pessoa impura e sobre a impureza de diversos tipos de água. As queixas dos saduceus contra os fariseus e as réplicas dos fariseus e de Johanan ben Zakkai em m. Yadaim 4,6-7 são retóricas e polêmicas.[79] Outro debate em torno da pureza diz respeito a se as mulheres saduceias conservam a pureza menstrual apropriada conforme o ensinamento dos sábios (m. Niddah 4,2; t. Niddah 5,2-3).[80] As mulheres saduceias que não seguem o costume michnaico são contrastadas com as mulheres israelitas e, assim, são tratadas como judias inferiores, como samaritanas. Em uma opinião minoritária, rabi José afirmava que as mulheres saduceias eram supostamente puras quando seguissem os costumes saduceus. A opinião de rabi José presume que os sábios michnaicos dominavam a sociedade a tal ponto que todos, até mesmo os saduceus, agiriam conforme a compreensão que eles tinham da lei. Esta pressuposição não nasceu daquilo que sabemos do primeiro século.

Em outra discussão acerca de se apenas a imersão tornaria alguém puro, sem que se esperasse o pôr do sol (m. Parah 3,7; t. Parah 3,8), o Templo é descrito como possuidor de um lugar para a imersão, de modo que a lei michnaica pode ser seguida e o sacerdote, que está preparando a bezerra vermelha, pode ser purificado de imediato, contrariamente à regra saduceia, que afirmava que era preciso esperar

---

[78] Para uma consideração extensa e detalhada dos textos rabínicos, cf. LeMoyne, *Sadducéen*, pp. 198-317, bem como Rivkin, Defining. LeMoyne trata todas as fontes rabínicas juntas. Aqui, acentuaremos as coleções mais antigas, a Michná e a Tosefta. Para uma abordagem tradicional das 23 controvérsias entre os fariseus e os saduceus na literatura rabínica, cf. Finkelstein, *The Pharisees*, pp. 637-761.

[79] Cf. t. Yad. 1,19/2,9; 2,20; b. Bab. Bat. 115b. O Talmude Babilônico traz Johanan ben Zakkai como o disputador, em vez dos fariseus na última altercação nesta série.

[80] Na Michná, os saduceus são opostos aos sábios anônimos da Michná; o Talmude intensifica o conflito e identifica os sábios com os fariseus.

Parte II • Fontes literárias

até que o sol se escondesse para ser purificado.[81] Este texto dá a entender que os fariseus controlavam o Templo, uma pretensão que não tem fundamento histórico. T. Hagiga 3,35 apresenta outro caso que implica o controle farisaico do Templo, uma discussão a respeito de se a menorá no Templo deve ser submergida a fim de se tornar ritualmente pura. Este texto pressupõe que existiam diversos sacerdotes farisaicos servindo ao lado de sacerdotes saduceus, e que os sacerdotes fariseus estavam no comando. Enquanto alguns sacerdotes poderiam ter sido fariseus e outros, saduceus, a maioria dos sacerdotes não pertencia a nenhum dos grupos. A divisão de todos os sacerdotes em saduceus e fariseus na Tosefta é estilizada e não histórica.

A Michná também contém duas contendas sobre a lei civil e uma sobre a lei sabática que envolvem os fariseus e os saduceus (ou os sábios e os saduceus). Os saduceus, em uma sequência de debates sobre a pureza, "clamam" contra a discórdia dos fariseus de que um senhor não é responsável pelas ações injuriosas de seus escravos (m. Yad. 3,7). Os fariseus declaram que o exercício da intenção dos escravos absolve o senhor da responsabilidade, uma posição que se harmoniza com a ênfase michnaica na intenção.[82] Na segunda disputa (m. Makkot 1,6), os saduceus e os sábios discordam acerca de quando uma testemunha que cometeu perjúrio em um caso capital poderia ser executada, uma discussão baseada na interpretação de frases da Escritura, e não no tipo de comportamento e de seus efeitos. Finalmente, os saduceus mantinham suas próprias opiniões acerca do *erub*, que permitia movimento em torno da cidade durante o sábado.[83] As autoridades michnaicas (elas não são chamadas fariseus) precisam reivindicar o pátio antes que um saduceu o faça, e estabelecer o *erub* deles a fim de permitir-lhes movimentar-se em um pátio comum a todos. Neste texto, o saduceu é tratado como um judeu com costumes diferentes, que não concordaria com delimitar o pátio como espaço comum e, portanto, restringiria a competência dos sábios de tornar o pátio comum a todos.

---

[81] O Talmude Babilônico (b. Hag. 23a) agudiza o conflito, como o fez no caso precedente, dizendo que eles propositadamente tornavam o sacerdote impuro a fim de imergi-lo e purificá-lo, mostrando que os saduceus estavam errados.

[82] Cf. EILBERG-SCHWARTZ, Howard. The Human Will in Judaism; The Mishnah's Philosophy of Intention *BJS* p. 103; Atlanta, Scholars, 1986.

[83] M. Erub. 6,2.

Na Michná e na Tosefta, a maioria das discussões entre os saduceus e os fariseus (e outros) diz respeito às interpretações das leis da pureza ritual.[84] Se os fariseus baseavam grande parte de seu programa para a vida judaica em uma compreensão revista das leis da pureza e em uma aplicação delas a todo o Israel, conforme foi demonstrado acima, então o conflito entre os saduceus e os fariseus sobre esse ponto é compreensível e provavelmente histórico em seu conteúdo geral. A aplicação das leis de pureza ao povo em geral era um novo modo de compreensão da vida, da lei e da Escritura judaicas, e é razoável e até mesmo inevitável que os saduceus ou alguém mais devesse se opor a isso. Os saduceus tinham sua própria (provavelmente mais tradicional) compreensão do judaísmo e promoviam-na contra a nova concepção do farisaísmo. Se muitos dos saduceus eram sacerdotes ou adeptos do sacerdócio tradicional, eles teriam tido outro motivo para opor-se aos fariseus. Os sacerdotes não permitiriam que as práticas de pureza, características do Templo e do sacerdócio, fossem diluídas pela adaptação à multidão.

Talmude Babilônico

O Talmude Babilônico contém certo número de passagens com fariseus e saduceus, nas quais os saduceus parecem ser originais e não substituições de "hereges" ou "cristãos". Uma análise de alguns deles mostrará como os mestres babilônicos enfatizaram a oposição entre os saduceus e os fariseus. Quando uma família farisaica deseja estabelecer um *erub* em um pátio público, de modo que possa mover-se no sábado, ela precisa fazer isso antes que outros judeus, com observâncias diversas, estabeleçam a pertença a eles. Se um gentio mora no pátio, não importa.[85] Na Michná, Rabban Gamaliel conta uma história que pressupõe que os saduceus são judeus com crenças diferentes, mas no Talmude Babilônico, eles são tratados, por uma opinião minoritária, como equivalentes a gentios, quanto ao *status*. Os saduceus são também excluídos da fraternidade dos instruídos autorizadamente, em um à parte em b. Yoma 4a, que explicitamente diz que os estudantes dos sábios, oriundos dos estudantes de Moisés, que devem instruir os sumos sacerdotes sobre o comportamento no Dia da Expiação, não devem ser saduceus.

---

[84] A centralidade da pureza nos ensinamentos saduceus escritos é observada por LeMoyne, *Sadducéens*, p. 362 e por Gary Porton, Sects and Sectarianism During the Period of the Second *Temple* [ensaio não publicado], p. 7.

[85] m.Erub. 6,2; b. Erub. 68b.

Parte II • Fontes literárias

A dominação dos fariseus sobre os saduceus é pressuposta e reforçada no Talmude Babilônico, segundo indicado acima. Em outro caso, a Michná diz que a corte judaica em Jerusalém deve instruir o sumo sacerdote a respeito de seus deveres no Dia da Expiação (m. Yoma 1,5). A Sifra 81 a-b e b. Yoma 19b determinam que os saduceus que eram sumos sacerdotes tinham de seguir as regras dos sábios concernentes à queima do incenso, ou seja, eles tinham a permissão para acendê-lo somente depois de entrarem no Santo dos Santos no Dia da Expiação. O Talmude conta uma história de um sumo sacerdote que caiu morto depois que desobedeceu a esta norma. Além disso, no Talmude, os sábios da Michná são denominados fariseus e, assim, seguiam a interpretação da lei segundo eles. Esta visão babilônica posterior dificilmente é histórica em relação ao primeiro século. A contenda entre os saduceus e os fariseus é levada a um extremo ficcional em outro caso, quando o Talmude exige que, na preparação da novilha vermelha, os fariseus propositadamente tornavam o sacerdote impuro a fim de imergi-lo e purificá-lo, mostrando, assim, que os saduceus estavam errados ao exigir que o sacerdote esperasse até o pôr-do-sol para obter a pureza ritual.[86]

Conclusão

As histórias sobre os sábios do segundo Templo e as limitadas referências aos fariseus e saduceus têm sido usadas, muitas vezes, como o corpo principal de indícios para a reconstrução da história destes dois grupos. Tal uso histórico das histórias rabínicas é ilegítimo por uma série de razões e não consegue produzir um relato historicamente confiável das origens e da história dos fariseus e saduceus. As histórias referentes ao período pré-destruição provêm de muitas coleções de literatura rabínica, incluindo-se Michná, Tosefta, ambos os Talmudes e muitas coleções midráshicas. Raramente estas passagens foram analisadas por fonte, no contexto, a fim de avaliar o papel da história ou do ensinamento na obra na qual aparece e sua congruência ou incongruência com as tendências da obra em geral. Quando versões diferentes de tais ensinamentos e histórias foram comparados, normalmente foram harmonizados a fim de produzir um relato coerente, sem atenção à questão crítica da historicidade. As datas e contextos largamente

---

[86] b. Hag. 23a. Cf. também b. Zeb. 21a.

variados deste material impedem seriamente qualquer esforço de abstrair um todo coerente a partir deles.

Ainda que a probabilidade histórica de algumas afirmações ou acontecimentos possa ser estabelecida, ficamos com fragmentos incompletos que nos dizem pouco sobre a origem, do desenvolvimento, do *status* social, dos ensinamentos e da vida interna dos fariseus, e menos ainda sobre os saduceus. O uso do material que diz respeito aos sábios pré-70 pressupõe, mas não prova, que eles eram fariseus, que eles compreendiam a si mesmos como fariseus e eram vistos desta forma pelos outros. Não sabemos se isto é verdade e mesmo que o soubéssemos, os textos de que dispomos nos diriam pouco sobre estas figuras cheias de sombras. Com o objetivo de escrever uma história dos fariseus e dos saduceus a partir de fontes rabínicas, estudiosos têm sido forçados a criar todo um esquema histórico e social para interpretar os textos. Contudo, tais visões panorâmicas da sociedade judaica muitas vezes não têm se baseado na história e na sociologia da antiguidade, mas em concepções posteriores presentes na tradição rabínica.

Das tradições rabínicas podemos saber um pouco sobre os fariseus, especialmente no primeiro século. Podemos deduzir, com alguma probabilidade, que Hillel era um líder importante de um dos grupos que constituíam o movimento rabínico depois da destruição do Templo. Embora as histórias sobre ele concedam-lhe contornos irreais, sua influência, ao menos num grupo limitado, é inegável. Em virtude da elaboração legendária concernente a Hillel, poucos detalhes historicamente confiáveis podem ser conhecidos a seu respeito. É também provável que os seguidores de Hillel formassem uma facção chamada "Casa de Hillel" e estivessem em conflito com outra facção que prestava obediência a Shammai. Se Neusner estiver correto ao afirmar que o estrato mais antigo de leis na Michná dizia respeito à pureza ritual, ao dízimo e a outras leis alimentares, então estas preocupações podem ter sido a base para o conflito. Esses textos, porém, não revelam a estrutura interna dos grupos farisaicos, quão exigente era a associação, quais partes da sociedade eram atraídas para a associação, qual era o tamanho dos grupos e muitos outros aspectos da estrutura do grupo.

Em virtude de os saduceus serem mencionados raramente na literatura rabínica, as histórias e disputas lhes serem hostis e até mesmo a ocorrência do nome deles ser textualmente incerta em muitos casos, poucas conclusões historicamente seguras podem ser tiradas a respeito deles. Eles eram adversários dos fariseus, mas isto provavelmente não era o cerne de sua identidade. Presumivelmente, eles tinham uma visão bem articulada de como a vida judaica deveria ser vivida, mas as fontes rabínicas nos dizem pouco a este respeito, à exceção de alguns detalhes, em que a visão deles diferia da dos fariseus. Até mesmo os relatos de Josefo são escassos e não oferecem um quadro coerente. No capítulo final, tentaremos fazer uma avaliação sintética dos saduceus.

As fontes rabínicas podem servir de limitada ajuda na reconstrução da história dos fariseus e dos saduceus se elas forem interpretadas em conjunção com Josefo e com o Novo Testamento, fontes que estão mais próximas dos fariseus no tempo, mas que, conforme foi visto anteriormente, exigem, elas mesmas, cuidadosa interpretação. Ulteriores estudos não harmonizadores, críticos das histórias e ensinamentos atribuídos ao período pré-70, certamente nos mostrarão mais sobre as concepções dos séculos posteriores a respeito do período primitivo do que sobre o período primitivo em si mesmo, e podem até mesmo produzir alguns núcleos históricos que nos iluminarão sobre o primeiro século e sobre o período anterior.

INTERPRETAÇÃO E SÍNTESE

Capítulo 11

O papel social dos escribas na sociedade judaica

Os escribas aparecem como um grupo social organizado somente nos evangelhos sinóticos, onde são associados tanto aos fariseus quanto aos sumos sacerdotes como oponentes de Jesus. Escribas são mencionados em Josefo, mas não como um grupo social coerente, e na literatura rabínica, os escribas são concebidos como mestres de Israel pós-exílicos, pré-rabínicos, cuja autoridade e ensinamentos são, por vezes, invocados. Além disso, escribas aparecem nos textos rabínicos em suas funções normais como copistas e mestres. Escribas não se assemelham aos fariseus e aos saduceus nisto que eles apareciam por todo o mundo mediterrâneo e no Oriente Próximo por diversos milênios, desempenhavam muitas funções e tinham diversos papéis e posições sociais ao longo do tempo e em lugares diversos. Um imenso corpo de indícios oferece um contexto para a compreensão das esparsas referências aos escribas em Josefo e na literatura rabínica, bem como nos evangelhos. Uma análise de alguns dos indícios concernentes aos escribas na antiguidade fornecerá um contexto para a compreensão dos escribas nos evangelhos. Também produzirá alguma percepção a mais sobre como a sociedade era organizada e funcionava no período greco-romano.

A palavra hebraica para escriba, *sôfēr*, provém da raiz semítica *spr*, que se refere originalmente a uma mensagem que era enviada, ou seja, uma mensagem escrita e, a seguir, usada para a escrita e para o escritor. A palavra grega para escriba, *grammateus*, vem da palavra *gramma*, que significa algo desenhado e, mais comumente, letras escritas. Em diversas combinações, esta raiz refere-se a todos os aspectos da escrita e da educação. A palavra "escriba", em hebraico, grego e em outras línguas, tinha uma ampla série de significados que mudaram ao longo do tempo e podiam denotar diversos papéis sociais. O termo idiomático

Parte III • Interpretação e síntese

português mais próximo equivalente é "secretário", que se refere a funções desde um digitador até o mais alto nível de assistente administrativo, a um oficial altamente responsável de uma organização ou corporação e, finalmente, a um oficial de gabinete, no mais alto nível governamental. Tanto no uso semítico quanto no grego, o escriba era usualmente um oficial governamental de nível médio, por exemplo, um "secretário" no comando do conselho da cidade (At 19,35). Em Atenas, os corpos políticos importantes possuíam, cada um em particular, um escriba como um de seus oficiais. Tendo em vista os variados significados da palavra escriba, não devemos pressupor que as referências aos escribas no Novo Testamento e em outro lugar impliquem a existência de um grupo unificado, com uma identidade e papel comuns. Escriba é um termo demasiado difuso para isso.

Escribas no Egito e na Mesopotâmia

Pouco se sabe sobre o papel dos escribas e do exercício escribal em Israel; assim, é preciso recorrer de alguma forma às fontes egípcias e mesopotâmicas, as quais delineiam, com alguns detalhes, a posição social, os papéis e a educação dos escribas.[1] No Egito e na Mesopotâmia, a partir do terceiro milênio em diante, os escribas achavam-se estabelecidos na corte real e nos templos. Suas obrigações incluíam a administração e o registro da coleta de impostos, trabalho forçado, atividades militares, mercadorias e projetos de construção. Por exemplo, no Egito, supervisionavam a medição da terra depois da enchente anual do Nilo, faziam esboços da correspondência, de contratos e tratados e, no mais alto nível, conservavam os anais reais, colecionavam leis, conservavam as sagradas tradições, e eram peritos em astronomia, agouros e outros ritos e atividades religiosos. Os escribas ocupavam altos postos como secretários reais, encarregados da correspondência real e, como tais, agiam como conselheiros e altos funcionários. Quanto mais elevado o lugar do escriba na sociedade, maior sua influência e poder. Em todos os

---

[1] Cf. J. P. J. Olivier, Schools and Wisdom Literature, *Journal of North West Semitic Languages*, v. 4, pp. 49-60, 1975, para uma análise de todos os indícios do Oriente Próximo, especialmente os mesopotâmicos. Ronald J. Williams, Scribal Training in Ancient Egypt, *Journal of the American Oriental Society*, v. 92, pp. 214-221, 1972 e A People Come out of Egypt; An Egyptologist Looks at the Old Testament, *Congress Volume, Edinburgh 1974* (Suppl. VT 28; Leiden, Brill, 1975), pp. 231-252, esp. pp. 238-241, examina os dados egípcios. Para a Mesopotâmia, cf. *City Invincible*, Carl Kraeling, ed. Chicago, Chicago University Press, 1958, pp. 94-102 e a literatura citada ali.

casos, o poder do escriba provinha do rei ou do membro da classe governante que o designava; era, portanto, um servidor. Pode também dar-se o caso que escribas mais poderosos eventualmente estabeleciam a si mesmos como membros permanentes da classe dirigente,[2] e existem indícios de que determinadas famílias eram escribas hereditários.

No Egito, os meninos eram levados à corte ou ao templo e treinados a ler e a escrever. Prática em óstracos, encontrada atrás de um templo, comprova uma escola ao ar livre, e um texto sugere que o treinamento inicial levava quatro anos.[3] Após exercitar-se em uma escola, um jovem tornava-se aprendiz de escriba; e jovens escribas mais adiantados eram, às vezes, treinados por altos oficiais como potenciais substitutos. O treinamento parece ter consistido em copiar, recitar e memorizar diversos materiais tradicionais. Os estudantes avançados tinham acesso a tratados gramaticais, listas de expressões idiomáticas, catálogos de fenômenos naturais e, de modo especial, tratados didáticos que os ensinavam como escrever, falar e comportar-se de forma correta. É provável que os escribas de alto escalão tivessem de saber mais de uma língua. Os estudantes eram exortados a aprender suas difíceis lições tanto mediante castigos corporais quanto pela ameaça de que seriam transferidos para ocupação manual mais árdua e menos agradável.

Escribas em Israel

O escriba aparece pela primeira vez no Antigo Testamento como inspetor (Jz 5,14). O escriba (-chefe) da corte de Jerusalém era um alto oficial de gabinete, ocupado com economia, política e administração (2Rs 22; Jr 36,10). Baruc, que registrou as palavras de Jeremias, era um escriba (Jr 36,32) e, como tal, uma pessoa altamente instruída e influente, que transitava pelos mais altos círculos governamentais. Um texto controverso (1Cr 2,55) sugeriria que havia famílias escribais, talvez no período pós-exílico.[4] Em outras passagens do livro das Crônicas, que podem

---

[2] Para a probabilidade de isto acontecer em um limitado número de casos, cf. o capítulo 3.

[3] Williams, Training, p. 216.

[4] Cf. MYERS, J. M. *1 Chronicles*. Anchor Bible; Garden City, Doubleday, 1965. pp. 12 e 16. A palavra *soferim*, em uma lista de nomes de pessoas e de lugares, soa estranho e pode ser um erro em relação aos habitantes de Cariat-Sefer.

Parte III • Interpretação e síntese

também refletir a situação pós-exílica, diz-se que Josafá enviou príncipes, levitas e sacerdotes às cidades de Judá a fim de ensinar ao povo a lei (2Cr 17,7-9); diz-se que Josias instruiu os "levitas que ensinavam a todo o Israel" a liderar o povo na celebração do sacrifício da Páscoa (2Cr 35,3-6). Embora os indícios de escolas nos tempos monárquicos sejam fracos, a presença delas é provável, especialmente em cidades importantes.[5] Existe consenso geral de que a literatura sapiencial retrata a atividade escribal e estudantil, semelhante àquela encontrada no Egito e na Mesopotâmia.[6] A simples necessidade da administração em um reino centralizado exige a hipótese de escolas escribais.

Existem muito mais sinais da presença e das atividades de escribas no período pós-exílico. Contudo, as esparsas referências não comprovam um grupo uniforme, mas um cacho de funções e de papéis sociais desempenhados por pessoas de diversos estratos e grupos sociais.[7] O escriba mais conhecido na Bíblia é Esdras, um sacerdote e um "escriba versado na Lei de Moisés" (Esd 7,6), que pediu a Arta-xerxes, rei persa, a permissão para liderar um grupo de judeus de volta a Jerusalém. O rei ordenou a diversos oficiais que providenciassem os recursos de que Esdras precisasse (Esd 7,21-22) para o retorno e a reassunção do culto, e o rei encarregou Esdras de designar magistrados e juízes que conhecessem a lei de Deus e o rei (Esd 7,25-26). Em Esdras 8–10, o escriba exerce a função de líder dos repatriados em comunhão com os principais sacerdotes, levitas e famílias. Embora Esdras seja de alta linhagem sacerdotal, ele não preside o culto. Ao contrário, Esdras é descrito como sacerdote e escriba, ou seja, líder religioso, enquanto Neemias é governador

---

[5]   Cf. LeMaire, André. *Les Écoles et la formation de la Bible dans l'ancien Israël. Orbis Biblicus et Orientalis* 39, Fribourg, Ed. Univ./Göttingen, Vandenhoeck, 1981. Cf. 2Sm 12,24-25; 2Rs 10,1-6; 1Cr 27,32; 1Rs 12,8.

[6]   Brian Kovacs, "Is There a Class-Ethic in Proverbs?" *Essays in Old Testament Ethics* (Hyatt Festschfrift), J. L. Crenshaw e J. T. Willis, eds., pp. 171-189 (New York, Ktav, 1974), observa que existe uma ética escribal implícita no livro de Provérbios. Cf. também André LeMaire, Sagesse et Écoles. *VT*, v. 34, pp. 270-281. 1984. Os problemas concernentes à definição de uma tradição sapiencial e a debilidade em alegar instituições sociais para as quais não existem dados israelitas diretos são analisados e discutidos por Whybray, R. N. The Intellectual Tradition in the Old Testament. *ZAW Beiheft* 135; New York, de Gruyter. 1974; Sheppard, Gerald T. Wisdom as a Hermeneutical Construct. *ZAW Beiheft* 151; Berlin, de Gruyter, 1980. pp. 1-11. Crenshaw, James T. Prolegomenon. In: *Studies in Ancient Israelite Wisdom.* New York, -Ktav, 1976. pp. 1-60, esp. p. 22.

[7]   Cf. as advertências de: Porton, Gary. Diversity in Postbiblical Judaism. In: Kraft, Robert & Nickelsburg, George, eds. *Early Judaism and Its Modern Interpreters.* Atlanta, Scholars, 1986. p. 60.

O papel social dos escribas na sociedade judaica

(Ne 8–9). Como tal, ele exercia o ofício de mestre e de sacerdote lendo trechos da Lei para o povo, enquanto um grupo de levitas ajudava o povo a compreender a lei, e liderando o povo na oração e no sacrifício (Esd 8). Assim, ele exercia o ofício de professor e de sacerdote.

Alguns problemas dificultam a interpretação de Esdras-Neemias. Diversas fontes foram reunidas de tal forma em uma narrativa pelo editor que o relacionamento histórico das figuras de Esdras e Neemais é incerto. As fontes de Neemias não mencionam Esdras, e vice-versa, exceto por alguns versículos que provavelmente são redacionais e destinados a ligar as fontes em um relato coerente. Embora a versão final apresente as atividades deles como imbricadas, a cronologia de Esdras e Neemias é assunto discutido entre estudiosos, com alguns situando Esdras antes, outros com e outros ainda depois de Neemias.[8] Em todas estas teorias, a função exata de Esdras é um ponto debatido.

Em um estudo de grande influência, Hans H. Schaeder afirmou que o ofício de escriba era uma ocupação persa, e que Esdras era um oficial persa designado pelo rei para governar a Judeia.[9] O uso de escriba como um título para um alto oficial é possível mas difícil de provar em Esdras. K. Galling demonstrou que escriba não é título de um oficial persa, mas um ofício na comunidade judaica da diáspora.[10] A reconstrução de Gallling depende de algumas interpretações duvidosas de Esdras 7, e de uma datação no quarto século para Esdras (depois de Neemias).[11] Alguns dados arqueológicos recentes sugerem que Azai era governador quando Esdras chegou em 458, e isto leva Talmon a negar que Esdras fosse um oficial persa.[12]

---

[8] Para uma análise do recente trabalho e uma demonstração, baseada em indícios literários e arqueológicos, de que a cronologia bíblica está correta, cf. Talmon, S. Ezra and Nehemiah. *IDBS*, pp. 317-328. 1976.

[9] Schaeder, Hans H. *Esra der Schreiber*. Beiträge zur historischen Theologie 5; Tübingen, Mohr, 1930.

[10] Galling, K. Gagoas and Ezra. *Studien zur Geschichte Israels im persischen Zeitalter*. Tübingen, Mohr, 1964. pp. 149-184.

[11] Para uma crítica a Galling, cf. Klein, Ralph W. Ezra and Nehemiah in Recent Studies. In: Cross, Frank M. et al, eds. *Magnalia Dei* (Wright Festschrift). Garden City, Doubleday, 1976. R. North argumentou que a função de Esdras na Bíblia era mais religiosa do que política (dando-se por descontada a imbricação destas duas áreas). Esdras não teve uma autoridade civil especial, mas o encorajamento do rei persa e a concessão dos recursos. North, R. Civil Authority in Ezra. *Studi in onore di E. Volterra*. Milan, 1971. pp. 377-404. Esdras é pressuposto um líder religioso por Myers, J. M. *Ezra-Nehemiah*. Anchor Bible; Garden City, Doubleday, 1965. pp. LVII-LXII.

[12] Talmon, op. cit., p. 325.

Parte III • Interpretação e síntese

É bastante questionável, portanto, se Esdras era governador. Certamente ele era uma autoridade reconhecida na comunidade judaica por causa de sua elevada ascendência sacerdotal e também por ser versado na lei. Ele tinha acesso suficiente à corte persa para obter um favor do rei, e uma privilegiada posição social na comunidade para guiar um grupo até Jerusalém e estabelecer-se ali. Os constantes problemas com os matrimônios mistos e a oposição de Esdras indicam que ele era uma entre algumas das forças influentes e poderosas na comunidade de Jerusalém, mas que suas opiniões não predominaram imediatamente.

Outro escriba que aparece em Esdras-Neemias, Sadoc, foi designado, juntamente a um sacerdote e a um levita, como tesoureiro do depósito de mercadorias para onde eram trazidos os dízimos (Ne 13,12-13). Este texto sugere que os escribas faziam parte da sociedade e de sua liderança em Jerusalém.

Na comunidade judaica pós-exílica, as funções dos sacerdotes, levitas, escribas e de outros líderes judaicos entrelaçavam-se. Esdras era sacerdote, escriba, líder comunitário e, possivelmente, um líder governamental comissionado (Esd 7). Os levitas ensinavam (Ne 8) e, na visão do cronista, que provavelmente espelha a situação pós-exílica, alguns levitas serviam como escribas.[13] O cronista também concedeu aos levitas maiores responsabilidades no Templo e até mesmo encargos mais amplos como oficiais e juízes no tempo de Salomão (1Cr 23,4). A imagem cronista dos levitas dificilmente é histórica, mas mostra realmente que aquilo que os levitas estavam fazendo e aquilo a que aspiravam fazer na sociedade judaica pós-exílica incluía atividades escribais.[14] O que precisa ser ressaltado em nosso estudo é que a atividade escribal está comumente associada aos sacerdotes e aos levitas.

Estudos recentes sobre o livro do Deuteronômio enfatizam seu caráter escolástico e suas conexões com a tradição sapiencial (e escribal).[15] Como o livro de Deuteronômio provavelmente foi editado antes e durante o exílio, supõe-se que

---

[13] 1Cr 24,6; 2Cr 34,13. O cronista estava interessado em esclarecer os papéis dos levitas no culto. Cf. Myers, *I Chronicles*, XXXIX. De modo geral, o cronista, que escreveu no quarto século, fez retroceder a situação de seus próprios dias para a história de Israel.

[14] Para a interpretação das diversas fontes sobre os levitas, cf. DE VAUX, R. *Ancient Israel*. New York, McGraw, 1961. pp. 391-394.

[15] WEINFELD, M. *Deuteronomy and the Deuteronomic School*. Oxford, Clarendon, 1972; CARMICHAEL, C. *The Laws of Deuteronomy*. Ithaca, Cornell, 1974.

O papel social dos escribas na sociedade judaica

existiam círculos de escribas ou algo semelhante.[16] O livro do Deuteronômio pode refletir esta realidade quando atribui aos levitas um crescente papel como mestres, concedendo-lhes, assim, uma função tradicional tanto de escribas quanto de sacerdotes, refletindo, pois, a sobreposição de funções.[17]

A formação da Bíblia

A atividade escribal deve ser postulada a fim de prestar contas da própria existência da Bíblia e de seus diversos estágios de redação. A complexidade em distinguir sacerdotes, escribas, profetas e outros líderes comunitários que produziram e transmitiram os livros bíblicos, o material legal, as tradições narrativas, os oráculos e as interpretações mânticas foi ilustrada pelo minucioso estudo de M. Fishbane sobre a interpretação que a Bíblia dá de suas próprias tradições.[18] No estudo de Fishbane, escribas são compreendidos em sentido estrito como copistas e intérpretes assistemáticos da Bíblia. À medida que transmitiam as tradições, eles o faziam em uma tradição viva de interpretação, de modo que faziam comentários e interpretações em vários pontos do texto, alguns dos quais foram incorporados ao texto tal como o temos. Os escribas também se tornaram autoridades em relação ao texto e à sua interpretação, tendo sido, provavelmente, sacerdotes ou intimamente ligados aos círculos sacerdotais.[19] A partir dos comentários escribais incorporados ao texto não fica claro se os escribas também pertenciam aos círculos que produziram as tradições bíblicas, mas certamente eles tinham a responsabilidade de transmitir a tradição. Visto que não se produziram comentários independentes em Israel até o período hasmoneu ou pouco tempo antes dele, os escribas, com toda a probabilidade, eram autores, comentadores e transmissores dos textos bíblicos.[20]

---

[16] Cf. a análise dos dados e as pressuposições em MORGAN, Donn. *Wisdom in the Old Testament Traditions.* Atlanta, Knox, 1981. pp. 94-106. Observe-se a prudência de Morgan (p. 102) quanto ao nosso minguado conhecimento dos círculos que produziram o livro do Deuteronômio.

[17] VON RAD, G. *Studies in Deuteronomy.* London, SCM, 1953 p. 68; WRIGHT, G. E. The Levites in Deuteronomy. *VT*, v. 4, pp. 325-330, esp. p. 329, 1954; LeMaire, *Écoles*, p. 56 e n. 184.

[18] FISHBANE, Michael. *Biblical Interpretation in Ancient Israel.* Oxford, Clarendon, 1985.

[19] Fishbane, op. cit., pp. 78-84.

[20] Fishbane, op. cit., pp. 84-88. Para a natureza "escribal" dos Manuscritos do Mar Morto, cf. MARTIN, Malachi. *The Scribal Character of the Dead Sea Scrolls.* Leiden, Brill, 1958. 2 volumes.

Parte III • Interpretação e síntese

A interpretação bíblica interna de tradições dá a entender um complexo processo de transmissão, o qual incluiu vários grupos da sociedade, com escribas em cada grupo. Uma vez que as leis, narrativas e profecias bíblicas não nos chegaram diretamente dos juristas, profetas e de outros praticantes na vida cotidiana, uma classe letrada produziu o material bíblico.[21] Em virtude de os líderes serem chamados a reconciliar tradições sagradas umas com as outras, a lei com os costumes e com as novas circunstâncias, era preciso intérpretes instruídos. Os conflitos dentro da sociedade produziam interpretações antagônicas da lei e dos costumes, um fato ricamente ilustrado nas seitas e grupos nos tempos hasmoneu e herodiano. Material não legal (narrativas, sermões, rituais, orações, hinos, profecia, história) também era interpretado dentro da Bíblia,[22] como o eram oráculos proféticos, sonhos e visões.[23]

Todos os materiais bíblicos foram transmitidos de maneira tão complexa que a atividade dos intérpretes especializados e dos transmissores deve ser postulada para toda a história de Israel, a partir da monarquia. A diversidade de materiais e de contextos demonstra que não apenas um grupo foi responsável pela transmissão destas tradições, mas que muitos segmentos da sociedade israelita tinham suas tradições e os escribas suficientemente hábeis para interpretá-las e passá-las adiante. Desse modo, escribas ou pessoas com habilidades escribais devem ter feito parte de círculos sacerdotais, proféticos e de liderança em todos os períodos. Mesmo que seja difícil provar a continuidade histórica, a natureza dos materiais bíblicos, em seu ambiente cultural no Oriente Próximo, torna bem provável a hipótese de tradições literárias e interpretativas contínuas e diversificadas.[24] O certo é que os escribas desempenharam um papel nesta tradição, mas a natureza de suas funções,

---

[21] Os tópicos legais contemplados na Bíblia são demasiado incompletos para serem o verdadeiro código usado por juízes, e as punições ou outras circunstâncias muitas vezes são vagamente sugeridas. Assim, os códigos legais são exemplares e têm a intenção de servir a um propósito religioso, educacional ou outro (Fishbane, *Interpretation*, pp. 91-98). Isto sugere que os escribas, ou mestres, ou sacerdotes, ou alguma combinação destes coletaram as leis bíblicas que retiveram como reveladas por Deus e essenciais para Israel. A santidade da lei e a tentativa deuteronômica de tornar o povo santo, um programa levado adiante por Esdras e Neemias, deixam entrever grupos sacerdotais e levíticos no período do exílio e do segundo Templo (pp. 107-123). Note-se que os sacerdotes não monopolizavam a autoridade de ensinar, especialmente no exílio, longe do Templo (p. 265).

[22] Fishbane, op. cit., pp. 281-440.

[23] Fishbane, op. cit., pp. 443-524.

[24] Fishbane, op. cit., pp. 525-527.

suas posições sociais e seus relacionamentos com outros grupos importantes na sociedade judaica permanecem incertos.

O período greco-romano

Ao esboçar as mudanças provocadas no judaísmo pela influência helenística, E. Bickerman postula o surgimento de uma classe escribal independente, não sacerdotal.[25] Como os gregos apoiavam-se em oficiais não sacerdotais e em indivíduos instruídos para servir nos conselhos da cidade e nos ofícios locais, eles designavam escribas eruditos para ofícios governamentais, segundo Bickerman. Se isto acontecia, os escribas provavelmente eram agregados, e não substitutos dos sacerdotes e dos cidadãos importantes, que eram sempre poderosos nas grandes e pequenas cidades do Oriente Próximo. Talvez Bickerman esteja correto, no entanto, ao afirmar que a tradição grega de conselhos, funcionários públicos, sofistas, filósofos e mestres estimulou atividades escribais mais especializadas na sociedade judaica.

Escribas do Templo

Os escribas do templo são mencionados entre os líderes judaicos na carta de Antíoco III a Ptolomeu, o governador da Ceila-Síria.[26] Uma vez que Antíoco obteve o controle da Palestina logo depois do ano 200 a.C., ele reorganizou seus novos domínios. Sua carta a Ptolomeu afirmava a relativa independência de Jerusalém, colocava meios disponíveis para a reconstrução e repovoamento da cidade e eximia alguns oficiais judeus de impostos:

> Todos os membros da nação terão uma forma de governo de acordo com as leis de seus país, e o senado, os sacerdotes, *os escribas do templo* e os cantores do templo

---

[25] BICKERMAN, Elias Ch. 2. The Historical foundations of Postbiblical Judaism. In: FINKELSTEIN, Louis, ed. *The Jews.* New York, Harper, 1949. v. 1, pp. 99-101.

[26] Josefo, *Ant.* 12.3.3 (138-144). A autenticidade dessa carta foi defendida por BICKERMANN, E. [sic]. La charte séleucid de Jérusalem. *Revue des Etudes Juives*, v. 100, pp. 4-35, 1935. Foi reimpressa em BICKERMAN, E. *Studies in Jewish and Christian History.* Pt. 2; Leiden, Brill, 1980. pp. 44-85. Os detalhados e meticulosos argumentos de Bickerman geralmente foram aceitos, por exemplo, pelo tradutor de Josephus, Ralph Marcus (Loeb ed., 1943; Cambridge, Harvard Uni., 1976), v. 7, app. D, pp. 751-761.

Parte III • Interpretação e síntese

estarão isentos do imposto *per capita*, e do imposto da coroa e do imposto do sal que eles pagam.[27]

Senado (*gerousia*) denota um conselho de anciãos, normalmente os chefes de famílias importantes, que frequentemente governavam a cidade grega. Presumivelmente, o senado judeu era composto de sacerdotes e cidadãos principais, e pode ter sido presidido pelo sumo sacerdote. Os outros três grupos citados estão todos ligados ao Templo. Como anteriormente, na carta, Antíoco reservou dinheiro para os sacrifícios e reformas no Templo, e que o próximo documento na narrativa de Josefo protege a santidade do Templo e de Jerusalém, dever-se-ia esperar esta dispensa de impostos para o pessoal do Templo. Embora suas funções não sejam claras, os escribas do Templo eram suficientemente importantes e preeminentes para merecer menção explícita de Antíoco e a isenção de impostos. Podemos especular que os escribas estariam ocupados ou com as atividades financeiras e organizacionais do Templo, ou com o registro e o ensino das tradições e das leis sagradas, mas não podemos saber ao certo. De modo que os escribas dependem dos salários do Templo e estão subordinados aos sacerdotes que controlavam o Templo; isto também é significativo para a compreensão dos escribas tais quais aparecem nos evangelhos, pois ali também os escribas estão localizados principalmente em Jerusalém e aliados aos chefes dos sacerdotes.

O período hasmoneu

Os escribas aparecem uma vez em 1 Macabeus, de alguma forma ligados aos assideus. Durante a revolta macabeia, um grupo de "pessoas piedosas" ou "assideus" (*ḥasîdîm*) uniram-se aos macabeus em sua luta contra Antíoco IV: "Uniu-se então a eles [Matatias e seus amigos] o grupo dos assideus, homens corajosos de Israel, todos apegados à Lei" (1Mc 2,42). Depois da morte de Antíoco e da ascensão de Demétrio I,

> uma comissão de escribas foi ter com Alcimo [o novo sumo sacerdote designado pelo rei] e Báquides [o governador do rei], para expor-lhes reivindicações justas. Os assideus eram os primeiros dentre os israelitas a solicitar-lhes a paz, raciocinando

---

[27] Josefo, *Ant.* 12.3.3 (142).

assim: "É um sacerdote da linhagem de Aarão que veio com esse exército: ele não procederá injustamente conosco" (1Mc 7,12-14).

Porém, os macabeus recusaram-se a negociar com Alcimo, porque ele era aliado dos selêucidas. O autor, que apoiava os macabeus, deixa claro que os novos líderes governamentais eram traidores e que os macabeus estavam certos ao recusarem fazer qualquer acordo. Ele demonstra sua tese fazendo observar que Alcimo apanhou sessenta dentre os que haviam feito a paz e assassinou-os em um único dia (1Mc 7,16).

As duas frases que citam os escribas e os assideus seguem-se uma à outra de forma confusa e a relação entre as duas não é clara. Goldstein sugere que cada grupo pietista tinha seus próprios escribas, e mais de um grupo de escribas está implícito nesta passagem.[28] Tcherikover identifica pietistas como uma seita especial dentro da classe escribal, a qual era composta por aqueles instruídos na Torá, e Tcherikover afirma que a partir do tempo de Esdras, os escribas cresceram em poder como autoridades leigas, independentes dos sacerdotes e aliados aos líderes urbanos que eram separados dos sacerdotes.[29] No período macabeu, eles se tinham tornado os líderes da resistência e os escribas-chefes.[30] A visão "clerical" de Tcherikover da liderança judaica é sociologicamente improvável, porque coloca no poder aqueles sem riqueza, sem posição social ou sem ligação com o Templo. A razão para as ações dos pietistas — que um sacerdote da linhagem de Aarão não iria fazer-lhes mal — espelha uma grande confiança nas instituições e leis tradicionais de Israel e, talvez, certa interpretação da história de Israel, que acentuava a confiança em Deus e a santidade do sacerdócio. Contudo, enquanto está claro que os escribas estão associados aos pietistas e à defesa da forma de vida judaica, não está claro se os escribas faziam parte dos assideus ou vice-versa, e que *status* e papel social eles tinham. O fato de que eles pudessem vir até Alcimo como grupo e de que eles fossem o objeto de uma trama assassina demonstra que eles tinham alguma influência e poder, e eram vistos como uma ameaça pelo governo. É provável que eles, como os macabeus, tivessem alguma influência junto ao povo e fossem considerados como obstáculo à reafirmação do

---

[28] GOLDSTEIN, Jonathan. *1 Maccabees*. Garden City, Doubleday, 1976. pp. 331-332.

[29] TCHERIKOVER, Victor. *Hellenistic Civilization and the Jews*. Philadelphia, Jewish Publ. Soc., 1959. pp. 124-198.

[30] Tcherikover, op. cit., pp. 196-198.

Parte III • Interpretação e síntese

controle pelo governo e pelo sumo sacerdote designado pelo rei, uma luta narrada no restante do capítulo 7. Dessa forma, os escribas faziam parte da liderança política do judaísmo, mas em uma posição subordinada, que os deixava abertos ao tipo de opressão que sofreram nas mãos de Alcimo.

A natureza e o *status* dos assideus são bastante incertos também. Os assideus têm sido tratados, na maioria das vezes, como uma seita bem definida ou como um grupo coeso que mais tarde deu origem aos fariseus, essênios, escribas e talvez outros grupos judaicos do segundo século,[31] mas nada na redação de 1 Macabeus sugere isto. A palavra para "companhia" é "sinagoga", uma palavra grega com amplo leque de significados. Sabemos apenas que estes judeus piedosos eram hábeis guerreiros em lutas corporais, que voluntariamente se ofereciam para lutar. É bem mais provável que pietistas seja uma designação descritiva de um amplo espectro de judeus que resistiam ativamente à helenização e defendiam a piedade, ou seja, a forma de vida deles, contra o ataque de Antíoco, e não o nome de um grupo bem definido.[32]

O autor de 1 Macabeus é de tal forma um adepto dos macabeus que os oponentes deles são polêmica e incompletamente retratados. Assim, não podemos compreender completamente a situação política que levou alguns escribas e assideus a chegar a um acordo com Alcimo ou por que ele assassinou alguns deles. Suspeita-se de fortes rivalidades e desacordos quanto à direção que o judaísmo deveria tomar, e uma luta pelo controle do populacho. Obviamente os macabeus não queriam perder o poder e a influência que eles haviam conquistado.

---

[31] Para a visão padrão, cf. HENGEL, Martin. *Judaism and Hellenism*. Philadelphia, Fortress, 1974. pp. 78-83; pp. 174-247. Jonathan Goldstein segue o modo comum de tratá-los como um grupo semelhante a uma seita em *1 Maccabees*, pp. 5-6. Hasid e assideus aparecem na literatura rabínica. No último século, alguns estudiosos identificaram os piedosos com os essênios, uma postura amplamente rejeitada por BÜCHLER, Adolf. *Types of Jewish-Palestinian Piety from 70 B.C.E. to 70 C.E.: The Ancient Pious Men*. (1922; reimp. New York, Ktav, 1968). Mais recentemente, S. SAFRAI, Teaching of Pietists in Mishnaic Literature, *JJS*, v. 16, pp. 15-33, 1965, traçou uma evolução do termo a partir dos seguidores dos macabeus a um grupo austero de sábios com sua própria Michná, nos primeiros dois séculos de nossa era, até um uso mais geral do termo para um sábio dirigente, austero. O argumento de Safrai é arruinado por uma mistura acrítica de diversas fontes. O significado que ele propõe para *hasid* na literatura rabínica posterior corresponde a seu uso em todas as fontes. Trata-se de um termo geral, usado para um sábio exemplar por sua severidade e santidade.

[32] Para uma apresentação bastante convincente da debilidade da hipótese comum acerca de uma seita assideia, cf. DAVIES, Philip. Hasidim in the Maccabean Period. *JJS*, v. 28, pp. 127-140, 1977.

O papel social dos escribas na sociedade judaica

Os assideus, que haviam tomado uma via diferente da dos macabeus, são apresentados como um grupo pequeno, ingênuo, dizimado pelo governo, uma visão derivada da posição pró-macabeia e antipietista do autor de 1 Macabeus. Em contrapartida, em 2 Macabeus, que é pró-pietista e anti-hasmoneu,[33] Alcimo, o sumo sacerdote, em um discurso ao rei selêucida, Demétrio I, identifica todos os seguidores de Judas Macabeu como assideus, isto é, como judeus piedosos que rejeitam o governo por razões tradicionais e religiosas (2Mc 14,6). Essa ampla generalização corresponde tanto ao discurso de Alcimo, no qual uma visão panorâmica é apresentada ao rei, quanto à concepção do autor de 2 Macabeus, que vê os pietistas e seu líder Judas como os oponentes do helenismo. Todos os adversários autênticos do helenismo eram assideus e eram os preservadores do judaísmo contra a opressão.

A história de Eleazar, um dos escribas principais (2Mc 6,18), que morre pela lei e como exemplo para os judeus mais jovens, mostra que os escribas eram eminentes líderes na sociedade palestinense. O relato em 2 Macabeus acentua sua nobreza, virtude e responsabilidade comunitária. É digno de nota que a repetição desta narrativa por um judeu da diáspora em 4 Macabeus identifique Eleazar como um sacerdote (5,4) e enfatize seu ensinamento. Estes textos e diversos outros propõem que o uso de escriba como título para os instruídos guardiães da lei era um costume palestinense, não encontrado na diáspora.

Escribas na literatura judaica

A presença de escribas no período helenístico torna-se provável pela existência real de uma rica literatura judaica do período. A tradição de Henoc, com seu interesse claro em calendários e assuntos astronômicos (1Henoc 72-82), os livros e as histórias sapienciais (Qoélet, Daniel 1–6, Ben Sira) e a variedade de produtos literários deste período atestam a intensa atividade autoral e apoio educacional para tal ocupação. A atividade escribal e as tendências separatistas nas tradições de Henoc foram intensificadas mais tarde nas tradições da comunidade de Qumrã e naquelas de muitos outros grupos anônimos do período greco-romano. Durante

---

[33] 2 Macabeus aceita Judas Macabeu como um líder heróico dos judeus piedosos que resistiam aos selêucidas, mas exclui os sucessores hasmoneus e é claramente hostil ao governo judeu criado subsequentemente à guerra.

Parte III • Interpretação e síntese

o período helenístico, o judaísmo produziu vasta quantidade de literatura, e essa atividade autoral depõe a favor de um núcleo forte de judeus educados e de uma instituição educacional, incluindo-se escribas, desempenhando sua série normal de tarefas.

Ben Sira

A mais famosa descrição do escriba na literatura judaica é dada por Ben Sira, nos começos do segundo século (38,24–39,11). Ben Sira observa que somente aquele que dispõe de tempo livre pode tornar-se sábio (38,24), e contrasta a vida escribal com a dificuldade física de outras ocupações.[34] Ele atribui ao escriba ideal todas as áreas de conhecimento, alta posição governamental e fama duradoura. A sabedoria do escriba está intimamente ligada a Deus e dependente dele, porque a fonte principal de seu conhecimento é a "lei do Altíssimo", e o estudo dela o conduz "a investigar a sabedoria de todos os antigos" e a "ocupar-se das profecias". Ele também "conserva as narrações dos homens célebres, penetra na sutileza das parábolas; investiga o sentido obscuro dos provérbios e deleita-se com os segredos das parábolas" (39,1-3). Ben Sira concebia o escriba como um perito naquilo que se havia tornado, então, as três partes da Bíblia Hebraica — a lei (Torá), os profetas e os escritos —, especialmente os escritos que recebem ênfase especial nos versículos 2 e 3.[35] O escriba não é simplesmente um estudioso ou professor segundo os moldes modernos, mas um alto oficial, conselheiro da classe governante, um embaixador e viajor internacional:

> Presta serviço no meio dos grandes e é visto diante dos que governam. Percorre países estrangeiros, faz a experiência do bem e do mal entre os homens. Mas eles [os artesãos] não se encontram no conselho do povo e na assembleia não sobressaem. Não sentam na cadeira do juiz e não meditam na lei. Não brilham nem pela cultura nem pelo julgamento, não se encontram entre os criadores de máximas (38,32-33).

---

[34] Ben Sira é muito mais generoso em sua descrição e em seu louvor de outras ocupações do que o modelo egípcio que ele está seguindo, a Instrução de Khety, Filho de Duauf. Cf. o "Praise of the Learned Scribe" em PRITCHARD, James. *Ancient Near Eastern Texts Relating to the Old Testament*. Princeton, Princeton UP, 1950. pp. 431-434.

[35] Ben Sira usa uma perspectiva sapiencial para compreender o resto da tradição bíblica e incorpora no papel do sábio as antigas funções de profeta e de receptor de revelações divinas.

O papel social dos escribas na sociedade judaica

O fundamento para a liderança social dos escribas não é o nascimento nem a riqueza, mas o conhecimento da disciplina (*paideia*, educação, cultura), julgamento e provérbios (*parabolais*, parábolas, comparações).

A associação do escriba e de sua sabedoria com Deus e com a religião judaica tradicional é veementemente enfatizada em 39,5-8. O escriba reza e, se Deus o enche com o espírito de inteligência, ele será sábio, e "ele mesmo manifestará a instrução recebida, gloriar-se-á da lei da aliança do Senhor" (39,8). Finalmente, ele legará um nome reconhecido graças à sua sabedoria (vv. 9-10). Tanto no hino ao escriba quanto em outras partes de Ben Sira, o sábio (que, ao menos parcialmente, é identificado com o escriba) está associado aos governantes e aos sacerdotes.[36] Os estudiosos têm discordado quanto a se Ben Sira é, ele mesmo, sacerdote, especialmente tendo em vista sua glorificação de Simão, o sacerdote no capítulo 50.[37] O assunto não precisa ser decidido a fim de compreender o ensinamento de Ben Sira sobre o escriba. Todos os grupos possuíam escribas, inclusive os sacerdotes. Se Ben Sira não é sacerdote, ele é auxiliar do Templo, dos sacerdotes e do governo central em Jerusalém, e considera que as tradições e a sabedoria judaicas provêm do javismo tradicional. É muito provável que ele estivesse associado à classe governante, seja como mestre, seja como algum tipo de oficial. Quer fosse rico, quer fosse pobre, sacerdote ou leigo, ele se identificou com a classe dirigente e concebeu a sabedoria (que incluía a Bíblia) como a chave para a vida, o governo e a ordem do mundo.

Em Ben Sira, a compreensão de escriba foi ampliada de modo que ela quase equivale à do sábio. Esta mistura de papéis será vista também na Carta de Aristeias, a seguir. O escriba é um sábio versado na Escritura e na sabedoria tradicional judaica, e a escala da sabedoria é ampla e variada. O significado de todos os termos em 39,1-3 não pode ser determinado com exatidão, e provavelmente seja

---

[36] BURTON MACK, *Wisdom and the Hebrew Epic*, pp. 89-107 (Chicago, Univ. of Chicago Press), demonstra os nexos entre a descrição do escriba e as descrições posteriores dos chefes, profetas e sacerdotes de Israel nos capítulos 44–50. Ben Sira inclui um motivo encomiástico helenístico no capítulo 39 e nos capítulos 44–50. Obviamente, embora ele não possa mencionar seu próprio nome, ele se inclui e espera que seu livro faça com que sua sabedoria e sua fama sejam recordadas.

[37] H. Stadelmann, *Ben Sira als Schriftgelehrter* (Tübingen, Mohr, 1980), sustenta que Ben Sira mui provavelmente era sacerdote. J. Marböck, *Weisheit im Wandel* (Bonn, Hanstein, 1971) e Sir. 38,23-39,11: Der Schriftgelehrte Weise; Ein Beitrag zu Gestalt und Werk Ben Siras, *La Sagesse de l'Ancient Testament*, ed. M. Gilbert (Gembloux, Duculot/Leuven, Univ. Leuv., 1979), p. 306, afirma que ele é leigo.

Parte III • Interpretação e síntese

intencionalmente inclusivo antes que exato.[38] Enquanto é provável que Ben Sira não esteja propondo uma identificação total entre sábio e escriba, certamente ele vê pouca diferença em suas capacidades e características. Escribas desempenhavam determinado papel social, subordinado à classe governante, e representavam o judeu educado ideal.

Os interesses escribais e as atividades autorais de Ben Sira podem provir do fato de ele ser um mestre. Seu neto, que traduziu seu livro do hebraico para o grego, diz, no prefácio, que ele era mestre. Anexado ao fim de seu livro, encontra-se um hino (51,13-30) que menciona o que provavelmente é uma escola (*bet midrash*). Como este hino foi encontrado independentemente entre os Manuscritos do Mar Morto, em uma versão próxima, mas diferente do grego,[39] provavelmente não era original de Ben Sira e, portanto, não uma afirmação sua de que ele era um mestre.[40] Quer o hino seja de autoria de Ben Sira, quer não, se o hino provém do segundo século e se *bet midrash* for compreendida corretamente como escola, trata-se da mais antiga menção explícita a uma escola na literatura judaica palestinense, e reflete ou o contexto social de Ben Sira ou uma compreensão muito antiga de sua função.

O quadro ideal do escriba em Ben Sira provavelmente sofreu influência dos ideais sociais e educacionais gregos. Em virtude de Ben Sira escrever nos albores do segundo século a.C., os estudiosos têm discutido sobre a atitude de Ben Sira em relação ao helenismo. Alguns têm-no visto como oposto à sabedoria helenista, mas a maioria o tem compreendido como promotor da sabedoria judaica dentro de um contexto helenista e sem hostilidade generalizada às ideias gregas. Ben Sira está influenciado pelas práticas e mentalidade gregas, mas permanece centrado dentro da tradição judaica. Por exemplo, ele mostra a influência das ideias gregas ao colocar seu nome como autor do livro (50,27), em vez de permanecer anônimo e

---

[38] Marböck, *Weisheit*, pp. 311-314.

[39] É um dentre um grupo de salmos de Davi na 11QPs, publicado em SANDERS, James A. *The Psalms Scroll of Qumran Cave 11. Discoveries in the Judaean Desert* IV. Oxford, Clarendon, 1965. pp. 79-85.

[40] SANDERS E J. HASPECKER, *Gottesfurcht bei Jesus Sirach* (Rome, PBI, 1967), pp. 90, n. 7, afirma que o poema não é original de Ben Sira. Stadelmann, *Ben Sira*, pp. 30-33, defende sua autenticidade, mas seus argumentos são forçados. M. HENGEL, *Judaism and Hellenism* (Philadelphia, Fortress), II, p. 89, sugere que 11QPs traz uma forma mais antiga da oração que Ben Sira reformulou. A versão B do Ms. da guenizá do Cairo parece ser uma retroversão da versão siríaca. O grego aproxima-se da versão qumranita, considerada mais autêntica.

O papel social dos escribas na sociedade judaica

atribuí-lo pseudonimicamente a Salomão.[41] Ele também menciona o ato de escrever diversas vezes e é o primeiro autor a dizer, no decurso de sua obra, que ele escreve.[42]

Bem mais do que em obras anteriores, podemos vislumbrar a compreensão que Ben Sira tinha do conhecimento, do papel e do ambiente que devem estar associados aos escribas. O escriba possui conhecimento abrangente, como o sábio da literatura bíblica, e desempenha muitos papéis na vida política da nação, bem como o de professor e de mestre-escola.

Henoc

O livro etíope de Henoc (1 Henoc) refere-se por três vezes a Henoc como escriba. Como 1 Henoc é um composto de materiais de Henoc, desenvolvido ao longo de dois ou três séculos, é necessário descrever separadamente as duas partes de Henoc de onde as passagens provêm. Na primeira seção de 1 Henoc (1-36), que data de antes da revolta macabeia, Henoc é citado duas vezes como escriba de justiça (12,3-4; 15,1) e enviado como mensageiro aos Vigilantes, um grupo de anjos que pecaram contra Deus. Seu papel na condenação dos Vigilantes maus e no anúncio de sua punição mistura-se à função de profeta. No início da última parte de 1 Henoc (92,1), a Epístola de Henoc, que data da última parte do segundo século a.C., Henoc aparece como o escriba que escreveu esta parte do livro: "Escrito por Henoc, o escriba — este ensinamento sapiencial completo".[43] A redação de um livro de sabedoria corresponde à atividade normalmente atribuída a escribas e é mais compreensível do que os dois primeiros usos do título "escriba".

Embora Henoc não seja chamado de escriba na Bíblia, a figura de Henoc nos livros apocalípticos que compõem 1 Henoc é uma mistura complexa

---

[41] Esta é, provavelmente, uma importante razão por que o livro não foi aceito no cânone hebraico.

[42] 44,5 [no texto hebraico de Massada]; 42,7. O epílogo de Qoélet, de autoria de um editor helenístico posterior da obra, diz que existe excessiva produção de livros, mas Ben Sira refere-se à escrita no corpo de seu texto.

[43] Tradução tirada de VANDERKAM, James. *Enoch and the Growth of an Apocalyptic Tradition.* CBQMS 16; Washington, CBA, 1984. pp. 173. Variantes nos manuscritos afetam as tradições desta seção. E. ISAAC, *Pseudepigrapha of the Old Testament,* v. 1, p. 73, traduz o único manuscrito que ele usa como "(Livro) cinco, que foi escrito por Henoc, o escritor de todos os sinais de sabedoria...". A designação de Henoc como escriba também aparece nos fragmentos aramaicos editados por J. T. MILIK, *The Books of Enoch;* Aramaic Fragments of Qumrân Cave 4. Oxford, Clarendon, 1976. p. 262, de modo que é original ao texto e não um acréscimo da tradição etíope.

de elementos tradicionais. Ele é concebido como um sábio antigo, receptor de revelação apocalíptica e como figura profética, pois ele comunica os juízos e os planos de Deus para o futuro. Como receptor de revelação apocalíptica, ele está associado à sabedoria mântica e também à sabedoria tradicional, que em Henoc é transferida para um contexto apocalíptico-escatológico.[44] Os versículos iniciais da última parte de Henoc mostram que ele, de modo especial, um mestre de justiça, e o autor do livro de Henoc, no segundo século, associou esta figura mítica a papéis que são familiares a ele: mestre, vidente, transmissor e escritor. Evidentemente, todas ou algumas destas funções estavam associadas a escribas no tempo do autor.

F. Dexinger sugere que o autor identifica a si mesmo com Henoc e foi, como Henoc na narrativa, um escriba que transmitia as tradições de Henoc por escrito e ensinava a sua geração como enfrentar as mudanças e os desafios do judaísmo.[45] J. Collins também propôs que as tradições de Henoc são produto de "escribas que se achavam desolados com as invasões do helenismo e com a consequente erosão dos costumes tradicionais e com o agravamento das divisões de classe".[46] Qualquer que seja a situação e o motivo exatos do autor da última seção de Henoc, ele compreendeu seja a si mesmo, seja a seu herói Henoc como escribas que estão preocupados com as tradições (escritas) e com a vida do judaísmo. Em virtude da forma literária e talvez por causa do alheamento do autor em relação à liderança judaica, não se faz menção das funções públicas de um escriba.

Carta de Aristeias

A Carta de Aristeias a Filócrates é uma composição greco-judaica pseudonímica, mui provavelmente oriunda de Alexandria, na última parte do segundo século a.C.[47] É tida como um relato de como o rei egípcio encarregou uma tradução grega da Bíblia Hebraica e das discussões que os setenta e dois tradutores

---

[44] Vanderkam, op. cit., pp. 171-172.

[45] DEXINGER, F. Henochs Zehnwochenapokalypse und offene Probleme der Apokalyptikforschung. *SPB* 29; Leiden, Brill, 1977. pp. 149-150.

[46] COLLINS, John J. *The Apocalyptic Imagination*. New York, Crossroad, 1984. p. 63. Cf. também pp. 58-59.

[47] NICKELSBURG, George. *Jewish Literature. Between the Bible and the Mishnah*. Philadelphia, Fortress, 1981. pp. 165-169.

tiveram com o rei a respeito da realeza. O propósito da narrativa é afirmar o valor da sabedoria judaica e sua importância para os gentios. Afirma também a excelência dos líderes sábios encontrados entre os judeus e, portanto, procura conferir respeito e aceitação ao judaísmo no mundo helenístico. O sábio discurso entre o rei e os tradutores ocupa a maior parte do livro. A história legendária da realização da tradução, pela qual Aristeias é mais bem conhecida, é uma parte secundária da narrativa.

O título escriba não aparece em Aristeias, mas a tradução da Bíblia é um ato escribal e muitas características atribuídas aos tradutores são aquelas atribuídas a escribas de alto escalão ou de origem nobre em outros textos.[48] Os tradutores são descritos como os melhores ou excelentes (*aristoi*), uma característica de aristocratas na Grécia. Eles são de linhagem nobre e têm educação ou instrução (*paideia*), e conhecem tanto a literatura dos judeus quanto a dos gregos. Eles possuem alguns talentos especificamente gregos, inclusive a habilidade para falar a respeito da lei (a capacidade de falar bem era uma virtude grega essencial para uma pessoa educada). Eles buscam o "meio termo", um ideal aristotélico de virtude, não são grosseiros, nem pretensiosos no trato com os outros, e são capazes de ouvir e de comentar apropriadamente. Além do mais, são também qualificados para embaixadas. Estando no Egito, em uma embaixada, eles discutem a realeza com o rei, uma preocupação típica tanto da literatura sapiencial quanto da filosofia grega. Todas estas características são próprias da aristocracia e, como eles eram amados[49] por Eleazar, o sumo sacerdote, eles não eram servos subordinados, mas, em certo sentido, iguais a ele.

A descrição desse grupo também corresponde ao ideal sapiencial do escriba atrelado aos mais altos níveis da corte do soberano e tem muito em comum com o escriba tal como o descreve Ben Sira. Os tradutores e o escriba são sábios que conhecem toda a tradição, podem agir em situações internacionais, e possuem o talento para serem líderes, juízes e mestres. Na época helenística, o ideal internacional de sábio perdurava no Oriente Próximo e em Israel, tanto na Palestina quanto na diáspora. Israel continuou a ajustar sua ideia de sábio a fim de ir ao encontro

---

[48] Aristeias #120-127. Cf. texto e tradução em HADAS, Moses (ed.). *Aristeas to Philacrates* (reimpressão) New York, Ktav, 1973.

[49] Usa-se uma forma do verbo *agapaō*.

Parte III • Interpretação e síntese

das circunstâncias em mudança e do desenvolvimento da tradição judaica. O uso do termo escriba em Ben Sira e sua ausência em Aristeias pode refletir o uso da Palestina e da diáspora. A comunidade judaica alexandrina era dirigida por pessoas educadas, ricas e de linhagem nobre, que servem de modelo para os tradutores. Em virtude de a comunidade judaica ter independência muito limitada e os judeus não serem cidadãos alexandrinos, a comunidade pode não ter tido um papel oficial para os escribas, em oposição a Jerusalém.

Segundo Baruc

O livro de 2 Baruc é um apocalipse escrito depois da destruição do Templo no ano 70 d.C. A narrativa situa-se no tempo da destruição do primeiro Templo, mas o interesse real do autor está nas consequências da guerra contra Roma. Baruc, o escriba, do livro de Jeremias, torna-se líder da comunidade, seja realizando tarefas escribais tradicionais, seja cumprindo o papel de liderança profética na comunidade. Em 2 Baruc, em contraste com o livro bíblico de Jeremias, a autoridade de Baruc excede a de Jeremias (2,1; 9,1–10,4), e a comunidade recorre a ele para orientação e para o conhecimento da vontade de Deus em tempo de crise. Quanto Baruc diz ao povo que logo partirá, eles receiam que o último elo deles com Deus será rompido e que ninguém mais estará disponível para interpretar-lhes a Torá (46,3). Parece que o autor e sua comunidade concebem a autêntica liderança como sendo profética e escribal, envolvendo tanto a interpretação da Bíblia quanto um contato visionário com Deus.[50] Essa compreensão da arte escribal harmoniza-se bem com um grupo apocalíptico, porque a literatura apocalíptica possui fortes laços com a tradição sapiencial, quer tradicional, quer mântica. Por exemplo, Daniel, um vidente apocalíptico arquetípico, é um sábio e um oficial na Babilônia.

Escribas em Josefo

Josefo usa escriba segundo a forma comum greco-romana para oficiais em todos os níveis, do povoado à corte real.[51] Ele não usa o termo para um grupo social

---

[50] SAYLER, G. *Have the Promises Failed? A Literary Analysis of 2 Baruch. SBLDS*; Chico, Scholars, 1984. pp. 115-117.

[51] Para a escala de significados e papéis associados à palavra grega "escriba" (*grammateus*), cf. POLAND, F. Technitai. *Paulys Wissowa*. 2 ser., v. 5A, col. 2534.

O papel social dos escribas na sociedade judaica

organizado, nem tampouco usa-o para grupos especialmente devotados à lei, como os fariseus. Na primeira metade de *Antiguidades*, quando Josefo resume a Bíblia, ele conserva os escribas onde eles aparecem como oficias da corte ou como indivíduos (por ex., Baruc, Esdras). Josefo manifesta sua própria compreensão do papel e do *status* social dos escribas quando ele acrescenta escribas aos relatos bíblicos ou a eles se refere no período greco-romano.

Em sua adição de escribas às narrações bíblicas, Josefo concebe os escribas como oficiais de nível médio a serviço do rei. Por exemplo, quando os israelitas derrotaram os filisteus na batalha segundo 1Sm 14,31-35, eles começaram a matar os animais e a comê-los sem observar as leis para o abate de animais. O hebraico diz que alguém (eles) contou a Saul a respeito; Josefo diz que os escribas lhe contaram.[52] Escribas são oficiais da comunidade, com acesso ao rei e responsáveis por supervisionar a observância da lei. Segundo 1Cr 23,1-6, pouco antes de sua morte, Davi organizou os levitas de acordo com as tarefas, designando seis mil como oficiais (*šōterîm*) e juízes. Josefo traduz oficiais por escribas, indicando, assim, que ele os concebia como oficiais governamentais de médio e de baixo nível.[53] Os escribas também são os conservadores dos registros do governo. Quando Davi fez um recenseamento do povo em 2Sm 24,1, ele enviou Joab e os comandantes do exército para realizarem o censo. Jesefo considerou o censo como uma atividade escribal, e não militar, de modo que, em seu relato, Joab toma consigo os chefes das tribos e os escribas.[54] Na história de Ester, Josefo acrescenta a palavra escribas duas vezes como os conservadores de registros. Quando o rei não consegue dormir, ele ordena que seus servos lhe tragam crônicas reais; para Josefo, os escribas trazem tais registros ao rei.[55] Em outra passagem, a lista hebraica dos oficiais do governo, que ajudavam os judeus, inclui príncipes, sátrapas, governadores e, literalmente, "realizadores da obra do rei".[56] Josefo traduz a vaga expressão hebraica por escribas, usando escriba como um título para um funcionário do governo.

---

[52] *Ant.* 6.6.4 (120).

[53] *Ant.* 7.14.7 (364). Josefo segue a LXX.

[54] *Ant.* 7.13.1 (319).

[55] Est 6,1; *Ant.* 11.6.10 (248,250).

[56] Est 9,3. Esta expressão é comumente traduzida por funcionários reais ou assistentes do rei. *Ant.* 11.6.13 (287). Josefo segue a LXX.

Em dois lugares Josefo refere-se aos escribas do Templo. Na primeira passagem (Esd 7,24), quando o rei persa permite a Esdras voltar para Jerusalém, ele isenta da cobrança de "imposto, tributo ou direito de passagem" os seguintes grupos: sacerdotes, levitas, cantores, porteiros, servos do Templo e outros servos da casa de Deus. Os dois últimos termos são repetitivos e vagos. No texto aramaico da passagem, os servidores do templo são *netinayya*, uma palavra tirada do hebraico de Esdras e provavelmente significa alguém doado ao Templo. Esse grupo pode ter sido um tipo específico de funcionários do Templo no período pós-exílico. A categoria final é uma expressão perifrástica que parece incluir todos os demais associados ao Templo. Em 1 Esdras, uma reedição grega de Esdras-Neemias, do segundo século a.C., usada por Josefo, traduz os dois termos como servos do Templo (*hierodoulos*) e funcionários do Templo (*pragmatikos*).[57] O segundo termo é ainda mais vago na tradução de 1 Esdras do que no aramaico original. Josefo substitui a obscura categoria de 1 Esdras, *pragmatikos*, por "escribas do Templo".[58] Josefo esclarece o texto inserindo um grupo de funcionários do Templo conhecidos dele quando esteve em Jerusalém.[59] Embora a função exata deles não seja especificada, ensinar, conservar registros, preservar tradições sagradas e deliberar sobre pontos da lei e dos costumes, tudo é possível.

Durante o período herodiano, alguns escribas eram de nível social inferior, enquanto outros, de *status* bem elevado. Em uma das batalhas dinásticas entre os descendentes de Herodes, seus filhos Aristóbulo e Alexandre, ameaçaram reduzir a família de Salomé à escravidão. Especificamente, ameaçaram que as mães da família iriam trabalhar na tecelagem com as jovens escravas, enquanto os irmãos seriam escribas nos povoados.[60] Josefo observa que a ameaça contra os irmãos era uma referência irônica à cuidadosa educação que eles haviam recebido. A passagem subentende que ser escriba de povoado era uma ocupação de nível bem inferior. O mais provável é que o escriba fosse uma pessoa que sabia ler e escrever, e que conhecia as formalidades sociais e legais suficientemente bem para escrever cartas, contratos e petições. Tal especialista podia também ter sido um oficial do povoado, representante do governo em pequenos negócios locais.

---

[57] 1Esd 8,22. Um *pragmatikos* pode ser um conselheiro legal ou advogado, bem como muitas outras coisas.

[58] *Ant.* 11.5.1 (128).

[59] Cf. os escribas do Templo na carta de Antíoco III, tratada acima.

[60] *Guerra* 1.24.3 (479). Em grego, *komōn grammateis*.

No outro extremo do espectro encontrava-se Diofanto, um escriba de Herodes, que foi acusado de ter falsificado uma carta e que foi executado.[61] Para poder ter sido capaz de conspirar e de realizar uma falsificação, ele deve ter sido um oficial altamente situado, próximo de Herodes. Aristeu, sacerdote eminente de Emaús, era o escriba (secretário) do conselho (*grammateus tēs boulēs*), foi morto juntamente aos outros quinze homens ilustres durante o cerco de Jerusalém.[62] O conselho era o órgão dirigente nas cidades gregas, e o secretário era o administrador do conselho e importante oficial da cidade.[63] Está claro que Aristeu foi separado para ser executado porque ele era um alto oficial em Jerusalém.

Josefo menciona escribas em determinado número de passagens porque eles são comuns e aceitos em seu meio social. As funções, o *status* social e o poder dos escribas variam de altos oficiais a humildes funcionários dos povoados. A capacidade de ler e escrever era crucial para o lugar e função deles na sociedade, mas o *status* exato deles dependia do monarca ou da classe governante. Josefo não apresenta os escribas como um grupo específico, distinto, com seus próprios ensinamentos, como os fariseus, saduceus e essênios. Ao contrário, os escribas eram um tipo de indivíduo social bem conhecido e aceito, que podia desempenhar diversos papéis e a quem se atribuíam diferentes *status* sociais.

Mestres da lei em Josefo

Em virtude de os escribas serem frequentemente vistos como mestres da lei ou como peritos em sua interpretação tanto por estudiosos modernos quanto por fontes antigas, tais como o Novo Testamento e a literatura rabínica, e em virtude de Josefo não usar a categoria escriba para designar aqueles que eram bons conhecedores da lei, uma breve análise dos peritos da lei em Josefo vem a propósito. Josefo muitas vezes se refere a instruídos na lei, especialmente quando ele retrata os judeus como um grupo culto, letrado, com sua própria sabedoria. Sua descrição dos ensinamentos dos fariseus, saduceus, essênios e revolucionários como filosofias já foi analisada no capítulo seis. Ele designa os dois mestres, Judas e Matias,

---

[61] *Guerra* 1.26.3 (529) e *Ant.* 16.10.4 (319).

[62] *Guerra* 5.13.1 (532).

[63] Cf. At 19,35, onde o escriba/funcionário da cidade põe em ordem a assembleia durante uma crise.

Parte III • Interpretação e síntese

que orientaram seus zelosos estudantes a demolir os símbolos romanos, por outro belo termo grego para indicar uma pessoa letrada: *sophistai*.[64] Na conclusão de *Antiguidades*, Josefo reconhece a distinção entre o aprendizado judeu e o grego, observa que os judeus não valorizam muito a aprendizagem grega e descreve os critérios deles para a aprendizagem judaica da seguinte forma:

> Eles julgam aptos para a sabedoria somente aqueles que possuem um conhecimento exato das leis (*nomina*) e que são capazes de interpretar o sentido das Sagradas Escrituras (*hierōn grammatōn*). Consequentemente, embora muitos tenham diligentemente empreendido este treinamento, apenas dois ou três o conseguiram, e colheram imediatamente o fruto de seu labor.[65]

Essa descrição é um ideal e um exagero. Josefo, que está regozijando-se por ter completado *Antiguidades*, está chamando a atenção dos leitores para sua própria aprendizagem e, certamente, contando-se entre os dois ou três que conseguiram dominar a tradição judaica; contudo, ao dirigir-se a seu público greco-romano, Josefo não usa nenhum termo técnico para o judeu instruído e não designa a pessoa letrada como escriba.

O uso que Josefo faz da palavra escriba pode espelhar seu significado no mundo greco-romano, onde não tinha a conotação judaico-palestinense de alguém instruído na lei, mas simplesmente referia-se a um funcionário ou, mais literalmente, a um estudante de gramática grega. Escrevendo em hebraico, na Palestina, Ben Sira chama escriba (*sôfēr*) a pessoa instruída na lei, um termo que seu neto fielmente traduz no grego *gammateus*. Todavia, no prefácio grego à tradução, seu neto, ao escrever em Alexandria na última parte do segundo século, refere-se tanto a seus leitores quanto ao avô como instruídos na lei, sem recorrer a nenhum termo técnico. Semelhantemente, a Carta de Aristeias, que provavelmente também provém de Alexandria, descreve a instrução dos setenta e dois tradutores, mas não os chama de escribas nem lhes confere nenhum título. Escrito na diáspora, 4 Macabeus, transforma o escriba Eleazar em um sacerdote letrado. Ben Sira, 2 Macabeus e

---

[64] Cf. a discussão desse assunto em MAIER, G. Die jüdischen Lehrer bei Josephus. In: BETZ, O. et al. (eds.). *Josephus-Studien* (Festschrift O. Michel). Göttingen, Vandenhoeck, 1974. pp. 260-270. *War* 1.33.2 (648).

[65] *Ant.* 20.12.1 (264).

os evangelhos sinóticos podem refletir uma compreensão palestinense de escriba como alguém instruído na lei judaica.[66]

Escribas no Novo Testamento como líderes judaicos

Mais do que em qualquer outra fonte, os escribas são vistos como um grupo unificado no Novo Testamento; essa visão, porém, pode não ser historicamente exata. Os escritores dos evangelhos sinóticos veem os escribas como um grupo coeso, em oposição a Jesus, mas dizem muito pouco sobre eles. Analisaremos brevemente as conclusões a que chegamos nos capítulos oito e nove, relacionando-as ao material de nossas outras fontes.

Em Marcos, os escribas estão associados a Jerusalém e aos chefes dos sacerdotes como parte do governo do judaísmo. Embora suas funções não sejam especificadas, a íntima associação com os chefes dos sacerdotes indica que eles agiam como altos funcionários e conselheiros, e que alguns logravam fazer parte da classe governante. Os escribas marcanos dependiam dos sacerdotes e tiravam seu sustento do Templo. Mesmo quando os escribas apareciam na Galileia, eles eram identificados, algumas vezes, como provenientes de Jerusalém. A referência ao ensinamento deles é feita de maneira espontânea, o que dá a entender que eles eram reconhecidos como mestres autorizados da lei e dos costumes judaicos. Os escribas, portanto, são membros típicos da classe dos servidores e parte da estrutura normal da sociedade em um império agrário, conforme descrito no capítulo três. Marcos apresenta-os como um grupo unificado, político, porque, para ele, a característica relevante, unificadora deles é a oposição a Jesus. Na verdade, os escribas provavelmente representam uma pletora de funcionários da comunidade judaica (muitos dentre eles eram) que se opunham à pretensão de Jesus à autoridade e ao crescente seguimento de seus ensinamentos.

Para Mateus, tanto os escribas quanto os fariseus tinham muitos interesses em comum e eram os grupos letrados *par excellence* no judaísmo. Os escribas estavam ligados seja à vida do povoado, seja aos líderes em Jerusalém e à parte da liderança média do judaísmo. Mateus realça os escribas porque ele reconhece o

---

[66] Cf. Stadelmann, *Ben Sira*, p. 257, n. 1, e p. 258.

Parte III • Interpretação e síntese

papel dos escribas cristãos na nova comunidade cristã.[67] Sua querela não é com o papel dos escribas como guias letrados da comunidade e guardiães da tradição, mas com a oposição dos escribas judeus a Jesus. É muito provável que a visão de Mateus dos escribas como líderes comunitários nos povoados galileus reflita mais a situação de sua Igreja do que as condições da Palestina antes da guerra.

Em Lucas-Atos, os escribas não são um grupo muito distinto, mas assemelham-se aos fariseus em sua crença na ressurreição. Os escribas são um adendo aos fariseus para a maior parte do evangelho, e ao tempo da morte de Jesus, os escribas são associados aos chefes dos sacerdotes em Jerusalém, como o são nos outros dois evangelhos sinóticos. Em Atos, os escribas continuam a aparecer como líderes letrados em Jerusalém, ativos na proteção do judaísmo. Lucas também insere uma nova categoria de líder — o jurista. O legista substitui o escriba em uma ocasião e os juristas assemelham-se aos escribas e aos fariseus. Lucas não acrescenta nenhum novo dado para a Palestina do primeiro século. Sua compreensão dos escribas ou é vaga (ele os mistura com os fariseus) ou guiada pelas funções gerais dos escribas no mundo greco-romano.

Os escribas apresentados nos evangelhos sinóticos são mais bem compreendidos como burocratas e também como peritos na vida judaica. Eles poderiam ter sido funcionários de nível inferior e juízes, quer em Jerusalém, quer em cidades e povoados da região. Marcos, o mais fidedigno dos evangelhos, que pode espelhar as condições na Palestina imediatamente antes ou depois da guerra e, com muita probabilidades, contém tradições oriundas de meados do primeiro século, situa os escribas principalmente em Jerusalém, ou diz que eles provêm de Jerusalém. Apenas duas vezes (Mc 2,6; 9,14) ele simplesmente os coloca na Galileia. A presença deles ali é, à primeira vista, provável tanto como escribas do povoado, que escrevem contratos e outros documentos, quanto como funcionários governamentais de nível inferior.[68] Contudo, tais funcionários não teriam composto uma classe social

---

[67] Escribas cristãos parecem estar subentendidos em Mateus 13,52 e 23,34. Escribas são oponentes quando se aliam aos fariseus. Cf. HUMMEL, R. *Die Auseinandersetzung zwischen Kirche und Judentum im Matthäusevangelium*. Munich, Kaiser, 1963. pp. 17-18; van Tilborg, *Leaders*, pp. 128-147; Hengel, *Studies in Mark*, pp. 74-81, esp. pp. 78-81.

[68] Cf. Freyne, *Galilee from Alexander the Great to Hadrian 323 B.C.E. to 135 C.E.*, cap. 8 (Wilmington, Glazier; Notre Dame, Notre Dame UP, 1980), teoriza que a classe escribal de Jerusalém tentou, em vão, difundir sua interpretação da vida judaica na Galileia antes da guerra e, a seguir, empenhou-se em uma luta vitoriosa depois da guerra (cf. esp. p. 328). As provas para isto são minguadas e a probabilidade sociológica e econômica bem pequena. Em Jerusalém, os escribas eram apoiados pelos chefes dos sa-

O papel social dos escribas na sociedade judaica

ou organização coerente, oposta a Jesus, conforme os evangelhos os entendem. Os evangelhos atestam com maior fidedignidade escribas ligados ao governo em Jerusalém, no qual o papel deles parece ser o de associados dos chefes dos sacerdotes, tanto em procedimentos judiciais, aplicação dos costumes e da lei judaicos, quanto em contínua negociação com o sinédrio.[69] As tradições do evangelho sobre os escribas podem retratar a oposição que muitos funcionários locais dispersos apresentaram às comunidades cristãs primitivas antes e depois da guerra e, talvez, retratar também a oposição a Jesus.

Nas cartas de Paulo, o termo "escriba" é usado uma vez na qual ele contrasta a sabedoria do mundo com a loucura da cruz, e afirma que a cruz é a verdadeira sabedoria. No decorrer de seu ataque, ele cita a Escritura e depois pergunta retoricamente: "Onde está o sábio (*sophos*), onde está o escriba (*grammateus*) onde está o argumentador (*suzētētēs*) deste mundo?" (1Cor 1,20). Paulo parece estar-se referindo a termos bem conhecidos para designar líderes intelectuais educados no mundo greco-romano, dentre os quais o escriba.

Escribas na literatura rabínica

A literatura rabínica posterior, a Michná, os Talmudes e as diversas coleções midráshicas referem-se esporadicamente aos escribas (*sôferîm*, em hebraico), antigos mestres abalizados, aos quais se atribui certo número de regras e de interpretações legais. As reconstruções históricas modernas do desenvolvimento da lei judaica normalmente têm identificado os escribas como estudiosos judeus que tinham grande influência no judaísmo a partir do tempo de Esdras até o tempo de seus iguais no segundo século. Os escribas são também frequentemente identificados como membros da Grande Assembleia, o (legendário) organismo dirigente

---

cerdotes e parte de seu governo. A Galileia estava sob o controle de Herodes Antipas; se alguns escribas estavam em atividade ali, estavam por conta própria e provavelmente tinham uma agenda diferente da de Jerusalém. As atividades escribais eram intensamente políticas e não devem ser consideradas como as atividades populares de professores universitários ou mestres no mundo moderno. A respeito de escribas como levitas e funcionários judiciais subordinados, bem como mestres e autoridades espirituais, cf. Schwartz, D. R. "Scribes and Pharisees, Hypocrites":

[69] Neusner, *Evidence*, p. 118, pensa que os escribas, no primeiro século, eram juízes e administradores, subordinados à suprema autoridade dos romanos. Depois do ano 70 d.C., os escribas, bem como os fariseus e sacerdotes, formaram o núcleo dos mestres que se tornaram rabinos. Os interesses escribais, sacerdotais e farisaicos pela Michná refletem as diversas origens dos rabis.

Parte III • Interpretação e síntese

do judaísmo durante este período.[70] Os estudiosos têm discordado quanto a se eles eram sacerdotes ou não, e quando cessou sua influência, bem como quanto ao escopo do ensinamento deles. Alguns atribuem-lhes certos ensinamentos anônimos da Michná, mas não existe nenhum método claro para o isolamento de tais tradições. Lauterbach sustenta que eles comentavam a modo de midrash a Escritura, e que a forma michnaica é posterior, mas esta opinião tem sido questionada.[71] Todas estas interpretações dos escribas têm-nos tratado como uma associação coesa, com uma agenda bem definida e poder independente, mas as provas para tal posição são muito débeis.[72]

Que os escribas não eram um grupo organizado, com seu próprio ensinamento, pode ser visto nas normas explicitamente atribuídas aos escribas na literatura rabínica. As regras que são designadas as "palavras dos escribas" (*divrē sôferîm*) estão dispersas nas fontes e não formam nenhum corpo coerente de ensinamentos. Na Michná, os escribas são usados como a fonte para ensinamentos que são julgados antigos ou para normas que não foram completamente aceitas, ou que gozam de menos autoridade do que a Escritura. Por exemplo, diz-se que as restrições concernentes ao comer o fruto de árvores jovens devem ser observadas fora e dentro da terra de Israel, como uma questão de *halaka*, ou seja, lei bíblica que é geralmente aceita como tal no ensinamento rabínico.[73] Por outro lado, as restrições que dizem respeito ao cultivo de diversos cereais juntos são também obrigatórias fora da terra de Israel, mas somente pela autoridade das "palavras dos escribas", o que pode

---

[70] Cf. Guttmann, *Judaism*, pp. 7-9, para um resumo da reconstrução ordinária. J. Z. Lauterbach, *Rabbinic Essays*, pp. 27-29 e pp. 163-194, (reimp. New York, Ktav, 1973) tem influenciado no desenvolvimento da visão comum, como o tem Epstein, *Mebo'ot*, pp. 503-505, que fala dos escribas em conexão com o desenvolvimento do midrash no período pré-rabínico. Cf. também Y. Gilat, *Soferim. Encyclopedia Judaica*, v. 14, pp. 79-81. Jerusalém, Keter, 1974; também A. Demsky e Ed., Scribe, v. 14, pp. 1041-1044 sobre o escriba bíblico e o copista da Torá.

[71] Cf. Lauterbach na nota anterior quanto à prioridade do midrash. Ele segue diversos historiadores judaicos mais antigos. A antiguidade tanto de lei e costumes, simplesmente, quanto de lei escriturística interpretada é afirmada por Urbach, E. E. The Derasha as a Basis of the Halakha and the Problem of the Soferim. [in Hebrew] *Tarbiz*, v. 27, pp. 166-182. 1957-1958 e Halivni, David Weiss. *Midrash, Mishnah and Gemara*. Cambridge, Harvard, 1986. pp.19-37.

[72] Urbach, op. cit., chega o mais perto da verdade ao observar que os escribas eram um grupo subordinado aos sacerdotes e aos anciãos que se envolviam em práticas escribais e tipos de interpretação comum no mundo grego. Contudo, ele projeta o período rabínico para o primeiro e o segundo séculos antes da era cristã (I e II a.C.) e faz dos escribas educadores universais do povo.

[73] m. Orlah 3,9.

O papel social dos escribas na sociedade judaica

significar um decreto supostamente antigo ou simplesmente ensinamento rabíni-co.[74] Considerando-se o fato de que outras passagens que se referem às palavras dos escribas parecem subentender que as tradições provêm de autoridades mais antigas e fidedignas, esta passagem provavelmente também invoca a autoridade deles, que é menor do que a da Escritura, maior, porém, do que a de qualquer mestre rabínico recente.

O desejo dos rabinos de delimitar a autoridade dos ensinamentos dos escribas mostra-se o mais claro possível na m. Yadaim. Quando rabi Joshua e os sábios estão discutindo a transmissão de impureza por meio das mãos, rabi Joshua tenta argumentar, por analogia, a partir das leis que dizem respeito à transmissão de impureza às mãos pelo rolo da Torá. Esta regra, que é desconhecida na Bíblia, é atacada como base insuficiente para uma discussão legal:

> Não deveis julgar (interpretar) as palavras da Torá a partir das palavras dos escribas, nem as palavras dos escribas a partir das palavras da Torá, nem as palavras dos escribas a partir das palavras dos escribas. (m. Yadaim 3,2).

Os sábios desejam distinguir nitidamente a autoridade das leis na Escritura dos ensinamentos dos escribas, e circunscrever claramente a autoridade destes últimos.

Embora a Michná delimite a autoridade dos ensinamentos dos escribas, ela não os condena nem os anula. Em m. Sanhedrin, capítulo 11, a Michná trata daqueles que merecem a penalidade do estrangulamento e especialmente daqueles que desencaminharam a comunidade. M. Sanhedrin 11,3 decreta que os que negam que se deve observar uma parte das palavras dos escribas devem ser tratados com maior severidade do que os que negam que se deve observar algum ponto da lei escriturística. A negação da lei da Escritura merece punição menos rigorosa, porque, obviamente, a Escritura tem autoridade, e quem quer que a negue será sumariamente rejeitado e não oferece nenhum perigo para a comunidade e para a autoridade da Escritura. No entanto, a negação da autoridade de quaisquer palavras

---

[74] Para este último, cf., Avery-Peck, Alan. *Mishnah's Division of Agriculture; A History and Theology of Seder Zeraim*. BJS 79; Atlanta, Scholars, 1985. p. 336. Este opta pelo significado "ensinamento rabínico". Avery-Peck situa esta lei no estrato Usham mais tardio da Michná e observa que não tem relação com os problemas anteriores que se explicam no tratado.

Parte III • Interpretação e síntese

dos escribas é mais perigosa para a comunidade, porque existe maior probabilidade de retirar a aceitação de outros membros da comunidade e minar a autoridade do ensinamento rabínico.

A maioria das passagens na Michná que menciona as palavras dos escribas está ligada à questão da pureza. Certas regras que dizem respeito aos instrumentos suscetíveis de impureza e que parecem desafiar os princípios gerais de impureza, são atribuídas aos escribas por rabi Joshua, que comenta: "Realmente os escribas introduziram uma novidade, e nada tenho a responder" (m. Kelim 13,7). Joshua parece dizer que ele não pode responder àqueles que se opõem a estes ensinamentos dos escribas, mas, ao mesmo tempo, sua atribuição de tais ensinamentos aos escribas, os quais dizem respeito a casos extravagantes, é um esforço de fundamentá-los em uma antiga autoridade. Assuntos secundários são também atribuídos aos escribas em m. Yebamoth 2,3-4, em que é afirmado que certos matrimônios entre parentes intimamente próximos foram proibidos por determinação legal (*mitzwāh*) e outros graus de união secundários, que são menos importantes e mais discutíveis, proibidos pelas palavras dos escribas (2,4).[75]

As palavras ou ensinamentos dos escribas podem funcionar como uma categoria geral para a classificação dos diferentes tipos de regras. Em m. Parah 11,5-6, esta categoria é transformada em uma classe de pessoas impuras, aquelas que de quem se exige imersão conforme "as palavras dos escribas". Em m. Parah 11,6, esta categoria de pessoas está combinada com outra, aquelas que carecem de imersão segundo "as palavras da Torá". Os autores da Michná claramente distinguiam leis de diferentes autoridades consoante à origem delas ou na Escritura ou nos ensinamentos antigos. A categoria de leis provenientes das palavras dos escribas também aparece em m. Tohorot 4,7, que enumera certos casos de impureza que são duvidosos, devido à incerteza se eles aconteceram no âmbito público ou privado. Estes casos indeterminados, que os sábios (*ḥakāmîm*) declaravam puros, incluem a categoria de normas baseadas nas "palavras dos escribas". Note-se que as palavras dos escribas e o ensinamento dos sábios são distintos aqui.

---

[75] Comentários ulteriores sobre tais ensinamentos dos escribas estão contidos em m. Yeb 9,3.

A autoridade dos escribas é menos óbvia e menos bem estabelecida do que a da Bíblia, conforme se pode ver nas passagens michnaicas precedentes. As referências aos escribas na Tosefta são semelhantes às da Michná, onde eles são utilizados como fonte para certos ensinamentos. Mais tarde, a literatura talmúdica também cita os escribas, esporadicamente, às vezes de forma congruente com as passagens citadas acima e, por vezes, com outros significados. Escriba, no léxico talmúdico, pode referir-se a um copista que produzia rolos da Torá,[76] a uma pessoa instruída que escreve cartas e documentos, e a um mestre e intérprete da Escritura.[77] Além disso, os ensinamentos dos escribas podem funcionar como na Michná: uma antiga fonte de autoridade para as tradições judaicas.

A figura do escriba na literatura rabínica é consistente com escribas em outra literatura. Contudo, o papel histórico atribuído aos *sôferîm* na transmissão de parte da tradição legal e a implicação de que eles eram um grupo coeso "ao modo rabínico" correspondem à visão rabínica posterior de sua própria origem, e não aos fatos históricos conhecidos.

A comunidade romana

Parte da literatura da diáspora analisada precedentemente propôs que a palavra "escriba" não era usada para o judeu versado na lei. Outro bloco de indícios proveniente da diáspora precisa ser examinado. O título grego "escriba" (*grammateus*) aparece mais de vinte vezes nas inscrições da comunidade judaica de Roma.[78] A comunidade romana tinha pelo menos onze congregações separadas, do primeiro século a.C. ao quarto século da d.C. Escriba ou secretário da congregação é o segundo título mais comum, depois de *archōn* (líder, presidente).[79] A limitada prova das inscrições mostra que o escriba não era o líder da congregação, mas um funcionário subalterno, provavelmente conservador dos registros e escrivão de contratos de casamento e documentos similares. Erros de grafia em uma inscrição, cometidos por um escriba, fazem pensar que a parte dos escribas não era qualificadamente letrada.[80] Como provavelmente não teria havido trabalho suficiente como fabricante

---

[76] O tratado pós-michnaico *Soferim* é endereçado a tais copistas.

[77] Halivni, *Midrash*, pp. 18-19; Epstein, *Mebo'ot*, p. 503, nn. 17,18.

[78] Cf. Leon, H. J. *The Jews of Rome*. Philadelphia, Jewish Publication Society, 1960. cap. 8.

[79] Leon, op. cit., p. 183.

[80] Leon, op. cit., pp. 184-85 e Inscr. 102, p. 278.

Parte III • Interpretação e síntese

de rolos e contratos para manter um escriba ocupado durante todo o tempo, o papel do escriba na comunidade poderia ter sido uma ocupação por tempo parcial, muitas vezes desempenhado por uma pessoa com um mínimo de experiência. Os parcos indícios reunidos por Leon correspondem ao modelo greco-romano, que subsistia em algumas comunidades judaicas do Império Romano. O escriba era uma pessoa letrada, podendo não ser altamente instruída e desempenhando funções limitadas, mas essenciais, na comunidade.

Resumo

Em virtude de os dados sobre os escribas no judaísmo serem raros e dispersos, o papel do escriba no Oriente Próximo tem sido usado para estabelecer um contexto cultural para a compreensão das referências a escribas no Novo Testamento e na literatura judaica. O rótulo de escriba abrange muitos papéis na sociedade e pode ser usado para indivíduos de diversas classes e contextos sociais. Na sociedade judaica, escribas são encontrados a serviço do rei e do Templo. Esses escribas podem ter sido tirados dentre os sacerdotes e levitas, bem como do povo. Escribas que ocupavam altos postos eram recrutados, provavelmente, da aristocracia ou, pelo menos, de famílias proeminentes.[81] Escribas achavam-se em grande número na burocracia, nos povoados e também entre grupos tais como os fariseus. Escribas tinham responsabilidade na preservação da profecia, dos escritos sapienciais e do Pentateuco, e combinavam discussões que incluíam orientações sacerdotais, apocalípticas e sapienciais. No período talmúdico, os papéis do sábio e do escriba (em sentido amplo) foram assimilados na designação do rabi (embora escribas, como técnicos especializados, fossem também reconhecidos).

Os escribas não parecem ter formado uma classe unificada e organizada, embora grupos de escribas pudessem ser caracterizados como pertencentes a determinada classe e *status* e, às vezes, podem ter tido organizações das quais não possuímos indícios. De modo geral, os dados de que dispomos corroboram a ideia de que a maioria dos escribas dependia da rica classe dirigente, tanto para seu treinamento quanto para o emprego. A competência técnica requerida até mesmo

---

[81] LeMoyne, *Sadducéens*, pp. 352-354, diz que os saduceus provavelmente dispunham de seus próprios escribas.

O papel social dos escribas na sociedade judaica

de um copista exigia um período de liberdade do trabalho e a ajuda de um mestre: ambos só podiam ser oferecidos por um indivíduo ou uma instituição ricos. O governo e os ricos proprietários de terras careciam de indivíduos letrados para resguardar os registros, coletar impostos, servir como funcionários e juízes e encarregar-se da correspondência; assim, eles precisavam treinar continuamente um pequeno número de pessoas como escribas. Sociologicamente, a maioria deles teria sido servidores, ou seja, pessoas que haviam deixado o campesinato, mas não tinham lugar nem poder independentes na sociedade.

O tipo de escriba socialmente inferior teria sido o escriba de povoado, que era pouco mais que um copista que sabia como esboçar cartas e documentos legais. O escriba de povoado podia também ter sido um administrador de baixo escalão, que passava informações às autoridades, preservava os registros e mantinha a comunicação entre o governo e o povo. Tal escriba podia ter ensinado alguns jovens a ler e escrever, mas não era um mestre, ou um guardião das tradições culturais altamente educado.

A maioria dos escribas, incluindo aqueles apresentados nos evangelhos, era funcionário de nível médio. Eram os agentes do governo central e, provavelmente, serviam em diversos postos burocráticos. A posição deles conferia-lhes algum poder e influência, mas eram subordinados e dependentes dos sacerdotes e das famílias importantes, em Jerusalém, e de Herodes Antipas, na Galileia, durante o tempo de Jesus. As reconstruções dos escribas como uma classe independente, que desafiava os sacerdotes pelo poder e conduzia os judeus por novas direções sociais e religiosas, ignoram as fontes econômicas e políticas do poder desse grupo hipotético. Certamente os mais altamente instruídos e mais talentosos entre os escribas tinham influência, alguns chegando a alcançar o poder na sociedade judaica, mas a base econômica para o governo eram os impostos, e os impostos eram cobrados pelos sumos sacerdotes hasmoneus no Templo e, a seguir, por Herodes e pelos romanos, bem como pelas autoridades do Templo ou seja, a estes líderes sociais é que os escribas estariam ligados.

O mais alto nível de um escriba pode ter vindo da classe governante ou do ingresso nela. Altos funcionários e conselheiros governamentais, os que se achavam no centro do governo, teriam alcançado grande influência e algum poder. Eles também teriam sido responsáveis pela conservação dos registros centrais, pela redação

Parte III • Interpretação e síntese

da correspondência internacional e pela educação de sucessores talentosos. Tal treinamento, experiência e atividade no cimo do governo teria sido prerrogativa de relativamente poucos escribas. Muitos deles eram tirados, provavelmente, dentre os sacerdotes ou das famílias proeminentes e, embora possuíssem as habilidades de escribas, não eram chamados dessa forma, mas pelas categorias mais nobres de sacerdotes, notáveis etc.

Os escribas associados à classe governante central teriam sido, com toda a probabilidade, inteiramente educados na lei, nas tradições culturais, na história e em todos os aspectos da religião. Esse escriba, versado em todos os aspectos do judaísmo é que Ben Sira descreve no capítulo 39. O escriba de Ben Sira e seus sucessores foram aqueles que editaram e modelaram as tradições bíblicas e também, como Ben Sira, produziram obras originais para si mesmos, para seus patronos, ou para o Templo e para as autoridades governamentais, a fim de implementar programas sociais, proteger a cultura ou adaptar a tradição às novas circunstâncias. Ocasionalmente, eles também produziram obras de protesto para contrabalançar as tendências e os perigos sociais.

Não podemos saber, a partir dos textos, se alguma das reivindicações rabínicas concernentes aos ensinamentos dos escribas pode ser atribuída com segurança a escribas de algum período. Também a Michná nos diz algo sobre que tipo de grupo esses escribas possam ter sido, ou que papéis sociais, influência e poder eles possam ter tido. Conforme foi ressaltado no começo do capítulo, as reconstruções da função dos escribas têm pressuposto, normalmente, que eles eram um fenômeno leigo, ao lado da instituição sacerdotal, o qual paulatinamente obteve o poder sobre a sociedade judaica durante o período helenístico. Contudo, não se dispõe de nenhuma prova de tal desenvolvimento, e as probabilidades sociológicas demonstram que os escribas teriam sido dependentes das pessoas que estavam no poder. Os escribas não parecem formar um grupo social coerente, com uma associação estabelecida, mas, antes, uma classe de indivíduos literatos, oriundos de diversas partes da sociedade, que desempenhavam diversos papéis sociais e achavam-se ligados a todas as camadas da sociedade, do povoado ao palácio e ao Templo. A reconstrução histórica moderna dos escribas como mestres e líderes eruditos no período pós-exílico, baseada em muitas passagens da literatura rabínica e algumas do Novo Testamento, provavelmente está correta para alguns escribas, em alguns períodos. Em todos os casos, porém, os escribas precisam ser contextualizados entre outros grupos sociais, e o poder e influência deles, integrado no quadro global da sociedade judaica. Eles não devem ser tratados como um grupo autônomo, com seu próprio poder e agenda contínua. Os escribas eram diferentes em suas origens e em suas dependências, e eram indivíduos que desempenhavam um papel social em diferentes contextos, e não uma força política e religiosa unificada.

Capítulo 12

O lugar dos fariseus na sociedade judaica

As informações sobre os fariseus são tão esparsas e difíceis de avaliar que qualquer reconstrução histórica deve permanecer incompleta e hipotética. Muitos têm procurado harmonizar fontes muito diferentes e contraditórias, enquanto outros têm dado grande peso a textos isolados e a detalhes de somenos importância; os resultados têm sido altamente especulativos. O contexto histórico dos fariseus no Império Romano e a estrutura social daquele tipo de sociedade fornecerão limites e orientação para esta reconstrução. Embora uma infinita variedade de organizações sociais concretas seja possível, muitas dentre elas únicas, as categorias e as teorias sociológicas oferecerão uma moldura para a compreensão do que os fariseus possam ter sido. Este capítulo-síntese analisará os resultados dos capítulos anteriores, acenará aos problemas ali levantados e levará em conta alguns outros indícios importantes. Ênfase especial será dada ao tipo de grupo que eram os fariseus e sua localização geográfica.

A posição dos fariseus na sociedade hasmoneia e herodiana deve ser mantida em foco, não obstante o acento que lhes atribuem a literatura rabínica e o Novo Testamento. Eles eram um pequeno grupo entre tantos outros, alguns dos quais tinham nomes e perduravam, enquanto outros eram simplesmente coalizões temporárias, facções e movimentos anônimos. Josefo testemunha as complexas organizações e lutas sociais durante o período greco-romano, como o fazem também o Novo Testamento e as tradições rabínicas em menor extensão. Tanto no período pré-exílico quanto no pós-exílico, o judaísmo mudou constante e significativamente em reação aos impérios que o circundavam e muitas vezes o controlavam. Nos períodos hasmoneu e herodiano, os fariseus eram um, mas apenas um, grupo bem conhecido, caracterizado por uma forma distinta de viver o judaísmo e pelo envolvimento social constante.

Parte III • Interpretação e síntese

Que a luta política e faccional era normal no período greco-romano pode ser visto na literatura de Qumrã. Como não dispomos de nenhuma literatura diretamente vinda dos fariseus, e visto que os estudiosos têm afirmado que a literatura qumranita alude aos fariseus, uma suscinta análise de certos textos de Qumrã ampliará nossa compreensão dos fariseus e de seu contexto. A literatura de Qumrã está repleta de polêmicas e invectivas que dão testemunho da peleja social, política e religiosa entre os grupos judaicos durante o período hasmoneu. Os maus sacerdotes, o homem das mentiras, o homem do escárnio, o declamador de mentiras, o leão da ira e os buscadores das coisas agradáveis são apenas alguns dos adversários condenados por uma variedade de crimes na literatura qumranita. Embora as alusões aos oponentes da comunidade de Qumrã, contidas nos *pesharim* ['interpretações'] para Habacuc, Naum e Salmo 37 e em outros documentos, sejam difíceis de se correlacionarem com a história, elas atestam a refrega política e religiosa no começo da comunidade de Qumrã no segundo século a.C. (provavelmente sobre Jônatas ou Simão) e também sobre Alexandre Janeu, a cujo reinado o Pesher Naum certamente se refere.[1]

Pesher Naum refere-se a dois reis gregos, Antíoco e Demétrio, que têm sido convincentemente identificados com Antíoco IV Epífanes (175-164 antes da era cristã) e Demétrio III Eucairos (95-88 antes da era cristã), e alude ao leão da ira, que crucificava seus oponentes, ou seja, Alexandre Janeu.[2] Não obstante as alusões serem simbólicas e as punições dos adversários estarem expressas em termos bíblicos e escatológicos, a impressão de conflito social e político dentro e fora da comunidade judaica harmoniza-se com o período descrito por Josefo. Pesher Naum também fala de dois grupos de oponentes, metaforicamente chamados de Efraim e Manassés, bem como de outro grupo, os "buscadores de

---

[1]   Para duas análises recentes e criteriosas da pesquisa, cf. Dimat, Devorah. Qumran Sectarian Literature. In: Stone, Michael (ed.). *Jewish Writings of the Second Temple Period*. Assen, van Gorcum; Philadelphia, Fortress, 1984. pp. 483-550, esp. pp. 508-513 e pp. 542-547; Vermes, Geza. *The Dead Sea Scrolls;* Qumran in Perspective. Cleveland, Collins-World, 1978. pp. 150-154. Para os *pesharim*, cf. Horgan, Maurya. *Pesharim: Qumran Interpretations of Biblical Books*. CBQMS 8. Washington, Catholic Biblical Ass., 1979. pp. 158-191.

[2]   Cf. o capítulo 5 sobre *Ant*. de Josefo 13.14.2 (379-383). Observe-se que os adversários não são identificados como fariseus. Os fariseus, posteriormente, vingam-se daqueles que apoiavam as crucifixões, de modo que eles devem ter sido aliados na oposição a Alexandre Janeu.

coisas agradáveis".[3] Os "buscadores de coisas agradáveis" foram identificados com os fariseus, e "Efraim" e "Manassés" com os fariseus e os saduceus.

De acordo com Pesher Naum, Efraim foi crucificado por Alexandre Janeu, um ato que a comunidade de Qumrã provavelmente aprovou.[4] A identificação dos "buscadores de coisas agradáveis"[5] e de "Efraim" com os fariseus é comum na literatura, mas dificilmente é acertada.[6] Os oitocentos oponentes crucificados por Janeu não são chamados de fariseus por Josefo (cf. capítulo 5) e os adversários de Janeu em Josefo e nos *pesharim* não precisam ser identificados com uma das três escolas de pensamento listadas por Josefo.[7] A designação metafórica "buscadores de coisas agradáveis" sugere que a comunidade de Qumrã julgava seus opositores demasiado resignados com as mudanças na sociedade judaica, seja porque eles distorciam o sentido da lei (Is 30,10), seja porque aliavam-se muito intimamente a autoridades e práticas não judaicas. O uso de vários epítetos ligados à mentira e à falsidade insinua que a comunidade discordava de seus oponentes em muitos pontos da interpretação e da prática. Dado que o grupo de Qumrã abandonou Jerusalém, os "buscadores de coisas agradáveis" provavelmente ainda se achavam lá e tomavam parte nas lutas políticas da Palestina de uma forma que a comunidade de Qumrã não aprovava. As polêmicas de Qumrã contra seus adversários atestam a diversidade e os conflitos na sociedade judaica, mas não que seus inimigos fossem os fariseus.

---

[3] *Dōršê ḥalāqôt. Ḥalāqôt* significa coisas agradáveis, lisonja e falsidade, em hebraico. Is 30,10 contrasta a verdadeira profecia com as coisas agradáveis e as ilusões desejadas pelos israelitas rebeldes que não querem obedecer à Torá do Senhor. Daniel 11,32 diz que Antíoco Epífanes seduzirá mediante lisonjas (*ḥalāqôt*) aqueles que agem iniquamente contra a aliança. A expressão qumranita pode referir-se àqueles que buscam formas de interpretação e de vivência do judaísmo mais consoantes com o mundo helenístico ou simplesmente em contradição às interpretações qumranitas da lei.

[4] 4QpNah 3-4.i.7. Cf. Yadin, Y. Pesher Nahum (4QpNahum) Reconsidered. *Israel Exploration Journal*, v. 21, pp. 1-12, 1971. Neste interpreta-se o texto com base no Rolo do Templo. Sua interpretação é corroborada por Fitzmyer, Joseph Crucifixion in Ancient Palestine, Qumran Literature and the New Testament. *CBQ*, v. 40, pp. 493-513, 1978.

[5] 4QpNah 3-4.i.2,7; ii. 2,4; iii. 3,6-7; 4QpIsa c 23.ii.10; 1QH 2:15,32; CD 1:18.

[6] Dimat, *Qumran*, pp. 511-512; Horgan, *Pesharim*, p. 161. Frank M. Cross, *The Ancient Library of Qumran*, p. 123. n. 5 (Garden City, Doubleday, 1961), é mais cauteloso.

[7] Manassés vem ligado aos saduceus, porque Pesher Naum (3-4.iii.9) diz que "rios" (Naum 3,8) refere--se "to 'the great ones of Manasseh', the honored ones of the city, who support Manasseh" (na tradução de Horgan) — "aos grandes de Manassés, aos honrados da cidade, que apoiam Manassés" —, mas os eminentes e honrados membros da comunidade não eram necessariamente saduceus.

Esta rápida análise das referências da literatura de Qumrã a seus antagonistas é coerente com a descrição que faz Josefo do período hasmoneu. À medida que a família hasmoneia lutava para estabelecer e legitimar seu governo na Palestina, ela enfrentou resistência de outros grupos sequiosos de poder, tais como as famílias sacerdotais que ela havia fixado em Jerusalém, elementos sociais tradicionais que não reconheciam sua autoridade e povos circunvizinhos prontos a tirar vantagem de sua fraqueza. Os hasmoneus esforçavam-se constantemente para construir apoio ao seu governo mediante alianças, coalizões, guerra e persuasão.[8] Os instáveis destinos políticos dos fariseus, bem como dos essênios e dos saduceus, descritos em Josefo e na literatura de Qumrã, correspondem muito bem a este processo histórico.

Tipos de grupos

Na segunda parte, os fariseus foram comparados a vários tipos de grupos antigos e modernos. À medida que analisamos sistematicamente todos os indícios, é preciso que tenhamos em mente as diversas características gerais de todos os grupos. Primeiro, grupos como os fariseus, que existiram por dois séculos, mudam com o tempo, às vezes significativamente. Suas atividades sociais, sua eficácia e as relações internas mudam consideravelmente de acordo com as circunstâncias políticas, culturais, econômicas e sociais. Segundo, os grupos têm, muitas vezes, várias funções e papéis ao mesmo tempo, de modo que podem legitimamente ser situados em diversas categorias. Por exemplo, sindicatos trabalhistas modernos são simultaneamente grupos econômicos de advocacia, grupos de interesse político e associações filantrópicas sociais. Uma associação profissional pode ser um grupo de pesquisa, um grupo de influência [lobby] e um grupo de amizade. Terceiro, os indivíduos pertencem a muitos grupos e devem dividir seu compromisso, tempo, energia, atividade, papéis e funções entre eles. Consequentemente, as fronteiras dos grupos e da identificação das pessoas com os grupos é amiúde menos decisiva e significativa para a vida do que parecem ser quando formalmente enumeradas. As pessoas intensificam ou diminuem seu envolvimento com os grupos, permanecendo,

---

[8] Por exemplo, 1 Macabeus é favorável à propaganda hasmoneia, mas o texto de 2 Macabeus é anti-hasmoneu.

O lugar dos fariseus na sociedade judaica

durante todo o tempo, como membros em boa posição.[9] O quão ativamente uma pessoa participa como membro de um grupo, depende da teia de compromissos, relações sociais e circunstâncias que oferecem o contexto para as decisões.

Os fariseus, com toda probabilidade, desempenhavam papéis de muitos grupos na sociedade judaica. A discussão dos fariseus como grupo concentrar-se-á em suas atividades e funções comuns na sociedade, mais do que numa lista estática de características grupais.

Grupo de interesse político

Na narrativa de Josefo, os fariseus atuavam como um grupo de interesse político, que tinha seus próprios objetivos para a sociedade e que se engajava constantemente em atividade política a fim de alcançá-los, ainda que nem sempre lograsse seu intento (cf. capítulos 5 e 6). Geralmente eles não detinham poder direto como grupo e, como um todo, não eram membros da classe governante. Eram uma associação letrada, corporativa, voluntária que buscava continuamente a influência junto à classe dirigente. Como tais, eles pertenciam à classe dos servidores, um grupo de pessoas acima dos camponeses e de outras classes inferiores, mas dependentes da classe governante e do soberano para conservarem seu lugar na sociedade. Encontravam-se em Jerusalém e, provavelmente, desempenhavam funções administrativas e burocráticas na sociedade em tempos determinados. Em cada era da história judaica, do período hasmoneu até a destruição do Templo, eles estavam presentes, lutando para conseguir acesso ao poder e ao prestígio na sociedade.

Restauração ou reforma

A associação dos fariseus provavelmente funcionava como uma organização de movimento social que buscava mudar a sociedade.[10] A situação social, política

---

[9] Alguns teóricos subordinam os grupos às redes. A associação a um grupo é uma forma de categorização das muitas relações altamente complexas e sobrepostas de uma pessoa, as quais são mais bem entendidas como rede de relações. Cf. HOLY, L. Groups. In: *The Social Science Encyclopedia*, p. 346.

[10] TAIFEL, Henri. *Differentiation between Social Groups*; Studies in the Social Psychology of Intergroup Relations. London/New York, Academic, 1978. pp. 28-46. Cf. também McCARTHY, John D. & ZALD, Mayer N. Resource Mobilization and Social Movements; A Partial Theory. *American Journal of Sociology*, v. 82, pp. 1212-1219, esp. pp. 1217-1219. 1977.

Parte III • Interpretação e síntese

e econômica dos judeus palestinenses sofreu uma série de reviravoltas no período greco-romano, exigindo adaptação dos costumes judaicos e uma interpretação da identidade judaica modelada pela tradição bíblica. Além do mais, os hasmoneus e a classe governante transformaram Israel em um pequeno reino helenístico, militarmente ativo, e assumiram o controle dos recursos políticos e econômicos a fim de dominar a sociedade. Os fariseus provavelmente buscavam um novo compromisso comum com um modo de vida estritamente judaico, baseado na adesão à aliança. Se eles agiam assim, eles procuravam tirar proveito dos sentimentos populares de dedicação para reformar o judaísmo. Tais sentimentos populares podem produzir um movimento social que busca a reforma, mas uma externa, duradoura e complexa campanha de reforma ou de renovação exige a formação de um movimento social organizado que vise promover ou resistir a mudanças na sociedade em geral.

Rede de relações sociais

A posição dos fariseus na sociedade fazia parte de uma complexa rede de relacionamentos e dependia fortemente das circunstâncias, de patronos vigorosos, de clientes leais e do cultivo da influência e das alianças na sociedade. As descrições dos fariseus em Josefo afirmam que eles cultivavam relações harmoniosas com todos, tinham grande respeito por suas tradições e por seus anciãos e, consequentemente, tinham um amplo séquito devido ao seu atraente modo de vida,[11] mas não dão nenhuma razão para tal comportamento. Possivelmente, a maioria dos fariseus não tinha laços hereditários com as posições de poder, enfatizavam as relações sociais internas e externas a fim de construir seu próprio grupo e angariar o favor e o prestígio junto a outros.[12] O *status* social não era estável, como o dos líderes hereditários ou tradicionais (sacerdotes, anciãos do povoado etc.), de modo que eles recrutavam constantemente novos membros e competiam pelo prestígio com os que se achavam no poder.[13] Esta visão brotou dos evangelhos, segundo os quais

---

[11] Cf. capítulo 6.

[12] Que a luta deles pelo poder e pela influência era uma luta grupal, demonstra-o a ausência de nomes de líderes farisaicos na maioria dos casos.

[13] A instabilidade é típica de *status* baseado em prestígio adquirido, em vez de atribuído legal ou socialmente. O *status* de uma pessoa está sempre em perigo pela presença dos recém-chegados ou pelo declínio da aquisição. Todo *status* atribuído hereditária ou tradicionalmente podia ser perdido e deveria ser apoiado pelo *status* adquirido. Cf. capítulo 4 e também WOLF, C. Status. In: *Social Science Encyclopedia*, pp. 825-826.

os fariseus eram líderes reconhecidos e rivalizavam com Jesus, seus seguidores e outros pelo prestígio entre o povo. As crenças e o comportamento dos fariseus, como judeus, eram bastante diferentes daquelas de Jesus e dos primeiros cristãos, bem como das de outros grupos judaicos, pois provocavam disputas, competições e conflitos faccionais. O aparecimento deles nos evangelhos indica que estavam estabelecidos e exerciam influência na sociedade judaica, e eram vistos com benevolência ao menos por uma parte da população.

Infelizmente, a ausência de informação sobre os fariseus impede uma análise detalhada de todas as relações sociais que os ligavam a todos os outros grupos e classes na sociedade.[14] Visto que as relações pessoais eram tão importantes quanto hereditariedade em larga escala e categorias de classe, o *status* e a influência dos fariseus provavelmente dependiam em grande parte da rede dos seus patrocinadores e aliados. Tais redes mudavam constantemente e precisavam ser mantidas com grande esforço e habilidade. A rede de relacionamentos que mantinha unidas as pessoas nos povoados e cidades incluía o parentesco, a amizade e as relações corporativas, que definiam o seu lugar na sociedade, o seu autoconceito e a sua identidade. Elas pertenciam simultaneamente a uma classe importante na sociedade, a um grupo de parentesco e a um grupo territorial (este normalmente incluía a religião), a subgrupos dentro das classes delas e, talvez, a associações voluntárias. Além disso, as atividades das pessoas podiam fazer com que tomassem parte em coalizões e facções nas refregas pelo poder e pelo ganho. Os fariseus, escribas e seguidores de Jesus pertenciam a grupos que atravessavam as classes mais importantes da sociedade. Interações entre as pessoas em todos estes relacionamentos envolviam diversos papéis simultâneos, como inúmeras obrigações mútuas.[15] Os fariseus não eram um simples grupo, com um objetivo concreto, limitado, mas uma organização corporativa duradoura, bem conectada e voluntária, que procurava influenciar a sociedade judaica e entrava em muitos relacionamentos recíprocos a fim de realizar suas metas.

---

[14] Cf. capítulo 4 para os elementos significativos das redes de relações.

[15] Compromissos sociais diferentes provavelmente contribuíam para os conflitos nas comunidades cristãs primitivas narrados em Atos 6 e nas cartas paulinas. Embora a fé em Jesus e sua forma de vida fossem consideradas fundamentais e determinativas, muitas outras exigências e normas familiares e sociais ocupavam as comunidades cristãs.

Parte III • Interpretação e síntese

Papéis sociais

Uma questão importante, não respondida pelas fontes, diz respeito às atividades diárias dos fariseus e a origem dos meios de vida. A teoria antiga de que eles eram artesãos urbanos é muito improvável, porque os artesãos eram pobres, sem instrução e sem prestígio. A teoria mais comum de que os fariseus eram um movimento escribal leigo, um grupo de estudiosos e intelectuais religiosos que substituíram os líderes tradicionais e obtiverem grande autoridade sobre a comunidade é igualmente muito implausível.[16] Embora alguns fariseus fizessem parte da classe governante, a maioria eram funcionários subordinados, burocratas, juízes e educadores. Eles são mais bem compreendidos como conservadores que eram servos letrados da classe governante e tinham uma proposta para a sociedade judaica e influência junto ao povo e junto a seus patronos. Quando surgia a oportunidade, eles buscavam o poder na sociedade. Isto significa que a organização dos fariseus não pode ser vista como uma comunidade monástica, ou uma seita retirada, que exige compromisso principal e total de cada membro. O mais provável é que estivessem unidos por certas crenças e práticas (a serem analisadas a seguir) e por esforços que incentivavam mudança na sociedade.

Quanto tempo era necessário para se tornar fariseu? Concretamente, uma pessoa não era fundamentalmente fariseia. Um membro dos fariseus conservava sua família e compromissos territoriais, seus papéis e ocupação na sociedade, seus amigos e redes de associados. De alguma forma, não revelada pelas fontes, ele se comprometia em ser um fariseu, e este compromisso, com sua compreensão particular da aliança judaica e da vida judaica, guiava muitos de seus movimentos e exigia parte de seu tempo, energia e recursos. O movimento farisaico tem algumas características comuns com as escolas gregas de pensamento, e deve ter educado seus membros até certo grau. Esta visão dos fariseus, francamente hipotética devido à falta de dados, é coerente com aquilo que as fontes nos dizem, incluindo-se a informação fornecida por Paulo, o fariseu. Além disso, o fato de que a vida dos fariseus estava complexamente entretecida na sociedade judaica pode explicar por que Josefo tem tanto a dizer sobre os bem diferentes, atraentes e exóticos essênios, e pouco a dizer acerca dos mais banais fariseus.

---

[16] Cf. a obra mais recente de Rivkin, *Hidden Revolution*, pp. 211-251. Esta teoria, que muitos defendiam, foi popularizada no mundo de língua inglesa por LAUTERBACH, Jacob. The Pharisees and Their Teachings. *HUCA*, v. 6, pp. 69-139. 1929; reimpresso em *Rabbinic Essays*, pp. 87-162. Cf. esp. pp. 77ss/97ss.

Seita

Diversos estudiosos têm afirmado que a opressão política sob o domínio de Herodes e sob o domínio dos romanos expulsou os fariseus da esfera política e induziu-os a tornar-se um grupo de comensais semelhante a uma seita.[17] Embora tal mudança seja possível na atividade farisaica, parece menos provável, tanto histórica quanto sociologicamente. A escolha entre atividade política e sectária não é necessária, pois um grupo antigo como os fariseus estaria necessariamente envolvido em todos os aspectos da vida social, política e religiosa. Embora Herodes e os romanos realmente intensificassem o controle sobre os líderes judeus tradicionais que sobreviveram ao período hasmoneu, eles nem destruíram nem reformaram, de forma significativa, a liderança tradicional, mas manipulavam-na para seus propósitos. Mesmo que os fariseus tivessem influência e envolvimento reduzidos, ainda assim mostravam-se ativos e interessados no todo da sociedade judaica.

Neusner defendeu com maior frequência que a agenda legal dos fariseus, centrada em torno das leis alimentares e das festividades, espelha uma comensalidade sectária que não fazia parte das lutas políticas da Palestina do primeiro século.[18] Contudo, Neusner também observou que esta identificação é hipotética, porque o grupo que desenvolveu a agenda primitiva da Michná certamente não é conhecido por várias razões.[19]

Recomenda-se prudência, porque a reconstrução dos fariseus a partir das histórias dos sábios do período anterior à destruição do Templo e dos primeiros sábios da tradição michnaica é arriscada. Embora as tradições que provêm dos começos do primeiro século digam respeito principalmente à pureza ritual, aos dízimos agrícolas e à observância sabática, elas não demonstram que os fariseus, naquele período, eram voltados para dentro de si mesmos. Primeiro, porque as tradições a serem preservadas na Michná foram selecionadas pelos rabinos pós-destruição,

---

[17] Cf. capítulos 6 e 10, especialmente Smith, Palestinian Judaism, seguido por Neusner, *From Politics to Piety*. LEVINE, Lee. On the Political Involvement of the Pharisees under Herod and the Procurators [em hebraico]. *Cathedra*, v. 8, pp. 12-28, esp. pp. 18-20 e 24-26, 1978. Este autor oferece ulteriores argumentos de que os fariseus eram predominantemente apolíticos a partir do período herodiano. Todos pressupõem atividade política de alguns fariseus.

[18] NEUSNER, Jacob. The Fellowship (*Haburah*) in the Second Jewish Commonwealth. *HTR*, v. 53, pp. 125-142, 1960; *Rabbinic Traditions*, v. 3, pp. 304-306; *From Politics to Piety*, pp. 81-96; Two Pictures of the Pharisees; Philosophical Circle or Eating Club. *AnThRev*, v. 64, pp. 525-538, 1982; Three Pictures.

[19] Cf. cap. 10; Neusner, *Evidence*, p. 50, pp. 70-71.

Parte III • Interpretação e síntese

o que pode refletir os seus interesses, e não as tradições e interesses dos fariseus antes da destruição. Segundo, a ênfase nas relações intracomunitárias é consistente, quer com as descrições que Josefo faz dos fariseus, quer com a diminuída, mas não extinta, influência política deles depois do período hasmoneu. Terceiro, as seitas, ao longo da história, têm-se envolvido política e socialmente com a mudança na sociedade e protestam contra o *status quo* tão amiúde quanto se têm afastado da sociedade.[20] A clássica distinção entre seita e culto deveria ser sustentada pelo fato de que as seitas têm maior envolvimento (negativo) social, e os cultos relações sociais muito mais tênues, tanto dentro do grupo quanto com a sociedade em geral. Quarto, o realce sobre as regras de pureza como mecanismos criadores de fronteiras é típico de grupos minoritários que lutam para conservar sua identidade e produzir mudanças numa sociedade forte.

Se os fariseus são uma seita, segundo as categorias de Wilson, eles se encaixam melhor no tipo reformista, que é um grupo que procura alterações graduais, divinamente reveladas no mundo.[21] Este tipo de seita envolve-se em atividades políticas e sociais semelhantes às dos fariseus. Wilson caracteriza as seitas reformistas como "objetivistas", porque buscam mudar o mundo, não apenas o indivíduo ou as relações de uma pessoa com o mundo. Uma seita reformista diferencia-se dos outros três tipos de seitas objetivistas — a revolucionista, que espera a destruição da ordem social pelas forças divinas (grupos apocalípticos), a introversionista, que se retira do mundo para uma comunidade purificada (a comunidade de Qumrã) e a utópica, que procura reconstruir o mundo de acordo com princípios divinos, sem revolução. Contudo, estes tipos não são inteiramente isolados uns dos outros. Um grupo pode ter mais de uma reação perante o mundo ao mesmo tempo, isto é, ele pode combinar duas ou três destas categorias. Pode igualmente mudar ao longo do tempo e até mesmo deixar de ser uma seita, se as condições sociais mudarem. Consequentemente, se os fariseus são compreendidos como uma seita, eles podem ter tido tendências introversionistas, manifestadas em suas regras de pureza, sem perder o envolvimento e o desejo de enredar-se na sociedade política. Estas propensões introversionistas podem ter sido mais evidentes no primeiro século d.C. do que nos dois séculos anteriores. Eles também

---

[20] Cf. a discussão da tipologia de Wilson no capítulo 4.

[21] Cf. o fim do capítulo 4 e Wilson, *Magic*, pp. 23-26 e pp. 38-49 para estas categorias.

O lugar dos fariseus na sociedade judaica

podem ter tido tendências revolucionárias ligadas às suas crenças apocalípticas, inclinações vistas também em Qumrã.

Dado que este estudo acentuou as atividades políticas e sociais dos fariseus, que proveito se pode obter ao caracterizá-los como uma seita, em vez de um grupo de interesse político? O problema diz respeito tanto à correta classificação quanto ao uso idiomático dos termos. Seita normalmente sugere um grupo religioso retraído, enquanto política conota pragmatismo, interesse próprio e compromissos *ad hoc*. Ambos os significados são inadequados para o primeiro século. As seitas, na análise de Wilson, envolvem mais do que atividade social visando a mudanças; elas são caracterizadas por uma vigorosa vida interior e agem como comunidades autosseletivas, intermitentemente operativas.[22] Embora as fontes nos revelem pouco sobre a vida comunitária interna dos fariseus, elas indicam, no entanto, que eles tinham uma vida interna. No que diz respeito ao envolvimento político, alguns partidos e grupos políticos europeus, que possuem um detalhado programa para a sociedade, sustentado por uma teoria social e política e apoiado numa tradição intelectual, oferecem uma analogia aproximada aos fariseus, melhor do que os partidos políticos americanos, que não possuem tradição intelectual nem uma plataforma consistente, e assemelham-se mais a coalizões de pessoas poderosas e influentes que buscam o poder.[23]

Escola

A natureza das escolas gregas e de outras associações foi tratada no final do capítulo seis. Uma breve análise daquela discussão ajudará a identificar os fariseus. As fontes presumem que os fariseus eram letrados, mas não dizem como ou quanto o eram. Josefo apresenta-os como intérpretes presumivelmente acurados da tradição judaica, uma reivindicação que implica que todos aprendiam suas próprias tradições e alguns eram altamente instruídos. Nos evangelhos, eles são letrados e

---

[22] Wilson, *Magic*, p. 32.

[23] Tanto Rivkn, *Hidden Revolution*, quanto J. Bowker, *Jesus and the Pharisees* (Cambridge, Cambridge UP, 1973), fazem da tradição intelectual e escolástica o cerne do movimento farisaico. Enquanto este elemento está presente e é importante, os movimentos, as seitas e outros grupos sociais originam-se de um desejo de agir, de determinada maneira, por convicção. Uma tradição intelectual ou um modo peculiar de considerar o mundo desenvolvem-se em conjunção com o envolvimento social e político. Considerar os fariseus sobretudo como eruditos é abstraí-los da sociedade.

Parte III • Interpretação e síntese

sutis adversários de Jesus, um papel que implica familiaridade com a tradição e os costumes. Os evangelhos, porém, podem espelhar líderes judeus posteriores, que se opunham à comunidade cristã primitiva. As fontes rabínicas que descrevem os fariseus como rabinos eruditos estão retroprojetando o judaísmo do segundo e do terceiro séculos no primeiro século. É, talvez, mais provável imaginar os fariseus como líderes instruídos do povo, mas se sabe tão pouco sobre a educação judaica no período pré-rabínico, que o sistema e o nível educacional farisaico não podem ser conhecidos com exatidão.[24] A educação pode ter sido realizada informalmente sob o patrocínio de um patrono ou institucionalmente.

Os fariseus podem ser proveitosamente comparados às escolas filosóficas helenísticas ou escolas de pensamento se a analogia for cuidadosa e livremente aplicada. Eles tinham uma proposta de reforma para a vida judaica, uma interpretação especial da tradição judaica e uma visão definível, às vezes, controvertida, acerca de assuntos cruciais do judaísmo.[25] Os fariseus, no entanto, conforme descritos por Josefo, agiam como um grupo de interesse político e, assim, ultrapassavam as atividades de muitas escolas gregas. A designação "escola" (de pensamento) é apropriada, contanto que esta expressão não seja compreendida como se referindo a uma associação exclusivamente acadêmica ou teórica.

Facções

As "Casas" de Hillel e de Shammai, no primeiro século, tão importantes no desenvolvimento da lei e da vida judaica depois de 70 d.C., são mais bem compreendidas como facções que se tornaram institucionalizadas após a morte de seus líderes. Estas e outras facções, que forjavam seus próprios modos de viver o judaísmo a fim de preservar suas identidades como judeus, prosperaram no primeiro século quando o judaísmo estava subordinado a Roma. Hillel e Shammai, ao lado de Judas, o fundador da quarta filosofia, de Jesus, o pregador do reino de Deus e de seus seguidores, e outros, facilmente reuniam modestos grupos de

---

[24] Cf. SALDARINI, Anthony J. School. In: ACHTEMEIER, Paul J. (ed.). *Harper's Bible Dictionary*. San Francisco, Harper, 1985. pp. 912-913.

[25] Se alguma literatura farisaica tivesse sobrevivido, ela orientaria nesta área. É possível que eles não tenham escrito uma extensa literatura, seja por razões teológicas, sociais, seja por razões políticas. Contudo, é igualmente possível que essa literatura tenha sido destruída ou perdida, do mesmo jeito que a dos essênios, até a casual descoberta dos Manuscritos do Mar Morto, em 1947.

O lugar dos fariseus na sociedade judaica

seguidores entusiásticos, que buscavam convencer outros judeus a juntar-se a eles e visavam ao prestígio e ao poder na política social. No final do primeiro século e começo do segundo, os líderes do movimento rabínico provavelmente fizeram o mesmo. Internamente, os fariseus tinham sua própria visão de como a sociedade deveria ser, mas a literatura rabínica indica que eles tinham muitos desacordos no interior de seu pequeno e diversificado movimento. Não está completamente claro como eles estavam exatamente organizados, mas sua permanência na sociedade por mais de dois séculos e sua eventual emergência como um poder na sociedade judaica durante o segundo e o terceiro séculos demonstram um projeto coerente e uma política determinada, desenvolvidos no decurso do tempo e mui provavelmente com inúmeras variações e disputas faccionais caminho afora.

Crenças e ensinamentos

Os relatos das crenças dos fariseus em Josefo e os indícios esporádicos disponíveis na literatura rabínica e no Novo Testamento oferecem uma informação incompleta de difícil interpretação. De acordo com Josefo, que deseja relacionar as escolas judaicas de pensamento com a filosofia grega, os fariseus afirmavam a influência da atividade divina na vida humana, o efeito conjugado da liberdade e do destino humano, e recompensa ou castigo no além. A contraposição das posições das três escolas de pensamento, em Josefo, provavelmente deriva das expectativas escatológicas e apocalípticas que elas alimentavam. Os saduceus imaginavam os seres humanos como independentes e distantes de Deus, tanto nesta vida quanto após ela; os fariseus apresentavam Deus e os seres humanos em uma íntima relação, tanto nesta vida quanto na próxima. Os fariseus, provavelmente, defendiam posições sobre a escatologia, a providência divina e a responsabilidade humana, que eram suficientemente diferentes dos ensinamentos e atitudes judaicos tradicionais para exigir algum compromisso positivo e defesa explícita; contudo, dispomos de pouca literatura do segundo Templo para especificar as nuanças do ensinamento farisaico em contraste com outros grupos.[26]

---

[26] A explosão do estudo sobre a literatura judaica ("intertestamental") do período do segundo Templo mostrou que os ensinamentos no judaísmo palestinense eram múltiplos e diversos. Ademais, os apócrifos e pseudepígrafos anteriormente atribuídos aos fariseus e aos saduceus são deveras indicadores da presença de outros grupos.

Parte III • Interpretação e síntese

As leis e histórias rabínicas que podem ser, até certo grau fidedignamente, datadas do primeiro século (cf. capítulo 10) mostram que os fariseus demostravam forte interesse em taxação, pureza ritual e observância sabática, e não tanto nas leis civis e normas para o culto do Templo. O Novo Testamento mostra igualmente que os fariseus tinham interpretações particulares destes assuntos e buscavam divulgar sua observância e defender sua validade contra o desafio de Jesus e de seus primeiros seguidores. No período greco-romano, os fariseus, a comunidade de Qumrã, os sacerdotes e outros grupos vitalmente interessados na luta para viver a vida judaica no Império Romano tinham ideias diferentes quanto às leis agrícolas, sexuais e alimentares. Diferenças graves na compreensão da aliança judaica e do compromisso com Deus, com o povo e com a terra separavam estes grupos e facções dentro do judaísmo. Profundos julgamentos a respeito do significado do judaísmo e de seu lugar no mundo mais amplo em que era politicamente subordinado estavam implícitos nestes projetos para a vivência do judaísmo.

As regras de pureza, que parecem tão antigas aos ocidentais modernos, regulavam a vida e separavam aquilo que era normal e portador de vida, daquilo que era anormal ou ambíguo e, portanto, uma ameaça à vida normal. Tal série de categorias e de regras excluía aquilo que é de fora ou estranho; sua utilidade contra a atração e a influência da cultura romana e helenística é óbvia.[27] Regras de pureza e de tributação separavam os fariseus, os saduceus e os essênios, sendo que todos ratificavam as regras bíblicas e tinham uma interpretação diversa na vida cotidiana, interpretação que divergia de um grupo a outro e destes em relação aos seguidores de Jesus, bem como em relação a outros numerosos grupos messiânicos, apocalípticos, políticos e reformistas.

Fariseus galileus?

Os evangelhos sinóticos situam os fariseus principalmente na Galileia e quase nunca, de forma alguma, em Jerusalém. Josefo e o evangelho de João associam-nos à classe governante de Jerusalém. A literatura rabínica dispõe os sábios do

---

[27] Cf. Mary Douglas, *Purity* and *Symbols,* para as regras de pureza como mecanismos de estabelecimentos de fronteiras e para a necessidade de tais delimitações em grupos que não controlam a sociedade e devem proteger a si mesmo contra a assimilação.

O lugar dos fariseus na sociedade judaica

período pré-destruição em Jerusalém e tem pouco a dizer a respeito da Galileia. A fidedignidade histórica da tradição galileense que provém de Marcos e de suas fontes é questionável. Bultmann afirmava que a maioria das histórias de disputas originalmente não continha os fariseus como adversários, e M. Smith tentou mostrar que em todas eles estão ausentes.[28] Bultmann está correto quanto à tradição que tende a acrescentar os fariseus em diversas histórias e gradativamente os considera como os adversários de Jesus por excelência. Contudo, a afirmação de que a Igreja primitiva colocou os fariseus em todas as contendas galileenses ou transpôs as querelas com os fariseus da Judeia para locações na Galileia carece de peso de argumentação.

As tradições usadas em Marcos (escribas em meados dos anos sessenta ou no começo dos anos setenta) datam de, pelo menos, meados do primeiro século e foram modificadas e ordenadas pelo autor de Marcos, a serviço de seus próprios fins. Não sabemos onde as tradições foram forjadas previamente a Marcos, se em Jerusalém, na Galileia ou na Síria. Se se formaram em Jerusalém, as disputas podem refletir os conflitos da comunidade primitiva com os fariseus em Jerusalém. Contudo, ainda que fosse esse o caso, é muito improvável que os primeiros seguidores de Jesus tivessem situado os fariseus na Galileia, pois a presença deles ali seria claramente contrária à situação do primeiro século. Que os fariseus de Jerusalém tenham sido transferidos para a Galileia, em Marcos ou em suas fontes, torna-se menos provável pelo cuidado com que a narrativa da Paixão, uma das mais antigas tradições no evangelho, mantém os fariseus separados da classe governante em Jerusalém. Todos as tradições cristãs primitivas presumem e afirmam que Jesus era galileu e que ele trabalhou ali. As discussões com seus oponentes, inclusive os fariseus, estão profundamente imbricadas na tradição e refletem as lutas de sua vida. Considerando-se que as disputas foram refinadas e reelaboradas para enquadrar-se nas necessidades posteriores da comunidade cristã e que os fariseus são frequentemente acrescentados à narrativa em Mateus, Lucas e João, e talvez à narrativa de Marcos também, a presença dos fariseus em certas tradições cristãs pré-destruição sobre a Galileia demonstra que a presença dos fariseus não era improvável e que a oposição a Jesus pode ter contado com os fariseus.[29]

---

[28] Bultmann, *History*, pp. 52-54 e Smith, *Magician*, pp. 153-157. Citado no capítulo 8, Smith pensa que as fontes originais traziam "escribas" em muitos casos e que "fariseus" foram acrescentados posteriormente a fim de corresponder à experiência da comunidade primitiva.

[29] Cf. Freyne, *Galilee*, pp. 320-323, para uma conclusão semelhante. Freyne acumula uma série de argumentos para a presença farisaica na Galileia no capítulo 8.

Os fariseus não aparecem como habitantes da Galileia em Josefo. Três fariseus são enviados de Jerusalém à Galileia como parte da delegação que deveria destituir Josefo do comando durante a revolução.[30] Todavia, em suas obras, Josefo concentra--se em acontecimentos e pessoas que estão no centro do judaísmo em Jerusalém, e jamais oferece um relato completo dos funcionários ou grupos que constituíam a sociedade judaica. Se os fariseus eram uma presença minoritária na Galileia, eles podiam facilmente passar em brancas nuvens em *Guerra* e em *Antiguidades*, e até mesmo em *Vida*, que narra as expedições de Josefo na Galileia. Sua ausência dos relatos de Josefo sobre a Galileia realmente dá a entender que eles não eram uma das principais forças políticas, sociais ou religiosas ali.

A identificação que Paulo faz de si mesmo como fariseu aos filipenses na Macedônia oriental implica que os fariseus eram bem conhecidos e provavelmente ativos fora da Judeia e de Jerusalém. Suas cartas sugerem que sua esfera de atividade, inclusive a perseguição dos primeiros cristãos, era a Palestina e o Sul da Síria. Ele era conhecido dos seguidores judeus de Jesus pela fama de perseguidor. Paulo diz que, depois da revelação de Jesus, ele não subiu a Jerusalém, mas foi à "Arábia", no que se refere ao reino Nabateu no deserto sírio, e depois voltou a Damasco.[31] Depois de tornar-se seguidor de Jesus, Paulo parece ter feito de Antioquia, no Norte da Síria, sua base de ação. Antioquia não ficava longe do lugar de origem de Paulo (segundo Atos), Tarso, na Cilícia, que ficava na passagem que levava ao interior da Ásia Menor. Paulo pode ter entrado em contato com o farisaísmo na Cilícia ou na Síria. Os dados são inconsistentes, mas se o farisaísmo era conhecido e influente fora da Judeia, a mais provável esfera de influência seriam as comunidades judaicas nas áreas semíticas ao norte, incluindo-se a Galileia, a região de Damasco, a nordeste, o resto do Sul da Síria e para além da grande Síria.

Afirmar que os fariseus estavam presentes na Galileia não é afirmar que eles estivessem no comando, ou mesmo que fossem uma força dominante ali. Tanto os fariseus quanto Jesus eram forças sociais menores, que tinham interesses semelhantes, buscavam influenciar as pessoas de maneiras iguais e eram, portanto, antagonistas. Se os fariseus estavam presentes na Galileia,

---

[30] *Vida*, cf. capítulo 5.

[31] Gl 1,16-17. Somente Atos diz que ele estava a caminho de Damasco quando teve a visão de Jesus. A frase de Gálatas "e, depois, voltei ainda a Damasco" sugere que Paulo estivera em Damasco quando teve a revelação.

O lugar dos fariseus na sociedade judaica

eles não faziam parte da classe governante, nem faziam parte da liderança tradicional da Galileia. Eles eram um grupo social reconhecido e estabelecido, mas apenas um dentre muitos na sociedade palestinense. Os fariseus devem ser encaixados dentro da situação social e política de então, que era complexa e muito diferente da de Jerusalém. Deste modo, um breve exame da organização política e social da Galileia ajudará a colocar em perspectiva tanto os fariseus quanto seu oponente Jesus.

A Galileia

A Galileia é comumente estereotipada como Galileia dos gentios (Is 8,23 [heb.]), onde a influência judaica era diminuta. Tais caracterizações têm-se baseado no equívoco de que o judaísmo normativo dominava a maior parte da Palestina e que, portanto, a Galileia era diferente. A Galileia, como a Pereia, contava com ampla população judaica ao lado de substanciosa população não judaica, e era governada por um rei judeu, Antipas, filho de Herodes, o Grande. Pesquisas arqueológicas recentes têm mostrado definitivamente que a Galileia tinha sua própria cultura material distintiva, com diferenças significantes entre a alta e a baixa Galileia. Politicamente, a Galileia e Jerusalém tiveram governantes diferentes a partir da morte de Herodes (4 a.C.) até a morte de Agripa I (44 d.C.), quando o procurador romano assumiu o controle direto. Herodes Antipas, como seu pai antes dele, tinha seus próprios oficiais para manter a ordem e coletar os impostos. A luta pelo controle da Galileia e os conflitos entre as facções aristocratas e o povo formam o pano de fundo principal de *Guerra* e de *Vida*, de Josefo. Nenhum destes líderes galileenses estava sob o poder dos chefes dos sacerdotes ou de famílias importantes de Jerusalém e, como o mostrou a tentativa de remover Josefo (capítulo 5), eles resistiam à autoridade de Jerusalém.

A Galileia estava dividida em diversos distritos administrativos e tributários, cujas fronteiras mudavam com os acontecimentos políticos.[32] Séforis e Tiberíades (construídas por Antipas) eram as duas cidades mais influentes e centros administrativos na baixa Galileia durante o primeiro século.[33] Uma variedade de funcionários

---

[32] A respeito dos cinco distritos e conselhos (*synedria*) instituídos por Gabínio em 57-55, cf. *Guerra* 1.8.5 (170) e *Ant.* 14.5.4 (91). Para toparquias e distritos posteriores, conferir o sumário em Schürer, Vermes, Millar, *History*, v. 2, pp. 184-198.

[33] Cf. Schürer, Vermes, Millar, *History*, v. 2, pp. 172-182.

Parte III • Interpretação e síntese

locais supervisionava e administrava os povoados e cidades. A presença e o poder de tais oficiais explicam o surgimento dos herodianos e de outros oficiais de Herodes nos evangelhos, a execução política de João Batista e as ameaças a Jesus na Galileia. Todos esses arranjos eram típicos no mundo helenístico e mostram quão periféricos eram os fariseus e os sacerdotes de Jerusalém em relação ao governo autóctone.[34]

A Galileia tinha uma piedade emblemática e outras variações culturais, em comparação com a Judeia e Jerusalém. Embora as descrições da piedade galileense tenham sido baseadas parcialmente em métodos acríticos e, às vezes, exageradas,[35] o Templo e o sacerdócio certamente desempenhavam um papel menos importante na Galileia do que na Judeia. As fontes rabínicas, que normalmente exageram o domínio e a influência dos sábios sobre a sociedade, trazem algumas tradições sobre a presença deles na Galileia antes da guerra.[36] Freyne tem defendido alguma influência farisaica sobre a Galileia antes das guerras, mas seus argumentos, baseados em umas poucas passagens de Josefo e de alguns textos rabínicos de valor duvidoso, são tênues.[37] As recentes afirmações de Oppenheimer, de que os fariseus tinham grande influência na Galileia, estão fundamentadas em um uso acrítico da literatura rabínica, e foram talentosamente refutadas por Michael Goodman.[38] Mesmo no segundo século, os rabis não eram os administradores

---

[34] Cf. Freyne, *Galilee*, cap. 3. Mc 6,21 e Lc 8,3; 24,10 mencionam oficiais da corte de Herodes Antipas. O relato de Josefo sobre a guerra na Galileia refere-se a inúmeros grupos e oficiais galileenses com poder e prestígio.

[35] Büchler, *Jewish-Palestinian Piety*, cap. 2; VERMES, Geza. *Jesus the Jew*. London, Collins, 1973. caps. 2-3.

[36] Uma autoridade talmúdica, Ulla, afirmava que Johanan ben Zakkai viveu na Galileia 18 anos e foi convocado para dirimir apenas dois casos (j. Shab. 16:8 [15d fim]). Embora uma afirmação assim tão isolada não possa ser verificada historicamente, ela e outras passagens mostram que as tradições rabínicas associavam os sábios à Palestina e à Judeia até depois da guerra de Bar Kochba. Freyne, *Galilee*, p. 315, assume a essência da história como verídica, mas diz que Johanan foi à Galileia como representante do escribalismo de Jerusalém, não do farisaísmo.

[37] Freyne, *Galilee*, pp. 309-323.

[38] OPPENHEIMER, A. *The Am Ha-Aretz. A Study in the Social History of the Jewish People in the Hellenistic--Roman Period*. Leiden, Brill, 1977; recenseado por M. Goodman, *JJS* (1980), pp. 248-249. Em seu próprio estudo, *State*, pp. 93-118, Goodman demonstra que os rabis lutaram a partir de 132 para estabelecer sua forma de viver o judaísmo contra os costumes galileenses. Lograram seu intento apenas no terceiro e no quarto séculos.

locais, mas eram subordinados aos líderes tradicionais da Galileia.[39] Por outro lado, Vermes começa a acentuar uma dicotomia entre a piedade farisaica e a piedade galileense quando diz que os fariseus não podiam ter estado na Galileia disputando com Jesus, porque eles eram debatedores eruditos, ao passo que Jesus era um homem santo popular.[40]

Os dados são por demais ambíguos para permitirem determinada conclusão a respeito da presença dos fariseus na Galileia. Se eles estavam ali, formavam uma força social de pouca importância, provavelmente nova, lutando para atrair o povo para seu modo de vida. Isto explicaria por que eles estavam em constante conflito com Jesus e outros oponentes da piedade tradicional, diferente da deles mesmos.

Papéis sociais na Galileia

Se alguns fariseus viveram na Galileia, quais poderiam ter sido suas funções e atividades? Existem poucos dados fidedignos referentes a isto nos evangelhos e na literatura rabínica. Os fariseus têm sido descritos como profissionais religiosos ou como uma elite religiosa, mas tais categorias correspondem à estrutura social moderna na qual a instituição religiosa está separada das esferas política e comercial da vida. A questão exata, para a qual não existe nenhuma resposta definitiva, é: para quem eles trabalhavam? De onde tiravam seu sustento? A imagem rabínica posterior dos rabis artesãos não se encaixa nesse período.[41] Os fariseus só poderiam ter trabalhado para a classe governante, que controlava a riqueza da sociedade; especificamente, no primeiro século, tratava-se da liderança do Templo, tal como era representada na Galileia, o governo de Herodes Antipas ou os donos de terra. A ênfase farisaica no pagamento do dízimo e na piedade sacerdotal para o lacaito pode ter sido atrativa para as autoridades hierosolimitas, que desejavam recolher o dízimo de todos os judeus na Palestina e que poderiam encontrar resistência dos judeus na Galileia, a qual estava fora de seu controle político. Este tipo de atividade

---

[39] Goodman, *State*, pp. 119-133. Para uma excelente análise das dificuldades em estabelecer o *status* social dos rabis (e dos fariseus), cf. Cohen, *Historical Settings*, pp. 49-50. Ele ressalta que a literatura rabínica atesta as tensões entre os aristocratas e os administradores locais e os rabinos insurgentes.

[40] VERMES, G. *Jesus and the World of Judaism*. Philadelphia Frotress, 1983. pp. 30-32.

[41] Cf. capítulo 3. Mesmo no período talmúdico, está claro que os rabis provinham de diversas classes econômicas e se sustentavam de diversas maneiras.

Parte III • Interpretação e síntese

daria continuidade ao papel deles, claramente visto em Josefo, como servidores das autoridades de Jerusalém. Se os fariseus, na Galileia, fossem representantes da liderança de Jerusalém, estaria explicado o seu pequeno número na Galileia, a falta de referência a eles em outras fontes e a sua ausência em relatos da sociedade e da liderança galileenses autóctones. Explicar-se-ia também a hostilidade deles em relação a Jesus e a propensão a formar coalizões com os herodianos para opor resistência a ele.

É possível que os funcionários e servidores de Herodes Antipas apoiassem e encorajassem os fariseus e que eles exercessem algumas funções no governo da Galileia. Como os fariseus eram defensores de uma sociedade judaica ordeira e da observância da lei judaica, os seus objetivos poderiam ter estado em harmonia com os de Antipas, o qual desejava manter em ordem seu reinado predominantemente judaico. A ênfase farisaica na cobrança de impostos e nas práticas que incrementavam a identidade judaica poderia ser usada a fim de promover a lealdade ao rei judeu, que conservava a paz na Galileia e funcionava como um amortecedor entre a Galileia e o Império Romano.

Finalmente, os fariseus poderiam ter sido apoiados pelos ricos donos de terras que julgavam a compreensão farisaica do judaísmo um suporte para a sociedade galileense. Contudo, líderes tradicionais normalmente não partilham o poder nem alianças formais, a menos que haja necessidade.[42] Dado que a Galileia era relativamente pacífica e próspera até o ano 44 d.C., quando os procuradores romanos assumiram o controle direto, e as relações com o governo se deterioravam, é improvável que os donos de terra tivessem contraído aliança com os fariseus como um protesto contra a opressão. No final, permanece incerto e desconhecido se os fariseus estiveram presentes na Galileia e que papéis possam ter desempenhado.

---

[42] Lucas retrata os fariseus como patronos ricos, acomodados, que estão falhando em seu papel de protetores do povo, além de explorá-lo (cf. cap. 9). Mas esta visão dos fariseus na sociedade galileense não parece fundamentar-se em um conhecimento exato e de primeira mão.

Capítulo 13

Os saduceus e a liderança judaica

Embora os saduceus apareçam, quase sempre juntamente com os fariseus, em Josefo, no Novo Testamento e na literatura rabínica, as fontes fornecem tão pouca informação acerca dos saduceus, que é preciso muito cuidado e restrição ao caracterizá-los. A maioria das abordagens dos saduceus e do primeiro século presume que todos os chefes dos sacerdotes e outros líderes do judaísmo em Jerusalém eram saduceus.[1] Contudo, Josefo não diz que todos os líderes judaicos eram saduceus, mas apenas que, os que eram saduceus, vieram da classe governante. É provável que um reduzido número da classe dirigente fosse saduceu.

Pelo fato de Josefo descrever os saduceus ao lado dos fariseus e dos essênios, a maioria dos comentadores tem considerado os saduceus, tal como os fariseus e os essênios, como um grupo sectário. Contudo, seitas e grupos que se assemelham acham-se, por definição, em reação contra o sistema ou contra a posição social majoritária. Se os saduceus provinham da classe governante, como o diz Josefo, provavelmente não eram um grupo de protesto, em sentido próprio, mas um pequeno

---

[1] LeMoyne, *Sadducéens*, pp. 11-26, analisa a literatura anterior. O livro de LeMoyne contempla todos os aspectos dos saduceus, analisando os textos e apresentando uma síntese razoável e prudente. Às vezes ele se mostra acrítico no uso das fontes rabínicas. Além de verbetes em obras comuns de referência, outra síntese com bibliografia pode ser encontrada em BAUMBACH, G. Der sadduzäische Konservativismus. In: MAIER, J. & SCHREINER, J. (eds.). *Literatur und Religion des Frühjudentums*. Würzburg, Echter, 1973. pp. 201-213; cf. também a obra do mesmo autor Das Sadduzäerverstandnis bei Josephus Flavius und im Neuen Testament. *Kairos*, v. 13 (1971) pp. 17-37. Neste, ele assevera que os saduceus eram a maioria dos sacerdotes sadoquitas que permaneceram em Jerusalém e não foram para o Egito ou para Qumrã. Cf. o estudo mais recente de BAMMEL, E. Sadducäer und Sadokiden. *Ephemerides theologicae lovanienses*, v. 55, pp. 107-115, 1979. Este pensa que a designação "saduceu" foi usada pela primeira vez por sacerdotes trazidos do Egito e da Babilônia por Herodes, a fim de opor-se à influência hasmoneia no sacerdócio. EPPSTEIN, V. When and How the Sadducees Were Excommunicated. *JBL*, v. 85, pp. 213-224, 1966. Este autor usa fontes rabínicas acriticamente, sem considerar a data. Levine, *Political Conflicts*, pp. 74-79, argumenta mui especulativamente que os saduceus eram um grupo militar que chegou ao poder sob João Hircano. Eram sacerdotes que se achavam também envolvidos com a diplomacia. Nossos agradecimentos também a Gary Porton, da University of Illinois at Champaign-Urbana, por colocar à disposição dois estudos não publicados acerca dos saduceus.

Parte III • Interpretação e síntese

grupo com ideias particulares sobre como algumas partes da vida judaica deveriam ser vividas, e com crenças específicas ao lado de outras práticas.

A tarefa de reconstrução dos saduceus a partir das fontes é desalentadora e, em muitos aspectos, impossível. Josefo cita apenas um indivíduo saduceu; descreve os saduceus, como grupo, apenas em contraste com os fariseus e os essênios. Visto que Josefo distorce a história para servir a seus propósitos, suas descrições dos saduceus não podem ser tomadas pelas aparências. Os evangelhos e os Atos aludem aos saduceus apenas algumas vezes. Eles concordam com Josefo em que os saduceus não acreditavam na ressurreição, que devem ser contrastados com os fariseus e que estão ligados à liderança de Jerusalém. Mais do que isto, dizem-nos muito pouco.

Os saduceus são mencionados apenas algumas poucas vezes na literatura rabínica, e tais referências são dispersas em várias coleções de períodos diferentes. Assim, a fidedignidade histórica de todas estas passagens é suspeita.[2] Quando os saduceus aparecem na Michná e na Tosefta, eles estão discutindo com os fariseus acerca de algumas práticas e ensinamentos. Os autores rabínicos viam a si mesmos como herdeiros dos fariseus, então, os saduceus sempre são vencidos na polêmica.

Josefo

Josefo coloca os saduceus ao lado dos fariseus e dos essênios em diversas ocasiões. Apenas uma vez ele se refere a uma pessoa fariseia, Anano, o sumo sacerdote.[3] Anano corresponde às descrições dos saduceus apresentadas em outros lugares, de que eles pertencem ao mais alto nível da sociedade e que eles são rígidos na administração da justiça. As descrições dos saduceus não são objetivas e permanecem muito incompletas. Em cada caso, os saduceus são descritos em propositado contraste com os fariseus e os essênios, e nenhuma das descrições é extensiva, porque Josefo, em *Guerra*, está mais interessado nos essênios e, em *Antiguidades*, nos fariseus, do que nos saduceus.

---

[2]   Cf. LeMoyne, *Sadducéens*, pp. 321-27 e passim, para os problemas críticos.

[3]   *Ant.* 20.9.1 (199-203). Em dois lugares, o nome de Anano é seguido pelo termo *Sadouki* (*Guerra* 2.17.10 [251]; 2.21.7 [628]. Em cada caso ele aparece em uma lista de pessoas que são identificados como filhos de X. Assim, *Sadouki* significa "filho de Sadoc" (um nome que tem relação com sumo sacerdote), e não "saduceu".

Josefo situa os saduceus na classe governante, em uma concepção que é coerente com tudo o que ele diz a respeito deles. As opiniões que lhes são atribuídas — rejeição da nova crença na vida para além da morte e os novos costumes desenvolvidos pelos fariseus — são típicas da classe dominante. Eles almejam conservar o *status quo* e concentram o foco na nação (e reinado potencial) de Israel neste mundo, não no próximo. A noção de providência, conforme apresentada por Josefo, pode refletir uma visão pós-exílica de Deus como muito transcendente e distante dos negócios da nação judaica (que perdera seu rei e sua independência). Eles são vistos como maldosos e arrogantes, porque detinham e exerciam o poder, e competiam por ele.

É preciso enfatizar, mais uma vez, que Josefo não diz que todos os chefes dos sacerdotes ou líderes judaicos eram saduceus, mas tão somente que os saduceus eram tirados daquele (presumivelmente maior) grupo. Os saduceus parecem ter sido um grupo consolidado, mas minoritário, no judaísmo. Como tais, eles serviram ao objetivo de Josefo de apresentar o judaísmo como possuidor de filosofias respeitáveis e antigas no mundo helenista. De qualquer maneira, todas as fontes nada informam sobre como exatamente eles eram organizados. Dado que provinham da classe dominante e refletiam os modos convencionais do judaísmo, provavelmente o compromisso e a participação de alguém no grupo dos saduceus podiam ser de baixa intensidade.

Novo Testamento

As poucas referências aos saduceus no Novo Testamento geralmente harmonizam-se com a visão encontrada em Josefo. Uma vez que a afirmação da ressurreição de Jesus era central para os cristãos, a característica saduceia que mais fortemente os impressionava era a rejeição pela vida além da morte. A única controvérsia com eles em Marcos (capítulo 12, com paralelos em Mateus e em Lucas) e a discussão entre os fariseus e os saduceus provocada por Paulo no sinédrio (Atos 23) referem-se à negação da ressurreição. Mateus liga os saduceus aos fariseus na oposição a Jesus, uma coalizão que é possível em uma base temporária e limitada. Nos Atos, eles estão associados aos chefes dos sacerdotes e às autoridades do Templo (At 4,1; 5,17) e ao sinédrio (capítulo 23) como oponentes dos primeiros seguidores de Jesus.

Parte III • Interpretação e síntese

Literatura rabínica

Os saduceus aparecem principalmente como adversários dos fariseus e sempre como oponentes dos autores da literatura rabínica. Eles não são participantes legítimos dos inúmeros debates que acontecem entre os sábios, mas um grupo marginal a ser refutado e escarnecido. Os talmudes, às vezes, chegam ao ponto de não aceitá-los como judeus legítimos. Na literatura rabínica, especialmente na Tosefta, os saduceus são identificados ou intimamente associados aos betusianos, um grupo ainda menos conhecido. Parece que os autores rabínicos tinham uma nítida percepção dos saduceus como oponentes que diferiam em alguns pontos essenciais a respeito de práticas e crenças, mas não há nenhuma informação precisa e consistente acerca do que fossem tais diferenças.

Nas fontes mais antigas, a Michná e a Tosefta, os saduceus diferem dos fariseus e dos autores tanaíticos especialmente no que concerne à pureza ritual e à observância sabática. Os desacordos são disputas tipicamente michnaicas e dizem respeito a pontos limitados de comportamento e interpretação, alguns públicos, outros privados. Um par adicional de casos tem a ver com a lei civil. Não aparecem discrepâncias fundamentais sobre princípios hermenêuticos para a interpretação da Escritura ou sobre o relacionamento entre a interpretação habitual e o cânone escrito, nem tampouco um quadro geral da posição saduceia emerge destas poucas disputas.

A Michná e a Tosefta refutam as ideias dos saduceus, em vez de apresentar simplesmente o quadro das posições. As fontes tardias, especialmente o Talmude Babilônico, pintam os saduceus com cores ainda mais sinistras e, em algumas ocasiões, sugerem que eles não eram realmente judeus, mas hereges. Certamente isto não é historicamente verdadeiro, mas o resultado de uma defesa posterior da autoridade rabínica e de sua forma de vida. De modo geral, pouca informação histórica confiável foi preservada ou pode ser extraída das fontes rabínicas.

Conclusão

Embora os dados acerca dos saduceus sejam dispersos, tanto Josefo, o Novo Testamento quanto a literatura rabínica presumem que eles eram um grupo consolidado e bem reconhecido de judeus do primeiro século. Eles admitem sua existência, e Josefo afirma que eles eram respeitados (embora com influência limitada) na sociedade e na cultura judaicas.

Os saduceus e a liderança judaica

Alguns estudiosos têm defendido que os saduceus eram a liderança helenizada e aristocrata do judaísmo, mas as fontes não oferecem nenhuma prova de que fossem helenizados de alguma forma especial.[4] (Toda a sociedade judaica, pensamento e literatura foram afetados pelo Império Helenístico e seu sucessor helenizado — o Império Romano, até certo ponto.)[5] É certo que os chefes dos sacerdotes e líderes das famílias dominantes cooperavam com os romanos e procuravam manter a paz e o *status quo*, sobre o qual estavam construídos seu poder e prosperidade. Os romanos, por sua vez, eram conhecidos por incentivar e apadrinhar as elites provinciais.[6] Enquanto os chefes dos sacerdotes protegiam a forma de vida judaica, eles não eram nem reformadores nem revolucionários.[7] Se os saduceus eram tirados principalmente da classe dirigente e dos aristocratas de Jerusalém, como o sugerem Josefo e seus intérpretes,[8] então os saduceus podem ter sido um movimento de reação contra as tendências assimilacionistas de alguns líderes. É difícil, quando não impossível, manter o equilíbrio entre adaptar-se a um poder estrangeiro e proteger uma tradição cultural, e é possível que desacordos entre a classe governante tenham gerado grupos e movimentos com diferentes compreensões do judaísmo. Conforme Josefo os descreve, os saduceus possuíam um corpo de ensinamentos e uma forma de vida que eram intensamente judaicos, mas diferentes daqueles dos fariseus e essênios.

Sabemos muito pouco a respeito das características específicas dos saduceus. As análises comuns dos saduceus muitas vezes os diferenciam dos fariseus baseando-se na insistência daqueles sobre a interpretação literal da Escritura e da rejeição da Torá oral. Nenhum dos dois critérios está explícito ou implícito nas fontes, e ambos são enganosos. Quando se examina a interpretação bíblica antiga, tanto a que é chamada de literal quanto a que é mais elaborada, todas as interpretações estão longe daquilo que os estudiosos de hoje consideram literal. De fato, todos os grupos de que possuímos notícias voltaram-se para palavras isoladas, sentenças e

---

[4] LeMoyne, *Sadducéens*, pp. 334-335; pp. 350-352.

[5] BICKERMAN, Elias. *From Ezra to the Last of the Maccabees*. NY, Schocken, 1962; Hengel, *Judaism and Hellenism*.

[6] PURCELL, Nicolas. The Arts of Government. In: BOARDMAN, J. et al. (eds.). *The Oxford History of the Classical World*. Oxford/New York, OUP, 1986. pp. 569, cap. 23.

[7] Horsley, "High Priests".

[8] LeMoyne, *Sadducéens*, pp. 342-344; pp. 349-350.

Parte III • Interpretação e síntese

ideias fundamentais da Bíblia a fim de justificar e também desenvolver sua forma de vida, e todos as desenvolveram a fim de ligar suas ideias à Escritura.

A doutrina explícita ou o ensinamento a respeito da Torá oral, em contraste com a Torá escrita, não aparece até o terceiro século d.C., embora a ideia esteja implícita mais cedo.[9] Mas a Torá oral tem valor limitado como categoria, porque, de certo modo, todos os judeus tinha sua própria Torá oral. Cada lugar e provavelmente cada subgrupo ou classe social tinham seus próprios costumes e regras específicas de como viver o judaísmo. Estas leis e costumes tinham-se desenvolvido ao longo de décadas e séculos, e eram comuns a todos os grupos. Os fariseus e os rabinos posteriores promoveram certa versão de tais regras com uma visão subjacente da forma judaica de vida. A caracterização dos saduceus, em Josefo, segundo a qual eles não aceitam nenhuma outra observância a não ser a das leis, serve para contrastá-los aos fariseus. Desta forma, significa simplesmente que eles observavam as leis bíblicas conforme as interpretavam, e que rejeitavam a interpretação farisaica. Não se diz que os saduceus tinham grande diferenças hermenêuticas em relação aos fariseus, mas apenas que os saduceus não eram fariseus e, portanto, rejeitavam o ensinamento farisaico. Neste ponto, os saduceus (e fariseus) eram semelhantes a todos os outros grupos judaicos, cada um dos quais tendo suas próprias tradições, objetivos sociais e religiosos e suas leis.[10] O fato de os saduceus serem mais tradicionais e os fariseus serem mais inovadores dá a impressão de que um interpretava a Escritura e o outro, não; que um aceitava um novo corpo de leis e o outro, não. Na verdade, o judaísmo pós-exílico já se havia empenhado em uma sólida adaptação da vida tradicional judaica às novas circunstâncias, e os saduceus, como parte do judaísmo, tinham uma interpretação peculiar de muitas partes da vida judaica.

O testemunho de todas as fontes de que os saduceus não acreditavam na ressurreição, na vida além da morte e no julgamento corresponde às demais coisas que sabemos acerca deles e é historicamente merecedor de crédito e convincente. A crença dos saduceus é a visão bíblica tradicional; ideias de ressurreição, imortalidade e vida no além penetraram no judaísmo no segundo século a.C., e somente gradativamente dominaram o judaísmo ao longo dos quatro ou

---

[9] PETER-SCHÄFER. Das "Dogma" von der mündlichen Torah. In: *Studien zur Geschichte und Theologie des rabbinischen judentums*. Leiden, Brill, 1978. pp. 153-197.

[10] LeMoyne, *Sadducéens*, pp. 372-379.

cinco séculos seguintes.[11] Se os saduceus eram predominantemente da classe governante, que tende a ser bem conservadora em uma sociedade tradicional, é provável que eles não aceitassem a novidade da ressurreição. A rejeição deles da vida no além e do julgamento também explica a classificação que Josefo faz deles (em termos gregos) como aqueles que acentuavam o livre-arbítrio e negavam o destino. Não obstante, como judeus, eles acreditassem na aliança e no cuidado de Deus por Israel, eles não acreditavam em sua intervenção apocalíptica na história mundana e, portanto, podiam ser apresentados como quem nega o destino e acentua o controle humano sobre a vida. Além disso, a rejeição da nova crença na vida eterna e dos novos costumes desenvolvidos pelos fariseus é típica da classe dominante. Os saduceus, provavelmente, desejavam conservar o *status quo* e manter o foco sobre a nação (e reinado potencial) de Israel neste mundo, e não no vindouro. Conforme se observou anteriormente, suas noções a respeito da providência, tal como as apresenta Josefo, podem refletir uma visão pós-exílica de Deus como muito transcendente e longe das convenções da nação judaica (que perdera o reino e a independência). Sabemos pouco mais a respeito de suas crenças e costumes. Eles, com toda probabilidade, tinham um estilo e uma percepção do todo que diferiam daqueles dos fariseus. Para o observador externo, as diferenças poderiam parecer insignificantes, mas dentro da comunidade, tais diferenças normalmente produzem intensos conflitos a respeito do controle e do prestígio, tais como os refletidos nas fontes.

Muitas vezes os saduceus são caracterizados pelos estudiosos como seita. Se eles fossem um grupo de protesto fortemente organizado contra o modo de vida judaico alimentado pelo sumo sacerdote e pelos membros mais poderosos da sociedade judaica, então a designação "seita" seria adequada. Contudo, não dispomos de nenhuma prova direta de que assim o fosse, nem tampouco as fontes o sugerem. Se eles representavam meramente uma forma de viver o judaísmo, comum entre a classe governante, então eles estão situados em nível demasiado alto para serem uma verdadeira seita, um grupo que reage contra a força dominante na sociedade e que reivindica ser o verdadeiro herdeiro da tradição, como o fizeram

---

[11] Cf. NICKELSBURG, George W. E. *Resurrection, Immortality, and Eternal Life in Intertestamental Judaism.* HThSt 26; Cambridge, HUP, 1972. Michná Sanhedrin 10,1, de cerca do ano 200 d.C., ainda faz censura contra aqueles que negam a ressurreição dos mortos; os comentários talmúdicos posteriores sobre esta passagem falam não dos que negam a ressurreição dos mortos, mas dos que negam que ela possa ser provada pela Escritura.

Parte III • Interpretação e síntese

os essênios de Qumrã. Nossa análise dos saduceus seria reforçada por algum conhecimento da organização interna deles, a intensidade e a exclusividade do compromisso requeridas e as regras que regiam suas atividades, mas carecemos de todas estas informações.[12]

História

A história dos saduceus é igualmente obscura. Os saduceus aparecem em Josefo durante o período hasmoneu, ao lado dos fariseus, quando João Hircano transferiu sua aliança com os fariseus para os saduceus. O único texto rabínico que trata das origens dos saduceus é um parágrafo nos Pais Segundo Rabi Natã.[13] Esta passagem, que é tida como histórica por LeMoyne,[14] é, mui provavelmente, uma explanação rabínica tardia para a presença dos saduceus e dos betusianos nas tradições rabínicas e para o intercambiamento dos nomes. Diz-se que Sadoc e Betúsio foram discípulos de Antígono de Soco, a figura enigmática que aparece entre Simão, o Justo, o último dos homens da Grande Assembleia, e o primeiro dos pares de líderes identificados pelos rabinos como seus antepassados intelectuais e líderes do farisaísmo.[15] A ligação dos fundadores dos saduceus e betusianos com Antígono priva-os da legitimidade e os constitui como os oponentes originais dos fariseus. Os saduceus e os essênios não derivavam da Grande Assembleia, a legendária fonte de autoridade no início do período do segundo Templo, como também não provinham do par rabínico mencionado algumas vezes na literatura rabínica; ao contrário, eles eram discípulos do mais obscuro dos membros da cadeia da tradição, Antígono, a quem se atribui um dito enigmático que diz respeito à recompensa pela obediência a Deus. A associação dos saduceus e betusianos com os discípulos de Antígono é regida também pela aplicabilidade do dito de Antígono para a discussão entre os saduceus e os sábios a respeito da vida após a morte, do julgamento, da recompensa e do castigo. O dito de Antígono soa assim:

---

[12] LeMoyne, *Sadducéens*, pp. 331.

[13] Abot de Rabbi Nathan, versão A, cap. 5 e versão B, cap. 10. Para traduções e notas, cf. GOLDIN, J. *The Fathers According to Rabbi Nathan*. Yale Judaica Series 10; New Haven, Yale, 1955. p. 39; e SALDARINI, Anthony J. *The Fathers According to Rabbi Nathan (Abot de Rabbi Nathan). Versão B*. SJLA 11; Leiden, Brill, 1975. pp. 85-86.

[14] LeMoyne, *Sadducéens*, pp. 113-119.

[15] Abot 1,3.

Antígono de Soco aprendeu de Simão, o Justo. Costumava dizer: não sejais como os escravos que servem a seu senhor por causa da mesada; ao contrário, como escravos que servem a seu senhor sem pensar na mesada — e que o temor do céu esteja sobre vós.[16]

Os discípulos dos discípulos de Sadoc e de Betúsio parecem ter examinado o dito de Antígono e determinaram que ele não implica nenhuma vida além da morte.[17] Estes discípulos, então, retiraram-se e formaram duas seitas.[18] Esta versão de suas origens presume que a crença na vida depois da morte já estava estabelecida no judaísmo no segundo século a.C., e que em algumas gerações depois (cerca do ano 100 a.C., quando Josefo indica que os fariseus e os saduceus estavam em conflito), dois grupos de discípulos tornaram-se hereges. Este é um relato altamente tendencioso da situação. Que a ruptura se tenha tornado aguda durante o reinado tanto de João Hircano quanto de Alexandre Janeu é bem provável, e é seguro que eles discordavam quanto à vida após a morte. Contudo, os saduceus simplesmente continuaram com suas crenças tradicionais e resistiram à inovação dos fariseus e de outros.

A história dos saduceus é tão incerta quanto suas origens. As versões de sua história variam e dependem de como os estudiosos identificam os saduceus: com o sumo sacerdote e os líderes; como eles avaliam a confiança das fontes rabínicas e de Josefo; e se eles os consideram um partido político ou uma seita religiosa.[19] A maioria das reconstituições vê a sociedade do segundo Templo em termos simples, com alguns grupos rivalizando-se pelo poder. Esta simplificação fundamenta-se

---

[16] Para o significado original do dito cf. BICKERMAN, E. The Maxim of Antigonus of Socho. *HTR*, v. 44, pp. 127-151, 1951.

[17] Finkelstein, *The Pharisees*, pp. 153-154, afirma que o dito era, originalmente, uma negação da vida eterna. A versão do dito citada nos Pais Segundo Rabi Natã acrescenta uma frase que muda o dito numa afirmação da recompensa depois da morte. Na versão A, soa: "E que o temor do Céu esteja sobre vós, *de modo que vossa recompensa seja dupla na era vindoura*". A versão B diz: "E que o temor do Céu esteja sobre vós, *e recebereis uma recompensa, tanto neste mundo quanto no mundo vindouro, como se o tivésseis feito (a vós mesmos)*".

[18] "Retirados" ou "separados (*prš*) é um termo técnico para organizações semelhantes a seitas que rompem com grupos dominantes. É também a raiz da qual o nome dos fariseus é tirado. A versão A traz "retirados da Torá", um julgamento mais agudo que provavelmente reflete modificação posterior por autores talmúdicos que viam os saduceus como hereges. A palavra para "seita" na versão A *perāṣôt* (literalmente, "brechas", como em brechas em um muro de defesa) e na versão B, *mišpaḥot* (famílias), talvez refletindo a crença de que tais grupos eram compostos por "famílias" sacerdotais.

[19] Para uma crítica equilibrada e uma análise prudente dos dados, cf. LeMoyne, *Sadducéens*, pp. 381-399.

Parte III • Interpretação e síntese

em uma leitura ingênua das fontes. Nem os sacerdotes nem a aristocracia gozavam de domínio sereno durante o período greco-romano.

Não se pode falar de sacerdotes como um grupo unificado, muito menos identificá-los com os saduceus. Quando a família hasmoneia tornou-se dominante em Jerusalém, após a guerra contra Antíoco IV, e quando Jônatas, mais tarde, tornou-se sumo sacerdote e foi sucedido por Simão e seus descendentes, a classe sacerdotal foi lançada em confusão. Mesmo antes da guerra, diversas facções tinham lutado pelo controle, e o sumo sacerdócio mudara de mãos. Na tomada de controle dos hasmoneus, as famílias sumo sacerdotais tradicionais perderam poder e prestígio. Os hasmoneus não conseguiram estabelecer facilmente o poder; o relato de Josefo deste período mostra uma série de lutas e de intrigas. 1 Macabeus, que é uma narrativa pró-hasmoneia da guerra de cerca do ano 100 a.C., tenta ligar os hasmoneus com a linha sadoquita e Fineias (1Mc 2,54), a fim de estabelecer sua legitimidade. No período herodiano, várias famílias sacerdotais tiveram seus membros indicados como sumos sacerdotes, sendo que Herodes escolheu os que dilatariam seu poder ou, pelo menos, não lhe seriam uma ameaça. Após a morte de Herodes, os sumos sacerdotes mudaram a fim de refletir as extravagâncias da política judaica e das estratégias políticas romanas.

A aristocracia pode ser vista como um grupo estático durante o período greco-romano. As refregas hasmoneias por causa da sucessão, o domínio romano sobre Jerusalém, a revolta política durante e depois do reinado de Herodes e o longo caminho para a grande guerra contra Roma produziram uma miríade de coalizões, alianças e disputas políticas. As fontes para este período oferecem apenas um lampejo do crescimento e da diminuição das fortunas de inúmeros indivíduos e famílias entre a elite judaica, bem como de grupos insurgentes entre o povo e de líderes emergentes. Consequentemente, a situação social e política na classe governante, na qual devemos contar os saduceus, era complexa e instável. A situação foi ulteriormente influenciada pelos membros do sacerdócio e da classe dos servidores, inclusive os fariseus, escribas e outros funcionários.

Glossário de termos sociológicos

[As palavras em **negrito** são definidas neste glossário]

Classe: lugar de um grupo ou pessoa na sociedade, baseado em critérios econômicos, conforme a clássica definição de Weber. Muitas vezes, classe está associada ao poder, como na teoria de Lenski, usada neste livro, e sobrepõe-se a *status* e partido. Uma definição mais ampla e comum de classe é uma grande organização de pessoas que ocupam uma posição em uma hierarquia social em razão de sua evidente semelhança de critérios avaliados objetivamente, tais como parentesco, poder, aquisições, posses etc. Cf. **status** e **partido**.

Classe artesã: pessoas versadas nos ofícios necessários para a sociedade. A maioria estava limitada aos bens que podia produzir com seu trabalho e, como os camponeses, carecia de poder e de riqueza.

Classe camponesa: aqueles que produziam alimento, em suas próprias terras ou nas de outros. Normalmente, a produção era limitada à subsistência, mais o excedente exigido para o pagamento de taxas à **classe superior**; assim, os camponeses não tinham nem **riqueza** nem **poder**.

Classe dos servidores: aqueles que serviam às necessidades do soberano e da **classe governante**, incluindo-se soldados, funcionários governamentais burocráticos, educadores, líderes religiosos. Eles partilhavam a vida da classe governante até certo ponto, mas não tinham nenhuma base independente de poder ou de riqueza (em contraste com a classe média moderna).

Classe governante: pequena classe que servia de governo e detinha controle de grande parte do poder e da riqueza na sociedade antiga.

Classes inferiores: as classes **camponesa** e **artesã**, dos impuros e dispensáveis que juntos formavam o grosso da sociedade na Antiguidade e se caracterizavam pela ausência de **poder** e de **riqueza**.

Fariseus, escribas e saduceus na sociedade palestinense

Classes superiores: as classes dirigentes (de acordo com Lenski), incluindo-se soberano, **classe governante,** sacerdotes, comerciantes e **classe dos servidores.** Este grupo, relativamente pequeno, controlava o excesso de produção dos **camponeses** e de outras **classes inferiores.**

Coalizão: aliança temporária de partidos distintos para um fim limitado, na qual os recursos usados pela coalizão permanecem ligados a seus membros originais. Uma coalizão é temporária e não constitui a identidade primária dos membros. A natureza do compromisso e as metas mais amplas de cada membro podem variar consideravelmente.

Compromisso: um dos **meios simbólicos generalizados** de interação de Parsons. Compromissos generalizados, vistos em modelos e motivações culturais, subjazem aos relacionamentos concretos que mantêm unidos os membros de uma sociedade e podem ser usados para motivar as pessoas à ação.

Facção: tipo de **coalizão** recrutada pessoalmente, de acordo com princípios estruturalmente diversos, por ou em nome de uma pessoa. Facções tendem a ser caracterizadas por associação instável, duração incerta, liderança egocêntrica, ausência de organização formal e maior preocupação pelo poder e vantagens do que por ideologia ou política.

Funcionalismo: teoria sociológica segundo a qual toda ação humana contribui para a vida humana e, especificamente, para a sociedade humana. O esforço para compreender a parte que cada tipo de ação e cada grupo ou papel social desempenha na produção e manutenção da sociedade como uma unidade orgânica.

Grupo: em sua definição mais geral, qualquer coletividade de pessoas humanas. Mais especificamente, qualquer coletividade ligada por princípios de associação e por uma série de direitos e deveres. Cf. **grupo formal** para a maioria dos grupos sociais.

Grupo corporativo: agregação discreta, com vários membros, possuindo propriedade, metas e deveres que são inerentes ao grupo como tal e distintos dos de seus membros individualmente. Cada membro possui direitos e deveres em relação ao grupo. Todos os membros estão unidos em virtude da associação comum ao grupo e pela obrigação comum de proteger os interesses do grupo e cumprir suas obrigações.

Glossário de termos sociológicos

Grupo corporativo voluntário: organização de pessoas de existência permanente, recrutadas mediante princípios reconhecidos, com interesse e regras (normas) comuns que fixam direitos e deveres dos membros em relação uns com os outros e com tais interesses.

Grupo de interesse: um dos tipos mais comuns de associação voluntária, organizada com base em preocupações, necessidades, desejos ou objetivos distintos, partilhados pelos membros, com a finalidade de alimentar aqueles interesses compartilhados.

Grupo de interesse político: coletividade que procura converter seus interesses em lei pública ou obter controle sobre o comportamento social. Esta categoria inclui os modernos grupos de pressão.

Grupo formal: organização com procedimentos para mobilização e coordenação de esforços de diversos subgrupos ou indivíduos, normalmente especializados, na busca de objetivos comuns.

Grupo involuntário: coletividades nas quais as pessoas nasceram, ou que lhes são impostas, tais como grupos de parentesco, comunidades políticas, classes e castas sociais.

Grupo não corporativo: uma coletividade, tal como um **movimento**, uma **coalizão**, uma **facção**, normalmente sem uma estrutura fixa e mantida unida por interesses comuns temporários e estreitos. Por direito, não se podem reivindicar os bens dos membros e este grupo tem uma identidade menos clara do que os **grupos corporativos** estáveis.

Grupo voluntário: uma coletividade organizada para a busca de um ou de diversos interesses comuns. Cf. **grupo corporativo voluntário**.

Honra (e Vergonha): honra e vergonha definem a posição pública de uma pessoa e sua autoimagem pessoal, a qual depende da posição pública. Honra e vergonha são os dois pólos de uma avaliação social baseada no tipo de personalidade considerada ideal em uma sociedade. A avaliação é sancionada pela opinião pública e também deriva da autoimagem e da autoavaliação da pessoa. A honra é, de modo especial, a preocupação de indivíduos em sociedades de pequena escala, exclusivas, intimistas, onde posição e prestígio dependem da pessoa, não de ofícios impessoais.

Influência: um dos meios simbólicos generalizados de interação, de Parsons. Uma pessoa influente é considerada fonte fidedigna de informação ou de julgamento no que diz respeito àquela informação e, portanto, é capaz de provocar um efeito no julgamento e na ação de outros.

Meios simbólicos generalizados: Os quatro meios símbólicos generalizados de interação, de Talcott Parsons, são quatro tipos de "poder" (em sentido geral) usados nas relações sociais entre indivíduos. São eles: poder (em sentido próprio), influência, dinheiro e compromisso. Cf. também riqueza.

Movimento: atividade social que é muito difusa e carece quase totalmente de organização. Cf. movimento social e organização de movimento social.

Movimento social: esforço de grande número de pessoas para resolver coletivamente um problema que eles sentem ter em comum, tal como promover mudanças ou resistir a elas na sociedade. Cf. organização de movimento social.

Network: série de relacionamentos sociais entre indivíduos e grupos de pessoas, especificando-se as relações como simples ou múltiplas (envolvendo mais de um papel), série direcional ou mútua, que avalia as relações pela importância e valor, frequência e duração do contato e descrevendo-as conforme características estruturais, tais como tamanho, densidade, grau de intimidade da conexão, aglomeração e intermediários.

Organização social de movimento: organização complexa, formal, que identifica seus objetivos com as preferências de um movimento social, ou um contramovimento, e tenta implementá-los. Um movimento social organizado é, portanto, um grupo corporativo voluntário, semelhante ao grupo de interesse político. Cf. movimento e movimento social.

Partido: lugar de uma pessoa ou grupo na sociedade baseado no poder político. Cf. classe e status.

Poder: um dos meios simbólicos generalizados de interação, de Parsons; a capacidade generalizada de assegurar a execução de obrigações peremptórias pelos membros de uma organização quando as obrigações são legitimadas com referência à confiança delas nos objetivos gerais e quando existe reforço mediante sanções negativas contra a recalcitração.

Glossário de termos sociológicos

Riqueza: recursos físicos que podem ser usados para manter a vida, para que alguém possa atingir seus objetivos e obter poder sobre os demais. Na Antiguidade, a riqueza estava normalmente ligada à terra produtiva e dependia da aquisição e da manutenção do **poder**. Nos tempos modernos, por contraste, a riqueza, em forma de dinheiro, é muitas vezes o caminho para o poder.

Seita: grupo religiosamente fundamentado, que se acha tanto ativamente envolvido contra a sociedade quanto retirado em relação a ela. Tais grupos são muitas vezes forças políticas. Na definição cristã clássica, seita é contrastada com a força religiosa dominante, a Igreja.

Sistema de classes: hierarquia de **classes**, escaladas conforme alguns critérios únicos, tais como política, propriedade, ocupação, hereditariedade.

Status: lugar de um grupo ou pessoa na sociedade, baseado na posição legal de alguém e em seu prestígio. A ênfase deve ser colocada nos elementos relacionais ou nos elementos posicionais estruturais que determinam o *status*. Cf. **classe** e **partido**.

Status adquirido: associação ou **status** baseado em atividades da pessoa e nos efeitos produzidos por tais atividades nos relacionamentos sociais.

Status atribuído: atribuição de associação a um grupo ou atribuição de **status** social, papel ou lugar dentro desse grupo, com base no nascimento ou aplicado a alguém por uma força externa, tal como uma entidade política ou uma cultura.

Teoria do conflito: teoria sociológica segundo a qual a sociedade consiste em forças conflitivas e de interesses competitivos; o esforço de compreender toda atividade social como o resultado de necessidades, desejos e metas conflitivas. A teoria do conflito muitas vezes é contraposta ao **funcionalismo**, que acentua a unidade orgânica entre os papéis sociais e as atividades, ordenados para o bem-estar da sociedade como um todo.

Vergonha: cf. **Honra**.

ÍNDICES

Índice de assuntos

Alexandra: 102-107, 145
Alexandre Janeu: 102-104, 106-107, 288-289
Anano: 116, 117-118, 308
Antígono de Soco: 314-315
antropologia: 25-26
Aristéias, carta de: 268-270
Arquelau: 121
artesãos: 15, 25, 152-155, 156, 163-164
associações gregas: 82-84, 294
Atos dos Apóstolos: 147, 155, 197-199
autoridade de ensinar: 164-165, 175, 178-179, 196-197, 202-203, 208, 277-281
Bagoas: 113
Bannus: 131-132
Baruc: 253, 270
Ben Sira: 263-267
betusianos: 238-239, 310, 314-315
Betúsio: 314-315
burocracia: 61-62
camponeses: 50-51, 57, 60-61, 133, 189, 291
Casas de Hillel e de Shammai: 217-218
Cilícia: 150
classe: 15-16, 34-43, 50-63, 65-67, 167-168, 183-185; c. dispensável: 58, 60, 192; c. governante: 15, 16-17, 33, 50-51, 54-55, 59-62, 97-98, 106-107, 110, 114-119, 127-128, 132-135, 152-154, 167-170, 184, 191, 203, 205-207, 209, 266, 269-270, 273, 275, 291, 294, 305-306, 307-308, 311, 316; c. inferior: 50-52,

152-154, 272, 291; c. média: 15, 25, 52, 60-61, 152
coalizões: 80, 107-108, 113, 133-134, 162, 179, 182, 184, 221-223, 316
comensalidade: 226-232
compromisso: 44-45, 147, 152
conflito social: 105, 149, 176-179, 191-193, 288
Damasco: 150, 155, 302
destino: 123-124, 126, 129, 134, 313
desvio: 84
economia: 49-53, 305-306
escola: 136-140, 142, 297-298
escribas *passim*, esp.: 159-161, 164-166, 171-179, 189, 194-196, 199, 200, 251-285;
e. cristãos: 276; e. do Templo: 254-260; história dos: 252-275; interpretação bíblica pelos: 257-259; seita: 17, 84-88, 136-140, 221, 225, 295-297; termo: 251-252, 274-275
Esdras: 254-256
essênios: 111, 123, 125, 128-129, 137-138, 140
estratificação: 34-36, 37-41
evangelho de João: 200-210; ponto de vista: 207-209
evangelho de Lucas: 187-197, 306
evangelho de Marcos: 157-170; *passim*: 170-185, 301
evangelho de Mateus: 157-185; ponto de vista: 171, 176-177, 184-185
evangelhos: 157-210, 275-277; abordagem aos: 157-158

Índices

facções: 80-81, 107, 111-113, 179-180, 221-223, 298-299
fariseus *passim*, esp.: 93-248, 287-306; nome: 232-237
fariseus cristãos: 198
Ferora (e esposa): 111-113
fronteiras da comunidade: 151, 163-164, 189, 192; controle: 155, 164, 167
funcionalismo: 30-33
Galiléia: 115-117, 160-162, 168-170, 183-184, 188, 191, 275, 300-306
grupos: 15-16, 18, 31, 34, 73-89, 287; definições: 77-81; espontâneo (voluntário): 74-75, 78-81, 107-108, 291; involuntário: 78; origem de: 73-76; tipos de: 76-89, 290-291.
grupos de interesse político: 79, 102-103, 106-107, 118-119, 133, 145, 162-163, 179, 222-223, 225-226, 291, 296-298
guerra contra Roma: 114-117
ḥabûrôt: 228-232
hairesis: 122-132, 136-140, 198
Henoc: 267-268
Herodes: 108-113, 121, 141-143, 146, 190
Herodes Antipas: 276-277, 303, 305-306
herodianos: 160, 161, 169, 182, 190, 304
Hillel: 216-219
honra (e vergonha): 40, 69-71, 164
imortalidade: cf. vida após a morte
impérios agrários: 49-59
influência: 43-47, 100-103, 106-107, 110, 118-119, 127-128, 135, 145-146, 147, 152, 156, 162-164, 167-170, 175, 184, 191, 200, 202-203, 209, 216, 222-223, 241, 261-262, 283-285, 293-294
Jerusalém: 160-162, 169-170, 183-184, 189, 200-210, 222-223, 265, 275, 276-277, 300-301, 306
Jesus *passim*, esp.: 157-210
João de Gíscala: 115-117
João Hircano: 99-102, 106, 129, 143, 314

Josefo *passim*, esp.: 93-146; *Vida* de: 115-117, 131-132; ponto de vista: 94-98, 103-106, 117-118, 125, 127-129, 132, 141-145, 185, 200, 270-275, 302
Judas da Galiléia/Gamala: 122
juramento de fidelidade: 111-113
juristas: 189, 195-197
lei judaica: 100, 104, 117, 124-127, 129-134, 140, 143, 148-150, 162-163, 168, 175, 177, 184, 195-198, 204, 211-248, 255, 263, 277-281, 312
líderes de povoados: 67, 163, 188, 190-194, 275-276; Jerusalém: 114-117, 174, 310-311; judaicos: 144-145, 167-168, 200-207; nível inferior: 200-210, 283
literatura rabínica: 211-248, 310, 314-316; método no estudo da: 211-215, 240-243
livre arbítrio: 123-124, 126-127, 129, 134, 313
Manuscritos do Mar Morto: 288-290
mestres: 189, 202, 205
Michná: 213-215, 223-227
movimentos sociais: 16, 80-81, 108, 291-292
Neemias: 254-256
Nicolau de Damasco: 96-97, 142-143
observância sabática: 223-232, 244-245
partido: 33-36
patriarcado rabínico: 216-221
Paulo: 147-156, 197-199, 277, 302
pensamento apocalíptico: 27, 267-268, 270
pesharim: 288-289
poder: 33, 47, 102-105, 107, 110, 118-119, 132-133, 135, 156, 163-164, 165-166, 167-170, 175, 184, 191, 200, 202, 216, 220, 222-223, 240, 283-285, 302-305

Índice de assuntos

Pólion: 109-111
prestígio: 36-40, 42
pureza: 151, 162-163, 178-179, 180-181, 189, 223-232, 236, 243-244, 279-280, 300
quarta filosofia: 122, 137
Qumrã: 288-290
redes: 68-69, 292-293
relações diádicas: 72
relações patrono–cliente: 71-73, 100-101, 105, 133, 145-146, 153, 169, 189, 294
religião na Antiguidade: 17-18, 29-30
ressurreição: cf. vida após a morte
riqueza: 36-44, 118, 153, 184, 188, 191, 220
sacerdotes: 15-16, 114-117, 254-256; sumo/chefe dos: 160, 162, 167-169, 173-175, 182-183, 203-206, 260, 303, 307, 311
Sadoc, o fariseu: 122
Sadoc, o saduceu: 314-315
saduceus *passim*, esp.: 101, 117-136, 166-167, 179-180, 189, 199, 237-240, 243-245, 248, 307-316
Samaias: 109-111
servidores: 16, 51-56, 60-62, 100-102, 105-107, 112, 118, 128, 133, 152-155, 168-170, 174-175, 184, 209, 261-262, 265, 273, 275, 291, 294, 305-306
Shammai: 216-219
Simão ben Gamaliel: 115-117, 143
sinagoga: 67-68, 204-205, 281
sinédrio: 109-110, 197-199, 205-206, 309
Síria: 150-151, 156, 301-302
sociedade povoeira: 66-73, 157, 189, 275-276
sociologia *passim*; uso da: 16, 25-34, 287; teoria e categorias da: 49-89
sôf,,r termo: 251-252; na literatura rabínica: 277-281
status social: 16, 18, 34-44, 66-67, 167-170, 171-172, 175, 183-185, 192, 206
Tarso: 150-152, 156, 302
taxação: 223-232
teoria da ação: 43
teoria do conflito: 31, 35-36
Tiago, irmão de Jesus: 117-118
tradição sapiencial: 263-270
vida após a morte: 27, 123-124, 126-127, 134, 188, 194-195, 240, 308, 309, 312-316

Índice de autores

A

Achtemeier, Paul 298
Alföldy, Gezá 41, 42
Alon, Gedaliahu 112
Attridg, Harry 95, 123, 131, 132, 143
Avery-Peck, Alan 279

B

Bammel, E. 307
Banton, Michael 79
Baroja, Julio C. 70
Baumgarten, A.I. 112, 118, 140, 232
Bennett, W.J. 162
Betz, O. 274
Bickerman, Elias 74, 259, 311, 315
Blenkinsopp, Joseph 99, 134
Boardman, J. 311
Boissevain, Jeremy 68, 79, 80, 81, 107
Bowker, J. 297
Büchler, Adolf 262, 304
Bultmann, Rudolf 158, 301

C

Campbell, J.K. 69
Carmichael, C. 256
Carney, Thomas 50, 51, 53, 61, 62
Chiat, Marilyn J. 67
Cohen, Shaye J.D. 19, 20, 21, 95, 96, 97, 100, 117, 132, 143, 144, 213, 228, 240, 305
Collins, John J. 268, 288, 304
Cook, Michael 159, 161, 169, 170
Crenshaw, J.C. 254
Cross, Frank M. 235, 255, 268, 289
Culpepper, R. Alan 138, 201, 202, 207, 208

D

Dalton, W.J. 148
Davies, Philip 262
Davies, W.D. 171
Davis, J. 26, 70
Davis, Moshe 83
Demsky, A. 278
De Vaux, Roland 256
Dewey, Joanna 163
Dexinger, F. 268
Dimat, Devorah 288, 289
Dodd, C.H. 200, 201, 207, 208
Dombrowski, Bruno W. 84
Douglas, Mary 163, 227, 300
Durkheim, Emile 30, 68

E

Eilberg-Schwartz, Howard 244
Eisenstadt, S.N. 18, 33, 34, 35, 49, 53, 54, 61, 71, 75, 76, 77
Eister, Alan W. 85
Ellenson D. 21
Elliott, John H. 29
Eppstein, V. 307
Epstein, J.N. 216, 278

F

Feldman, Louis 19, 94, 95, 109
Finkelstein, Louis 58, 234, 243, 259, 315
Finley, Moses 40, 41, 42, 50, 75, 82, 83
Fischel, Henry 83
Fishbane, Michael 257, 258
Fitzmyer, Joseph A. 191, 193, 195, 196, 289

Índices

Fraade, S. 235
Freyne, Sean 229, 276, 301, 304

G

Gager, John 22
Galling, K. 255
Garland, D.E. 171, 177
Garnsey, Peter 57
Geller, M.J. 99
Gellner, Ernst 26, 71
Gilat, Y. 278
Gilbert, M. 265
Goldin, Judah 314
Goldstein, Jonathan 261, 262
Goodblatt, David 220
Goodman, Michael 221, 304, 305
Gould, Julius 40
Gouldner, Alvin W. 32, 44
Green, William S. 83, 235
Groh, D. 187
Gutmann, Joseph 67
Guttmann, Alexander 109, 230, 232, 278

H

Hadas, Moses 269
Hanson, John S. 22
Haspecker, Josef 266
Hekman, Susan 32
Hellholm, David 27
Hempel, Garl G. 32
Hengel, Martin 74, 83, 159, 262, 266, 276, 311
Herford, R. Travers 211
Hock, Ronald 152, 153
Hollander, Paul W. 68
Holmberg, Bengt 156
Holy, Ladislav 69, 78, 291
Horgan, Maurya 288, 289
Horsley, Richard A. 22, 32, 58, 109, 113, 133, 206, 311

Hultgren, Arland J. 155
Hummel, R. 171

I

Isaac, E. 267

J

Jewett, R. 187
Johnson, B. 85
Johnson, Luke 188, 191, 193
Joüon, P. 162

K

Kautsky, John H. 33, 36, 49, 50, 51, 52, 53, 57, 61
Kee, Howard C. 22
Kippenberg, Hans G. 22
Klein, Ralph W. 255
Klijn, A.F.F. 160
Koester, Helmut 147
Kolb, William 40
Kovacs, Brian 254
Kraeling, Carl 252
Kraft, Robert A. 254
Kuper, Adam and Jessica 69

L

Lande, Carl H. 71, 72, 78, 80, 105
Laqueur, R. 95, 141
Lauterbach, Jacob 211, 278, 294
Leinhardt, Samuel 68
LeMaire, André 254, 257
LeMoyne J. 118, 136, 237, 238, 239, 243, 245, 282, 307, 308, 311, 312, 314, 315
Lenski, Gerhard 16, 33, 34, 35, 36, 37, 38, 39, 40, 44, 49, 50, 51, 52, 53, 54, 55, 56, 57, 58, 59, 60, 71, 107, 133, 162, 174
Leon, H.J. 281, 282
Levine, Lee I. 100, 101, 106, 295, 307

Índice de autores

Lieberman, Saul 162
Lightstone, Jack 242
Littlejohn, James 37
Luckmann, Thomas 27

M

Mack, Burton 265
Macmullen, Ramsey 41
Maier, G. 274, 307
Malbon, Elizabeth Struthers 157
Malherbe, Abraham 82
Malina, Bruce 26, 29, 70, 172, 174, 181, 203
Malinowski, B. 30
Mannheim, Karl 27
Mantel, Hugo 83, 110, 139
Marböck, Johann 265, 266
Markus, Ralph 94
Marrou, Henri 136
Martin, Malachi 257
Martyn, J. Louis 204, 208
Maryanski, Alexandra 32
McCarthy, John D. 81, 108, 291
Meeks, Wayne 42, 84, 139, 153
Meier, John 176, 177
Milik, J.T. 267
Millar, Fergus 101, 112, 303
Moehring, Horst 96
Moore, George Foot 123, 211
Morgan, Donn 257
Moxnes, Halvor 189

N

Neusner, Jacob 21, 84, 141, 144, 145, 163, 211, 212, 213, 214, 215, 216, 217, 218, 219, 224, 225, 226, 227, 229, 231, 240, 247, 277, 295
Neyrey, Jerome 151, 163
Nickelsburg, George W.E. 19, 27, 254, 268, 313
North, Robert 27, 252, 255

O

Olivier, J.P.J. 252

P

Pancaro, S. 202
Parker, P. 196
Parsons, Talcott 30, 43, 44, 45, 46, 72
Peli, Pinchas H. 231
Peristiany, J.G. 69, 70
Peterson, Norman R. 156
Pfuhl, E. 79, 85
Pitt-Rivers, Julian 70
Pleket, H.W. 57
Poland, Franz 82, 83, 270
Porton, Gary G. 19, 228, 245, 254, 307
Pritchard, James 264
Purcell, Nicolas 311

R

Radcliffe-Brown, A.R. 30
Rajak, Tessa 97, 105, 131, 132
Rasp, H. 132, 141
Rivkin, Ellis 21, 83, 161, 214, 215, 221, 238, 240, 241, 242, 243, 294
Rohrbaugh, Richard 41, 42, 55
Roniger, Louis 71
Rowley, H.H. 162

S

Safrai, S. 19, 262
Saldarini, Anthony J. 19, 56, 217, 298, 314
Saller, Richard 71, 206
Sanders, E.P. 19
Sanders, Jack T. 187, 188, 190, 195, 196
Sanders, James A. 266
Sandmel, Samuel 162
Sarason, Richard 228, 229

Índices

Sayler, G. 270
Schaeder, H.H. 255
Schäfer, Peter 312
Schiffer, Ira 83
Schmidt, Steffan W. 71
Schnackenburg, Rudolf 200, 201
Schoedel, William 136
Schürer, Emil 19, 101, 112, 303
Schutz, Alfred 27
Schwartz, Daniel R. 96, 99, 112, 129, 143, 144, 220, 277
Schwartz, Hillel 86
Senior, Donald 173
Sheppard, Gerald T. 254
Shils, E. 43
Simon, Marcel 136, 137
Sjoberg, Gideon 38, 50, 58, 60
Smith, Jonathan Z. 214
Smith, Morton 83, 123, 138, 141, 145, 158, 215, 295, 301
Spiro, Solomon J. 230, 231
Stadelmann, H. 265, 266, 275
Ste. Croix, G.E.M. de 41
Stern, Menahem 97, 105
Stone, Michael 95, 288
Stowers, Stanely 28, 29, 32, 138, 139
Strack, H. 216
Strange, James F. 116
Sweetser, D.A. 40

T

Taifel, Henri 78, 108, 291
Talmon, S. 255
Tcherikover, Victor 261
Thackeray, H. St. J. 94, 124, 129
Theissen, Gerd 22, 153
Toch, Hans 81
Tod, Marcus C. 82
Turner, John C. 78
Turner, Jonathan 31, 32, 35, 38, 39, 40

U

Urbach, E.E. 56, 236, 278

V

Vanderkam, James 267, 268
van Tilborg, Sjef 171, 173, 178, 276
Vermes, Geza 19, 101, 112, 288, 303, 304, 305
von Rad, Gerhard 257
von Wahlde, Urban C. 201

W

Walker, R. 171
Waterbury, John 26, 71
Weber, Max 28, 30, 32, 34, 35, 36, 40, 41, 44
Weinfeld, M. 256
Weiss Halivni, David 224
Welborn, L.L. 80
White, Leland J. 180
Whybray, R.N. 254
Wiebe, Donald 30
Wikgren, A. 94
Wilken, Robert 82, 136
Williams, Ronald J. 252, 253
Willis, J.T. 254
Wilson, Bryan 85, 86, 87, 137, 227, 296, 297
Wolf, C. 292
Wuellner, Wilhelm 58

Y

Yadin, Y. 289

Z

Zald, Mayer N. 81, 108, 291
Zeitlin, Solomon 109
Ziesler, J.A. 187

Índice de fontes antigas

Bíblia

Levítico

21, 14	101

Juízes

5,14	253

1 Samuel

14,31-35	271

2 Samuel

12,24-25	254
24,1	271

1 Reis

12,8	254

2 Reis

10,1-6	254
22	253

Jeremias

36,10	253

Naum

3,8	289

Ester

6,1	271
9,3	271

Daniel

1-6	263
11,32	289

Esdras

7	256
7,6	254
7,21-22	254
7,24	272
8	255

Neemias

8-9	255
11,12-13	256

1 Crônicas

2,55	253
23,1-6	271
23,4	256
24,6	256
27,32	254

2 Crônicas

17,7-9	254
34,13	256
35,3-6	254

Apócrifos e pseudepígrafos

Aristéias, carta de

120-27	269

2 Baruc

2,1	270
9,1-10,4	270
46,3	270

1 Henoc

1,36	267
12,3-4	267
15,1	267
72-82	263
92,1	267

1 Esdras

8,22	272

1 Macabeus

2,42	260
2,54	316
7,12-14	261
7,16	261

2 Macabeus

6,18	263

4 Macabeus

5,4	263

Sirácida

38,24-39,11	264
38,32-33	264
39,1-3	264, 265
50	265
50,27	266
51,13-30	266

Manuscritos do Mar Morto

4QpIsa

c 23.ii. 10	289

4QpNah

3-4.i.2,7	289
3-4.iii.9	289
11QPs	266

Novo Testamento

Mateus

2,4	175
3,7-10	178, 179
2,11	170
3,7	170
5,20	170, 176
7,29	170, 171, 175
8,19	170, 172, 175
9,1	175
9,3	170, 172
19,3-9	180
9,6-13	180
9,11	176
9,14-17	181
9,23-34	180
9,32-34	181
9,34	176
10,17	207
10,37	76
12,22-30	180, 181
12,24	176
12,38	170, 176, 178
13,52	170, 172, 175, 276
15	179
15,1	170, 178
15,12	178, 179
16	170
16,1-12	179
16,1	170, 178
16,6	181

Índice de fontes antigas

16,11	170
16,12	170
16,21	170, 174
17,10	170, 171, 175
17,22-23	174
20,18	170, 174
21,15	170, 174, 182
21,15-16	190
21,23	170, 173, 174, 182
21,45	173, 174
21,45-46	182
22,15	180, 182
22,34-35	180, 196
22,34-40	176, 182
22,41-46	182
23	177, 182, 193, 240
23,2-3	177
23,2	170, 240
23,4-7	177
23,8-12	177
23,13	170, 177
23,14	170, 177
23,15	170, 177
23,23	170, 177
23,25	170, 177
23,27	170, 177
23,29	170, 177
23,33	179
23,34	172, 175, 276
26,3	170, 173
26,47	170, 173
26,57	174
26,59	174
26-27	173
27,1	170, 173
27,3	170, 173
27,6	164
27,9	164
27,12	170, 173
27,20	170, 173
27,41	174
27,62-65	180, 183
28,11-15	183
28,12	170

Marcos

1,22-28	165
1,22	159
2,1-3,6	163
2,6	165, 276
2,13-17	56
2,16	159, 160, 161, 162, 164, 170, 176, 180
2,18	159, 160, 162, 181
2,24	159, 160, 162
3,2	159, 160, 162
3,6	159, 160, 162, 181, 190
3,1-6	193
3,22	159, 176, 181
6	164
6,4	164
6,21	304
7	164
7,1-5	159, 160, 161, 164, 170
7,1	162, 178
7,19	159
8,11	159, 160, 162, 165, 176
816	160
9,11	159, 180
9,12-13	165
9,14	159, 276
9,31	174
10,2	159, 160, 162
10,33	160, 166, 170
11-15	160, 166
11,18	160, 161, 166, 170
11,27	160, 161, 173, 176
12	309
12,12	173, 176
12,13	159, 160, 162, 190
12,18-27	166, 189
12,18	160, 165
12,28	159, 160, 175
12,28-34	165
12,32	159
12,35	159
12,35-40	160, 165, 166
12,38	159

Índices

13,9	207
14,1	160, 161, 166, 170
14,10	160
14,43	161, 166
14,53	161, 166
15,1	161, 166
15,3	160
15,10	160
15,11	160
15,31	160, 161, 166, 170

Lucas

2,41-51	131
5,17-6,11	190
5,17-26	188
5,17	187, 189, 190, 197
5,21	190
5,27-32	56
5,30-32	188
5,30	180, 181, 194
5,33	181
5,36	191
6,2	190
6,6-11	193
6,7-11	188
6,7	190, 194
6,11	190
7,29-30	192
7,30	187, 195
7,36-39	192
7,36	187
7,40-47	192
8,3	304
9,22	194
9,57-58	172
10,25	195, 196
11,15	181
11,37-52	177
11,37-53	193
11,37	191
11,45	195
11,46-52	195
11,53	187, 194

11,53-54	193, 196
12,28	195
13,31	187, 188, 190
13,33	164
14,1-6	193
14,1-3	188
14,1	188, 191
14,3	187
14,26	76
15,1-2	192
15,2	188, 194
16,14	187, 188, 191, 194
17,20-21	193
17,20	187, 193
17,36	188
18,9-14	192
18,10-14	187
19,39-40	190
19,39	190
19,47	194
20,27-40	179
20,1	194
20,19	194
20,39	189
20,46	189, 194
21,12	207
22,2	194
22,66	194
24,10	304

João

1,19-28	201
1,24	201
3,1-2	202
3,10	202, 205
4,1	202
4,44	164
6,41	201
6,52	201
7,1	202
7,10	202
7,14	203
7,30-31	203

7,32	203	21,39	152
7,37	203	22,3	152, 155, 197
7,44-46	203	22,4-5	155
7,45	205	23	197, 309
7,47	203	23,6-9	188, 189
7,50	202	23,9	199
7,52	202	25,11	155
8,3	200	26,5	198
8,13-20	204	26,12	155
9	204		
9,13-17	204		

Romanos

11,1	149

9,13	204	
9,15	204	
9,16	204	

1 Coríntios

1-4	80
1,20	277
9,6	152
15,9	154

9,18	205
9,22	204, 205
9,40	204
11,45	205
11,46	205

2 Coríntios

11,21-33	149
11,24	155
11,26	155

11,47-48	206
11,53	206
11,57	206
12,10	206
12,19	206

Gálatas

1-2	154
1,13-14	154
1,16-17	302
1,17	150
1,18	150
1,22-23	150, 154

12,36-50	207
12,42-43	207
12,42	202, 205
16,2	205
18,3	206
19,39	202

Filipenses

3,2-4,1	147
3,3	148
3,4-6	148
3,5	147, 198
3,8-9	148

Atos

4,1	189, 199, 309
4,5	199
5,17	189, 199, 309
5,33-40	197
5,34-39	188
5,34	189, 213
6,12	199
9,1-2	155
15,5	198
15,10	196
19,35	199, 273

1 Tessalonicenses

2,9	152

1 Timóteo

1,7	197

Josefo

3,224-286	143
4,196-301	143
6,120	271
7,364	271
7,319	271
11,128	272
11,248	271
11,250	271
11,287	271
12-17	97
12,138-44	259
12,142	260
13,171-73	128
13,173	125
13,254-83	99
13,288-98	99
13,289	138
13,297-98	129
13,299-300	99
13,301	101
13,311	129
13,320	102
13,372	101, 102
13,379-83	102, 288
13,399-417	103
13,404	103
13,408-15	104
13,417	105
13,423-29	106
13,430-32	105
13,431	106
14,91	303
14,163-84	109
14,172	109
15,3	109
15,320	239
15,368-71	112
15,371	129
16,319	273
17,32-60	112
17,41	112
17,42-45	113
17,148-67	113
17,346	129
18,3	122
18,9	122, 138
18,11-25	121
18,11	125
18,23	122
20,199	94
199-203	117
20,264	274

Vida

1-6	115
9,12	131
10	125
20-23	115
189-98	115, 116, 201
190-94	213
195-96	118

Apiano

2,145-296	143

Guerra

Prefácio	
1,3.6	95
1,67-68	100, 102
1,70	101
1,78	129
1,85-106	102
1,96-98	105
1,107	104
1,113	129
1,170	303
1,479	272
1,529	273
1,532	273
1,567-71	112
1,648	274
1,648-55	113
2,1ss	121
2,111-13	121
2,118	122
2,119-166	121

2,169-74	98
2,228-31	98
2,233	116
2,237-43	168
2,239	116
2,251	308
2,409, 417	114, 115
2,422-29	168
3,387-408	110
4,151, 325	118
5,527	239

Fílon

Legatio ad Gaium
157	114
317	114

Literatura rabínica – Michná

Abot

1,3	314
1,16-18	216, 218
1,9	56
2,2	56
3,5	56
4,5	56

Demai

2,2-3	228, 229

Erubin

6,2	244

Hagiga

2,7	236

Kelim

13,7	280

Makkot

1,6	244

Niddah

4,22	243

Orlah

3,9	278

Parah

3,7	243
11,5-6	280

Sanhedrin

10,1	313
11	279

Sotah

3,4	234

Tohorot

4,7	280
4,12	236

Yadaim

3,2	279
3,7	244
4,6-7	243

Yebamot

2,3-4	280
9,3	280

Tosefta

Demai

2,2-3,9	228

Hagiga

3,5	241
3,35	244

Megilla

4,15	231

Menahot

13,21	239

Índices

Niddah
5,2-3   243

Parah
3,8   243

Rosh HS
1,15   240

Shabbat
1,15   236

Sotah
5,11-12   236

Talmude Palestinense

Berakot
9,5 (13b)   235

Rosh HS
2,1 (57d)   240

Shabbat
16,8 (15d)   304

Sotah
5,7 (20c)   235

Taanit
4,2 (68a)   216

Tamude Babilônico

Baba Batra
60b   236

Berakot
29a   100

Erubin
68b   245

Hagiga
23a   244, 246

Ketubot
62b   234

Megillah
105a   56

Pesahim
57a   239

Qiddushin
66a   99

Rosh HS
22b   240

Shabbat
13a   236
15a   216, 218

Zebahim
21a   246

Sifre Números
112   238

Sifre Deuteronômio
357   217

Abot de Rabbi Nathan

versão A
  cap. 5   239, 314
  cap. 37 235

versão B
  cap. 10 314
  cap. 45 235

Outra literatura

Instrução de Khety,
Filho de Duauf
264

Strabo
16.2.40
(762)   101

Paulinas

Rua Dona Inácia Uchoa, 62
04110-020 – São Paulo – SP (Brasil)
Tel.: (11) 2125-3500
paulinas.com.br – editora@paulinas.com.br
Telemarketing e SAC: 0800-7010081